左权年鉴

ZUOQUAN YEARBOOK

2017

左权县志编纂委员会办公室　编

方志出版社
Publishing House of Local Records

图书在版编目（CIP）数据

左权年鉴.2017/左权县志编纂委员会办公室编.
—北京：方志出版社，2017.10
ISBN 978—7—5144—2661—8

Ⅰ.①左…　Ⅱ.①左…　Ⅲ.①左权县—2017—年鉴Ⅳ.①Z522.54

中国版本图书馆CIP数据核字（2017）第273587号

左权年鉴（2017）

编　　者：左权县志编纂委员会办公室
责任编辑：徐　宏

出 版 人：冀祥德
出 版 者：方 志 出 版 社
地址　北京市朝阳区潘家园东里9号（国家方志馆 4 层）
邮编　100021
网址　http://www.fzph.org
发　　行：方志出版社发行中心
电话　（010）67110500
经　　销：各地新华书店
印　　刷：山西省史志印刷厂

开　　本：889×1194　1/16
印　　张：20.25
字　　数：556千字
版　　次：2017年10月第1版　2017年10月第1次印刷
印　　数：0001～1000册

ISBN 978—7—5144—2661—8　　定价：318.00元

《左权年鉴》编纂委员会

《左权年鉴》编辑部

左权县行政区划图

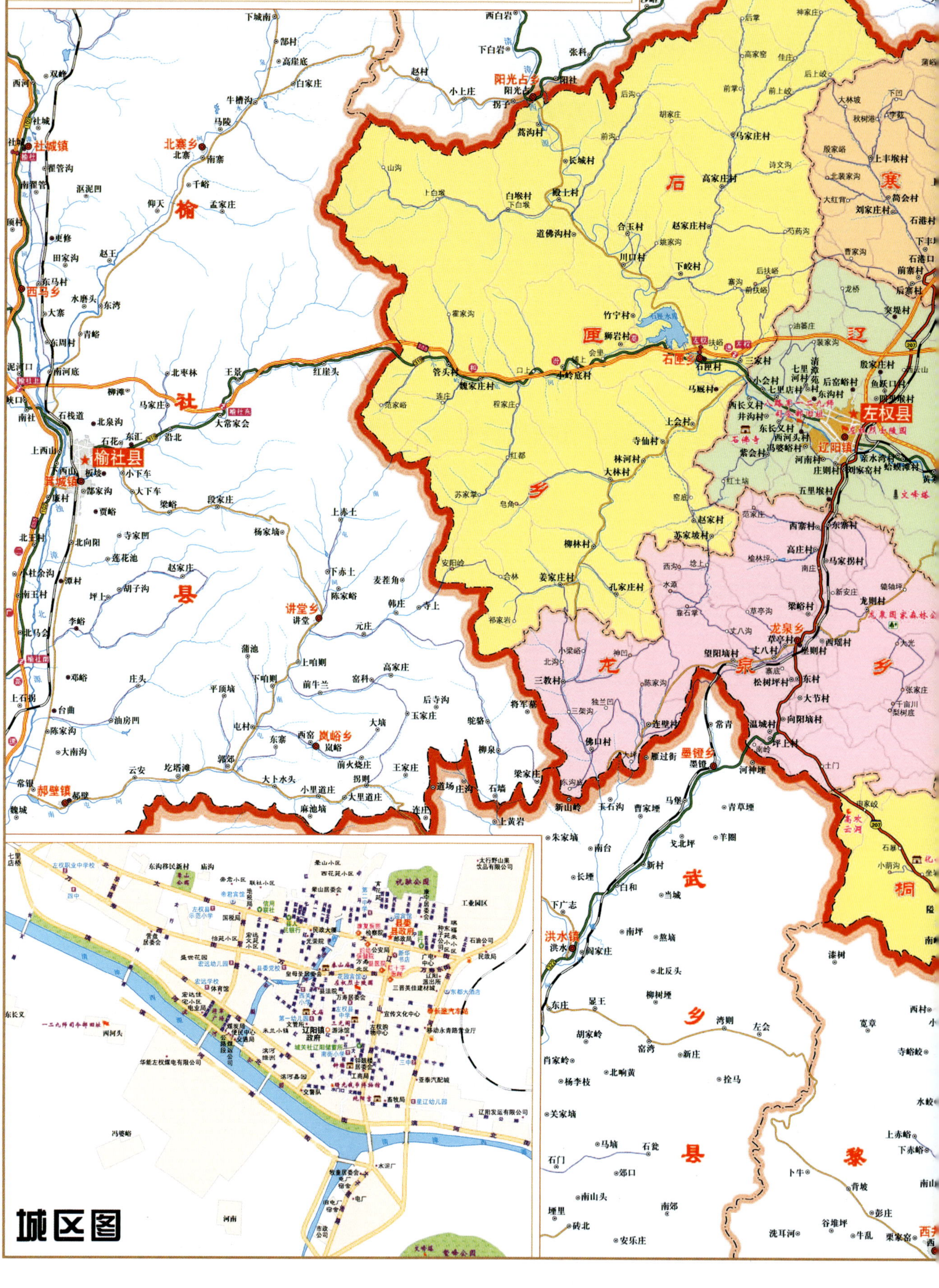

左权县
辽阳镇
石匣乡
龙泉乡
寒王乡
拐儿镇
芹泉镇
羊角乡
阳光占乡
榆社县
箕城镇
社城镇
西马乡
北寨乡
讲堂乡
岚峪乡
郝壁镇
武乡县
墨镫乡
洪水镇
石匣水库
石佛寺
文峰塔
龙泉国家森林公园
八路军一二九师司令部旧址
左权将军陵园
高欢云洞
207
城区图
左权职业中学校
东沟移民新村
西花苑小区
人民银行
县委
县政府
检察院
邮政局
新华书店
电信局
信用社
国税局
左权县示范小学
县委党校
花园宾馆
广电中心
移动永青路营业厅
城关社区辽阳储蓄所
三中
辽阳镇政府
第一幼儿园
亚泰汽配城
星辽幼儿园
辽阳发运有限公司
华能左权煤电有限公司
一二九师司令部旧址
文峰公园

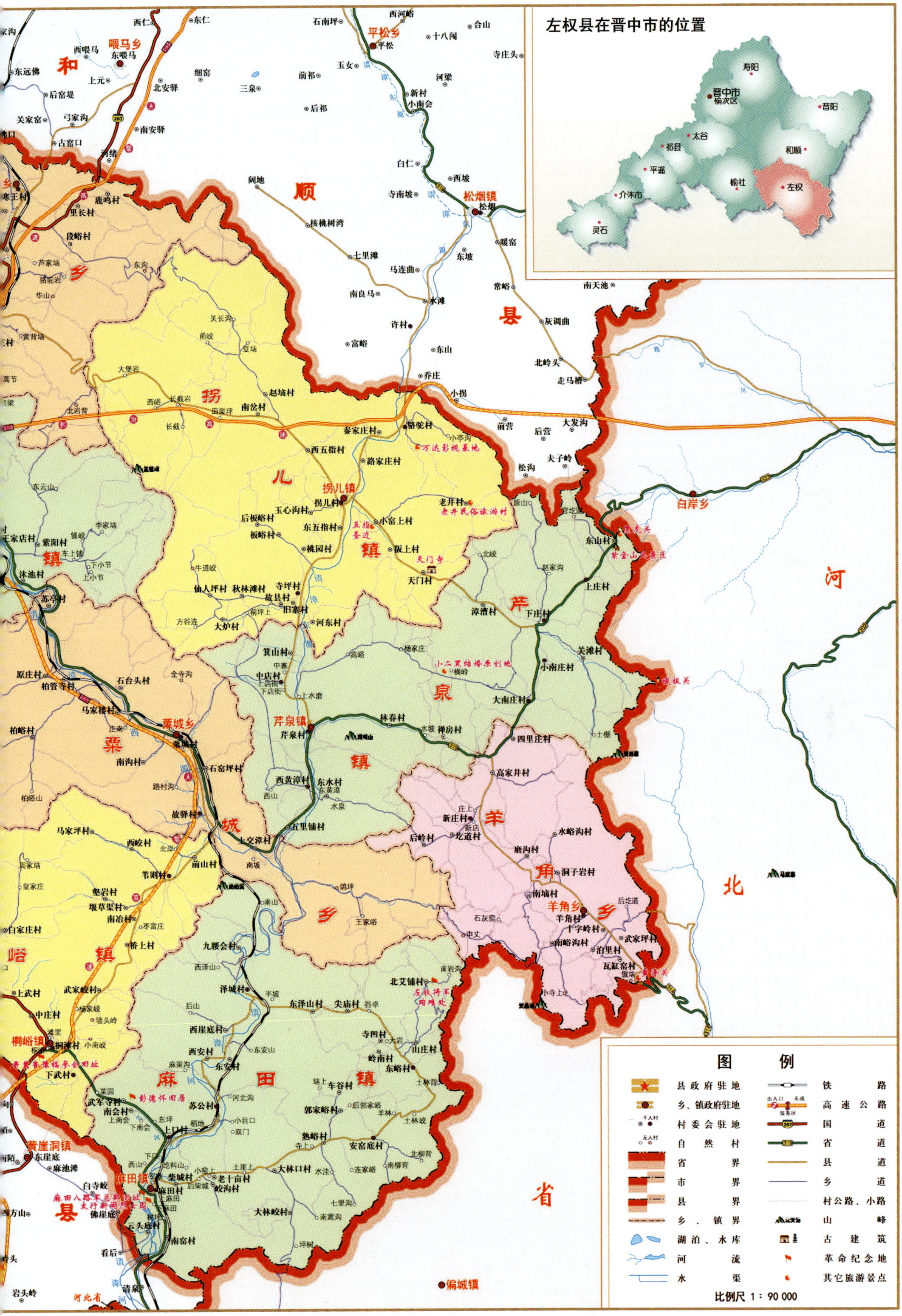
左权县在晋中市的位置
寿阳
晋中市
榆次区
昔阳
太谷
祁县
平遥
和顺
榆社
左权
介休市
灵石
和
顺
县
拐
儿
镇
芹
泉
镇
羊
角
乡
粟
城
乡
麻
田
镇
峪
镇
河
北
省
喂马乡
平松乡
松烟镇
拐儿镇
芹泉镇
粟城乡
羊角乡
桐峪镇
麻田镇
黄崖洞镇
白岸乡
偏城镇
东喂马
西喂马
西仁
东仁
东远佛
后宿堤
上元
北安驿
南安驿
细窑
三泉
前祁
后祁
石南坪
西河峪
平松
玉女
十八闾
合山
寺庄头
新村
小南会
河梁
白仁
西坡
寺南坡
松烟
暖窑
核桃树湾
七里滩
马连曲
东坡
南良马
常峪
水滩
灰调曲
许村
富峪
东山
北岭头
乔庄
走马槽
小拐
前营
后营
大发沟
松沟
夫子岭
南天池
闻地
关家窑
弓家沟
古窑口
沟绪
泉王村
里长村
鹿鸣村
段峪村
芦家垴
骆驼岩
东沟
华山
黄背垴
关长沟
前岐
壹垴
大堡岩
西峪
长截岩
长截
田家坪
南岔村
赵垴村
北岩背
泰家庄村
骆驼村
小亭沟
万达影视基地
西五指村
路家庄村
东云山
李家垴
拐儿村
老井村
老井民俗旅游村
玉心沟村
后板峪村
板峪村
东五指村
五指圣迹
小窑上村
桃园村
阪上村
天门寺
天门村
王家店村
紫阳村
铺岐
车上铺
下小节
上小节
沐池村
苏亭村
牛道岐
仙人坪村
秋林滩村
寺坪村
故县村
旧寨村
南坪上
方谷连
大炉村
河东村
北岐
赵家沟
上庄村
东山村
黄泽关
紫金山风景区
下庄村
漳潞村
关滩村
箕山村
杨家庄
高峪
中店村
上水磨
小二黑结婚原创地
横岭
小南庄村
十字关
大南庄村
原庄村
柏管寺村
石台头村
全寺沟
马家楼村
芹泉村
林春村
水坡
禅房村
四里庄村
十棚
柏峪村
南沟村
石窑坪村
西黄漳村
东水村
东黄漳
高家井村
西山
水泉
路村沟
故驿村
五里铺村
庄上
新庄村
新店
柏峪山
马家坪村
西岭村
上交漳村
后岭村
圪道村
水峪沟村
磨沟村
北岸
洞子岩村
周家垴
前山村
南坡
苇则村
皇家庄
鸽坪
堖岩村
堰草栗村
南站村
枣富庄
王家峪
石灰窑
南垴村
羊角村
后圪道
十字岭村
白家庄村
桥上村
申丈
南峪沟村
武家坪村
泊里村
九腰会村
西泽山
瓦缸窑村
黄泽关
武家峧村
泽城村
半坡
东泽山村
尖庙村
谷卓
北艾铺村
左权将军殉难处
小寺上
上武村
杨家峧
后山
坡头岭
中庄村
西崖底村
寺凹村
大岭
山庄村
滩里
桐滩村
小南岐
西安村
东安山
岭南村
东峪村
百团大战指挥部旧址
麻渠沟
东安村
土林背
下武村
车谷村
菜园
彭德怀旧居
塔上
苏公村
河北沟
后郭家峪
武军寺村
南会村
上南会
东坪
郭家峪村
羊林
下南会
上口村
稻地
小目口
土林峧
双门
热峪村
寺上
北柳背
下口
安窑底村
东崖底
麻池滩
下口
西山
南柳背
芹林山
老十亩村
大林口村
水洼
连家峪
白寺峪
麻田八路军总部旧址
太行新闻陈列馆
麻田村
后柴城
峧沟村
佛崖底
云头底村
七里沟
大林峧村
南窑村
南高沟
看后
坪村
清泉
西方山
岩头岭
河北省
图例
县政府驻地
乡、镇政府驻地
村委会驻地
千人村
自然村
无人村
省界
市界
县界
乡、镇界
湖泊、水库
河流
水渠
铁路
高速公路
出入口
未成
服务区
国道
省道
县道
乡道
村公路、小路
山峰
古建筑
革命纪念地
其它旅游景点
比例尺 1：90 000

左权县旅游景点分布图

左权自驾游线路

线路一

郑州方向：京港澳高速→邢台 转东吕高速→左权

线路二

洛阳方向：二广高速→长治 转邯长高速→黎城 天黎高速→左权

线路三

运城方向：大运高速→平遥县 转汾邢高速→左权

线路四

大同方向：大运高速→太原 转太长高速→榆 社 转汾邢高速→左权

线路五

石家庄方向：京港澳高速→邢台 转东吕高速→左权

线路六

吕梁市方向：汾柳高速→汾阳 转和汾高速→左权

N
和
顺
县
河
北
拐
儿
镇
拐儿镇
芹
泉
镇
芹泉镇
羊
角
乡
麻
田
镇
麻田镇
栗
城
乡
栗城乡
鹿鸣村
段峪村
赵墕村
南岔村
秦家庄村
西五指村
路家庄村
拐儿村
东五指村
板峪村
桃园村
阪上村
天门村
天门寺
方达影视基地
老井民俗旅游村
老井村
五指圣迹
日月星庄园
东山村
紫荆山风景区
上庄村
下庄村
淳滑村
关滩村
小南庄村
大南庄村
小二黑结婚原创地
寺坪村
旧寨村
河东村
仙人坪村
秋林滩村
大炉村
箕山村
中店村
芹泉村
西黄漳村
东水村
五里铺村
禅房村
四里庄村
高家井村
新庄村
圪道村
后岭村
水峪沟村
磨沟村
洞子岩村
南墙村
羊角村
后圪道
十字岭村
南峪沟村
泊里村
武家坪村
北艾铺村
左权将军殉难处
九腰会村
泽城村
东泽山村
尖庙村
寺凹村
岭南村
东峪村
山庄村
西崖底村
西安村
东安村
车谷村
郭家峪村
熟峪村
安窑底村
苏公村
大林口村
大林岭村
南窑村
云头底村
麻田村
武军寺
南会村
彭德怀旧居
石台头村
柏管寺村
马家楼村
南沟村
石窑坪村
故驿村
马家坪村
西峧村
苇则村
前山村
整岩村
南治村
桥上村
武家峧村
下武村
紫阳村
苏亭村
图 例
县政府驻地
乡、镇政府驻地
村委会驻地
自然村
省界
市界
县界
乡镇界
湖泊、水库
河流
水渠
已建农家乐
铁路
高速公路
国道
省道
县道
乡道
村公路、小路
山峰
古建筑
革命纪念地
其它旅游景点
在建农家乐

2016年，左权县生产总值44.05亿元，比上年增长4.2%。其中，第一产业增加值2.83亿元，同比下降0.5%；第二产业增加值21.11亿元，增长4.3%，其中工业增加值为15.19亿元，同比增长2.8%；第三产业增加值20.11亿元，增长4.9%。三次产业比例由上年的8.9∶47.3∶43.8调整为6.4∶47∶45.6。人均生产总值2.66万元。 全县城镇居民可支配收入2.37万元，同比增长6.1%，农民人均可支配收入4745元，同比增长7.1%，城镇居民恩格尔系数16.6%，农民恩格尔系数28.3%。

是年，全县城市建成区面积6.05平方千米,城市房屋建筑面积285.5万平方米。年末建成区绿化覆盖率40.03%，城区有公园5座。

县城全景

山西左权清漳河国家湿地公园位于太行山区中麓，是典型的山区河谷地带河流、库塘复合湿地生态系统类型，于2016年12月经国家林业局批准建设，建设期5年。该公园是山西左权城乡水源保护和环境改善项目的重要组成部分，规划区域包括石匣水库、清漳河上游干流河道及其两岸湿地、林地，以沿河公路、防护林地为界，其中清漳河河道曲长34.46千米。占地面积737.31公顷，其中湿地面积377.79公顷，湿地率51.24%。该公园共划分5个功能区域实施建设，即湿地保育区、恢复重建区、宣教展示区、合理利用区和管理服务区。

清漳河国家湿地公园

全国双拥模范县（七连冠）

国家卫生县城

国家园林县城

国土资源节约集约模范县

全国农村集体“三资”管理示范县

全国法治宣传教育先进县

第二批国家级核桃示范基地（凤凰山）

全国百佳国税地税合作县级示范区

全省农田水利基本建设“禹王杯”先进县

全省统筹整合使用财政资金示范县

全省城乡爱国卫生清洁运动先进单位

2016年7月19日，左权县发生自1996年8·4洪灾以来最大的一次洪涝灾害，涉及全县110多个大小村庄，受灾人口5万多人，全县农业、国土、林业、水利、交通、电力、通讯等各方面设施遭到严重破坏，其中拐儿镇、芹泉镇、羊角乡、麻田镇受灾最为严重。全县倒塌房屋536间，涉及133户，农作物受灾3400公顷，成灾2466.67公顷。各类经济损失共计达到8.07亿元。面对突如其来的洪灾，全县上下团结一心，迅速动员和组织力量开展抗洪救灾和恢复重建工作。据统计，全县共救助灾民15080户、39943人，发放救灾款356.6万元，稳步实施基础设施灾后恢复重建项目165个，灾区生产生活秩序在短时间内得到恢复。

被洪水冲毁的麻田大桥现场

被洪水冲毁的下庄村饮水管网设施

被洪水冲毁的芹泉防洪护村大坝和县道公路

2016年7月21日，晋中市委副书记、市长胡玉亭在左权县实地查看灾情

疏通河道

抢修道路

通讯设施抢修中

2016年3月18日，左权县脱贫攻坚暨农业农村工作会议在县城召开

林业生态建设扶贫

麻田郭丽养鸡场

2016年，左权县有贫困村125个，贫困人口36645人，贫困发生率26.55%，分别高于省、市16.95和18.45个百分点。是年，县委、县政府实施七大攻坚工程、二十一项专项行动助力脱贫。扶贫项目覆盖全部贫困乡村、惠及所有贫困人口；成立乡村扶贫工作站室，省、市、县三级7255名党员干部入户帮扶，36645名贫困人口实现帮扶全覆盖；整合财政涉农资金10大类88项、7459万元，新发展中药材3万亩、核桃1万亩、设施蔬菜1200亩，建成村级光伏电站15座、屋顶分布式电站830座；培育规模养殖户292个，畜禽规模化养殖比重达57.8%，大青山羊供港澳中转场竣工，成功获得供港澳活羊注册证；组建农建水保、整地造地、造林绿化三类专业队112支，吸纳贫困劳动力2000余人，受到国务院扶贫领导小组和山西省政府充分肯定。年底，全县8147名贫困人口稳定脱贫。

农户屋顶光伏扶贫电站

核桃种植技术现场培训

健康扶贫

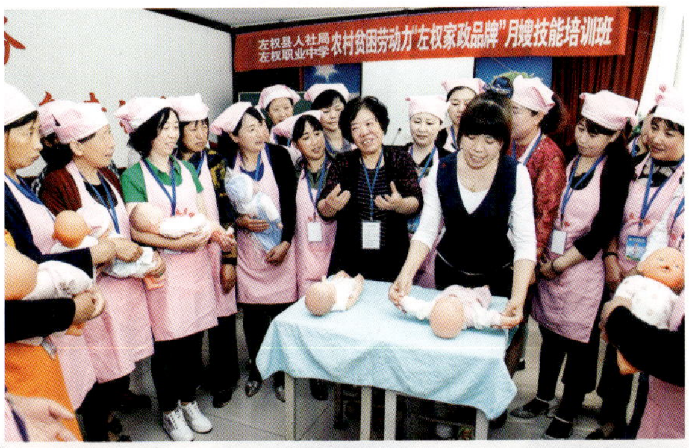

家政培训

特色农业扶贫——设施蔬菜

凤凰山核桃种植示范基地

左权核桃栽培历史悠久，历届县委、县政府把核桃作为加快农民增收致富的主导产业来发展，提出了核桃产业大县的建设目标，制定了“两带、四基地”总体规划，凤凰山核桃示范基地是“四基地”建设之一，2016年3月被国家林业局命名为国家级核桃示范基地。该基地涉及28个行政村，2.2万人，总面积3.2万亩，其中，良种核桃2.3万亩，左权绵核桃0.9万亩，人均1.5亩。形成了柴城、郭家峪、泽城等8个千亩以上示范园区，实现了标准化栽植全覆盖。该基地成立核桃管理专业技术服务队10支275人,成立核桃管理专业合作社8个，并组建凤凰山核桃管理合作社联合社。基本实现统一种植，统一管理，统一销售的一条龙发展模式。基地涉及建档立卡贫困户1800户，贫困人口4951人，总面积0.9万亩，人均1.8亩。通过实施干果经济林提质增效项目，确保一对一贫困户精准扶持全覆盖，可实现亩产150公斤，人均收入突破5000元。

盘城岭煤业19.5MW瓦斯发电项目一期工程

华能左权电厂

左权金隅水泥有限公司

三星制衣有限公司车间一角

馨源丰商贸有限公司茶叶加工车间一角

鲜淼酒庄酿造车间

2016年，左权县以有力有效的举措推动企业正常运行。山煤宏远、汾西瑞泰正珠、省煤销盘城岭煤业投产，潞安阜生转为生产矿井，昌鑫、华鑫等10个铁矿系统平稳生产，鼎盈煤化顺利入规，华能左权电厂全年发电57亿度，金隅水泥扭亏增效。统计监控的洗精煤、铁精粉、水泥、硅铁、电石等工业主导产品产量，分别同比增长56.2%、77.6%、25.1%、101.8%、660%。积极培育新动力，新登记市场主体1437户、增长36%，市场主体超万户，注册资本破百亿，实现“双提升”。持续推进“双百行动”，5个小微企业打包入驻山西股权交易中心，13个入驻浙江“投融界”，4个在上海、深圳股权交易所Q板上市，鲜淼酒庄、建筑公司获市级优秀等级，三星制衣、源泰商贸、馨源丰商贸获市级先进等级。

2016年1月22日，电子商务创业园举行启动仪式

2016年3月8日，全省电子商务进农村综合示范县现场推进会在左权县召开

2016年，左权县着力打造电子商务创业园，全县电商企业达50余个，30余种农特产品实现网上销售，线上交易额突破7000万元。“粮易模式”全省推广，“粮易网”成为全国首家第三方变现交易平台。一多便利连锁店达24个，好又多超市纳入限额以上商贸企业。浩宇石材创外汇2.5万美元，外贸出口实现零突破。是年，全县实现社会消费品零售总额14.35亿元，比去年同期增长7.2%。分区域看，城镇零售额实现8.81亿元，乡村零售额实现5.54亿元，分别比去年同期增长7.7%、6.2%。按销售行业看，批发零售业实现11.49亿元，同比增长7.2%；住宿和餐饮业实现零售额2.86亿元，同比下降7%。

一多便利店

电子商务进农村村级服务店

山西田农宝网络科技有限公司左权服务区

龙泉国家森林公园

辽县抗战纪念馆

晋冀鲁豫边区首届文化旅游节

左权县旅游资源丰富，境内革命纪念地150余处，名胜古迹44处，自然景点800余处。其中，有AAAA级旅游景区2处（麻田八路军总部纪念馆、太行龙泉风景区），AAA级旅游景区3处（莲花岩风景区、晋冀鲁豫边区临时参议会旧址纪念馆、日月星风景区），省级休闲度假区3处（莲花岩生态庄园、日月星生态庄园、茂丰生态庄园），省级十佳民俗客栈1处（日月星生态庄园）。全县基本形成“红、绿、金”三色精品旅游线路即，以麻田八路军总部纪念馆、晋冀鲁豫边区临参会旧址、西河头129师司令部旧址为主的红色之旅；以龙泉国家森林公园、紫金山、乡村为主的绿色之旅；以左权民歌、小花戏，太行民俗为主的金色之旅。2016年，全县游客接待量277.6万人次，旅游综合收入23.4亿元。

莲花岩生态庄园

日月星风景区

2016年左权县迎新春民歌音乐会

2016年“社火节”广场文艺晚会

清洁车

清洁工

天桥

2016年，左权县城乡环境得到改善，新改建水、气、热、雨污管网52.8公里，新增城市道路16公里、停车位1005个，更新增加新能源混合动力出租车、新能源纯电动公交车122辆，在全省率先实现县城绿色公共交通出行全覆盖；4座城市天桥、鱼跃口加气站建成投用，主街道机械化清扫率、垃圾无害化处理率分别超任务15、10.8个百分点；新增城市绿化面积10万平方米，国家卫生县城通过复审，省级环保模范县城通过初验，空气质量综合指数全市第一；巩固民生改善“八普及一创建”，近5万村民洗上热水澡，上千名老人实现老有所养、老有所乐，西寨、赵家庄、上武村成为省级太阳能公共浴室示范村。引深乡村清洁工程，所有行政村达市级标准，一半达省级标准，桐峪镇获省级卫生乡镇，郭家峪、麻田村成为省级宜居示范村，拐儿、蛤蟆滩、上武、上会村成为市级宜居示范村。

新能源纯电动公交车

共享单车

鱼跃口加气站

县城广场一角

⿱尚韦山公园

麻田村

县城南出口

左权中学校

2016年左权中学校运会

2016年12月28日，左权宏远学校小学部举行“国学经典伴我行”主题活动

2016年，全县各类学校在校学生人数25900人（包括幼儿），其中：普通高中在校学生2100人，职业高中在校学生1441人，初中在校学生4662人，小学在校学生12336人，幼儿园60所，5361人，小学适龄儿童入学率达100%，高考达线479人。县级医疗卫生机构5个，乡镇卫生院10个，分院5个，农村卫生所达到202个。县乡村三级医疗机构达标率分别为100%、80%、80%。病床位430张，卫生技术人员475人。

乡村医生培训

县医院收费大厅

左权县人民医院

编辑说明

一、《左权年鉴（2017）》全面系统记载左权县自然、政治、经济、文化、社会等各个领域的基本情况，反映本年度重要事项与发展变化，为广大读者了解左权县、认识左权县、研究左权县、投资左权县提供基础信息。

二、《左权年鉴（2017）》以马克思列宁主义、毛泽东思想、邓小平理论、“三个代表”重要思想、科学发展观和习近平新时代中国特色社会主义思想为指导，坚持辩证唯物主义和历史唯物主义的立场、观点、方法，力求资料性、科学性、思想性相统一，秉笔直书，如实记述。

三、《左权年鉴（2017）》记述时限为2016年1月1日至12月31日，特载和大事记内容除外。

四、《左权年鉴（2017）》采用分类编排法，共分4个层次编排，即类目、分目、次分目、条目。全书共设30个类目、129个分目、30个次分目、948个条目。

五、《左权年鉴（2017）》由县直各部门和各乡镇（城区）供稿，由于统计口径不同，遇有数据不一致的，以县统计局公开发布的统计数据为准。除“农业”“综合经济管理和监督”“城区 乡镇概况”类目外，所涉及计量均使用法定计量单位。

六、《左权年鉴（2017）》在征稿过程中得到社会各界大力支持，我们对关心、支持左权县年鉴事业发展的各部门、各乡镇（城区）领导和各部分稿件的撰稿人表示衷心的感谢！虽然我们在编辑中恪尽职守，但疏漏差错难免，敬请指正原谅。

目录

特载

大事记

县情概貌

中国共产党左权县委员会

左权县人民代表大会常务委员会

左权县人民政府

中国人民政治协商会议左权县委员会

中国共产党左权县纪律检查委员会

群众团体

法 治

军　事

农　业

工　业

建设　环保

交通　邮电

贸 易

财税　金融

综合经济管理与监督

文　化

文物 旅游

教 育

科学技术

卫生　体育

社会生活

城区　乡镇概况

人物名录

先进集体

经济社会统计资料

附 录

索 引

左权县“十二五”时期经济社会发展回顾

“十二五”时期，恰遇煤炭“黄金十年”结束、经济新常态开启。面对严峻复杂的宏观经济形势和艰巨繁重的发展任务，我们坚决贯彻落实中央和省、市、县委决策部署，把握稳中求进工作总基调，不畏艰难推进发展，统筹稳增长、促改革、调结构、惠民生，县域经济稳中有进，社会事业全面进步，为今后发展奠定了坚实基础。

五年来，我们坚持稳增长，全力以赴帮扶企业，确保了县域经济平稳发展。反映经济发展水平的六项指标，年均增幅全部超10%。尤其是城乡居民人均可支配收入年均增长12.5%，跑赢GDP。固定资产投资累计完成350亿元，是“十一五”时期的3.4倍。地区生产总值、工业增加值绝对额在全市占比，较“十一五”末分别提高0.9和1.8个百分点；加强运行调度，为企业缓交“两金”2.38亿元，洗煤、水泥、发电量分别增长4倍、8倍、26倍；成功获批“全国电子商务进农村综合示范县”，村级电商服务店超百家，中小微企业突破3000个；综合体、超市等新型商业网点快速成长。全省同类县综合排名，五年前移5位，由11位快速晋升到6位，受到省政府表彰。

五年来，我们坚持抓转型，千方百计引资金、上项目，积蓄了发展后劲。实施总投资975亿元的重点项目336个，投产197个。华能左权电厂、金隅水泥等投产运行，带动煤与非煤产值比由“十一五”末的3∶1优化为1∶1.07；市级以上农业龙头企业达到16家，销售收入突破4亿元，妈妈传西红柿酱打进高端商场，鲜淼冰葡萄酒荣膺国内冰酒最高奖项，晋煤核桃深加工能力全省第一；左权民歌“开花调”、小花戏入选国家非物质文化遗产保护名录，《太行奶娘》荣获第十四届山西省“杏花奖”特别奖，打造国家4A级景区2个、3A级景区3个，市场化举办“十大节庆”，县域旅游体系初步形成。2015年全县游客接待量203.5万人（次），综合收入16.2亿元，分别是“十一五”末的2.9和6.5倍。三次产业比由“十一五”末的8.5∶50.9∶40.6优化为9∶47∶44。

五年来，我们坚持保增收，倾心竭力推进“三农”，农村工作扎实有效。投入强农惠农资金8.4亿元，是“十一五”期间的2.8倍。粮食产量实现“十连增”。建成水利设施126处，年供水能力1150万立方，改善4.7万人口饮水条件。治理水土流失27万亩、中小河流43公里，农田有效灌溉面积达11万亩。新增农机装备5000台（套）、农机总动力17.9万千瓦，主要农作物综合机械化水平达到62%；核桃种植面积35.5万亩，初步建成核桃大县；发展杂粮7.1万亩、设施蔬菜7500亩、规模养殖小区10个，规模效应逐步凸显。生态庄园总数257处，经营面积35万亩，完成投资12.2亿元。3.46万人实现脱贫。

五年来，我们坚持优环境，不断完善基础设施，城乡面貌大为改观。县城建成区面积扩大到10平方公里，人口增加到6.9万人。新增住宅面积81.5万平米，新（改）建主次街道8条，硬化小街巷48条。马厩水厂建成投运，供水普及率、污水处理率、垃圾无害化处理率均超90%，集中供热实现全覆盖。城镇化率达到50.6%，市内领先；在千人村实施民生改善“八普及一创建”工程，建成公共浴室33个、老年人日间照料中心31个、红白理事厅30个、垃圾填埋场32个，受益群众超4万人。行政村街道全部硬化、亮化，乡村清洁工程全市第一。公路通车总里程1496公里，公路密度每百平方公里较“十一五”末增加5公里，达到71.8公里；造林27.74万亩，森林覆盖率35%，较“十一五”末增长6个百分点。新建4个公园、9个游园，人均公园绿地面积达9.6平米；完善8座煤矿废水处理设施，淘汰6座企业落后产能。清漳河麻田断面水质稳定在三类标准，县城区二级以上天数保持在350天以上。

五年来，我们坚持促改革，加快实施创新驱动，激发了发展活力。引深行政审批制度改革，审批和管理服务事项分别精减到77个、76个，办结事项年均增长140%。在全市率先推行项目并联审批，办结时限缩短到10天；完成农村社会化管理服务改革，实现人员工资提高、效率提升。扎实推进“联村服务”的乡医改革，看病难、买药难有效缓解；国地两税推行联合办税机制，成为全省15个示范县之一。深化商事制度改革，新增市场主体5859户，注册资本突破百亿元。申报国家专利149件，是“十一五”期间的2倍；兴业银行入驻，农联社改制完成，金融机构存贷比达56%。在全省首家推开“土地银行”。麻田顺康进入“融e购”，茂丰、恒达利牧业Q板挂牌上市，母子山“新四板”上市，填补了我县公司上市空白；推行PPP模式，上马辽西路等工程。引进外资，上马9.7亿元的城乡水源保护和环境改善示范工程，成为全国首家县级单位实施的亚行贷款项目。

五年来，我们坚持惠民生，大力发展社会事业，人民生活质量稳步提升。铺开教育“438”工程，新（改）建乡镇幼儿园10所、村幼儿园21所，改造校舍18所。为农村教师发放生活补贴，资助贫困学生29065人，减免义务教育教辅教材书款，在全省率先实现12年免费教育，高考达线率稳步攀升；深化公立医院改革和基层医疗机构改革，实行药品零差率销售。改扩建县医院门诊楼、10个乡镇卫生院、76个村卫生室，医疗机构全面达标。人均基本公共卫生服务经费由15元提高到40元，服务项目由21项扩大到45项；企业劳动合同签订率98%以上。新增城镇就业9918人，转移农村劳动力15224人；城镇职工和居民医保、新农合参保率均保持在98%以上，城乡低保、农村五保供养标准年均增幅超12%，实现“五连升”。居民基本养老保险制度覆盖城乡，企业退休人员2015年基本养老金达到2630元。乡镇敬老院标准化建设全市领先，建成社会综合福利中心、12个康复示范站，救助残疾人5000名；扎实推进食药监管体制改革，保障了群众“舌尖上的安全”；9525个市场主体和生产经营单位实现监管全覆盖，全县安全生产形势持续稳定好转。档案、县志、地震、气象、人防、外事、宗教等工作取得新进展，妇女儿童、红十字会、老龄等各项事业取得新进步。

五年来，我们坚持强自身，深化民主法制建设，形成了浓厚的干事创业氛围。严格执行中央“八项规定”，处置公务用车166辆，清理办公用房7343平米，“三公”经费支出较“十一五”末下降41%；成立政府决策咨询委员会，调整法律顾问团，召开政府常务会61次，集体决策重大事项300余件；开展“六权治本”，确认县级权力事项4483项、乡级102项、村级30项，行政行为步入法治化轨道；“六五”普法全面完成，全民法制观念明显增强；严格执行县人大及其常委会决议、决定，支持县政协履行职能，办理人大代表建议意见525件、政协委员提案657件，办结率100%；“集束调解”“三清三打四整治”专项行动得到省市肯定，净化了社会风气；实行“三三三”政务督查法，督办事项4963项，办结率98%以上；深入开展党的群众路线教育实践、“三严三实”专题教育等活动，干部作风有效转变。

在此，我郑重地向大会报告，县十五届人大一次会议提出的主要目标和“十二五”规划的重点任务较好完成！县人民政府历年向全县人民承诺的实事全部兑现！我县先后获得全国文明县城、国家卫生县城、国家园林县城、全国双拥模范县（七连冠）、全国首批民生改善典范县、国家义务教育发展基本均衡县、2014—2016年度中国民间文化艺术之乡、2011—2015年全国法治宣传教育先进县、全国“六五”普法中期先进县、全国科技进步考核先进县、全国群众体育先进单位、全国国土资源节约集约模范县、全国地质灾害防治高标准十有县、国家级森防示范县、国家林下经济示范基地、国家木本药材种植基地、全国计划生育优质服务先进县、全国残疾人社区康复示范县、全国白内障无障碍县等荣誉。上述闪闪发光的“国字号”牌子，写满县四套班子的团结拼搏，凝结着全县干部群众的心血汗水。在此，我代表县人民政府向各位人大代表、政协委员，向全县工人、农民、知识分子和离退休老同志，向武警官兵、公安干警，向所有关心和支持左权发展的友好人士、各界朋友，表示衷心的感谢和崇高的敬意！

五年的发展实践告诉我们，办好左权的事情，必须做到“六个始终坚持”：始终坚持推进转型。上马非煤转型项目，大力发展电商、光伏、文化旅游等新型产业，以优质项目推动转型，坚定不移走绿色发展之路。始终坚持创建引领。以系列创建引领城乡建管，一年一个目标，一年一个台阶，一以贯之、一抓到底，坚定不移凝聚干群之心、提升城乡品质。始终坚持督查推动。带着任务定措施、抓过程、查绩效、要结果，以强有力的政务督查，倒逼任务完成，坚定不移提高言必行、行必果的政府执行力。始终坚持精细管理。从群众意愿抓起，从政府职能做起，精准帮扶企业，精细管理项目，热情服务群众，注重细节、精益求精，坚定不移提高工作质效。始终坚持改善民生。优先保障民生投入，大力发展社会事业，使发展成果更多更公平惠及全县人民，坚定不移提高群众获得感。始终坚持安全发展。树立和贯彻总体安全观，守住安全生产红线，维护好社会公共安全，抓常、抓细、抓长，坚定不移保障安全稳定的发展环境。

同时，我们清醒地看到，前进道路上尚存不少困难和挑战，主要体现为：经济下行压力较大，发展的质量效益亟待提高，产业结构畸重，煤铁等传统支柱市场不旺，非煤产业培育不足，转型升级任务繁重；发展基础相对薄弱，贫困面大，程度深，加之“7·19”洪灾损失较大，脱贫攻坚任务艰巨；财政增收放缓，改善民生刚性支出增多与财税收入下滑之间的矛盾凸显；对内对外开放不快，干部群众观念更新慢，经济发展水平与资源禀赋、区位优势不匹配；政务环境亟待优化，服务理念、办事效率、工作作风等，还不能完全适应形势要求、群众期待。对这些问题，我们要以对党和人民高度负责的态度，采取果断措施，坚决加以解决。

（本文选自县长赵宏钟在左权县第十六届人民代表大会第一次会议上所作的《政府工作报告》）

在县委工作会议上的讲话

市委常委、县委书记　王　兵

（2017年3月2日）

今天，我们在这里召开县委工作会议，主要任务是贯彻落实省委、市委相关会议精神和重要决策部署，对新一年党委各项工作进行全面的安排部署，动员全县各级党组织和广大党员干部昂扬斗志、奋发进取、真抓实干，为推动党领导的各项事业不断向前发展提供坚强保证。

一、客观科学估价成绩，我们在错综复杂的宏观形势中昂扬斗志、阔步前行，在艰巨繁重的脱贫任务中披荆斩棘、攻坚克难，用平凡的脚步走出了不平凡的业绩，党领导的各项事业蓬勃发展、生机勃勃

过去的一年，在中央和省市委的正确领导下，新一届县委深入学习贯彻习总书记系列重要讲话精神，全面贯彻落实党的十八大和十八届三中、四中、五中、六中全会精神，按照省委“一个指引、两手硬”重大思路和市委“两个全面”总体要求，提出了“全力晋位上台阶，全面脱贫奔小康”的奋斗目标，团结带领全县干部群众撸起袖子、真抓实干，推动全县各项事业赢得了“十三五”开局之胜。

这一年，我们在全力以赴抓经济、促改革、谋发展的同时，坚持把党的建设作为一项关键任务来抓紧抓好，积极探索，大胆实践，切实增强各级党组织和广大党员干部的创造力、凝聚力和战斗力，实现党建工作水平全面提升。具体来讲，主要抓了以下工作：

——全面强化组织工作，牢牢把握全面从严管党治党主线，党建工作基础更加坚实。扎实开展“两学一做”，聚焦党章党规和习总书记系列重要讲话两个主体内容，真学、实做、真改、实干，广大党员干部在脱贫攻坚中的担当奉献和在“7·19”抗洪救灾中的身先士卒就是这次学习教育最生动的实践。全力实施“一带三创”，大力开展县乡村三级基层党组织固本强基、能力提升、基础保障“三项行动”，深入创建“五个好”乡镇党委和村党组织。选优配强干部队伍，扎实抓好县乡两级换届工作，调整各级领导干部119人；健全了52个贫困村“两委”班子，调整配齐村干部58名。突出抓好专项行动，共查找失联党员53人，应补交党费全部进行了补交，修缮新建村级活动场所26个，基层党组织全部按期完成换届。着力补齐工作短板，修订了“1234”发展党员工作法，集中整顿了20个软弱涣散农村党组织，培训农村党员干部2500余名。

——持续狠抓纪检工作，坚决做到政治纪律规矩挺在前面，党风廉政建设卓有成效。县委始终坚持把纪律建设纳入经济社会发展和党的建设总体布局之中，全面深化责任落实，对照问题、整改、责任“三个清单”，督促履责，从严问责，先后追究“两个责任”落实不力的领导干部35人；高度重视巡察工作，完成巡察机构组建，启动全县首轮巡察，已确认的35件问题线索全部实现建账登记，管党治党从“宽松软”走向了“严紧硬”；正确运用“四种形态”，持续高压惩治，不断提高谈话函询处置问题线索比例，先后促使87名问题干部主动讲清问题，挽回经济损失80余万元；从严开展正风肃纪，构建起了立体监督机制，全年查处违反中央八项规定精神及“四风”问题44起29人；全面强化精准监督，依托“九查九问”“三到三访”精准监督模式，先后发现扶贫领域问题线索47件，严密组织了“三抓三促”专项活动，全年县乡换届未发生一起换届纪律审查事项。

——创新开展宣传工作，充分发挥核心价值观的引领作用，舆论引导能力显著提升。围绕县委中心工作，集中开展了十八届六中全会、省市县党代会精神、脱贫攻坚等重大战略宣传，积极拓展网络、微博、微信等新渠道，在中国网开设左权农副产品展示专区，扩大了左权对外影响力；以创建省级文明县城为契机，大力弘扬践行社会主义核心价值观，持续深化群众性文明创建活动，评选表彰了64个县级文明创建先进典型，推进文明创建向基层深化、向企事业拓展，城乡精神文明发展逐步实现均衡化；文化产业重点项目有序推进，文化旅游融合发展势头良好，《一盏心茶》《村标》等一批文艺精品腾空出世，基层群众性文化繁荣盛兴，全县文化软实力与竞争力实现质的飞跃。

——稳步推进政法工作，聚力推动平安左权法治左权建设，社会发展大局和谐稳定。构建起了“1+3”信访工作大格局，突发性信访事件实现了“快结快办”，信访总体形势平稳可控；开展了“筑防线、防风险、解纠纷”矛盾纠纷排查化解活动，初步实现了县乡村三级调解中心全覆盖、行政村（社区）法律顾问全覆盖，累计化解矛盾纠纷2025件，调解成功率达90%以上；着力推动街面防控网和社区防控、内部单位防控和区域协作等“四大网络”建设，全力推动人防物防技防协调发展；进一步规范各级平台运作，全年通过网格化管理平台上报各类事部件达到1.6万件；坚持打防并举，保持严打高压态势，抓获各类犯罪嫌疑人126人，查处违法人员536人，行政拘留422人，左权在法治轨道中走向了和谐稳定。

——高度重视人大、政协工作，积极支持人大、政协履职尽责，民主政治建设进一步加强。过去一年，县委不断加强和改进党对人大、政协工作的领导，特别是去年新一届人大、政协班子组建以来，县人大及其常委会以民生改善为切入点，对全县重点工程进行跟踪监督，持续加大审议意见督办力度，开展了对学前教育、生态旅游、食品安全等方面的视察调研，促进了一批贴近群众切身利益的民生问题的解决；县政协坚持以脱贫攻坚为议政主题，积极搭建展示舞台，充分调动委员力量，开展全方位专题调研视察监督，一年来累计提案118件，立案115件，为县委科学民主决策提出了许多建设性意见，全县民主政治建设取得了长足进步。

——扎实做好人武、统战、群团工作，各方发展合力更加凝聚。稳步推进人武工作，坚持党管武装不动摇，积极支持人武部门投身老区脱贫攻坚战役；紧抓国防后备力量建设和常备应急队伍建设，参与山林灭火、抗洪抢险等重大任务20余次；军民融合深度发展，荣获全国双拥模范县"七连冠"。做大做强统战工作，县工商联换届圆满完成，统战力量全面加强；积极鼓励和引导广大非公经济人士参与产业扶贫，大力开展"双引双赛"主题活动、光彩助学活动、香港华革会联谊捐助行动，赢得社会普遍赞誉。持续做好群团工作，着力建设"六有"工会，圆满完成共青团换届工作，扎实开展巾帼建功、巾帼脱贫等行动，群团工作取得了明显成效。此外，统筹抓好党校、党史、老干部和县委机关等工作，形成了齐抓共管、共促发展的良好局面。

回首一年走过的路，我们在攻坚克难中收获了掌声，在开拓奋进中赢得了喝彩，但更应该清醒地认识到，当前全县发展中依然存在一些不可忽视的困难和问题。随着经济转型步伐加快、脱贫攻坚纵深推进，群众利益诉求多元多变，影响社会和谐稳定的不确定因素仍然存在；在全面从严治党新常态下，一些基层党组织示范引领作用发挥还不够突出，在积极带领群众脱贫致富上还有差距；舆论宣传引导还不够强势有力，驾驭意识形态复杂局面的能力还有待进一步提高；综治基础依然较为薄弱，社会治安体系建设有待完善，信访维稳能力有待增强；人大监督力度还需进一步加大，政协议政能力有待进一步强化；人武、统战、群团等工作对标新形势新任务新要求，还存在一些短板和不足。这些问题必须引起我们的高度重视，在今后的工作中认真研究解决。在这里，我衷心希望同志们对县委各项工作提出意见建议，帮助我们把工作做得越来越实、越来越好。

二、立足实际把脉未来，我们要紧紧围绕中央省市发展新方向新思路，科学谋划老区发展新举措新路子，怀揣初心，继续前行，用一丝一缕之力凝聚出万众拼搏之势，实现县委各项工作再扬长帆、再创辉煌

2017年是全面贯彻县第十七次党代会精神的起步之年，是实现"两全"奋斗目标的开局之年。结合中央省市精神和左权实际，县委确定今年工作的指导思想是：深入学习贯彻习近平总书记系列重要讲话精神，认真落实省委"一个指引、两手硬"、市委"全面挺进全省第一方阵、全面建成小康社会"部署要求，充分发挥党的领导核心作用，统筹推进经济发展硬指标、区位影响软实力、脱贫攻坚硬任务、城乡统筹协调发展四个目标体系建设，扎实走好"优化产业、精准扶贫、传承文化、美丽城乡、惠及百姓"五条路径，着力推动全面从严治党落地生根，为实现"全力晋位上台阶，全面脱贫奔小康"宏伟目标不懈奋斗，以优异的成绩迎接党的十九大胜利召开。

关于经济工作，上午已经定了调子、作了安排，这里就不再重复，一会儿还要召开纪委全会对党风廉政建设工作进行专门强调。下面，我就如何做好其他几个方面的党务工作讲几点意见：

（一）着眼于巩固执政能力，浇筑基层党建硬基础。经济发展好不好，就要看党建基础硬不硬。基层党组织是我们全部工作的基础和保障，要时时刻刻抓、事事处处抓，绝不能怠、绝不能松。

要持续建强干部队伍，严格干部选任程序，继续完善选拔任用工作机制，全力以赴抓好今年村两委换届工作；推行干部任期责任考核和正负激励办法，建立党政干部合理容错纠错机制，为敢担当的干部担当，对敢负责的干部负责；施行“菜单式”岗位业务培训，大力抓好年轻和专业化干部的培养使用，不断盘活县域现有人才资源，激发人才创新创造活力。要持续优化组织功能，聚焦基层党组织政治、服务、治理三项功能，把牢《准则》《条例》新要求，严格落实主体责任，严肃党内政治生活，推动党内政治生活和党内监督在规范中走向常态化；持续开展整顿软弱涣散党组织，精心打造一批基层党组织示范点，加快完善基层党组织领导下的基层治理体系；严抓乡镇干部队伍、农村两委干部、第一书记、广大党员干部及党代表等队伍管理，用强大的队伍铸就强大的组织。要持续夯实基层基础，坚持重心下移、力量下沉、资源下沉，加大人力物力财力的投入力度；坚持建管用并重，不断提升村级活动场所建设水平；深入挖掘自身潜力，积极争取外部资源，围绕脱贫攻坚，加快农村集体经济“破零”步伐，推动基层基础实实在在上一个层级。

（二）着眼于提升舆论引导，集聚争先晋位正能量。弘扬主旋律、传播正能量，对正处于脱贫攻坚、争先晋位关键时期的左权显得尤为重要。要突出抓好舆论宣传。着力构建一中心（新闻中心）为首，一台、一报、两网（左权政府信息网、山西左权网）、“两微”（政务微博、微信公众号）四阵地的新闻宣传新格局，倾心培养一批业务精湛、技术过硬的宣传文化人才，真正把左权前行征程中的新典型、新成效、新形象展现出来、推介出去。要突出抓好文明创建。推进全国文明县城创建升级上档，切实做好新一轮全国文明县城复查验收准备工作；全面开展核心价值观基层巡讲活动，广泛开展讲文明树新风宣传，推动核心价值观真正入心、入行；抓紧抓好农村精神文明建设，实现农村精神文明建设与全县同步发展、同步推进。要突出抓好公共文化。按照城乡人口发展和分布，合理规划建设各类公共文化设施，全力推进“三馆一院”达标建设；深入开展文艺下基层演出等文化惠民活动，开展“六个文化建设”等重点文化活动；建设推进红色文化旅游、生态庄园及旅游休闲度假、文化产品、剧目演艺四大文化产业体系，让全体公民共享文化成果，让文化成果惠泽全县百姓。

（三）着眼于维护大局稳定，打造安全和谐大环境。实践证明，一个地方要想发展的好稳快就必须要有一个和谐稳定的大环境。这一年里，我们要充分发挥网格化管理作用，进一步完善乡村两级网格化服务管理平台建设，努力构建起一个全方位、全覆盖的新型社会治理防控体系；要全力推动矛盾纠纷多元化解体系建设，持续强化矛盾纠纷排查化解工作，力求全面实现县乡村三级调解中心全覆盖，推动全县各部门、各行业、各领域调解组织一体化联动运行；要扎实推进社会治安防控体系建设，建立社会治安形势和情报信息分析研判机制，逐步实现分析研判、信息预警与治安防控一体化运作，持续引深平安左权建设；要切实加大信访维稳工作力度，坚决把“三到位一处理”总体要求贯穿全县信访工作始终，坚持落实好包案负责终结制，努力实现“控新治旧”，全力打造信访“三无”县份，用大稳定助推大发展。

（四）着眼于强化民主政治，当起科学决策良参谋。人大、政协要紧紧围绕全县中心工作，谋发展、促改革、强民生。人大要依托代表联络中心、代表培训等载体，积极搭建代表履职平台，不断拓展代表履职渠道，发挥好人大代表的提案作用；圆满组织和完成今年县十六届人大二次会议各项工作，持续为县委决策部署顺利实施提供支持和保障；全面落实无固定收入代表履职补贴，不断增强代表履职积极性，充分发挥人大代表在脱贫攻坚中的表率作用。政协要全面强化民主监督职能，围绕当前制约我县经济社会发展和人民群众反映强烈的突出问题，分层次分类别开展调研，注重发挥委员提案作用；进一步加强与无党派人士、工商联和人民团体的联系、联谊与合作，切实当好团结各界的平台、当好联系群众的桥梁、当好宣传左权的窗口，为左权发展尽心出力、尽职履职。

（五）着眼于壮大发展合力，争做党委政府好助手。我们要持续发挥县委“总揽全局、协调各方”的领导核心作用，把各方力量真正凝聚起来，心往一处想、劲往一处使，齐心协力共谋发展。要坚决落实党管武装工作，继续围绕核心使命任务，积极适应战备训练新常态，探索推进新编制体制下的民兵整组工作；突出抓好军民融合深度发展，实现军政、军民、驻军之间团结和谐。要持续壮大统一战线力量，全面加强党外代表人士队伍建设，充分发挥无党派人士参政议政、建言献策职能；持续引深“双引双赛”，着力构建新型政商关系，大力协助开展招商引资，实现全县非公经济领域健康发展。要突出群团“凝心聚力”作用，工会要按照“六有”新标准，狠抓基层组织建设，锁定解困脱困新目标，开展帮扶救助大网络行动；团县委新班子要广泛集聚青年才智，着力推进青年创业就业，用青春力量谱写青春华章；妇联要全面打造妇女创新创业创优特色品牌，实现贫困妇女儿童共享改革发展成果；老干部、党史、党校等工作要找准切入点，充分发挥自身优势，广泛开展各类行之有效的活动，新的一年再展新的风采。

三、承载希望实干担当，我们要朝着新目标、描绘新蓝图，强队伍、严纪律、聚合力，以干劲作风大转变打造争先晋位新优势，实现党委工作引领经济社会发展能力水平全面提升、全面进步

党建工作在经济社会发展中具有核心引领作用，加强党建的根本目的在于推动发展，最终成效也体现在发展成果中。我们务必要把党建工作作为一项政治责任抓起来、落下去，建强班子队伍，严明纪律作风，谋求团结共进，不断提升党务工作科学化水平，以党建先行引领全县经济社会发展。

（一）用铁队伍干出好业绩。干部队伍是事业成败兴衰的关键。当前，左权正处于脱贫攻坚、争先晋位的关键时期，打造一支钢铁队伍是形势之需、现实之需。我们要全力营造风清气正的用人环境，旗帜鲜明地树起德才廉并重的用人导向，坚持品行为本，用靠得住的干部，坚持务实为要，用肯实干的干部，坚持廉洁为贵，用严律己的干部。我们的干部要拿出滚石上山的意志品质和迎难而上的担当精神，以责无旁贷的使命感和时不我待的紧迫感，不忘初心，勇往直前，真抓实干，务实清廉，创造出经得起历史和实践检验的好业绩。

（二）用硬纪律优化软环境。纪律建设是一场“硬仗”，这场仗必须要打、要持续打、打出成效来。要从严践行党纪，坚持把政治纪律和政治规矩的教育监督放在首要位置，严查违规违纪行为，以刚性的纪律执行推动重大决策部署的有效落实。要全面压实责任，充分发挥巡察震慑作用，以巡察传导从严治党压力，以巡察扎紧制度治党藩篱，从严开展问责追责，通过严格问责倒逼责任向最基层延伸。要狠抓扶贫监督，运用精准监督模式推进扶贫领域监督执纪问责，坚决对扶贫领域腐败问题“零容忍”，坚持对扶贫领域问题线索优先处置、快查快处，为脱贫攻坚以及各项事业顺利推进打造优质发展软环境。

（三）用大团结凝聚强合力。“人心齐，泰山移”，团结协作是干好一切工作的前提。我们要牢固树立全县“一盘棋”的思想，坚决克服“就党建抓党建”的思维倾向，始终围绕中心工作谋思路、抓落实，切实找准各自工作与推动发展的最佳结合点，充分发挥好各自的职能和作用，真正做到以党建工作促进中心工作。全县各级党组织和广大党员干部都要以服从大局、服务大局为要，心往一处想、劲往一处使，大事讲原则，小事讲风格，强化协作，密切配合，齐心协力，同舟共济，为左权新一轮发展凝聚起强大合力。

同志们，新的一年开启新的征程，新的起点昭示新的希望。让我们紧密团结在以习近平同志为核心的党中央周围，深入贯彻落实省市委重大决策部署，高扬改革创新之帆，鼓足攻坚克难之劲，笃定决战决胜之志，扎实推进县委各项工作，为开创左权更加美好的明天而努力奋斗！

左权县人民代表大会常务委员会工作报告

——2017年3月15日在左权县第十六届人民代表大会第二次会议上

左权县人大常委会主任　郑春华

过去一年的主要工作

过去的一年，是我县实施“十三五”规划的开局之年，也是决胜全面小康的攻坚之年。一年来，在中共左权县委的坚强领导下，县人大常委会深入学习贯彻党的十八大和十八届三中、四中、五中、六中全会精神，以习近平总书记系列重要讲话精神为指引，坚持党的领导、人民当家作主、依法治国有机统一，紧紧围绕全县工作大局，依法行使职权，积极开展工作，全年共召开人大常委会会议6次，听取审议“一府两院”专项工作报告18项，进行了2部法律法规实施情况的执法检查，开展专题调研活动1次，任免地方国家机关工作人员35人次，交办督办代表建议、批评和意见129件，圆满完成了县十六届人大一次会议确定的各项任务。

党的领导是中国特色社会主义最本质的特征。常委会始终把坚持党的领导贯穿于人大工作的各方面、全过程，切实增强“四个意识”，自觉在思想上政治上行动上同以习近平同志为核心的党中央保持高度一致。始终坚持重大问题、重要事项及时向县委请示报告，统筹安排和推进人大各项工作，保证党的路线方针政策和省委市委县委的决策部署在我县地方国家权力机关中得到全面贯彻和有效执行。

一、围绕中心强化监督，全力推动经济社会持续健康发展

常委会坚持“在监督中支持，在支持中监督”的理念，围绕全县经济社会发展大局，依法开展监督，确保了人大工作与民同心，与“一府两院”同力，与法治建设同步。

（一）着眼发展大局，切实加强对经济运行的监督

对重点工程建设跟踪监督。一年来，县人大常委会组成人员和部分省、市、县人大代表围绕“农业、工业、旅游、交通、城建、民生”六个重点建设目标，先后深入到华能山西太行低热值煤发电项目、晋煤核桃深加工及示范种植基地建设项目、思源实验学校项目、太行龙泉旅游景区二期工程项目、省道319改线工程、城市天桥建设项目等16个重点工程进行了实地调研视察。在第三次常委会上认真审议了县政府《关于2016年重点工程进展情况报告》。常委会审议认为，2016年，面对宏观经济下行压力持续加大的严峻形势，县政府牢牢把握稳中求进工作总基调，统筹推进稳增长、促改革、调结构、惠民生各项工作，全力推进重点项目建设，全县经济社会保持了平稳健康发展的态势。同时也指出重点项目建设上存在新项目少、大项目少，融资困难等问题。建议县政府进一步优化发展环境，统筹兼顾，加紧完善在建项目，科学盘算，抓紧培育新项目、大项目，在找准定位中增信心，在增加固投上出实招，在调优储备上求突破。

对财政预算决算审查监督。一年来，县人大常委会认真听取审议了县政府2015年县级财政决算报告、2015年财政预算执行及其他财政收支情况的审计报告、2016年财政预算调整情况报告。对我县2016年1—9月份国民经济和社会发展、上半年财政预算执行情况及1—9月份收支情况，采取座谈与重点调查相结合的方式，深入到财政、发改、审计、国税、地税、交通、经贸、住建等部门和所涉及的企业进行了调研。对集中供水、智能交通管理系统等7个政府专项资金建设工程项目绩效评价进行了审查，进一步为人民看好财政“钱袋子”。

对脱贫攻坚工作重点监督。县人大常委会把脱贫攻坚工作作为本届人大一以贯之的重点监督内容。去年11月，县人大常委会组织全体组成人员和部分人大代表，组成4个调研组，深入全县10个乡镇开展了脱贫攻坚专题调研，走访了38个村，138个贫困户，召开了13场座谈会。专门和脱贫攻

坚领导组成员单位负责人进行了座谈，进一步分析研究全县脱贫攻坚工作。在十六届人大常委会第三次会议上，听取审议了县政府《关于脱贫攻坚工作报告》，常委会组成人员针对性地提出了意见和建议，对报告进行了满意度表决。这是新一届人大常委会第一次大规模、广范围、深思索的集中调研监督活动，旨在发挥人大职能、汇聚社会力量、助推脱贫攻坚。今后几年人大监督工作将继续向脱贫攻坚倾斜，聚焦扶贫重点难点，持续跟踪监督推进。

对“三农”工作持续监督。一是对核桃产业发展情况开展调研。核桃产业大县建设是历届常委会调研视察的重点，同时也是我县农业增效、农民增收的朝阳产业。经过多年的跟踪监督，我县在核桃产业大县建设上，栽植实现规模化、管理注重精细化，强县优势日益凸显。对存在的经营粗放、品种杂乱、人员短缺、投入不足等问题提出了有针对性的意见建议。二是对庄园经济发展情况开展调研。近年来我县庄园经济发展活力不断增强，带动作用日益明显。特别是生态庄园实施重点工程、生态造林和特色产业扶贫三大工程，开启了农民增收的“绿色”银行。庄园基础进一步夯实，发展活力进一步提升，扶贫效果进一步显现。但对规模不大、创新不够、内涵不深、效益不高等问题，有待持续关注，推进解决。三是对我县农田水利基础设施建设工作开展调研。实地查看了鲜森庄园灌溉工程、拐儿镇西沟防洪治理工程等，听取审议了县政府《关于全县农田水利基础设施建设情况报告》，对报告进行了满意度测评。

（二）聚焦社会关切，切实加强对群众关注热点问题的监督

对物业管理监督规范。随着我县城镇化进程的加快，居民小区成片增加，物业管理成为人民群众普遍关注，代表建议较为集中的热点问题，为此，县人大常委会在过去调研的基础上，选择了有代表性的芸山小区、盛世花园小区、七里河小区物业管理工作进行实地调研，与物业公司负责人、业主代表座谈交流，到小区入户走访调研，听取居民的意见建议。在十六届人大四次常委会会议上听取审议了县政府《关于物业管理工作情况报告》，针对调研中发现的物业管理机制不健全，服务不规范，收费难度大，物业与业主矛盾突出等问题，提出了意见建议，促进了各类矛盾纠纷的有效化解。

对社会热点问题监督改进。“舌尖上的安全”、幼儿园建设、土地确权、网络安全等这些看似百姓身边的小事，却事关我县经济发展、社会和谐稳定的大局，倍受群众关注。县人大常委会，实地走访了县直、乡镇、农村 3 个幼儿园，从事食品生产、加工、流通、餐饮等企业，公安局网络安全大队及长城、石匣、石港口、寒王 4 个土地确权登记颁证点，就百姓关注的学前教育、食品安全、网络管理和土地确权等工作分别进行了调研。常委会听取审议了县政府《关于学前教育工作情况报告》《关于网络安全工作报告》和《关于食品安全监督工作情况报告》，形成了《关于全县农村土地确权工作情况调查报告》，就如何进一步加强管理，提高服务质量，增加群众的满意度提出了意见和建议，促进了相关工作的有序开展。

（三）推进法治建设，切实加强对法律贯彻执行的监督

开展执法检查。执法检查是人大实施法律监督的有效手段。去年，县人大常委会对《中小企业促进法》《基本农田保护条例》贯彻实施情况，配合晋中市人大常委会环保执法检查组对《环境保护法》开展了执法检查。通过深入调研、座谈交流，听取和审议报告等形式，全面了解了相关法律法规的实施情况，针对存在的问题，提交了高质量的执法检查报告，从而使政府及相关部门依法行政的自觉性进一步提高，对执法检查、审议意见的落实工作进一步重视。

强化司法监督。规范司法行为，提升司法公信力，是人大常委会监督工作的重点之一。去年，人大常委会对县司法局公证工作、县人民法院刑事审判工作和县人民检察院公诉工作进行了座谈调研，并在县十六届人大常委会第三次和第四次会议上，分别听取和审议了县政府《关于公证工作报告》、县人民法院《关于刑事审判工作报告》和县人民检察院《关于公诉工作情况报告》，促进了司法机关法律意识的进一步提高。

增强法治意识。县人大常委会制定实施了《左权县关于实施宪法宣誓的意见》，组织71名被选举任命的国家机关工作人员进行宪法宣誓，彰显了宪法权威，进一步增强了被选举任命人员的宪法意识和法治意识。县人大常委会把来信来访作为联系群众、了解民意、促进和谐的大事来抓，不断强化对转交办案件监督力度。一年来共受理来信来访66件213人次，群众反映的信访问题基本得到了妥善解决，法治左权建设不断迈出新的步伐。

二、坚持程序法定原则，规范行使重大事项决定权和人事任免权

依法行使重大事项决定权。讨论决定重大事项是宪法和法律赋予人大的一项重要职权。一年来，常委会对全县国民经济和社会发展第十三个五年规划等事关我县改革发展稳定大局的重大事项开展工作调研。根据国家监察体制改革试点工作要求，表决通过了《左权县监察委员会副主任、委员的任免和宪法宣誓程序的决定》，明确了监察委员会副主任、委员的任免和宪法宣誓程序，确保监察体制改革试点工作依法顺利推进。

依法圆满完成换届选举任务。2016年是县、乡人大换届选举年，县人大常委会在县委的领导下，精心组织了县、乡换届工作，出台了换届选举方案，成立了选举工作指导组。严格程序，扎实推进，全县选民参选率超过90%，人民群众直接参与政治的权利得到了保障。与此同时，常委会始终把纪律和规矩挺在前面，把“九个严禁、九个一律”作为“铁律”，贯彻换届选举全过程，确保了县、乡换届选举风清气正。全县共选举产生县、乡两级人大代表689名，国家机关工作人员100名，代表结构、国家机关班子结构更加优化，更趋合理，总体素质进一步提升。

依法行使人事任免权。县人大常委会始终坚持党管干部与人大依法任免相统一的原则，不断规范任免程序，重新制定了《人事任免办法》。一年来，依法任免本级国家机关工作人员35名，其中任命政府挂职副县长2名，县政府组成部门负责人20名，人大常委会工作机构负责人4名、免职4名，任命代表资格审查委员会成员5名，接受8位同志因工作变动辞去人大代表职务，其中6位常委会委员职务相应终止，顺利实现了县委的人事安排意图。县政府组成部门负责人全部向常委会提交了年度履职报告。

三、注重代表作用发挥，积极支持和保障代表依法履职

代表活动质量进一步提高。为了充分发挥代表作用，提高代表依法履职能力，按照县第十七次党代会提出的“人大要围绕发展中心，主动参与脱贫攻坚”的要求，制定出台了《关于人大代表开展“脱贫攻坚我建议我行动”活动方案》，倡导全县各级人大代表把主题活动作为履职行权、联系和服务群众的重要内容。活动以12个代表小组为单位，按照“走一村、听一次、献一策、上一课、帮一户、带一片”的活动方式，代表们深入原选区或所包村、户与贫困户面对面交流，了解分析致贫原因，宣传扶贫政策，涌现出了一批生态庄园、特色种植、规模养殖、商品流通、家庭农场、特产加工等领域的典型，起到了示范引领作用，带动了更多社会力量关注并参与到脱贫攻坚战役中来。

代表履职能力进一步提升。常委会十分注重人大代表培训工作，组织编写培训资料2万余字，分4组对全县12个代表活动小组的150名县人大代表进行了集中培训，激发了代表履职意识，履职能力得到进一步提升。组织省、市、县、乡四级人大代表参加了省、市、县人大组织的代表知识答题竞赛和人民代表大会制度及相关法律知识电视竞赛活动，达到了以赛促学、以赛代训、以学促用的目的。全年组织人大代表参加常委会组织的调研视察、列席常委会达108人次，进一步提高了人大代表的知情权、知政权。

代表建议办理效果进一步提质。办理代表建议是国家机关的法定职责。十六届人大一次会议期间，共收到交由县政府办理的代表建议126件、县法院办理的代表建议2件、县检察院办理的代表建议1件，其中确定为重点建议10件，数量和质量均有所提高，充分体现了人大代表的履职热情和责任担当。从办理情况看，所有建议均在法定时间内办结，办复率达100%，从反馈情况看，在县政府办理的代表建议中，已经解决或正在解决的89件，占70.6%，暂时不能解决，但列入计划的24件，占19.1%，受客观条件限制，短时期内难以解决的13件，占10.3%。“一府两院”和有关部门，确实把“软建议”变成了“硬任务”，办理效果明显提高。

四、加强自身建设，切实提高常委会的政治意识和履职能力

人大常委会始终把加强自身建设作为依法履职的重要基础，深入开展“两学一做”学习教育，持续推进思想建设、作风建设、组织建设、廉洁建设。

常委会党组和机关党组认真履行党要管党，从严治党主体责任，切实加强机关党建工作，坚持党风廉政建设与人大业务工作紧密结合，与“两学一做”学习教育紧密结合，深入学习贯彻习近平总书记系列重要讲话精神，认真学习《新形势下党内政治生活的若干准则》和《中国共产党党内监督条例》等党章党规，引导机关干部坚定理念信念和政治立场，严守党的政治纪律和政治规矩，严肃党内政治生活，严格履行“一岗双责”，做政治上的“明白人”。

人大常委会十分注重制度建设和宣传工作，先后制定出台了《左权县人大常委会主任议事规则》、《关于专项报告满意度测评办法》和《左权县人大常委会机关行政管理制度》。牢牢把握正确的舆论导向，积极开展人大制度理论和实践宣传，在《山西人大》《人民代表报》《晋中日报》等媒体组织各类新闻稿件15条，按时刊发《左权人大》，展示了左权人大丰富的工作实践和良好的权力机关形象。高度重视驻村帮扶工作，进村入户，精准施策，明确目标，责任到人。高度重视对乡镇人大工作的指导，乡镇人大会议质量和代表活动效果进一步提高。

各位代表，人大常委会过去一年取得的成绩，是在县委正确领导下，全体县人大代表、常委会组成人员及机关工作人员辛勤劳动的结果，是“一府两院”协同工作的结果，是全县广大干部群众大力支持的结果，在此，我代表县人大常委会向大家表示崇高的敬意和衷心的感谢！

在肯定成绩的同时，我们也清醒地认识到，常委会工作与新形势新任务相比，还存在着一些问题和不足，与各位代表的要求和人民群众的期盼，还有一定的差距。主要是：监督实效有待进一步增强，代表作用的发挥有待进一步提高，决定重大事项制度有待完善，畅通民意表达还有差距。我们将自觉接受人大代表和人民群众监督，虚心听取各方面意见，认真研究新情况新问题，把常委会的工作做得更好。

今年的主要工作任务

2017年，是党的十九大召开的重要之年，是我县“苦干三年，全面挺进全省第一方阵”的开局之年，也是我县全面推进脱贫攻坚、全面实施“十三五”规划的关键之年，面对新形势新任务，县人大常委会要进一步贯彻落实县委十七届二次全会和经济工作会议精神，努力提高人大工作质量和水平。总体要求是：全面贯彻党的十八大和十八届三中、四中、五中、六中全会精神，以习近平总书记系列重要讲话为指针，认真落实省、市、县委的决策部署，坚持党的领导，充分发扬民主和严格依法办事有机统一，围绕中心，服务大局，关注民生，聚焦热点，依法履职，不断推进全县民主法治建设，为实现“全力晋位上台阶，全面脱贫奔小康”奋斗目标做出积极贡献。主要做好以下四方面工作：

一、监督工作要有新举措

全年将安排听取和审议“一府两院”和监察委员会专项报告17项，开展专题调研2次、集中视察1次、专题询问1次、执法检查3项。

围绕经济发展硬指标，听取审议县政府国民经济和社会发展计划报告、财政预算执行情况报告，审计报告及审计查出问题整改情况报告，审查和批准财政决算。听取审议县政府开展全域旅游发展情况、重点工程建设情况和路网建设情况等专项工作报告。

围绕社会发展软环境，听取审议县政府关于开展基本公共卫生服务项目、环境质量状况和环境保护目标任务完成情况、人大代表意见建议办理情况的专项工作报告。听取审议县监察委员会工作运行情况的专项工作报告、县人民法院人大代表意见建议办理和执行工作情况的专项工作报告、县人民检察院人大代表意见建议办理和案件管理工作情况的专项工作报告。开展全县脱贫攻坚工作专题询问。开展《山西省永久性生态公益林保护条例》、《药品管理法》和《城市规划法》执法检查。

围绕脱贫攻坚硬任务，开展脱贫攻坚专题调研，听取县政府关于全县脱贫攻坚专项工作报告。

二、重大事项决定和人事任免工作要有新作为

人大常委会将在县委的正确领导下，贯彻落实中央印发《关于健全人大讨论决定重大事项制度、各级政府重大决策出台前向本级人大报告的实施意见》（中办发〔2017〕10 号），增强责任感和使命感，完善讨论决定重大事项工作机制，依法推进工作制度化和规范化。

坚持党管干部和人大依法任免相统一，严格按照有关法律、法规和县人大常委会人事任免办法做好人事任免工作，确保实现县委人事安排意图。强化任后监督，完善选举任命人员递交年度履职报告制度，今年先行确定财政局、审计局、市场和质量监督局、林业局、人社局 5 个部门，在县人大常委会会议上作履职报告，争取本届内所有政府工作部门全覆盖，促使被任命人员提升履职意识、责任意识和被监督意识。

三、代表主体作用发挥要有新水平

加强对县人大代表的培训工作，通过培训使代表掌握应知应会的履职知识，不断提升履职水平。围绕全县中心工作和群众关心关注的热点焦点问题，组织代表开展多种形式的代表小组活动，全年不少于 2 次。健全代表履职服务保障机制，通过常委会会刊、《左权人大》等平台，及时向代表通报常委会工作动态。邀请代表列席常委会会议，参加专题调研、执法检查和集中视察活动。坚持常委会组成人员联系基层人大代表制度、走访代表制度和代表信件直通车制度，及时听取代表意见建议。推动落实代表联系群众制度，继续引深“脱贫攻坚我建议我行动”活动，更好地发挥代表的桥梁纽带作用。代表意见建议坚持集中交办、跟踪督办、通报反馈等办理方式，不断提高办理实效。建立代表履职档案，积极探索建立代表激励、考核、退出机制，完善代表履职监督，促进代表依法规范履职。

四、依法履职能力要有新提高

全面落实从严治党主体责任，深入推进党风廉政建设，坚持把纪律规矩挺在前面，加强和规范党内政治生活，为各项工作开展提供思想和组织保障。准确把握人大的政治定位、法律定位和工作定位，健全议事程序，完善运行机制，修订相关制度，进一步推动常委会工作可预期、规范化。严格执行重大事项向县委请示报告制度，配合省、市人大做好相关工作，不断加强对乡镇人大工作的指导。加强和改进人大信访工作，维护社会和谐稳定。着力抓好驻村帮扶工作。组织常委会组成人员及乡镇人大主席到全国人大、省人大培训基地参加培训。在左权电视台开辟人大专栏，加强新闻宣传报道，营造良好舆论氛围。

各位代表，县委十七届二次全会上，作出了《苦干三年，挺进全省第一方阵的决定》，绘就了左权未来发展的宏伟蓝图。人大工作责任重大、任务艰巨，人大代表职责神圣、使命崇高，我们要进一步倾听人民心声，汇集人民智慧，回应人民期待，在中共左权县委的坚强领导下，凝心聚力，攻坚克难，撸袖加油，奋力前行，为实现“全力晋位上台阶，全面脱贫奔小康”目标而努力奋斗！

政府工作报告

——2017 年 3 月 14 日在左权县第十六届人民代表大会第二次会议上

县　长　赵宏钟

一、2016 年工作回顾

2016 年，我县经历了非典型性经济的考验，在中央和省、市的正确领导下，我们主动作为、迎难而上，承受了经济持续下行的压力，应对了扶贫思路的调整，顶住了20年一遇的洪灾，全县经济社会发展持续健康，稳中有进、好于预期。地区生产总值完成44亿元、增长4.2%，规模以上工业增加值完成14.4亿元、增长3%，社会消费品零售总额完成14.3亿元、增长7.2%，一般公共预算收入完成4.54亿元、增长0.7%。固定资产投资完成99.4亿元、增长12.8%，增幅全市第一。城镇居民人均可支配收入完成23687元、增长6.1%，农村居民人均可支配收入完成4745元、增长7.1%，两项收入指标增幅，在全市排位较上年分别前移3位、9位。

（一）脱贫攻坚首战告捷。自加压力，建设扶贫攻坚示范县。制定“十三五”脱贫攻坚规划，出台《关于坚决打赢全县脱贫攻坚战的实施方案》，实施七大攻坚工程、二十一项专项行动，扶贫项目覆盖全部贫困乡村、惠及所有贫困人口；成立乡村扶贫工作站室，省、市、县三级7255名党员干部入户帮扶，36645名贫困人口实现帮扶全覆盖；整合财政涉农资金10大类88项、7459万元，新发展中药材3万亩、核桃1万亩、设施蔬菜1200亩，建成村级光伏电站15座、屋顶分布式电站830座。培育规模养殖户292个，畜禽规模化养殖比重达57.8%，大青山羊供港澳中转场竣工，成功获得供港澳活羊注册证；组建农建水保、整地造地、造林绿化三类专业队112支，吸纳贫困劳动力2000余人，受到国务院扶贫领导小组、省政府领导充分肯定。全县8147名贫困人口稳定脱贫。

（二）工业经济企稳向好。强化经济运行监测调度，扎实开展“干部入企帮扶解困”活动，以有力有效的举措推动企业正常运行。山煤宏远、汾西瑞泰正珠、省煤销盘城岭煤业投产，潞安阜生转为生产矿井，昌鑫、华鑫等10个铁矿系统平稳生产，鼎盈煤化顺利入规，华能左权电厂全年发电57亿度，金隅水泥扭亏增效。统计监控的洗精煤、铁精粉、水泥、硅铁、电石等工业主导产品产量，分别同比增长56.2%、77.6%、25.1%、101.8%、660%。积极培育新动力，新登记市场主体1437户、增长36%，市场主体超万户，注册资本破百亿，实现“双提升”。持续推进“双百行动”，5个小微企业打包入驻山西股权交易中心，13个入驻浙江“投融界”，4个在上海、深圳股权交易所Q板上市，鲜森酒庄、建筑公司获市级优秀等级，三星制衣、源泰商贸、馨源丰商贸获市级先进等级。

（三）第三产业势头强劲。加速景点建设，左权百里红色生态走廊综合开发项目完成规划编制，石佛寺城郊森林公园一期工程开工，武军山风景区、自驾游营地进展顺利，麻田全域旅游专线开工。推动景区提标，麻田八路军总部纪念馆被评为省级文明景区、鲜森葡萄庄园达到国家AAA级景区标准。29个村列入全国乡村旅游扶贫重点村，8个村基础设施建设全面展开。成功举办十大节庆活动，带动旅游业持续升温，全县游客接待量277.6万人次、旅游综合收入23.4亿元，同比增长38%；着力打造电子商务创业园，全县电商企业达50余个，30余种农特产品实现网上销售，线上交易额突破7000万元。“粮易模式”全省推广，“粮易网”成为全国首家第三方变现交易平台。一多便利连锁店达24个，好又多超市纳入限额以上商贸企业。浩宇石材创外汇2.5万美元，外贸出口实现零突破。服务业产值占地区生产总值47%，较上年提高2个百分点，三次产业比优化为6.4∶47∶45.6。

（四）城乡环境持续改善。地下与地上并重，新改建水、气、热、雨污管网52.8公里，新增城市道路16公里、停车位1005个，更新增加新能源混合动力出租车、新能源纯电动公交车122辆，在全省率先实现县城绿色公共交通出行全覆盖；建设与管理并重，东河路家俱城、花园宾馆完成主体，4座城市天桥、鱼跃口加气站建成投用，主街道机械化清扫率、垃圾无害化处理率分别超任务15、10.8个百分点；增绿与治污并重，植树造林2000公顷，新增城市绿化面积10万平方米，国家卫生县城通过复审。铁腕治污、从严环保，华能左权煤电2号机组脱硫除尘超低排放完成改造，取缔或改造燃煤锅炉8台，淘汰黄标车223辆，省级环保模范县城通过初验，空气质量综合指数全市第一；“治窝”与“治坡”并重，巩固民生改善“八普及一创建”，近5万村民洗上热水澡，上千名老人实现老有所养、老有所乐，西寨、赵家庄、上武村成为省级太阳能公共浴室示范村。在千人村推开产业扶贫“八普及一创建”，建成电子商务服务站、农机大户、金融网点各29个，培育家庭农场25个、生态庄园22个。引深乡村清洁工程，所有行政村达市级标准，一半达省级标准，桐峪镇获省级卫生乡镇，郭家峪、麻田村成为省级宜居示范村，拐儿、蛤蟆滩、上武、上会村成为市级宜居示范村。

（五）民生事业有效保障。开发公益性岗位66个、见习岗位50个，带动新增就业1442人。加大劳动保障监察执法力度，为1652名农民工追讨工资1133.4万元。持续实施“改薄”工程，9所学校校舍建成投用，2所农村幼儿园、3所学校教师周转房竣工，思源实验学校主体完工。深化教育教学改革，高考二本以上达线556人，3人考入清华、北大，万人达线率全市第五，左中被评为全市高中教育教学质量优秀单位。《左权县志（1991—2010）》出版。巩固公立医院改革成果，推进优质医疗资源下沉，新建10个村级卫生室，县域就诊率达80%。出台《安全生产党政同责实施细则》，9525家生产经营单位全部明确监管部门，全县安全生产形势持续稳定向好。优先保民生、保工资、保运行，足额发放机关事业单位人员工资，各类社保待遇和津补贴全部兑现。

（六）政务效能全面提升。大力推行“三三三”工作法，从严落实“13710”工作制度，将重大政务事项全部纳入台账，逐项跟踪问效、逐项销号管理，全年督办事项2216项，政务办结率达98.7%；健全重大行政决策合法性审查办法、法律顾问管理办法，政府决策的科学化、民主化、法治化水平进一步提高；自觉接受人大法律监督和政协民主监督，办理人大代表意见建议126件，政协委员提案109件，满意率和基本满意率达100%；及时回应群众诉求，办理县长信箱事项33件；出台《左权县2016年政务公开工作要点实施方案》，公开重点领域信息1500余条；严格落实党风廉政建设主体责任和“一岗双责”，廉洁干事氛围日趋浓厚。

各位代表，过去的一年，我县赢得上级支持最多，赴市、入省、进京，争取土地指标266公顷、政策扶持4800万元、项目资金1.2亿元；过去的一年，我县多项工作争得先进，全省电子商务进农村综合示范县、全省改善农村人居环境暨农村公共浴室试点、全市建档立卡精准扶贫等现场会在我县召开，土地确权、精准扶贫、林权制度改革等做法成为省市典型；过去的一年，我县获得荣誉众多，先后荣获全国双拥模范县“七连冠”、全国国土资源节约集约模范县、全国百佳国税地税合作县级示范区、全国农村集体“三资”管理示范县、全国法治宣传教育先进县、全省城乡爱国卫生清洁运动先进单位、全省整合财政涉农资金示范县、全省农田水利基本建设“禹王杯”先进县等荣誉。

特别需要向大会报告的是，面对突如其来的“7·19”洪灾，沉着应对、果断处置，第一时间安全转移4325人、应急安置262人，夺得无疫情、零伤亡的重大胜利。仅用五天时间，就全面恢复了重灾区道路交通、通讯信号、电力供应，保障了群众基本生产生活。及时铺排恢复重建工程199个，当年完工151个。全县上下众志成城、奋勇拼搏，谱写了感天动地的抗洪壮歌。

成绩的取得，是县委正确领导、人大政协监督支持的结果，是全县人民共同努力的结果。在此，我代表县人民政府向各位人大代表、政协委员，向全县工人、农民、知识分子和离退休老同志，向武警官兵、公安干警，向所有关心和支持左权发展的友好人士、各界朋友，表示衷心的感谢！致以崇高的敬意！

同时，也要清醒地看到，在我县经济和社会发展中，仍然存在许多困难与问题：一是国有大集团“一股独大”的体制性矛盾滞缓着煤炭经济的复苏，煤炭市场反弹的红利享受得不多；二是新兴产业培育不足，缺乏大项目、好项目，新旧动能转化急需加快；三是农业产业基础还不完备，扶贫精准程度不够，带动增收能力还不强，脱贫攻坚任重道远；四是社会治理能力和水平有待提升，安全生产、社会治安、民生保障等方面还有薄弱环节；五是政府职能转变还不到位，一些干部法治意识、责任意识、服务意识还不强，庸政、懒政、怠政等现象依然存在。对此，我们不掩盖、不回避、不懈怠，必须采取更加有力的措施，坚决予以解决。

二、2017 年工作安排

2017 年是实施“十三五”规划的重要一年，是供给侧结构性改革的深化之年。做好今年的政府工作：要深入贯彻落实习近平总书记系列重要讲话精神和中央、省、市重要会议精神，坚持稳中求进工作总基调，坚持推进改革创新，以“全力晋位上台阶、全面脱贫奔小康”为目标，以脱贫攻坚为统揽，以项目建设为抓手，全面实施三化并举、绿色崛起、开放融入三大兴县战略，全力促进经济社会持续健康发展，为全面挺进全省第一方阵做出应有的贡献，以优异的成绩迎接党的十九大胜利召开。全县经济社会发展主要预期指标：地区生产总值增长 6.5%，规模以上工业增加值增长 9%，全社会固定资产投资增长目标根据新的统计口径设置，一般公共预算收入增长 6.25%，社会消费品零售总额增长 8%，城镇居民人均可支配收入增长 7%，农村居民人均可支配收入增长 8%以上，在实际工作中，力争有更好的结果。约束性指标：不折不扣完成市下达的二氧化硫、化学需氧量、氨氮、氮氧化物 4 项污染物减排任务，县城区 PM2.5 浓度、空气质量优良天数比例达到市考核要求。

各位代表，实现上述目标，需要找准突破、扭住关键，核心是同时打赢两场战役，即以决战决胜的气势打赢脱贫攻坚战、以持之以恒的决心打赢创新转型攻坚战。全县经济工作会议围绕打赢创新转型攻坚战，安排部署了十件大事，在此基础上，统筹脱贫攻坚战，将全年工作整合为十二项，这是打赢两场战役的重要抓手，务必下力抓好抓实：

（一）狠抓脱贫攻坚，做实精准文章，全面提升帮扶实效。以 102 个贫困村为主战场，按照“六个精准”（扶贫对象精准、项目安排精准、资金使用精准、措施到户精准、因村派人精准、脱贫成效精准）要求，全力推进十项行动，贫困人口人均可支配收入达到 3340 元以上，确保 1.9 万贫困人口稳定脱贫。

壮大特色产业。坚持市场导向、因地制宜，提质增效核桃经济林 5 万亩，发展小杂粮 666.67 公顷、设施蔬菜 133.33 公顷、中药材 2333.33 公顷，新增畜禽 15 万头（只）。建设 6 个精品庄园、9 个经典采摘园，完成大型地面集中式电站 1 座、村级电站 20 座、农户屋顶光伏电站 5000 座。与省农科院深度合作，创办农业科技合作示范基地，发展新品种新技术试验示范 200 公顷。积极拓展农业产业链条，新发展现代食品企业 5 个以上，改造升级生产线 10 条以上。

夯实基础支撑。实施“中心镇村支撑”扶贫战略，以千人村为重点，铺开完善提质“八普及一创建”工程，创建高标准美丽宜居示范村 15 个。新改建石匣、上武两座变电站，完成 35 个村光伏发电接入系统。实施农村饮水安全工程 39 处，改善 1.7 万人饮水条件。争取清漳河拐儿至芹泉段河道综合治理项目，完成寒王丰垴小流域综合治理。加快水毁工程建设，恢复堤坝 3000 米、渠道 8000 米，复垦耕地 533.33 公顷。推进有机农业标准化生产，创建有机农业基地 2000 公顷，新认证龙头企业 5 家、有机农产品 26 个。盘活集体资产，推动村级光伏电站正常运行，确保 60%以上行政村集体经济破零。规范农建水保、整地造地、造林绿化三类工队运行，带动 6000 余贫困人口年人均增收 3000 元。

用好用足政策。坚持重农、强农、惠农，财政支农资金不少于 2 亿元。充分发挥产业政策的支撑作用，大力推进“一村一品一主体”，确保一半以上贫困村形成特色优势产业，产业收入达到贫困人口总收入的 30%以上。充分发挥社保政策的兜底保障作用，着力推动教育、医疗、文化、科技、就业、社会救助等政策全面落实；完成易地搬迁贫困人口 2500 人、同步搬迁 400 人；大力推进“五位一体”精准扶贫小额信贷，增加风险补偿金至 3000 万元，撬动金融部门放贷 3 亿元。

搞好对接帮扶。凝聚干部、企业、社会三方力量，全面落实“两包三到”精准帮扶联动机制。完善扶贫数据平台，构建县、乡、村、户四级互联的扶贫信息网络，建好用好精准脱贫手册，对精准识别、精准帮扶、精准退出实行全过程、痕迹化管理。建立扶贫项目库，全年实施村级帮扶项目 800 个以上。

（二）实施项目引领，优化推进路径，积蓄发展强大动能。

注重包装策划。围绕产业政策、投资导向、资源优势、发展需求，做好铝矾土、玄武岩、白砂岩等优势资源文章，认真谋划、筛选、储备、包装一批重大项目；出台扶持“转型项目优势企业”实施方案、培育壮大战略性新兴产业和特色产业实施意见，策划上马一批转型项目，力争项目库中亿元以上项目超50个。

创新引进举措。组建招商局，成立招商小分队，制作“招商地图”，瞄准京津冀、长三角、珠三角，围绕60个重点招商项目，对接各行业优势企业，确保全年引资总额150亿元。研究探索出台差异化招商引资优惠政策，实行土地出让金分期缴纳，试行工业用地弹性出让，降低前期投入成本，力争引进一批用电大户。把招商引资工作纳入目标责任考核范围，设立100万元以奖代补资金，大张旗鼓奖励成效突出的乡镇部门、社会中介。

优化推进机制。区别化实施，按照AB两类模式，分类铺排总投资338亿元的项目100个，A类70个，必保开工，当年完成投资58.5亿元。B类30个，争取开工；责任化推进，成立六个项目指挥部，实行“一个项目、一名领导、一个责任人、一班人马、一抓到底”工作模式，抽调100名服务人员，展开百项百人保姆式服务活动；精细化管理，每月调度重点项目、剖析问题项目，限时办结存在难题。设立200万元项目奖励资金，推行重点工程项目计划表、重点工程项目管理明白卡、固定资产投资明白卡“一表两卡”制度，逐月明确投资计划，逐项分解投资任务，以月度任务完成，推动全年目标实现。

（三）加快煤铁脱困，下力破解掣肘，推动工业转型升级。紧抓煤铁市场利好契机，落实减税降费政策，创新解决各类问题，做强工业产业。

重振煤炭产业。构建政银企合作平台，与大企业集团对接沟通常态化，针对性、差异化破解煤企难题，推动煤炭产业大跃升。力争全年实现五个突破：基建矿井有突破，必保山煤宏远、汾西瑞泰正珠、潞安阜生、省煤销盘城岭煤业稳定生产，力推山煤鑫顺煤业联合试运转，力争阳煤永兴、汾西瑞泰正明煤业复工复建；完成投资有突破，必保完成基建投资7亿元，争取10亿元；煤炭产量有突破，必保完成500万吨、争取600万吨；实现税金有突破，保证2.5亿元，争取3亿元以上；难题解决有突破，力保解决拖欠工资、社保资金等问题一半以上。

再塑铁矿地位。加快铁矿企业整合进程，对长期占用资源，不能全力生产的铁矿企业，采取政府引导、企业协商、用资源偿债等方式，帮助企业走出困境、实现涅槃。引进上市企业龙耀集团，整合大成、万顺、鑫泰等铁矿企业，下力理顺鑫瑞公司管理机制，加快神头冶金改制，切实改变全县铁矿开采小、散、乱的现状，推动铁矿采选规模化、标准化、高效化。全年力保10个系统正常生产，铁精粉产量突破30万吨。

加快转型升级。上马超纯铁精粉项目，延伸铁矿产业链条，中晋太行年产30万吨直接还原铁项目6月底前开工，力争成为国家气基直接还原铁技术研发基地。保证通宝、飞宇、鑫宏源3座企业正常生产，推动鼎盈、蓝健、恒诚、长河4座企业达产达效，使县境内所产一半以上原煤得到洗选。加快晋煤蓝焰煤层气抽采、晋煤天煜煤层气液化、潞安阜生瓦斯发电等项目建设，全年煤层气开采量达1亿立方。大力发展光电、风电等清洁能源，大唐、华能风电和增波、红土垴光伏发电建成投产，衡冠、华锐、运达风电项目力争开工。

（四）启动开发区建设，实施倍增计划，厚植企业成长沃土。全面启动民企倍增计划，新培育小微企业180个，新增投资、营业收入各6亿元，带动就业2000人。力争用四年时间实现四个倍增：数量倍增，民企数量由845个增加到1700个；人员倍增，从业人数由2.4万人增加到3.2万人；资产倍增，注册资本由52亿元增长至110亿元；效益倍增，营业收入由26亿元增长至52亿元。

搭建发展平台。启动开发区建设，成立领导组，5月底前，完成总体布局规划编制。投入1000万元，开启园区道路、供水供电、供热供气、污水处理等新一轮基础设施建设，提升园区吸引力、支撑力。创立民营企业孵化园（即扶贫创业中心），提供一体化优质服务，努力让创业者“拎包入住”。

强化政策支持。引深商事制度改革，放宽新产业、新业态市场准入，探索包容创业创新、多元参与的审慎监管方式，努力让人人有创业机会；加大金融支持，安排1000万元中小微企业发展专项资金，重点扶持现代服务业、工业加工业和传统产业升级改造。发挥900万元“助保贷”资金、200万元特别流转金作用，撬动银行贷款1亿元以上；设立“功勋企业奖”，推动个转企、小升规、规改股、股上市，全年新增规上企业1家、上市企业5家；强化规范提升，力争10家企业进入市级先进和优秀等级行列。

（五）培育新型业态，挖掘自身优势，打造发展强大引擎。在旅游、电商等新型业态上发力，加快形成比较优势和竞争优势，发展壮大新动能，推动经济行稳致远。

开启全域旅游发展新格局。提升旅游管理部门综合职能，3月底前完成旅发委组建挂牌。高标准完成全县全域旅游发展规划编制工作，争取晋中太行大九峡爽塬度假区游客接待中心建设项目，为左权大旅游、大产业开发奠定基础；加快旅游投入，成立左权旅游开发集团，启动左权百里红色生态走廊、太行龙泉风景区二期工程建设，加快紫金山、武军山旅游景区开发，启动莲花岩国家AAAA级景区创建工程；推进“一乡一景”工程，有序开发29个国家级乡村旅游扶贫重点村，年内完成上武、赵家庄等15个重点村，上马松树坪特色度假村创建工程，打造旅游新亮点。启动石佛松涛、北郭晴岚等辽阳八景修复工程，让辽阳古景重展风采。扎实推进“十大节庆”活动，支持石匣办好首届抗日民歌节，举行纪念太行抗日根据地成立80周年研讨会，带动全县旅游市场升温提速。

壮大电子商务新业态。依托电子商务创业园，完善县、乡、村三级电子商务服务网络，培育100家本土电商企业。做大“粮易网”，做优“特色网”，拓宽农产品、民俗产品、特色产品市场，推动全县电商交易额破亿元。依托杭州农本品牌管理咨询有限公司，打造区域公用品牌，推向一线城市。推进“左权品牌中华行”活动，大青山羊、黑山羊顺利入港入澳。加快中国核桃交易市场、电子商务创业园、昶升元汽贸城等重大物流项目建设，支持一多便利、友信汽贸、鲜森酒庄纳入限额以上商贸企业。整合全县物流资源，推进快递企业向乡村延伸，实现商贸、供销、电商、物流互联互通。

（六）完善功能设施，推动管理升级，提升县城人居品位。建设山水生态健康城已取得阶段性成果，但提升县城知名度、美誉度永无止境，要进一步拉大框架、拓展空间、完善功能，使县城居民更有幸福感、归属感、自豪感。

拉大县城框架。上半年完成《县城总体规划》《县域村镇体系规划》《东河路沿街地块整治规划》《滨河路景观改造规划》《县城区重点基础设施专项规划》修编，推进政法大楼、商贸广场、粮食储备库主体完工，商贸物流集散中心开工，启动“城中村”改造、快捷酒店建设等工程，为辽西新城开发奠定坚实基础。

完善城市功能。推进紫文阁、文苑二期、鑫城国际三期、盘城棚户区改造等住宅项目主体完工，兴业园、东沟二期、阳光尚品、西关砖厂综合改造等项目开工建设。规划建设26个公共自行车站点，投放运营公共自行车600辆。实施城南污水配套管网、城南河河道治理工程，完善城市地下排水防涝设施。采用拍卖方式，建设油气合建站。新建恬园、先锋科技供热站，完成辽阳街、东河滩片区供热管网改造，新增供热面积10万平方米。改造供气管网3.8公里，新增燃气用户2000户。

畅通县城交通。打通崇圣路北段，建设东河路，改造康乐路、辽阳街、万寿街等6条街巷。实施滨河东段文化走廊、滨河西段拓宽改造工程，建设全市最美慢行步道；启动环县城森林通道建设工程，投资1400万元，打通县城祝融公园至转播台北部森林景观通道，推动鳌峰公园与省道319连接循环路工程落地，打造南部绿色生态通道，全力构建“内成网、外成环”的路网格局。

加强城市管理。启动“智慧城市”创建，新建通讯网络基站112个，发展移动宽带小区（村）200个，宽带网速达到50兆以上，实现县城区网络全覆盖；引深城乡爱国卫生运动，突出抓好街巷街景、乱停乱放、私搭乱建、马路市场、小区环境卫生五大专项整治，确保主街道机扫率、城市照明率达90%以上，垃圾无害化处理率、市政设施完好率达95%以上，乡村清洁工程保持全市领先。

（七）加速道路建设，补齐基础短板，优化完善路网结构。秉承“穷县修大道、小县修大路”的交通理念，加大交通基础设施建设力度，下力畅通路网，提升交通级次。

打通主干道。投资2.3亿元，完成国道207线左权至黎城县界段改造工程，投资1.6亿元，打通阳左高速连接线，完成松店线修复工程，加快推进总投资28亿元的左涉公路改造项目，年底前完成前期工作、具备开工条件，全力畅通左权交通大动脉。

提档乡村道。规划下下线道路改造工程，提升寒王、辽阳、石匣3个乡镇5个村通村路，完成羊林至泽城、山庄至十字岭线建设，改造县乡公路41.3公里、通村道路28.5公里，新增公路生命安全防护工程44公里。加快灾后恢复，改造21公里高黄线，完成西安、东安、河北沟、西崖底、泽城、拐儿6座水毁桥梁恢复重建，力保受灾四乡镇道路交通超过灾前水平。

（八）建设特色小镇（村），启动试点工作，努力彰显地域特色。

科学制定规划。成立推进特色小镇建设领导组，设立办公室，出台创建特色小镇工作实施方案，统筹协调小镇创建工作。坚持“宜工则工、宜商则商、宜农则农、宜游则游”原则，与精准扶贫工作相结合，编制特色小镇“三年行动计划”，每个乡镇规划建设2至3个特色村镇，着力打造产业特色鲜明、人文气息浓厚、生态环境优美、多种功能叠加的特色小镇。

坚持重点突破。探索多种融资模式，率先在麻田镇开展试点工作，以创建红色村镇为主题，与百镇建设相结合，力争年内完成将军路综合治理、红色文化景观小品、污水处理厂、虎头山公园等八项重点工程，尽快入围国家特色小镇行列。打造柏峪、红都等民俗文化村，实施桐滩、连壁等传统村落保护，整修晋冀鲁豫边区临参会旧址，综合改造周边配套设施。

（九）提升创建标准，叫响绿色品牌，力保生态惠泽百姓。以“双创两行动”为引领，倾力做好生态文章，让全县人民享有更多生态红利。

创建全省首批森林县城。开工城乡水源保护和环境改善示范项目，启动环城省级森林公园、麻田流域省级湿地公园创建，国家级清漳河湿地公园完成白垢水源涵养林建设、林带生态恢复、标界立桩等工作。建设环县城森林廊带，完成石佛寺城郊森林公园一期，绿化滨河南岸风景林地、319改线绕城段两侧沿线，祝融公园、芸山公园、鳌峰公园完成补植补种。加强林木、绿地管理，保护绿化成果，努力实现“城在绿中、人在景中”。

创建全国生态造林绿化模范县。以8个乡镇4个核桃主产区为重点，综合管理6666.67公顷，新栽植666.67公顷。以国省干线两侧、荒山荒坡绿化为重点，提档鲜森庄园、莲花岩景区、千亩川旅游区等生态环境，大力实施阳黎高速通道目及荒山绿化、左权东出口绿化、泽城千亩荒山绿化、石匣万亩生态林建设、万亩连翘基地建设等工程，完成龙则、苇则等10条乡村道路绿化美化。全年生态造林4.33万亩，森林覆盖率再提高1个百分点。

强力推进两项行动。深入开展双百企业节能行动，完成华能左权电厂1号汽轮机提效、烟气清洁化改造，建成金隅水泥电力需求侧管理平台。大力推进铁腕治污行动，有效整治违法和超标排放企业，改造26个加油站储油罐防渗工程，完成8个乡镇饮用水源地防护工程，工业企业废水处理达到国家三类水质标准。力争33项创模指标稳定达标。

（十）全面深化改革，创新体制机制，激发经济内生动力。

抓好四项试点改革。按照省、市对左权改革试点要求，创新城乡义务教育集团化办学模式，以思源学校、示范小学为引领，组建2个教育集团，开展中小学教师“县管校聘”和校长职级制改革市级试点工作。加快城市管理综合执法市级试点改革，组建城市管理综合执法局，促进行政执法规范有序运行。完成供销社综合改革省级试点工作，加快构建经营性、公益性服务相融合的合作经济组织体系。开展农村产权流转交易规范化建设市级试点工作，实现乡镇交易所全覆盖，完成土地流转5000亩，新增土地预期收益保证贷款500万元。

引深四项重要改革。推进农村集体资产股份权能改革试点，探索集体经济组织成员身份确认、股权量化和资产管理，赋予农民更多的财产权利。加快推进财政事权和支出责任划分，在部分领域探索引入竞争性使用财力机制，扩大政府购买公共服务范围。创新林场经营管理机制，6月底前，初步完成国有林场主体改革。出台《加强县属国有资产监管与经营实施意见》，整合利用闲置国有资产，进一步完善国资、公投、交投等资产财务管理制度，提升国有资产使用效益。

扎实推进其他领域改革。做大金融机构，推动晋中银行左权支行尽快投入运营，完善考核办法，促进金融机构服务县域发展。大力推进PPP模式，辽西路竣工通车，新建县级医院、左权中学项目取得实质性进展。组建项目办，推进亚行供水工程取得新突破。明晰小型水利工程产权，落实管护主体和责任，确保小型水利工程安全运行。

（十一）突出平安建设，推进专项行动，营造和谐稳定环境。

筑牢安全生产防线。认真落实总书记关于国家总体安全观的指示，按照“三个坚决防止”和“四铁”要求，压紧压实企业的主体责任、行业领域的部门监管责任、党委政府的领导责任；健全企业、部门、乡镇的安全风险分级管控机制，全面开展安全风险排查和评估，明确安全风险等级、制定管控措施、实施动态管理、确保监管到位；深入开展安全隐患大排查，推进隐患整改“五落实”，形成“排查—整改—复查”闭环式管理；落实“八项常态化工作机制”，推进安全生产形势持续稳定向好。

维护社会公共安全和稳定。扩大公共安全视频网覆盖面，全县视频监控高清探头达到2500个，健全完善人防、物防、技防相结合的立体化社会治安防控体系。深入开展项目护航、打击多发性侵财、涉毒犯罪行动，营造良好的治安环境。强化食品、药品安全监管，提升监管效率和信息化水平。加大地质灾害防治，实施10处农村地质灾害应急处置，完成永青路和拐儿村地质灾害治理。逐步将涉法涉诉信访问题纳入法治轨道，稳妥处置征地拆迁、村企矛盾、欠薪欠保等领域的纠纷。

（十二）优先保障民生，倾心办好实事，持续增进群众福祉。坚持从群众最关切的问题抓起，从群众最期盼的实事做起，不断提高群众的获得感和满意度。

积极搭建就业平台。实施重点群体就业创业计划，推进创业小额贴息担保贷款，免费提供创业培训和资金扶持，全年新增城镇就业岗位1000个。实施“幸福五覆盖”工程，与北京百联生活物业公司合作，建立劳务输出中心，农民技能培训2600人，带动输出贫困劳动力1700人。

优先发展教育事业。继续实施“438”（“4”指深化四项改革，即教育管理体制、基础教育课程、人事制度、招生考试制度改革，“3”指完善3个机制，即全员育人、教育经费保障、弱势群体关爱机制，“8”指推进八大工程，即学前教育优质普惠、义务教育优质均衡、普通高中内涵提升、职成教育服务增效、教师素质全面提高、教师质量全面提升、教育信息化整体推进、学校安全能力建设工程）工程，改造一批学校操场，思源实验学校、3座教师周转宿舍楼投用。引进民间资本，在县城兴办3所幼儿园，优化幼儿园布局，确保全县适龄幼儿就近入园。推进“互联网＋教育”行动计划，加快教育信息化进程，扩大优质资源覆盖面。新增机电设备安装维修、会计两个专业，提升职中教育水平。加强师资力量，启动卓越教师培养计划，全面提高教育教学质量。

健全社会保障体系。加快县妇幼保健站建设，新建龙泉卫生院，改造16个村级卫生所。落实国家基本药物制度，医疗机构使用基本药物达100％。打造2个健康村镇试点，居民基层卫生服务覆盖率90％以上，城乡居民社区门诊就诊比例达到60％。扎实做好健康扶贫，贫困人口在县域内定点医疗机构免除挂号费，医药费救助比例由原来的10％提高到20％，24种重大疾病补偿比例提高到30％；提升城乡低保和特困人员救助供养标准，低保户中的高龄老人、失能老人及困难残疾人，每人每月分别补助30元、60元和50元，每年为贫困人口免费体检一次。加快社区、机构养老服务设施建设，县社会福利中心投用，禄缘健乐养老院取得实质性进展。改造提升县文化馆、图书馆，70%的行政村（社区）建成综合文化服务中心。

推进拥军优属、拥政爱民工作，争创全国双拥模范县八连冠。扎实做好人武和国防动员、人口计生、妇女儿童、红十字会、外事、人防、宗教、老龄、科技、体育、气象、地震、档案、史志等工作。

三、全面加强政府自身建设

面对艰巨繁重的脱贫攻坚和创新转型任务，我们必须强化宗旨意识，忠诚履行职责，着力打造四型政府，推进政府治理体系和治理能力现代化。

建设法治型政府。尊崇法治、敬畏法律、依法履职。落实公众参与、专家论证、风险评估、合法性审查、集体讨论决定等法定程序，实行终身责任追究和责任倒查机制，切实规范行政行为。全面推进政务公开，自觉接受人大法律监督和政协民主监督，认真办理人大代表意见建议和政协委员提案，加强政府内部层级监督和审计监督，主动接受社会监督、舆论监督。深入开展“七五”普法，深化“法律六进”活动，全面提升学法用法守法意识。

建设责任型政府。加强分责管理，省、市确定的经济目标，县人代会、政府常务会议定的工作事项，人民群众反馈的诉求信息，全部明确牵头领导、责任单位、完成时限；建立容错机制，推行《重大改革创新风险备案制度》和《改革创新风险备案表》，注重过程纠错、及时提醒，给干事者鼓劲，为担当者撑腰；严格考核奖惩，完善工作推进机制和考核奖惩制度，对工作积极、绩效明显的，年终以补代奖，追加工作经费，对不作为、慢作为等影响工作大局的，严肃追责、决不姑息。

建设效能型政府。持续推进“放管服效”改革，精简投资审批前置条件，核准类重大项目只保留选址意见、用地预审、重特大项目环评审批，积极探索预约办理、委托代办等服务；精简公共服务事项流程，取消没有依据的复杂材料和繁琐手续，力争80%以上的事项实现网上办理。全面推行“13710”制度，主动与省市对接联网，加快建立督办系统，构建横向到边、纵向到底的执行落实体系。

建设廉洁型政府。推进政府系统党风廉政建设和反腐败工作，强化对权力集中、资金密集、资源富集部门和岗位的监管。坚决把纪律和规矩挺在前面，健全“把权力关进制度笼子”的长效机制。认真落实中央“八项规定”精神，严格遵守国务院“约法三章”，牢固树立过紧日子思想，严控“三公”经费支出。坚决查处隐形变异“四风”问题，严肃整治推诿扯皮、吃拿卡要等问题，努力营造风清气正、干事创业的良好环境。

各位代表，脱贫致富是左权人民由来已久的期盼，晋位争先是新一届县委、县政府的担当和追求。让我们紧密团结在以习近平同志为核心的党中央周围，在市委、市政府和县委的坚强领导下，团结一心、锐意进取，忠诚担当、合力攻坚，以实际行动和出色成绩迎接党的十九大胜利召开！

中国人民政治协商会议
第九届左权县委员会常务委员会工作报告

——2017年3月13日在政协第九届左权县委员会第二次会议上

县政协主席　高儒林

九届一次会议以来工作回顾

2016年，是全面实施“十三五”规划的开局之年，是全县人民朝着县第十七次党代会确定的“全力晋位上台阶、全面脱贫奔小康”目标奋勇前进的一年。九届一次会议以来，县政协常委会在县委的领导下，深入学习贯彻习近平总书记系列重要讲话精神和中共十八大及十八届三中、四中、五中、六中全会精神，坚持团结和民主两大主题，紧紧围绕县委县政府中心工作，认真履行政治协商、民主监督、参政议政职能，为推动全县经济和社会各项事业的发展做出了积极的努力。

一、紧扣全县发展大局开展协商议政，全力助推发展晋位

围绕中心、服务大局，是人民政协履行职能必须遵循的重要原则。一年来，政协常委会紧紧围绕“全力晋位上台阶、全面脱贫奔小康”中心目标，组织了全方位、多层次的协商议政活动。

围绕事关全局的重大事项，广泛开展协商讨论。县政协九届一次会议期间，全体委员集中精力、认真参会，围绕政府工作报告、“十三五”发展规划、县发展计划报告、县财政预算报告等重要文件和重大事项，广泛协商讨论，积极献计献策。特别是在专场发言会上，20名委员围绕推进我县煤炭企业转型发展、做大做强旅游产业、建设和谐金融发展环境、推进电子商务发展、做好返乡农民工就业创业、加快我县保险业发展等议题，提出具有针对性、建设性意见建议60余条，受到了县委、县政府领导的肯定和有关部门的重视。

瞄准中心工作的重点部位，深入开展视察监督。九届一次会议以来，常委会组织主席、副主席和部分常委、委员，围绕县委、县政府重大决策部署的实施推进，进行了全县重点工程视察、提案推进情况视察和重点提案督办视察三次视察监督。其中在对重点工程建设视察中，深入左权县社会福利中心、省道319线改线工程、东长义保障性住房建设工程、晋煤核桃深加工及示范种植基地、思源实验学校等重点工程建设现场进行视察，就重点工程建设中存在的问题同有关部门进行了广泛深入的讨论交流，从加快重点工程配套设施建设、加强重点工程后续管理、积极拓展重点工程投资渠道等方面提出多条具体意见建议，及时向县委、县政府进行了反映。

针对各界反映的突出问题，认真组织专题调研。九届一次会议以来，分别组成多个调研小组，开展民营企业发展、企业人才建设、连翘产业开发、保障性住房建设、古村落保护、宗教活动情况等专题调研10余次，形成调研报告10篇，提出了许多富有针对性的意见建议。在民营企业发展调研中，针对当前困扰我县民营企业发展的突出问题，深入昌鑫矿山公司、龙鑫农民专业合作社、通宝煤化公司等企业进行座谈了解，认真研究分析，从破解企业融资难题、推动产业转型、做好民营企业家培养、创优发展环境、鼓励外出企业家回乡二次创业等方面提出8条具体建议，向县委、县政府进行了汇报，对一些带有普遍性、宏观性的问题，还通过政协渠道，向省、市有关部门进行了反映。在古村落保护调研中，先后深入蛤蟆滩、羊角、下庄、禅房等村详细了解古村历史和现状，深入挖掘古村文化内涵，向文物部门提出了加强古村落保护的意见，并及时向上级部门反映，其中关于加强禅房村明代古桥保护的建议被省政协社情民意信息采用。

二、积极助推脱贫攻坚，努力促进小康建设

脱贫攻坚是我县在“十三五”期间的头等大事和第一民生工程，也是县委、县政府的一项重要政治任务和中心工作。一年来，我们认真贯彻县委、县政府决策部署，想方设法、尽心竭力助推全县脱贫攻坚。

认真组织脱贫攻坚专题议政会。九届一次会议期间，组织了脱贫攻坚专题议政会，12名委员立足我县实际，紧扣脱贫主题，从核桃产业壮大、连翘产业发展、有机杂粮种植、乡村旅游开发、扶贫政策落实、人才助推扶贫、扶贫移民搬迁、解决卖粮难题等多个视角、多个方面畅所欲言，建净言、献良策，提出了真知灼见，为县委县政府了解情况、解决问题提供了重要参考。

深入开展脱贫攻坚系列大调研。坚持“问题导向、实字当头、选题精准、调研具体”的原则，确定了规模养殖、易地扶贫、光伏发电、劳务输出、杂粮种植、设施蔬菜、乡村旅游、庄园开发、药材种植、核桃产业10个课题，通过座谈研讨、征求意见、实地观摩等方式，系统了解各乡镇在脱贫攻坚中的经验做法以及存在问题。最近，我们又配合省、市政协调研组，深入石匣等乡镇，与乡村干部召开座谈会，进村入户发放调查问卷，详细了解贫困农户缺什么、想什么、盼什么，力求找准症结，提出精准建议，助推精准扶贫。

带头开展驻村帮扶和社会帮扶工作。既要坐而论道，更要起而行之。在扶贫攻坚大潮中，各位主席、常委和政协机关工作人员，积极响应县委、县政府号召，多次到贫困户家中，扎扎实实了解情况，填写完善工作台账，给予帮扶，送去温暖。在对接帮扶拐儿镇河东村和龙泉乡坪上村过程中，政协机关积极开展捐款捐物，帮助村里发展特色产业，改善基础设施，进行农技培训，收到了明显效果。同时，还会同县委统战部、县工商联共同开展“双百”光彩助学活动，全县共有100名贫困大学生、100名贫困高中生受助60多万元。倡议和鼓励广大政协委员投身产业扶贫，带领农民致富。政协委员张国忠发起兴办龙鑫农民专业合作社，带动龙泉乡连壁村及周边400余户农民种植杂粮，户均增收3000余元，为全县产业扶贫推进做出了示范、趟出了新路。政协常委、通宝煤化公司董事长高树新，在经济下行压力较大的情况下，励精图治，改进技术，积极吸纳周边村民就业，在助力脱贫攻坚中发挥了带头作用，展现了委员风采。

三、认真抓好提案办理和信息工作，倾情服务民生改善

常委会把提案征集办理和社情民意信息反映作为履职为民的重要抓手，给予高度重视，取得明显成果。

集思广智征集提案，认真抓好办理落实。九届一次会议以来，政协委员共提出提案118件，经审查立案115件。这些提案反映了群众愿望，凝聚了委员智慧。为保证办理落实效果，我们将提案逐件整理归类，及时向县委、县政府和有关部门进行交办。同时组织了提案办理视察活动，对重点提案实行跟踪督办。县委、县政府对提案办理高度重视，王兵书记、赵宏钟县长对提案办理提出明确要求，王宏昌副书记、张海荣常务副县长多次组织相关部门进行研究，现场督办提案，特别是针对承办单位在提案办理中不熟悉、不认真、不到位的情况，召集8个单位负责人召开专题会议，逐案提出重新答复要求，确保了委员提案办理落实效果。115件提案中已经解决和正在解决的77件，列入计划准备解决的31件，作为工作参考的7件。通过提案办理落实，促进了一大批群众普遍关心的热点难点问题的解决，产生了良好的社会效应。如随着“大县城”框架的不断拉大，群众办事交通不便，九届一次会议期间委员们提出关于开通城乡公交车方面的提案达4件之多，县交通局、运管所高度重视，立即着手开展调研，新开通了由县城分别至石匣乡蒿沟村、姜家庄村、寒王乡上丰堠村、太行龙泉风景区4条公交线路，以实际行动回应了群众呼声。如在办理《关于做好灾后恢复重建工作的建议》提案过程中，县委县政府急群众之所急，及时协调发改、交通、水利、国土等部门在较短时间内恢复了灾区的水、电、路及通信，努力向上级部门争取救灾资金，并对灾区损毁的桥梁、道路、堤坝、耕地等重建项目进行规划设计，分轻重缓急逐步推进实施，保障了灾区人民群众正常的生产生活。

高度重视社情民意，认真抓好信息工作。反映社情民意是人民政协履行职能的一项基础性工作。常委会高度重视社情民意的捕捉收集和整理上报工作，对来自基层的苗头性、倾向性问题以及人民群众的期望和呼声，坚持全方位挖掘、深层次剖析，及时加以采写编发，以充分发挥社情民意信息服务决策、反映民意的“直通车”功能。一年来共编发《政协之声》10余期，收集上报信息100多条，其中“关于我省兼并重组煤矿生存发展的建议”“关于易地扶贫搬迁中存在问题及建议”“将辽州老城保护列入我省历史文化古城的建议”等信息被省市政协采用，为党委政府掌握舆情、集纳民智、造福民生提供了基础情况。2016年，县政协被评为“全市政协信息工作先进单位”。

四、立足实际做好团结联谊工作，广泛汇聚发展力量

围绕团结民主主题，做好文史资料征编、开展团结联谊活动是政协一项经常性、特色性工作，一年来，我们认真把握文史资料征集和团结联谊工作特点，立足左权实际开展工作，取得了新的成效。

坚持“三亲”原则，做好文史资料搜集整理。

“亲历、亲见、亲闻”是开展政协文史资料工作的基本原则。一年来，我们按照这一原则，组织文史研究员召开了作品征集座谈会，赴河北省邢台市进行了走访，征集有关文史资料。年内完成了《左权文史》第11辑编印工作，收录“三亲”史料文章15篇约10万字，收集编写革命英烈史料多篇，其中《左权烈士传略》《何云传略》《巨贵如传略》等6篇文章被省政协《文史月刊》和《革命英烈》专辑采用。《左权文史全集》荣获市委市政府第五届社科成果三等奖。

着眼左权发展，广泛开展团结联谊工作。年内热情接待了湖北省政协调研组、陕西省渭南市调研组、临汾市安泽县调研组等前来我县调研考察，增进了友谊，架起了桥梁，扩大了影响。同时，加强同各地政协沟通交流、学习借鉴，和甘肃省庆阳市西峰区以及和顺县、昔阳县等兄弟市县政协互赠文史资料，博采众长推动工作，加强宣传赢得关注，全力为我县经济社会发展营造良好的外部环境。

五、紧跟形势需要不断加强自身建设，切实提升履职能力

形势的不断发展变化对政协工作提出新的要求。为了确保政协工作能跟上形势变化，适应发展需要，常委会着力抓了三方面工作。

抓好政治学习，强化理论武装。按照中央和省、市、县委的要求，扎实开展“两学一做”学习教育，认真做好专题研讨会、民主生活会等规定动作。在政协机关继续坚持和发扬重视学习的优良传统，坚持每周一、三、五上午学习雷打不动，丰富拓展学习内容，全面提高机关干部的理论素养。同时通过常委会、专委会、全委会等形式，先后深入学习了党的十八届六中全会精神、习近平总书记系列重要讲话等，加深了广大委员和政协工作人员对时事政治和相关政策的了解，进一步增强了政治意识、大局意识、核心意识、看齐意识。

抓好业务培训，增强履职能力。根据《中共中央关于加强和改进人大代表、政协委员有关工作的通知》中有关完善委员学习培训计划、落实初任培训制度的要求，认真组织开展委员培训工作。九届一次会议召开前，组织专题培训会，邀请县政协原副主席李连旭以及政协有关工委主任，围绕提案撰写、社情民意信息采编等内容进行授课讲解，对新一届政协委员进行了集中培训。11月份，又按照政协总体培训计划安排，组织第一批政协常委和部分委员赴全国政协培训中心青岛培训基地进行了政协理论知识学习培训，参加了市政协组织的在南开大学继续教育中心举办的专题培训。通过培训，使广大委员进一步熟悉了政协的性质、职能和工作方式，提高了参政议政能力。

抓好机制创新，提升工作效率。为了充分发挥委员主体作用，县政协九届一次会议结束后，我们立即召开常委会议对年度重点工作进行研究讨论，制定了《县政协2016—2017年度重点工作计划安排》，列出40项重点工作，并进行责任分解，主席、副主席人人领衔担担，常委人人牵头负责，委员人人参与活动，不仅使政协工作有了明确的线路图，使广大政协委员对自身责任有了清晰的了解和掌握，而且有效调动和激发了常委、委员的工作积极性。同时我们还不断加强委员履职管理，严格执行《政协委员履职管理考核办法》，对政协委员日常参会、撰写提案、报送信息、参加调研活动等情况进行通报，增强了委员的责任感，提升了履职实效。

各位委员、同志们，回顾政协九届一次会议召开到现在，时间不算太长，我们在有限的时间里做了一些工作，取得了一些成绩。在这里，我代表县政协常委会向中共左权县委的重视关怀，向县人大、县政府及社会各界的大力支持，向各位委员的努力付出表示衷心的感谢！

同时，我们也清醒地看到，与县委的要求相比，与人民群众的期望相比，与“全力晋位上台阶、全面脱贫奔小康”的发展形势相比，我们的工作仍存在不少问题和不足。比如，在议政建言方面，有的调研在选题上研究不深，存在调研题目偏于宏观、涉及面太广的问题，有的调研重调查、轻研究，一些意见建议缺乏针对性和可操作性；在民主监督方面，对政协提案和社情民意信息提出的一些建议采纳情况，缺乏深度调研监督，成果转化落实还有待进一步加强；年度计划安排由于时间关系，有的任务尚未完成等。这些问题，我们将在今后工作中采取有效措施，努力加以改进。

2017 年工作部署

2017 年是中国共产党第十九次全国代表大会召开之年，是实施推进“十三五”规划的重要一年，是我县脱贫攻坚、决胜小康的关键一年，做好今年政协工作意义重大。今年常委会工作总体要求是：全面贯彻中共十八大和十八届三中、四中、五中、六中全会精神，深入学习贯彻习近平总书记系列重要讲话精神，认真学习贯彻县委第十七次党代会精神、县委十七届二次全会暨经济工作会议精神和县委各项决策部署，始终坚持团结和民主两大主题，坚持“围绕中心、履职为民、凝心聚力、务实创新”的工作理念，着力强化共同思想政治基础，着力强化协商议政实效，着力强化民主监督职能，着力强化委员履职能力建设，为实现“全力晋位上台阶、全面脱贫奔小康”宏伟目标贡献力量，以优异成绩迎接中共十九大胜利召开。

一、加强理论学习，更加牢树“不忘合作初心、继续携手前进”的政治信念，始终确保政协工作的正确方向。

中共十八大以来，以习近平总书记为核心的党中央高度重视政协工作，提出了一系列新理念新思想新战略，为政协事业发展指明了前进方向。新的一年，我们要继续把政协重视学习、认真学习的优良传统坚持下去，尤其是要通过多种形式组织广大委员和机关干部深入开展政治理论学习，更加坚定不忘合作初心、继续携手前进的政治信念，始终确保政协工作正确的政治方向。

要深入学习贯彻习近平总书记系列重要讲话精神，学习贯彻中共十八大和十八届历次全会精神，深刻领会其精神实质和丰富内涵，牢固树立“四个意识”，始终坚定正确的政治方向。中共十九大在今年召开，政协要及时组织全体委员和各界人士学习贯彻大会精神。要深刻领会新时期中央、省、市关于加强人民政协工作的新要求，组织广大委员认真学习贯彻《中共中央关于加强社会主义协商民主建设的意见》和中办《关于加强人民政协协商民主建设的实施意见》以及省委、市委有关加强政协工作的文件精神，准确把握加强社会主义协商民主的精神实质，充分发挥政协协商民主的重要渠道和专门机构作用。要及时学习贯彻中共左权县委关于今年工作的重大决策部署，尤其要及时学习县委十七届二次全会暨经济工作会议精神，深刻领会县委《关于苦干三年全面挺进全省第一方阵的决定》精神，切实把社会各界的思想和行动统一到县委、县政府工作部署上来。

二、紧盯“两全”目标，更加扎实有效服务发展大局，真正当好县委、县政府参谋助手。

“全力晋位上台阶、全面脱贫奔小康”是我县“十三五”发展的宏伟目标。政协要围绕这一目标，深入调研视察、广泛协商议政、积极建言献策，为县委、县政府当好参谋助手，服务全县经济社会发展。

要着眼发展大局，准确把握全县经济社会发展前进“脉搏”，认真组织开展“一府两院”工作报告讨论，及时听取了解县委、县政府工作情况通报，针对县域经济社会发展全局性问题建言。要紧扣重点工作，围绕“煤铁解困”“特色立镇”“民企倍增”“新业助力”“路网完善”“园区开发”等要事开展视察。要盯住热点难点，对影响经济发展的各类问题，如传统产业转型、困难企业搞活等进行调研。要助力阶段性工作，对今年全省林业生态建设与产业脱贫攻坚现场会在我县召开等大事，主动介入、勇于作为。要继续组织开展重点工程建设情况视察，促进全县经济更好更快发展。要抓紧承接落实去年未完成的任务，力争向县委、县政府提出更多切实可行的意见建议。

三、倾听社情民意，更加坚定为民服务、为民履职的宗旨，全力助推脱贫攻坚。

人民政协为人民。我们要在学习群众中增加智慧，在联系群众中把握方向，在依靠群众中凝聚力量，以扎实的服务赢得群众的认可，在服务群众中体现政协的价值。

要致力脱贫解民忧。按照县委、县政府“以脱贫攻坚统揽经济社会发展全局”的工作部署，把助推脱贫攻坚摆在年内工作重要位置，围绕精准扶贫精准脱贫深入调研、建言献策。着眼精准扶贫实施是否“精准”、是否“务实”、能否“稳定”三个内容，重点针对光伏扶贫、易地搬迁等脱贫项目实施、脱贫资金使用、脱贫工程质量开展民主监督，促进脱贫攻坚成效，组织号召委员积极参与产业扶贫、教育扶贫、生态扶贫等，为脱贫攻坚增砖添瓦、抱薪加柴。要心系群众惠民生。坚持民主视角，突出民生特色，重点围绕集中供暖、养老保险、教育发展、山水生态健康城建设等课题开展深入调研，在助推民生项目建设上发挥政协作用，让群众切身感受到委员就在身边、政协离自己很近。要落实提案暖民心。继续加大提案督办力度，采取主席、副主席领衔督办、委员跟踪督办、提案视察等行之有效的方式，拓展提案督办的广度和深度，完善承办单位、提案委员、政府督查机构间的沟通联系机制，推动提案办理由注重“答复率”和“采纳率”向注重“落实率”和“满意率”转变，充分运用政协提案这一有效形式，促进全县经济社会持续健康发展。

四、抓好队伍建设，更加发挥政协组织人才荟萃、联系广泛的优势，广泛汇聚发展能量。

牢牢把握大团结大联合主题，以委员为纽带，加强和社会各界人士团结联谊，协助县委、县政府寻求全社会意愿和要求的最大公约数，画出民心民愿的最大同心圆，汇聚改革发展的最多正能量。

强化思想认同，提升综合素养。在去年组织政协常委集中培训的基础上，组织广大委员分批次开展轮训，引导委员做到懂政协、善协商、会议政，力求参政参到点子上，议政议到关键处。做好行动引领，凝聚智慧力量。坚持将政协工作融入全县经济社会发展大局和软硬实力两手抓的工作思路，按照《县政协 2017 年度重点工作计划安排》的部署，充分调动广大委员的积极性，开展广泛调研视察监督，促进全县经济社会稳健发展。扎实做好文史资料征编工作，组织委员参加有关单位工作情况通报会等，拓宽委员知情明政渠道，做到选题精准、建言务实，力求服务发展有力量、服务民生有成效。

五、锤炼扎实作风，更加增强协商议政、民主监督的能力，不断提升履职水平。

坚持崇严尚实作风，进一步发挥政协党组的领导核心作用、常委会的表率作用、专委会的基础作用、政协委员的主体作用和县政协机关的参谋助手作用“五个作用”，着力提高广大委员和政协干部政治把握能力、调查研究能力、联系群众能力、合作共事能力“四种能力”，努力营造“热烈而不对立、真诚而不敷衍、尖锐而不极端”的履职氛围。

夯实主体责任，强化纪律规矩。把巩固“两学一做”成果作为政协自身建设的关键点，始终坚持“讲政治、守规矩、有纪律”这一基本政治要求，全面落实从严治党主体责任，认真落实中央八项规定精神，积极履行“一岗双责”。引导和督促广大政协委员进一步强化政治约束，牢记委员身份，自觉践行社会主义价值观，弘扬清风正气，争做勤廉典范。完善工作机制，提高履职成效。继续实行常委牵头开展领题调研视察制度、乡镇副书记委员列席常委会制度、委员分次列席常委会制度、委员履职情况考核制度、通报制度等，最大限度地激活委员、调动委员，充分发挥委员主体作用，提升政协工作活力和成效。

继续实行政协专委会分界别对口联系走访服务委员制度，加强与委员的日常联络，向委员通报情况，帮委员解决困难，进一步增进友谊、促进工作，把政协机关真正建设成为“委员之家”。弘扬优良作风，提升工作水平。以建设“学习好、作风好、服务好”的政协机关为目标，驰而不息地加强作风建设，坚决反对“四风”，大兴“联系群众、求真务实、勤勉敬业、创新进取”四种清风正气，自觉对标一流，提升标准要求，为政协有效履行职能、顺利开展工作提供有力的作风保障。

各位委员、同志们，左权的美好明天需要每一个左权人的共同努力。新的一年里，让我们在中共左权县委的坚强领导下，在县人大、县政府和社会各界人士的大力支持下，不忘合作初心，继续携手前进，不断开创政协工作新局面，为“全力晋位上台阶、全面脱贫奔小康”宏伟目标的实现贡献新的更大的力量！

左权县2016年国民经济和社会发展计划执行情况及2017年国民经济和社会发展计划（草案）的报告

——2017年3月14日在左权县第十六届人民代表大会第二次会议上

左权县发展和改革局党组书记　刘林忠

一、2016年国民经济和社会发展计划执行情况

2016年是“十三五”开局之年，面对宏观经济下行压力持续加大的严峻形势，全县上下认真落实中央和省、市决策部署，按照省委“一个指引、两手硬”重大思路和要求，紧紧围绕市委提出“两个全面”奋斗目标，坚定不移实施创新驱动，转型升级战略，攻坚克难，苦干实干，牢牢把握稳中求进工作总基调，适应经济发展新常态，统筹推进稳增长、促改革、调结构、惠民生各项工作，扭住“五个重点建设”不动摇，精准发力，顽强拼搏，统筹推进各项工作，县域经济发展稳中有进，各项社会事业全面进步，为今后发展奠定了坚实基础。

2016年，地区生产总值完成44亿元、增长4.2%，规模以上工业增加值完成14.4亿元、增长3%，社会消费品零售总额完成14.3亿元、增长7.2%，一般公共预算收入完成4.54亿元、增长0.7%。固定资产投资完成99.4亿元、增长12.8%，增幅全市第一。城镇居民人均可支配收入完成23687元、增长6.1%，农村居民人均可支配收入完成4745元、增长7.1%，两项收入指标增幅，在全市排位较上年分别进3位、9位。

（一）脱贫攻坚首战告捷，特色农业增势良好。以扶贫攻坚统揽全局，全力打响脱贫攻坚开局之战。制定“十三五”脱贫攻坚规划，出台《关于坚决打赢全县脱贫攻坚战的实施方案》，实施七大攻坚工程、二十一项专项行动，扶贫项目覆盖全部贫困乡村、惠及所有贫困人口；成立乡村扶贫工作站室，省、市、县三级7255名党员干部入户帮扶，36645名贫困人口实现帮扶全覆盖。新发展中药材3万亩、核桃1万亩、设施蔬菜1200亩，建成村级光伏电站15座、屋顶分布式电站830座，培育规模养殖户292个，畜禽规模化养殖比重达57.8%，大青山羊供港澳中转场竣工，成功获得供港澳活羊注册证。整合财政涉农资金10大类、88项7459万元，组建农建水保、整地造地、造林绿化三类脱贫攻坚专业队112支，吸纳贫困劳动力2000余人，受到国务院扶贫领导小组、省政府领导充分肯定。全县8147名贫困人口稳定脱贫。

（二）小微企业逐步崛起，工业经济运行平稳。全县规模以上工业增加值完成14.4亿元、增长3%。山煤宏远、汾西瑞泰正珠、省煤销盘城岭煤业投产，潞安阜生转为生产矿井，昌鑫、华鑫等10个铁矿系统平稳生产，鼎盈煤化顺利入规，华能左权电厂全年发电57亿度，金隅水泥扭亏增效。统计监控的洗精煤、铁精粉、水泥、硅铁、电石产量分别同比增长56.2%、77.6%、25.1%、101.8%、660%。积极培育新动力，新登记市场主体1437户、增长36%，市场主体超万户、注册资本破百亿，实现“双提升”。持续推进“双百行动”，5户小微企业打包入驻山西股权交易中心，13户入驻浙江“投融界”，4户企业分别在上海、深圳股权交易所Q板上市。鲜森酒庄、建筑公司获市级优秀等级，三星制衣、源泰商贸、馨源丰商贸获市级先进等级。

（三）文化旅游提档升级，第三产业势头强劲。左权百里红色生态走廊综合开发项目规划编制完成，石佛寺城郊森林公园一期工程开工，武军山风景区、自驾游营地项目进展顺利，麻田全域旅游专线开工。推动景区提标，麻田八路军总部纪念馆被评为省级文明景区、鲜森葡萄庄园达到国家AAA级景区标准。29个村列入全国乡村旅游扶贫重点村，8个村基础设施建设全面展开。成功举办十大节庆活动，带动旅游业持续升温，全县游客接待量286.3万人次、旅游综合收入

25亿元，同比增长38%。着力打造电子商务创业园，全县电商企业达50余户，30余种农特产品实现网上销售，线上交易额突破7000万元。“粮易模式”全省推广，“粮易网”成为全国首家第三方变现交易平台。一多便利连锁店达24家，好又多超市纳入限额以上商贸企业。浩宇石材创外汇2.5万美元，外贸出口实现零突破。服务业产值占地区生产总值47%，较上年提高2个百分点，三次产业比优化为6.4∶47∶45.6。

（四）美丽左权加速推进，城乡环境明显改善。新改建水、气、热、雨污管网52.8公里，新增城市道路16公里、停车位1005个，更新增加新能源混合动力出租车、新能源纯电动公交车122辆，在全省率先实现县城绿色公共交通出行全覆盖。建设与管理同治。东河路家俱城、花园宾馆完成主体，4座城市天桥、鱼跃口加气站建成投用，主街道机械化清扫率、生活垃圾无害化处理率分别超任务15、10.8个百分点。增绿与治污并抓，植树造林3万亩，新增城市绿化面积10万平方米，国家卫生县城通过复审。铁腕治污、从严环保，华能左权煤电2号机组脱硫除尘超低排放完成改造，取缔或改造燃煤锅炉8台，淘汰黄标车223辆，省级环保模范县城通过初验，空气质量综合指数全市第一。巩固民生改善“八普及一创建”，近5万村民洗上热水澡，上千名老人实现老有所养、老有所乐，西寨、赵家庄、上武成为省级太阳能公共浴室示范村。在千人以上村推开产业扶贫“八普及一创建”，建成电子商务服务站、农机大户、金融网点各29个，培育家庭农场25个、生态庄园22个。引深乡村清洁工程，所有行政村达市级标准，一半达省级标准，桐峪镇获省级卫生乡镇，郭家峪、麻田村成为省级宜居示范村，拐儿、蛤蟆滩、上武、上会村成为市级宜居示范村。

（五）民生事业有效保障，幸福指数不断提升。开发公益性岗位66个、见习岗位50个，带动新增就业1442人。加大劳动保障监察执法力度，为1652名农民工追讨工资1133.4万元；持续实施“改薄”工程，9所学校校舍建成投用，2所农村幼儿园、3所学校教师周转房竣工，思源实验学校主体完工。深化教育教学改革，高考二本以上达线556人，3人考入清华、北大，万人达线率全市第五，左中被评为全市高中教育教学质量优秀单位。《左权县志（1991—2010）》出版；巩固公立医院改革成果，推进优质医疗资源下沉，建成10个村级卫生室，县域就诊率达80%；出台《安全生产党政同责实施细则》，9525家生产经营单位全部明确监管部门，全县安全生产形势持续稳定向好。优先保民生、保工资、保运行，足额发放机关事业单位人员工资，各类社保待遇和津补贴全部兑现。尤其是沉着应对、果断处置“7·19”洪灾，及时铺排恢复重建工程199个，当年完工151个。

需要说明的是，2016年我县经济社会发展取得成就来之不易，同时，我们也清醒认识到，当前我县经济社会发展还存在许多困难和问题：一是受全国煤炭产能过剩、市场需求未能有效回升影响，煤炭行业仍处困境。同时，我县新兴产业正处在培育壮大期，“一煤独大”的产业格局短时间内难以迅速破解，成为我县当前的突出矛盾，造成全县工业经济低位运行。二是新兴产业培育不足，缺乏大项目、好项目支撑，新旧动能转化急需加快。三是农业产业基础还不完备，带动增收的能力还不强，需要补齐的短板依然较多，脱贫攻坚任重道远。四是社会事业发展、公共服务供给等还不能有效满足人民群众的需求等。对此，我们将保持清醒认识，振奋精神，坚定信心，主动担当，积极应对，采取有效措施，逐步加以解决。

二、2017年国民经济和社会发展总体要求及预期目标

2017年是实施“十三五”规划的重要一年，是供给侧结构性改革的深化之年，是全面挺进全省第一方阵的首战之年。今年全县国民经济和社会发展的总体要求是：要深入贯彻落实习近平总书记系列重要讲话精神、省市重要会议精神，坚持稳中求进工作总基调，坚持推进改革创新，以“全力晋位上台阶、全面脱贫奔小康”为目标，以脱贫攻坚为统揽，以项目建设为抓手，全面实施三化并举、绿色崛起、开放融入三大兴县战略，全力促进经济社会持续健康发展，为全面挺进全省第一方阵做出应有的贡献，以优异的成绩迎接党的十九大胜利召开。

全县经济社会发展主要预期指标：地区生产总值增长6.5%，规模以上工业增加值增长9%，全社会固定资产投资增长目标根据新的统计口径设置，一般公共预算收入增长6.25%，社会消费品零售总额增长8%，城镇居民人均可支配收入增长7%，农村居民人均可支配收入增长8%以上。约束性指标：不折不扣完成市下达的二氧化硫、化学需氧量、氨氮、氮氧化物4项污染物减排任务，县城区PM2.5浓度、空气质量优良天数比例达到市考核要求。

三、2017年国民经济和社会发展的主要任务

实现2017年全县国民经济和社会发展目标，全年重点抓好以下几个方面工作：

（一）狠抓脱贫攻坚，以特色山区农业现代县为重点，不断夯实三农基础

狠抓脱贫攻坚。以102个贫困村为主战场，按照“六个精准”要求，全力推进十项行动，贫困人口人均可支配收入达到3340元以上，1.9万脱贫人口稳定脱贫。实施“中心镇村支撑”扶贫战略，以千人村为重点，铺开完善提质“八普及一创建”工程，创建高标准美丽宜居示范村15个。新改建石匣、上武两座变电站，完成35个村光伏发电接入系统。实施农村饮水安全工程39处，改善1.7万人饮水条件。争取清漳河拐儿至芹泉段河道综合治理项目，完成寒王丰垴小流域综合治理。加快水毁工程建设，恢复堤坝3000米、渠道8000米，复垦耕地8000亩。推进有机农业标准化生产，创建有机农业基地3万亩，新认证龙头企业5家、有机农产品26个。盘活集体资产，推动村级光伏电站正常运行，确保60%以上行政村集体经济破零。规范农建水保、整地造地、造林绿化三类工队运行，带动6000余贫困人口年人均增收3000元。

发展特色农业。坚持市场导向、因地制宜，提质增效核桃经济林5万亩，发展小杂粮1万亩、设施蔬菜2000亩、中药材3.5万亩，新增畜禽15万头（只）。建设6个精品庄园、9个经典采摘园，完成大型地面集中式电站1座、村级电站20座、农户屋顶光伏电站5000座。与省农科院深度合作，创办农业科技合作示范基地，发展新品种新技术试验示范3000亩。积极拓展农业产业链条，新发展现代食品企业5个以上，改造升级生产线10条以上。

用好用足政策。坚持重农、强农、惠农，财政支农资金不少于2亿元。充分发挥产业政策的支撑作用，大力推进“一村一品一主体”，确保一半以上贫困村形成特色优势产业，产业收入达到贫困人口总收入的30%以上。充分发挥社保政策的兜底保障作用，着力推动教育、医疗、文化、科技、就业、社会救助等政策全面落实；完成易地搬迁贫困人口2500人、同步搬迁400人。大力推进“五位一体”精准扶贫小额信贷，增加风险补偿金至3000万元，撬动金融部门放贷3亿元。

（二）实施项目引领，释放市场活力，着力培育发展新动力

着力谋划项目。围绕产业政策、投资导向、资源优势、发展需求，做好煤、铁、铝矾土、玄武岩、白砂岩等优势资源文章，认真谋划、筛选、储备、包装一批重大项目。出台《扶持“转型项目优势企业”的实施方案》和《培育壮大战略性新兴产业和特色产业的实施意见》文件精神，策划上马一批转型项目，力争项目库中亿元以上项目超50个。

大力招商项目。组建招商局，成立招商小分队，制作“招商地图”，瞄准京津冀、长三角、珠三角，围绕60个重点招商项目，对接各行业优势企业，确保全年引资总额150亿元。研究探索出台差异化招商引资优惠政策，实行土地出让金分期缴纳，试行工业用地弹性出让，降低前期投入成本，力争引进一批用电大户。把招商引资工作纳入目标责任考核范围，设立100万元以奖代补资金，大张旗鼓奖励成效突出的乡镇部门、社会中介。

全力建设项目。2017年县级重点工程项目按照AB两种模式，分类实施100个项目，总投资338亿元。其中：A类项目70个，必保开工，当年完成投资57.3亿元；B类项目30个，争取开工。责任化推进，成立六个项目指挥部，实行“一个项目、一名领导、一个责任人、一班人马、一抓到底”工作模式，抽调100名服务人员，展开百项百

人保姆式服务活动；精细化管理，每月调度重点项目、剖析问题项目，限时办结存在难题。设立200万元项目奖励资金，推行重点工程项目计划表、重点工程项目管理明白卡、固定资产投资明白卡“一表两卡”制度，逐月明确投资计划，逐项分解投资任务，以月度任务完成，推动全年目标实现。

（三）完善工业产业链体系，构建培育平台，着力推动经济结构转型

煤铁传统产业提档升级。构建政银企合作平台，与大企业集团对接沟通常态化，针对性、差异化破解煤企难题，推动煤炭产业大跃升。力争全年实现五个突破：基建矿井有突破，必保山煤宏远、汾西瑞泰正珠、潞安阜生、省煤销盘城岭煤业稳定生产，力推山煤鑫顺煤业联合试运转，力争阳煤永兴、汾西瑞泰正明煤业复工复建；完成投资有突破，必保完成基建投资7亿元，争取10亿元；煤炭产量有突破，必保完成500万吨、争取600万吨；实现税金有突破，保证达到2.5亿元，争取完成3亿元以上；难题解决有突破，力保解决拖欠工资、社保资金等问题一半以上。加快铁矿企业整合进程，对长期占用资源，不能全力生产的铁矿企业，采取政府引导、企业协商、用资源偿债等方式，帮助企业走出困境、实现涅槃。引进上市企业龙耀集团，整合大成、万顺、鑫泰等铁矿企业，下力理顺鑫瑞公司管理机制，加快神头冶金改制，切实改变全县铁矿开采小、散、乱的现状，推动铁矿采选规模化、标准化、高效化。全年力保10个系统正常生产，铁精粉产量突破30万吨。

延伸产业链，培育新产业。上马超纯铁精粉项目，延伸铁矿产业链条，中晋太行年产30万吨直接还原铁项目6月底前开工，力争成为国家气基直接还原铁技术研发基地。保证通宝、飞宇、鑫宏源3座企业正常生产，推动鼎盈、蓝健、恒诚、长河4座企业达产达效，使县境内所产一半以上原煤得到洗选。加快晋煤蓝焰煤层气抽采、晋煤天煜煤层气液化、潞安阜生瓦斯发电等项目建设，全年煤层气开采量达1亿立方米。大力发展光电、风电等清洁能源，大唐、华能风电和增波、红土垴光伏发电建成投产，衡冠、华锐、运达风电项目力争开工。

启动园区建设。把繁荣民营经济作为推动经济增长的有力抓手，实施民企倍增计划，力争用四年时间实现四个倍增：数量倍增，民企数量由845个增加到1700个；人员倍增，从业人数由2.4万人增加到3.2万人；资产倍增，注册资本由52亿元增长至110亿元；效益倍增，营业收入由26亿元增长至52亿元。

搭建发展平台。启动开发区建设工作，构架新体制，5月底前，完成总体布局规划编制。投入1000万元，启动园区道路、供水供电、供热供气、污水处理等新一轮基础设施建设，提升园区吸引力、支撑力。创立民营企业孵化园（即扶贫创业中心），提供一体化优质服务，努力让创业者实现“拎包创业”。

（四）加快城镇化建设步伐，打造发展硬环境，全面改善城乡发展环境

逐步拉大县城框架。上半年完成《县城总体规划》《县域村镇体系规划》《东河路沿街地块整治规划》《滨河路景观改造规划》《县城区重点基础设施专项规划》修编，推进政法大楼、商贸广场、粮食储备库主体完工，商贸物流集散中心开工，启动“城中村”改造、快捷酒店建设等工程，为辽西新城开发奠定坚实基础。

不断完善基础功能。推进紫文阁、文苑二期、鑫城国际三期、盘城棚户区改造等住宅项目主体完工，兴业园、东沟二期、阳光尚品、西关砖厂综合改造等项目开工建设。规划建设26个公共自行车站点，投放运营公共自行车600辆。实施城南污水配套管网、城南河河道治理工程，完善城市地下排水防涝设施。采用拍卖方式，建设油气合建站。新建恬园、先锋科技供热站，完成辽阳街、东河滩片区供热管网改造，新增供热面积10万平方米。改造供气管网3.8千米，新增燃气用户2000户。

持续加强城市管理。启动“智慧城市”创建，新建通讯网络基站112个，发展移动宽带小区（村）200个，宽带网速达到50兆以上，实现县城区网络全覆盖。引深城乡爱国卫生运动，突出抓好街巷街景、乱停乱放、私搭乱建、马路市场、小区环境卫生五大专项整治，确保主街道机扫率、城市

照明率达90%以上，垃圾无害化处理率、市政设施完好率达95%以上，乡村清洁工程保持全市领先。

提升城乡交通能力。投资2.3亿元，完成国道207线左权至黎城县界段改造工程，投资1.6亿元，打通阳左高速连接线，完成松店线修复工程，加快推进总投资28亿元的左涉公路改造项目，年底前完成前期工作、具备开工条件，全力畅通左权交通大动脉。打通崇圣路北段，建设东河路，改造康乐路、辽阳街、万寿街等6条街巷。实施滨河东段文化走廊、滨河西段拓宽改造工程，建设全市最美慢行步道；启动环县城森林通道建设工程，投资1400万元，打通县城祝融公园至转播台北部森林景观通道，推动鳌峰公园与省道319连接循环路工程落地，打造南部绿色生态通道，全力构建“内成网、外成环”的路网格局。规划下下线道路改造工程，提升寒王、辽阳、石匣3个乡镇5个村通村路，完成羊林至泽城、山庄至十字岭线建设，改造县乡公路41.3公里、通村道路28.5公里，新增公路生命安全防护工程44公里。加快灾后恢复，改造21公里高黄线，完成西安、东安、河北沟、西崖底、泽城、拐儿6座水毁桥梁恢复重建，力保受灾四乡镇道路交通超过灾前水平。

（五）利用特色优势提升服务型产业，全力带动第三产业定向发展

开启全新格局，发展全域旅游。高标准完成全县全域旅游发展规划编制工作，争取晋中太行大九峡爽塬度假区游客接待中心建设项目，为左权大旅游、大产业开发奠定基础；加快旅游投入，成立左权旅游开发集团，启动左权百里红色生态走廊、太行龙泉风景区二期工程建设，加快紫金山、武军山旅游景区开发，启动莲花岩国家AAAA级景区创建工程；推进“一乡一景”工程，有序开发29个国家级乡村旅游扶贫重点村，年内完成上武、赵家庄等15个重点村，上马松树坪特色度假村创建工程，打造旅游新亮点。启动石佛松涛、北郭晴岚等辽阳八景修复工程，让辽阳古景重展风采。扎实推进“十大节庆”活动，支持石匣办好首届抗日民歌节，举行纪念太行抗日根据地成立80周年研讨会，带动全县旅游市场升温提速。

科学制定规划，建设特色乡村。坚持“宜工则工、宜商则商、宜农则农、宜游则游”原则，与精准扶贫工作相结合，编制特色小镇“三年行动计划”，每个乡镇规划建设2个～3个特色村镇，着力打造产业特色鲜明、人文气息浓厚、生态环境优美、多种功能叠加的特色小镇。探索多种融资模式，率先在麻田镇开展试点工作，以创建红色村镇为主题，与百镇建设相结合，力争年内完成将军路综合治理、红色文化景观小品、污水处理厂、虎头山公园等八项重点工程，尽快入围国家特色小镇行列。打造柏峪、红都等民俗文化村，实施桐滩、连壁等传统村落保护，整修晋冀鲁豫边区临参会旧址，综合改造周边配套设施。

壮大电子商务，培育新型产业。依托电子商务创业园，完善县、乡、村三级电子商务服务网络，培育100家本土电商企业。做大“粮易网”，做优“特色网”，拓宽农产品、民俗产品、特色产品市场，推动全县电商交易额破亿元。依托杭州农本品牌管理咨询有限公司，打造区域公用品牌，推向一线城市。推进“左权品牌中华行”活动，大青山羊、黑山羊顺利入港入澳。加快中国核桃交易市场、电子商务创业园、昶升元汽贸城等重大物流项目建设，支持一多便利、友信汽贸、鲜森酒庄纳入限额以上商贸企业。整合全县物流资源，推进快递企业向乡村延伸，实现商贸、供销、电商、物流互联互通。

（六）围绕“健康城”目标，加快生态文明建设，着力建设宜居左权

创建全省首批森林县城。开工城乡水源保护和环境改善示范项目，启动环城省级森林公园、麻田流域省级湿地公园创建，国家级清漳河湿地公园完成白垢水源涵养林建设、林带生态恢复、标界立桩等工作。建设环县城森林廊带，完成石佛寺城郊森林公园一期，绿化滨河南岸风景林地、319改线绕城段两侧沿线，祝融公园、芸山公园、鳌峰公园完成补植补种。加强林木、绿地管理，保护绿化成果，努力实现“城在绿中、人在景中”。

创建全国生态造林绿化模范县。以8个乡镇4个核桃主产区为重点，综合管理6666.67公顷，新

栽植666.67公顷。以国省干线两侧、荒山荒坡绿化为重点，提档鲜淼庄园、莲花岩景区、千亩川旅游区等生态环境，大力实施阳黎高速通道目及荒山绿化、左权东出口绿化、泽城千亩荒山绿化、石匣万亩生态林建设、万亩连翘基地建设等工程，完成龙则、苇则等10条乡村道路绿化美化。全年生态造林4.33万亩，森林覆盖率再提高1个百分点。

强力推进两项行动。深入开展双百企业节能行动，完成华能左权电厂1号汽轮机提效、烟气清洁化改造，建成金隅水泥电力需求侧管理平台。大力推进铁腕治污行动，有效整治违法和超标排放企业，改造26个加油站储油罐防渗工程，完成8个乡镇饮用水源地防护工程，工业企业废水处理达到国家三类水质标准。力争33项创模指标稳定达标。

（七）加大民生保障力度，做优全社会幸福指数，着力提高人民群众获得感

优先发展教育事业。继续实施“438”工程，改造一批学校操场，思源实验学校、3座教师周转宿舍楼投用。引进民间资本，在县城兴办3所幼儿园，优化幼儿园布局，确保全县适龄幼儿就近入园。推进“互联网＋教育”行动计划，加快教育信息化进程，扩大优质资源覆盖面。新增机电设备安装维修、会计两个专业，提升职中教育水平。加强师资力量，启动卓越教师培养计划，全面提高教育教学质量。

积极搭建就业平台。实施重点群体就业创业计划，推进创业小额贴息担保贷款，免费提供创业培训和资金扶持，全年新增城镇就业岗位1000个。实施“幸福五覆盖”工程，与北京百联生活物业公司合作，建立劳务输出中心，农民技能培训2600人，带动输出贫困劳动力1700人。

保持价格总水平稳定。突出价格监管重点，进一步发挥“12358”平台作用，加强执法队伍建设，切实做好市场监管工作。同时，健全价格监测预警机制和应急处置体系，提升价格总水平调控能力，保持居民消费价格稳定。

健全社会保障体系。加快县妇幼保健站建设，新建龙泉卫生院，改造16个村级卫生所。落实国家基本药物制度，医疗机构使用基本药物达100%。打造2个健康村镇试点，居民基层卫生服务覆盖率90%以上，城乡居民社区门诊就诊比例达到60%。扎实做好健康扶贫，贫困人口在县域内定点医疗机构免除挂号费，医药费救助比例由原来的10%提高到20%，24种重大疾病补偿比例提高到30%；提升城乡低保和特困人员救助供养标准，低保户中的高龄老人、失能老人及困难残疾人，每人每月分别补助30元、60元和50元，每年为贫困人口免费体检一次。加快社区、机构养老服务设施建设，县社会福利中心投用，禄缘健乐养老院取得实质性进展。改造提升县文化馆、图书馆，70%的行政村（社区）建成综合文化服务中心。扩大公共安全视频网覆盖面，力争年底全县视频监控高清探头达到2500个，健全完善人防、物防、技防相结合的立体化社会治安防控体系；积极推进体育、防灾减灾、广播电视、新闻出版、宗教、人口计生、妇儿、残疾人、安全等社会事业发展。

（八）深化重点领域和关键环节改革，不断注入发展活力

引深商事制度改革。放宽新产业、新业态市场准入，探索包容创业创新、多元参与的审慎监管方式，努力让人人有创业机会；加大金融支持，安排1000万元中小微企业发展专项资金，重点扶持现代服务业、工业加工业和传统产业升级改造。发挥900万元“助保贷”资金、200万元特别流转金作用，撬动银行贷款1亿元以上；设立“功勋企业奖”，推动个转企、小升规、规改股、股上市，全年新增规上企业1家、上市企业5家；强化规范提升，力争10家企业进入市级先进和优秀等级行列。

抓好四项试点改革。按照省、市对左权改革试点要求，创新城乡义务教育集团化办学模式，以思源学校、示范小学为引领，组建2个教育集团，开展中小学教师“县管校聘”和校长职级制改革市级试点工作。加快城市管理综合执法市级试点改革，组建城市管理综合执法局，促进行政执法规范有序运行。完成供销社综合改革省级试点工作，加快构建经营性、公益性服务相融合的合作经济组织体系。开展农村产权流转交易规范化建设市级试点工作，实现乡镇交易所全覆盖，完成土地流转333.33

公顷，新增土地预期收益保证贷款500万元。

引深四项重要改革。推进农村集体资产股份权能改革试点，探索集体经济组织成员身份确认、股权量化和资产管理，赋予农民更多的财产权利。加快推进财政事权和支出责任划分，在部分领域探索引入竞争性使用财力机制，扩大政府购买公共服务范围。创新林场经营管理机制，6月底前，初步完成国有林场主体改革。出台《加强县属国有资产监管与经营实施意见》，整合利用闲置国有资产，进一步完善国资、公投、交投等资产财务管理制度，提升国有资产使用效益。

扎实推进其他领域改革。做大金融机构，推动晋中银行左权支行尽快投入运营，完善考核办法，促进金融机构服务县域发展。大力推进PPP模式，辽西路竣工通车，新建县级医院、左权中学项目取得实质性进展。组建项目办，推进亚行供水工程取得新突破。明晰小型水利工程产权，落实管护主体和责任，确保小型水利工程安全运行。构建风险管控和隐患排查治理双重预防机制，推进安全生产领域改革，促进全县安全生产形势持续稳定好转。

各位代表，2017年发展改革工作任务繁重而艰巨，做好今年的经济和社会发展工作意义重大，我们将在县委、县政府的正确领导下，进一步振奋精神、真抓实干，凝心聚力、攻坚克难，圆满完成2017年国民经济和社会发展各项任务，奋力开创跨越发展新局面！

左权县2016年财政预算执行情况和2017年财政预算草案的报告

——2017年3月14日在左权县第十六届人民代表大会第二次会议上

左权县财政局局长　范建明

一、2016年预算执行情况

2016年，面对经济下行压力持续加大的宏观形势，财税部门在县委、县政府的坚强领导下，在县人大和县政协的监督支持下，坚持稳中求进工作总基调，主动适应经济发展新常态，主动应对各种困难挑战，主动服务全县发展大局，加大收入组织力度，调整优化支出结构，推动财政改革发展，为全县经济企稳回升、社会和谐稳定提供了有力支撑，全县预算执行情况较好。

（一）财政总收入执行情况

2016年，全县财政总收入完成68668万元，同比下降17.29%，减收14354万元。

（二）一般公共预算执行情况

2016年，全县一般公共预算收入完成45366万元，为年度预算45320万元的100.1%，同比增长0.71%，增收321万元。加上上级补助收入88373万元，上年结余收入7865万元，调入资金（从政府性基金调入）905万元，转贷地方债券收入51200万元，动用预算稳定调节基金5293万元，收入总计199002万元。

一般公共预算支出执行137318万元，为年度调整预算的109.12%，同比增长4.95%，增支6477万元；债务还本支出36200万元；安排预算稳定调节基金16964万元；债券发行费用专项上解支出33万元，支出总计190515万元。收支相抵后，年终结余8487万元，结转下年继续使用。

（三）政府性基金预算执行情况

2016年，县本级政府性基金收入完成3100万元（其中：国土出让金短收3203万元），为年度预算6660万元的46.55%，同比下降17.71%，减收667万元。加上上级补助收入4348万元，上年结转收入820万元，政府性基金收入总计8268万元。

政府性基金支出执行5406万元（其中：本级支出2379万元，上级补助支出3027万元），为年度预算8003万元的67.55%，同比下降29.54%，减支2266万元；调出资金905万元，支出总计6311万元。收支相抵后，政府性基金年终结余1957万元。

（四）社会保险基金预算执行情况

2016年，全县社会保险基金预算收入完成

24357万元，为年度预算的142.16%；预算支出22970万元，为年度预算的146.04%，当年收支结余1387万元，年末滚存结余9389万元。

（五）政府性债务情况

截至2016年底，全县政府性债务余额97892万元，比2015年底增加15000万元（转贷地方政府新增债券15000万元），其中：政府负有偿还责任的债务97796万元，政府承担一定救助责任的债务96万元。

2016年，当年转贷地方政府债券51200万元，其中：置换债券36200万元，新增债券15000万元。

置换债券资金支出36200万元，用于偿还2013年审计认定和2014年清理甄别的债务中2016年到期的债务本金，其中：偿还贷款（债券）本金19773万元（集中供水工程贷款本金7500万元，沙河综合治理项目贷款6600万元，校安工程贷款3750万元，疾病预防项目计划免疫子项目国际金融组织贷款本金23万元，2013年转贷地方政府债券本金1900万元），支付保障性住房工程、北大街改造、沙河综合治理、芸山公园建设、道路工程建设等历年工程欠款16427万元。

新增债券资金支出8235万元，主要用于保障性住房建设项目3400万元、思源学校项目1000万元、319改线项目1490万元，梁峪至北台公路改造项目610万元、新建看守所项目550万元、社会福利中心项目300万元、石佛寺森林公园项目200万元、太行山示范及阳黎高速通道绿化工程项目150万元等项目支出。结余6765万元，用于补充预算稳定调节基金。

（六）县十六届人大一次会议预算决议落实情况

2016年，财政部门严格按照县十六届人大一次会议有关决议，认真落实各项审计整改要求，充分发挥财政职能作用，确保了全县经济社会的平稳健康发展。

1、强化财政收支管理，全力确保预算平稳运行

2016年，在全县煤、铁、电支柱产业持续低靡，停产现象严重，财政收入形势极不乐观的情形下，全县各部门同财政部门一道，共克时艰、共同努力，坚持强化征管，依法组织收入，确保了各项收入应收尽收，颗粒归仓。积极争取各类转移支付资金和转贷地方政府债券，缓解了财政收支矛盾突出的现状。在挖潜增收的同时，强化财政支出管理，通过调整支出结构、压减项目支出、盘活存量资金、使用债券资金等措施，实现了当年收支平衡，确保了财政资金的支出效益。

2、落实积极财政政策，竭力转变财政支持发展方式

充分发挥财政资金和政策的撬动作用，引导社会资金支持经济社会发展。制定金融扶贫政策，创新金融扶贫“产品”。制定《左权县精准扶贫工作融资担保实施方案》《左权县促进金融振兴2016年行动计划》《左权县农户小额光伏扶贫贷款管理办法》，推出富民贷、助保贷、光伏贷、移民贷等金融产品，撬动银行放大6至10倍贷款额度，为脱贫攻坚“雪中送炭”。加大财政资金引导作用，撬动金融资本助推脱贫攻坚。按照资金变基金、无偿变有偿等方式发挥财政资金引导放大作用，使更多金融资本和社会资本参与脱贫攻坚。财政出资2000万元，为政策性担保公司（晋信鼎融资担保公司）增加注册资本和建立信贷基金，为农业产业化及中小微企业发展等提供融资贷款担保，增加贫困人口的就业岗位；财政出资260万元，建立农户光伏贷风险补偿金，助推贫困人口精准脱贫。2016年，财政为企业及贫困户提供各类担保业务资金9753万元，放贷5739万元，“三农”保险补贴338万元。

3、优化财政支出结构，大力保障改善基本民生

2016年，全县财政资源继续向基本民生倾斜，民生支出114419万元，总量占一般公共预算支出的83.3%。

创新扶贫投入方式。制定《左权县统筹整合使用财政涉农资金实施精准扶贫实施方案》和《左权县统筹整合使用财政涉农资金实施精准扶贫暂行管理办法》，将10大类88项上级专项资金列入整合范围。2016年共整合资金7459万元，累计安排使用5169万元，主要用于发展现代农业园区、光伏

发电扶贫开发、支持农村社会发展等方面。通过资金整合，形成“多个渠道引水、一个龙头放水”的扶贫投入新格局，提高了财政涉农资金的精准度和使用效益，为我县按期完成脱贫攻坚任务提供了财力保障。兑现各类民生项目提标。完善普通高中公用经费保障机制，普通高中经费保障标准由每生每年320元提高到450元；残疾学生公用经费标准，由每生每年5000元提高到6000元；城乡居民医疗保险财政补助标准，由每人每年380元提高到420元；健全城乡基本公共卫生服务经费保障机制，基本公共卫生服务财政补助标准，由每人每年40元提高到45元；提高农村五保供养标准，集中供养由每人每年4500元提高到4700元，分散供养由每人每年2930元提高到3130元；企业和机关事业单位退休人员基本养老金水平再提高6.5%左右；城市低保标准每人每月提高30元，农村低保标准每人每年提高300元；全面实施困难残疾人生活补贴和重度残疾人护理补贴。

4、深化财税体制改革，努力释放财政改革红利

供给侧结构性改革积极推进。千方百计降成本，将“营改增”改革范围扩大到建筑业、房地产业、金融业和生活服务业。继续暂免征收部分小微企业增值税，实施小型微利企业低税率并减半征收企业所得税优惠政策。将小微企业免征的18项行政事业性收费项目扩大到所有企业和个人。“PPP”合作模式顺利推行。坚持“高标准、规范化、多领域”推进政府与社会资本合作项目的实施，投资5400余万元的邢汾高速连接线（辽西路）PPP项目成功落地，并进入实质性施工阶段；左权中学搬迁、新建中医院项目也按“PPP”模式积极推进。预决算公开引向深入。除涉密信息外，所有使用财政资金的部门均公开了本部门的预决算和“三公”经费预决算。为进一步提高预算透明度，财政部门除公开政府预决算外，主动在县政府门户网站设立统一的公开平台，对各部门预决算和“三公”经费预决算进行了集中公开。财政存量资金有效盘活。加大清理结余结转资金工作力度，将结余资金和按规定时间未使用完的结转资金一律收回财政统筹使用，全年清理结余结转资金4975万元。国有资产清查稳步开展。对全县139个事业单位及其所办的6家企业产权进行了登记，并对全县201个行政事业单位进行了国有资产清查，规范了单位资产处置行为，防止了国有资产流失及其他违规现象。投资评审成效明显。完成预结算投资评审项目79个，送审金额35256万元，较上年增加16428万元，审减额4294万元，审减率为12.18%。预算绩效评价结果合理应用。将绩效评价结果作为改进预算管理和编制年度部门预算的重要依据，对不进行整改和整改不到位的，调减或取消项目预算，真正做到“花钱必问效，无效必问责”。

5、严格依法理财管财，尽力提升绩效管理水平

加大预算统筹力度。将水土保持补偿费、政府住房基金两项政府性基金转列一般公共预算。严控一般性支出。认真落实中央厉行节约精神，牢固树立过“紧日子”的思想，有保有压，严控“三公”经费等一般性财政支出。2016年，“三公”经费支出884万元，比上年实际支出减少151万元，下降14.59%。积极推进内控体系建设。制定《左权县财政局内部控制基本制度》和《左权县财政局内部控制体系建设工作实施方案》，规范了内部控制，有效防控了财政管理业务风险与廉政风险。集中开展财政监督检查。对14项财政专项资金管理和使用情况进行了专项检查，对财政重点扶持的节能环保行业和扶贫资金重点投向的龙头企业等相关行业开展了会计监督检查，对6户中小企业进行了重点检查，共发现并整改问题13个、罚款3.6万元。积极构建落实“两个责任”制度体系。建立了“清单式明责、台账式管理、链接式传导、倒逼式追责”的责任落实体系。深入开展“两学一做”学习教育。引导财政干部以学促做、知行合一、立足岗位、争当先锋，服务型、廉洁型、法治型财政建设取得新进展。

各位代表，惟其艰难，才更显勇毅。在异常困难的2016年，我们取得了来之不易的成绩，这是县委、县政府运筹帷幄、坚强领导的结果，是各部门团结一心、共同奋斗的结果，也是全县广大财政

干部合力攻坚、奋力作为的结果。但是，在肯定成绩的同时，我们也非常重视和关注财政运行和管理中存在的不足和问题。一是财政收入增收基础不牢，组织收入难度加大；二是财政支出进度缓慢，财政资金使用绩效有待提高；三是刚性支出居高不下且增多，财政收支平衡压力加大；四是改革任务日益繁重，新形势新要求给财政工作带来的难度越来越大。对此，我们将高度重视，切实采取有效措施，认真加以解决，也恳请各位代表、委员一如既往地给予指导和支持。

二、2017 年财政预算草案

2017 年是实施“十三五”规划的重要一年，是晋中全面挺进全省第一方阵的首战之年，是我县经济走出困局的攻坚之年，也是全面贯彻县十七次党代会精神的起步之年。编制好 2017 年预算，做好各项财政工作，对促进全县经济平稳运行，维护社会和谐稳定，具有重要意义。

（一）2017 年财政预算编制的指导思想和原则

根据省、市财政关于编制 2017 年财政预算的要求和县经济工作会议的总体部署，综合考虑我县今年财政经济发展的各种因素，2017 年，全县预算编制和财政工作的指导思想是：深入贯彻落实习近平总书记系列重要讲话精神、省市重要会议精神，坚持稳中求进工作总基调，坚持推进改革创新，以“全力晋位上台阶、全面脱贫奔小康”为目标，以脱贫攻坚为统揽，以项目建设为抓手，全面实施转型升级、创新驱动战略。按照“紧日子、保基本、调结构、保战略”的要求，落实更加积极有效的财政政策，更好地发挥财政政策在稳增长和调结构中的作用；加大财政支出优化整合和执行力度，保障基本公共服务和民生托底；深入推进财税体制改革，完善预算管理制度，推进财政资金统筹使用，提高财政支出精准度；加强地方政府债务管理，积极防范和化解债务风险。为全面挺进全省第一方阵做出应有贡献，以优异的成绩迎接党的十九大胜利召开。

根据上述指导思想，2017 年财政预算编制遵循以下原则：

一是实事求是原则。积极稳妥地做实打足收入预算，既要考虑我县经济形势稳中向好、工业经济持续回升的积极因素，也要充分考虑“营改增”后收入划分调整、落实减税降费等政策的影响。

二是突出重点原则。合理调整优化支出结构，改变支出项目只增不减的固化格局，将有限的资金用于重点领域和关键环节，更好地适应推进供给侧改革和保障民生兜底的需要。

三是统筹整合原则。加强政府性基金与一般公共预算统筹衔接。通过全面清理盘活财政存量资金、整合涉农资金、争取债券资金等方式，统筹用于各类民生事业和县委、县政府确定的重大战略和重点领域。

四是绩效管理原则。逐步将绩效管理范围覆盖到所有预算资金，加大绩效评价结果应用力度，提高财政支出的有效性。

五是依法公开原则。推进预算公开，扩大公开范围，细化公开内容，规范公开方式，主动接受人大监督，促进依法理财。

六是防范风险原则。加强政府债务限额管理和预算管理，健全规范举债融资渠道，防范和化解债务风险。

（二）2017 年收支预算草案

1、一般公共预算草案

收入预算草案：2017 年，全县一般公共预算收入 47200 万元，加上返还性收入 6563 万元，一般性转移支付收入 32395 万元，专项转移支付收入 24298 万元，上年结余收入 8487 万元，动用预算稳定调节基金 16964 万元，调入资金（从政府性基金调入）4853 万元，收入总计 140760 万元。

支出预算草案：2017 年，全县一般公共预算支出安排 140760 万元，比上年实绩增长 2.51%，增支 3442 万元，当年收支平衡。

2、政府性基金预算草案

2017 年，县本级政府性基金收入预算 7602 万元，比上年实绩增长 145.23%，增收 4502 万元，加上专项转移支付收入 160 万元，上年结余收入 1957 万元，收入总计 9719 万元。政府性基金支出预算 4866 万元，调出资金 4853 万元，当年收支平衡。

3、社会保险基金预算草案

2017年，全县社会保险基金收入预算34684万元，比上年实绩增长42.4%；社会保险基金支出预算33219万元，比上年实绩增长44.62%。当年收支结余1465万元，年末滚存结余10854万元。

（三）人代会批准前预算支出情况

按照新预算法规定：预算年度开始后，各级预算草案在本级人民代表大会批准前，可以安排下列支出：（1）上一年度结转的支出；（2）参照上一年同期的预算支出数额安排必须支付的本年度部门基本支出、项目支出，以及对下级政府的转移性支出；（3）法律规定必须履行支付义务的支出，以及用于自然灾害等突发事件处理的支出。

截至2017年3月6日，全县一般公共预算支出12180万元，其中：安排上一年度结转的支出3947万元，参照上一年同期的预算支出数额安排必须支付的本年度部门基本支出6451万元；参照上一年同期的预算支出数额安排必须支付的本年度部门项目支出1782万元。

政府性基金预算支出484万元，其中：安排上一年度结转的支出43万元；参照上一年同期的预算支出数额安排必须支付的本年度部门项目支出441万元。

（四）转移支付收支预算情况说明

转移支付收入预算情况：2017年，转移支付收入预算63256万元，其中：返还性收入6563万元，一般性转移支付收入32395万元，专项转移支付收入24298万元。

转移支付支出安排情况：（1）财力性转移支付收入38958万元（返还性收入6563万元，一般性转移支付收入32395万元），全部安排用于保工资、保运转、保民生支出。（2）专项转移支付安排支出24298万元，其中：一般公共服务支出42万元，公共安全支出978万元，教育支出1164万元，文化体育与传媒支出609万元，社会保障和就业支出3848万元，医疗卫生与计划生育支出1289万元，节能环保支出252万元，城乡社区支出756万元，农林水支出9805万元，交通运输支出4768万元，商业服务业等支出13万元，国土海洋气象等支出199万元，住房保障支出575万元。

（五）“三公”经费预算安排情况说明

2017年，全县财政拨款“三公”经费预算安排959万元，较2016年预算下降14.98%，减少169万元。其中：公务接待费168万元，较2016年预算下降6.67%，减少12万元；公务用车运行维护及购置费791万元，较2016年预算下降16.56%，减少157万元（其中：公务用车运行维护费755万元，较2016年预算下降2.96%，减少23万元；公务用车购置费36万元，较2016年预算下降78.82%，减少134万元）。

三、2017年财政工作任务

2017年，财政部门将围绕县委、县政府确定的经济社会发展目标，按照“紧日子、保基本、调结构、保战略”的要求，狠抓增收节支，严格预算约束，深化财政改革，加强财政监管，扎实做好2017年预算执行工作。

（一）狠抓增收节支。坚持抓发展促增收，认真落实积极财政政策，大力培植财源、涵养税源，加强收入管理，夯实增收基础，提升收入质量。牢固树立勤俭节约的思想，增强过紧日子的意识，严禁超预算、无预算安排支出，因新增工作任务需要增加经费，由部门从年初预算安排的公用经费、专项工作经费中统筹解决，原则上不再追加预算。

（二）加快支出进度。严格控制一般性支出，调整优化支出结构，集中财力支持经济社会发展重点领域和关键环节。加强预算执行管理，加快资金分配下达，对当年执行进度缓慢、预计年底可能形成较多结转或结余资金的项目，及时提出调整当年预算或调整用于执行中新增重要支出的建议，提升资金使用绩效，确保早投入、早见效。

（三）落实脱贫攻坚。加大专项扶贫资金投入，县级投入扶贫项目资金占县级一般公共预算项目支出的10%以上。将整合范围内的涉农资金全部予以统筹整合，提高资金使用效率。全力做好脱贫攻坚资金保障，推动精准扶贫、精准脱贫取得新成效。同时，加强涉农整合资金的使用和管理，提高财政扶贫资金投入精准度。探索财政涉农资金资产收益扶贫机制，研究制定财政专项扶贫资金和涉农资金及形成的资产折股量化办法，引导贫困村、贫困户从中获取资产性收益，促进贫困户稳定增收脱贫。

（四）保障民生需求。继续实施农村义务教育薄弱学校改造项目和现代职业教育质量提升计划，支持改善薄弱学校和中职学校办学基本条件。城乡居民医疗保险财政补助标准，由每人每年420元提高到450元；基本公共卫生服务财政补助标准，由每人每年45元提高到50元；城市低保标准每人每月提高35元，农村低保标准每人每年提高380元。

（五）深化财政改革。深化部门预算改革，加强项目库特别是储备项目建设，细化预算编制，提高年初预算到位率；继续完善政府预算体系，加大财政资金统筹力度，取消关于排污费、水资源费等以收定支、专款专用的规定；扎实推进预决算公开，扩大公开范围，细化公开内容，做到公开及时、内容真实、形式规范；大力盘活财政存量资金，继续对清理范围内的结余结转资金进行大力清理，收回财政统筹使用；强化地方政府债务管理，充分估计财政困难和风险隐患，严格政府债务限额和预算管理；强化预算绩效管理，强化对重点民生支出和重大专项支出的绩效评价，逐步将绩效管理覆盖所有预算资金，建立预算编制有目标、预算执行有监控、预算完成有评价、评价结果有反馈、反馈结果有应用的全过程预算绩效管理机制；健全预算评审工作机制，推动预算评审实质性嵌入预算管理，深入推进预算评审体制机制的构建；扩大PPP项目领域，评选确定具有典型带动效应的公益性项目，积极运用PPP模式，进一步拓展社会资本投资渠道。

各位代表，2017年财政工作任务更加艰巨繁重，让我们把思想和行动统一到县委、县政府的决策部署上来，认真落实县十六届人大二次会议的有关决议，撸起袖子，扑下身子，同心同力，真抓实干，扎实做好各项财政工作，用优异的成绩交一份满意的答卷，迎接党的十九大胜利召开！

左权县人民检察院工作报告

——2017年3月15日在左权县第十六届人民代表大会第二次会议上

左权县人民检察院检察长　张晓玲

2016年，我院在县委和上级检察机关的正确领导下，在县人大及其常委会的监督下，在县政府、县政协和社会各界的关心支持下，深入贯彻落实党的十八届四中、五中、六中全会和习近平总书记对政法工作、检察工作重要指示精神，以司法办案为中心，以深化改革为动力，不断强化法律监督，强化自身监督，强化队伍建设，改革取得新成效，工作再上新台阶。

一、坚定不移贯彻中央重大决策部署，全力推进改革

积极配合监察体制改革。根据全国人大常委会《关于在北京市、山西省、浙江省开展国家监察体制改革试点工作的决定》，以坚强的政治定力，严格按照省市确定的“时间表”和“路线图”，将我院反贪、反渎、预防职能划转、人员“转隶”、线索移送、装备移交，如期完成了配合监察体制改革的各项任务。

扎实推进司法体制改革。落实司法体制改革的总体部署，细化实化领导机构、工作方案、目标责任、任务要求，着力解决存在的实际困难和问题，确保改革任务落地生根。坚持严格政策、严格标准、严格条件、严格程序、严格监督的“五严要求”，通过业绩考核、民主推荐、遴选考试等程序，共有12名检察官通过遴选入额，为进一步推行人员分类管理、司法责任制、内设机构整合等改革奠定良好基础，确保通过改革，所有入额检察官回到办案一线。

二、牢牢把握检察工作主题，认真履行法律监督职能

（一）立足检察职能，全力服务经济社会发展大局

有效服务经济社会发展。结合预防宣传“五进”、法律宣传“六进”等活动，延伸检察职能，

深入乡镇、农村、社区开展各类法制宣传500余次，有效排查各类矛盾隐患。积极开展“项目护航”活动，在项目实施、治安防控等关键环节建立10项对接服务机制，努力营造良好的法治环境。对涉及重点工程建设项目的10余起盗窃、寻衅滋事犯罪案件，快捕快诉，跟踪监督，确保重点工程建设顺利推进。

依法维护市场经济秩序。健全行政执法与刑事司法衔接机制，运用“两法”衔接信息共享平台，及时与公安、市场质量监督、环保等行政机关建立健全信息共享、线索反馈、案件移送制度，严厉打击危害食品药品安全犯罪。向社会提供行贿犯罪档案查询700余次，有效制止了不良企业、不良行为人参与投标的资格，促进了社会诚信体系建设。

更加注重维护民生民利。扎实推进“阳光百姓工程”，对全县75名报备人员进行专题培训，并将全县涉农资金报备入网，使所有资金在阳光下运行。强化对困难群众、弱势群体的司法保护，向2名刑事被害人发放司法救助金6000元，彰显司法温情。

（二）坚决贯彻全面从严治党要求，依法查办和积极预防职务犯罪

始终保持惩治腐败高压态势。严格执行刑法修正案（九）和“两高”《关于办理贪污贿赂刑事案件适用法律若干问题的解释》，全年共查办各类职务犯罪案件9件9人，其中贪污案件3件3人，受贿案件4件4人，行贿案件1件1人，渎职侵权案件1件1人。依法对晋中市国家税务局车辆购置税分局原局长杨某（科级）、中国工商银行山西省分行信贷管理部经理刘某（处级）等立案侦查。通过办案为国家挽回经济损失260余万元，为推动反腐倡廉建设，促进干部依法履职做出积极贡献。

深化职务犯罪预防工作。结合所查办的农村征地拆迁补偿、农机专项补贴等职务犯罪案件开展预防调查、案例分析4件，向发案单位或主管部门提出防控风险、完善制度的检察建议10余份。在全县行政执法机关组织开展“权力不可任性”警示教育活动，深入党政机关、国有企事业单位、乡镇、学校开展警示教育、法律讲座14场次，编印《忏悔录》、《惩治涉农惠民职务犯罪》等宣传资料2万余份，有力增强了干部群众学法守法的自觉性。

（三）积极回应人民群众需求，着力深化平安左权建设

严厉打击各类刑事犯罪。全年共批准逮捕各类犯罪嫌疑人96人，提起公诉105件136人。依法严厉打击危害人民群众人身和财产安全的犯罪，对故意杀人、抢劫、强奸、诈骗等犯罪，共提起公诉38件62人。密切关注社会治安突出问题，以专项行动为手段，集中开展了打击电信网络诈骗、涉毒犯罪专项行动，共批捕、起诉电信诈骗案件1件1人，涉毒案件28件31人。

努力促进社会矛盾化解。正确贯彻宽严相济刑事政策，落实刑事和解、附条件不起诉等制度，全力促进犯罪矫正，对4人作出不批捕决定，对1人作出不起诉决定。深化涉法涉诉信访机制改革，完善接待窗口、电话、传真、门户网站及远程视频“五位一体”接访模式，受理群众来信来访36件36人，保持了涉检“零”上访。加强支持起诉工作，为16名农民工追回拖欠工资12万元，有力维护了社会弱势群体的合法权益。

积极参与社会综合治理。认真做好检察环节社会治安综合治理工作，重点加强对未成年人的司法保护，积极参与“校园暴力”“校园欺凌”防治工作，深入开展“送法进校园”活动，坚持“教育、感化、挽救”的方针，对1名未成年人决定附条件不起诉，并委托市未成年人关护中心进行帮教，为其顺利回归社会创造了良好条件。

（四）强化“两个转变”监督理念，着力构建法律监督新格局

强化源头监督，构建新型检警关系。完善介入命案工作机制，引导公安机关侦查取证，共提前介入命案现场勘验检查2件次。在公安机关设立侦查监督检察室，建立检警信息共享平台，监督公安机关立案3件，撤案1件，追捕漏犯1人，追诉漏犯7人，书面纠正侦查活动违法17件。

强化配合制约，构建新型检审关系。严格执行非法证据排除规则，防止刑事案件“带病”进入审判程序。完善出庭指控犯罪工作机制，公诉案件有

罪判决率达 100%。强化刑事审判监督，对认为确有错误的刑事裁判提出抗诉 5 件 12 人。依法提出量刑建议 113 件，采纳率达 96%。

强化权利保障，构建新型检律关系。加强对律师执业权利的司法保障，进一步规范律师接待流程，设置专门接待窗口和独立的阅卷区，坚决防止律师会见难、阅卷难、取证难问题的发生，共受理律师阅卷申请 27 次，会见申请 2 次，申请变更（解除）强制措施 2 件，其他事项 3 件。

强化刑罚执行监督，构建新型人权司法保障机制。严格落实同步监督机制，积极开展社区矫正、财产刑执行、判处实刑未执行专项检察活动，依法纠正违法情形 27 件次，将判处实刑未执行刑罚的罪犯李某予以收监，有效维护了刑罚执行活动的公平公正。

强化民事行政检察监督，构建新型权益保障机制。共办理各类民事行政案件 47 件，其中审判程序违法行为监督 4 件，执行监督 17 件，支持起诉 16 件，行政机关不当履行职责监督 7 件，生效判决、裁定、调解书监督 3 件。延伸监督触角，在县法院设立民事行政检察工作室。同步开展执行案款集中清理、虚假诉讼专项监督活动。在金融系统开展督促起诉试点，为邮储左权支行挽回经济损失 67 万元，在试点的基础上进一步向环保、土地等部门延伸。

三、坚持不懈加强自身建设，努力提高司法质效和公信力

（一）强化过硬队伍建设，激发检察工作发展新活力

不断筑牢队伍思想根基。扎实开展“两学一做”学习教育活动，以集中讲学、干部领学、个人自学等形式组织全体检察人员特别是党员干部认真学习习近平总书记系列重要讲话精神，引导广大干警对照“心中四有”标准，进一步增强“四个意识”，在思想上政治上行动上和以习近平总书记为核心的党中央保持高度一致，始终确保检察工作正确政治方向。将职业道德、职业信仰、职业精神纳入经常性思想教育，引导广大检察人员在司法体制改革中深入践行检察官职业道德准则、职业行为基本规范，切实增强职业责任感和荣誉感。

持续提升干警专业技能。以职业化、专业化为方向，以执法办案一线人员为重点，针对公诉、侦查监督、职务犯罪侦查、案件管理等不同部门的特点，通过专家授课、研讨交流、网络培训、知识竞赛等多种形式，加强人才的深度培养。全年累计参加网络培训、专业技能培训等各类培训 100 余人次，有效提升了检察队伍的专业化水平。

始终强化纪律作风建设。坚决把纪律和规矩挺在前面，院党组和院领导班子成员严格履行从严治党、从严治检主体责任，认真执行《中国共产党廉洁自律准则》和《中国共产党纪律处分条例》，以签责任书、廉政承诺、层层约谈的形式，加强对全院干警的经常性纪律教育，抓早、抓小，把问题消灭在萌芽状态。在重要时间节点、重要工作部署中开展专项督查，严防“四风”问题反弹，杜绝违规违纪行为发生。

（二）全面强化自身监督，促进严格公正文明廉洁执法

主动接受人大监督。认真执行人大及其常委会决议决定，向县人大常委会专题报告公诉工作情况，及时把审议意见转化为改进工作的措施。落实院领导定点联系人大代表制度，以上门走访、邀请视察、赠阅《检察日报》等方式加强和代表的联系，虚心听取意见建议，不断加强和改进工作。

自觉接受政协民主和社会监督。认真向政协通报工作情况，以“加强侦查监督、维护司法公正”为主题，举办“检察开放日”活动，邀请 30 多名各界代表、媒体记者走近检察机关。建立新闻发言人制度，在左检微博、微信、门户网站上主动开展法律咨询、控告举报、检察长信箱等各项服务，保障人民群众的知情权、参与权和监督权。

持续加强内部监督。建立内部风险防控体系，深入推进执法规范化标准化建设，制定《纪律作风建设制度》《六权治本工作制度》《队伍建设制度》等规范化管理制度 60 余项，涵盖工作规范、业务流程、办案纪律、政务事务管理等方面，做到用制度管人、管事、管权。全面发挥案件管理中心“过程控制、实时监控、事后评价”的有效监督管理作

用，真正做到案件流转到哪里，监督制约就延伸到哪里，全年组织案件质量评查 8 次，评查案件 40 件，制发流程监控报告 15 篇。

各位代表，过去一年，我院在县委、县政府年度目标责任考核中荣获优秀等次；在全市检察机关业务考核中位列前茅、综合考核荣获优秀等次；在省院组织的为期一个月的基层院“八化”建设抽样评估中，各项工作均居于领先地位；在全国检察机关争先创优活动中，被评为“全国先进基层检察院”。这些成绩的取得，是县委、上级检察机关坚强领导，县人大及其常委会有力监督，县政府、县政协大力支持，社会各界和各位人大代表、政协委员关心支持的结果。在此，我向大家表示衷心的感谢！同时，我们也清醒认识到工作中还存在一些不足：一是面对经济社会发展的阶段性特征，防控风险、服务发展的工作措施需进一步细化完善；二是面对职务犯罪侦查职能划转后的检察工作新格局，下大力气补齐法律监督短板的任务需进一步巩固提高；三是面对今后更加艰巨的司法体制改革任务，创新攻坚的力度需进一步加大；四是面对改革中的身份转换，部分干警的工作积极性受到影响，思想政治工作需进一步加强。对此，我们将认真研究，下大力气加以解决。

四、准确把握新形势新任务，推动检察工作科学发展

2017 年是全面贯彻落实县委“苦干三年全面挺进全省第一方阵”重大决定的起步之年，我们要全面贯彻党的十八大和十八届三中、四中、五中、六中全会精神，深入贯彻习近平总书记对政法工作的重要指示精神，增强政治责任感，增强工作预见性，紧紧围绕全县工作大局，忠实履行维护社会大局稳定、促进社会公平正义、保障人民安居乐业的职责使命，加强检察监督，深化司法改革，为“全力晋位上台阶，全面脱贫奔小康”创建和谐稳定的社会环境和公正高效的司法环境。

（一）坚持以习近平总书记系列讲话为统领，牢牢把握检察工作正确政治方向。把学好用好习近平总书记系列重要讲话精神作为重大政治责任和历史担当，切实增强对系列讲话的思想认同、理论认同和情感认同，更加自觉地把系列讲话作为检察工作的根本遵循。牢固树立“四个意识”，确保党的路线方针政策和重大决策部署在检察机关得到不折不扣的贯彻执行。

（二）牢牢把握服务大局的政治责任，保障幸福平安左权建设。聚焦县委、政府《全面挺进全省第一方阵行动方案》，强化忧患意识、底线思维，从严从实从细做好保稳定、护安全、促和谐工作。依法履行批捕、起诉职责，坚决打击影响社会大局稳定、人民群众安全感的黑恶势力、涉枪涉爆、制贩毒品、“盗抢骗”等犯罪活动。加大对危害食品药品安全、非法集资、电信网络诈骗等犯罪的惩治力度，配合相关部门加大对欺压百姓、胡作非为的“村霸”和宗族恶势力的整治力度，严惩农村基层组织人员犯罪活动。积极服务全县脱贫攻坚和创新转型攻坚，继续加强对惠农扶贫资金的检察监督，将“阳光百姓工程”纳入民事行政检察工作范畴，确保扶贫政策和资金真正惠及农民群众。

（三）积极聚焦监督主责主业，全面加强法律监督工作。积极适应检察职能重大调整后的新形势，牢牢把握检察机关是国家法律监督机关的宪法定位，全面加强刑事、民事、行政检察监督，进一步加强控告申诉和未成年检察工作。在刑事检察监督中，重点要强化对刑事立案、侦查、审判、执行的监督，坚决纠正有案不立、以罚代刑、插手经济纠纷等问题，有力核查刑讯逼供、暴力取证行为，坚决纠正定罪不当、量刑严重失衡、审判程序违法等问题，突出维护刑罚执行的严肃性。在民事检察监督中，要综合运用抗诉、检察建议等方式，重点对生效判决、裁定、调解书以及审判人员违法行为和执行活动进行监督，常态化开展虚假诉讼监督。在行政检察监督中，要着力统筹推进行政生效裁判、审判程序和执行活动监督，探索完善行政违法行为检察监督和公益诉讼制度。控告申诉检察监督要重点抓好涉法涉诉信访制度改革，更加重视刑事申诉、刑事赔偿、司法救助工作。

（四）准确把握司法体制改革的目标任务，推动改革向纵深发展。坚持目标导向和问题导向相统一，坚定改革的信心和决心，确保重点改革任务取得实效。全面落实司法责任制，明确办案决定权、审核权、监督管理权的归属，完善检察权运行机制，使进入员额的检察官切实担负起办案责任，真正做到“谁办案谁负责、谁决定谁负责”。科学推进检察人员分类管理，使检察官、检察辅助人员、司法行政人员各司其责，畅通不同发展路径，最大限度激发改革的内生动力。坚持扁平化管理和专业化建设，推进内设机构整合，科学设置办案组织，进一步提高司法效能。

（五）全面落实从严治检，持续加强过硬检察队伍建设。深入贯彻落实中央《关于新形势加强政法队伍建设的意见》，扎实推进“两学一做”学习教育常态化制度化，强化理想信念教育和职业精神培育，把对党的忠诚落实到做人做事、司法办案各环节。适应检察人员分类管理要求，持之以恒加强专门人才培养，不断提升检察队伍的专业素能。严肃党内生活，加强党内监督，对违纪违法零容忍。

各位代表，全力晋位上台阶使命光荣，全面脱贫奔小康催人奋进。我们将认真贯彻落实本次会议精神，以更加奋发有为的精神状态，更加求真务实的工作作风，谋实检察发展新篇章，以优异成绩迎接党的十九大胜利召开！

左权县人民法院工作报告

——2017 年 3 月 15 日在左权县第十六届人民代表大会第二次会议上

左权县人民法院院长　高学军

2016 年工作回顾

2016 年，在县委的正确领导下，在上级法院的指导和县人大及其常委会的有力监督下，在县政府、县政协和社会各界的大力支持下，我院以党的十八大和十八届三中、四中、五中、六中全会精神为指引，围绕“努力让人民群众在每一个司法案件中感受到公平正义”的目标，坚持公正司法，坚定司法为民，加强自身建设，强化职能发挥，各项工作取得新进展。

一、依法履行职责，服务大局保障发展

一年来，共受理各类案件 2170 件，审执结 1934 件，审限内结案率 95.9%，收案数同比上升 21.1%，结案数同比上升 37.3%。

依法惩处刑事犯罪。审结刑事案件 137 件，同比增长 15.1%，判处罪犯 174 人。严格落实罪刑法定、罪刑相适应原则，实行量刑规范化，确保罚当其罪。依法审理了抢劫、盗窃、贩卖毒品、故意伤害、非法拘禁、敲诈勒索、诈骗等严重危害社会稳定和影响群众安全感的犯罪，判处 10 年以上有期徒刑 1 人，3 年～10 年有期徒刑 35 人，3 年以下有期徒刑或拘役 120 人。坚持打击犯罪与保障人权并重，准确把握宽严相济的刑事政策，宣告适用缓刑 38 人，单处罚金 7 人，免予刑事处罚 4 人。最大限度保护被害人合法权益、消弭仇恨，促进 14 件刑事附带民事诉讼案件达成调解。依法严厉惩治腐败，审结贪污、贿赂、渎职犯罪 12 案 12 人，科级以上干部 6 案 6 人。

积极调处民商事纠纷。审结民商事案件 902 件，与上年基本持平。依法保护各类主体的民事合法权益，及时审结涉及人身损害、民间借贷、劳动争议、医疗纠纷、婚姻家庭等案件，维护社会稳定。统一裁判尺度，妥善审理了劳动用工系列纠纷案、建设工程施工合同纠纷案等群体性、敏感民商事案件。加强巡回审判，稳妥化解了东南五乡镇上百件婚姻家庭、邻里、土地等民事纠纷。坚持“调解优先、调判结合”原则，全年调解和经过调解而撤诉 499 案，调撤率 55.3%，在全市法院系统名列前茅。

稳妥审理行政案件。坚持维护行政相对人合法权益和支持行政机关依法行政的双向保护原则，切实履行司法审查职责，促进与行政机关的良性互动。强化判后答疑，坦诚提出司法建议，最大限度增进行政相对人与行政机关的理解和信任，促进依法行政。全年审结的15件行政案件中，判决撤销被诉行政行为1件、确认被诉行政行为违法2件，占20%；协调处理6件，驳回原告诉讼请求6件。

着力提升执行实效。执结各类执行案件857件，全市排名第3，执结数同比增长177%。在全市率先完成“执行案暂存款专项清理工作”，清理案件49件，发放暂存款15.6万元。坚持“严管理、强责任、上手段”，运用法定强制措施，落实失信被执行人名单公布制度，曝光失信“老赖”，严厉打击逃避执行行为，全年共实施强制执行措施1270次，纳入征信黑名单444人，司法拘留3人，移送公安机关立案侦查1人。12月初，开展“树诚信、立公信”专项活动，在车站、广场、社区等人口密集地区张贴公告，广泛征集执行线索，21天执结87件涉民生案件，执行到位资金200余万元。

二、回应社会关切，忠实践行为民宗旨

进一步落实为民举措，改善立案服务，化解信访积案，提高司法公开透明度，认真开展精准扶贫工作，不断满足人民群众司法需求。

改进窗口建设，增强司法为民效果。落实“立案接待首办责任制”、“一次性告知”与“诉讼权利义务和风险提示”等制度，实行立案、咨询、答疑等“一站式”服务。擦亮“文明执法窗口”，合理设置安检通道，安装同步录音录像设备，规范干警着装，规范文明用语。严格执行立案登记制，杜绝有案不立，当场登记立案率达到94%。加强司法救助，依法为符合条件的困难群众缓、减、免交诉讼费1.4万余元。坚持源头治理，以化解信访积案为重点，对涉诉信访案件做到“清仓见底、一抓到底”。明确信访案件的领导责任，做到台账明晰、责任到人。集中梳理涉诉信访苗头线索，及时掌握动态，做好接访维稳工作，全年共接待群众来访150余人次，处理来信转办函件14件。

深化司法公开，实施阳光司法工程。加强司法公开“三大平台”建设，在诉讼服务中心公布立案、审判相关信息，群众持有效身份证件即可旁听案件审理。实行电子点击结案制度，推动实现案件纸质卷宗与电子卷宗同步生成。依法公开案件信息，全年上网公开生效裁判文书1403份。开通“左权县人民法院”微信公众号和微博，及时发布司法信息和工作动态。启动司法公开第四大平台建设，建成院内首个数字化法庭，与新浪网签约开通网络庭审直播。发挥人民陪审员在专业知识、社会阅历、乡土人情等方面优势，全年陪审案件960件，参审率达到78.6%，增强了案件审理的透明度。

认真开展精准扶贫工作。掌握脱贫政策，做好规定动作，按时按要求驻村入户，了解贫困信息，进行对口帮扶。尤其是在更换对口扶贫村后，按照精准扶贫的工作要求和村情实际，重新选派了驻村“第一书记”，深入走访“村两委”干部和村民，摸清底数，及时建档立卡，建立帮扶工作台账，学习借鉴其他单位的好做法，有针对性地制定和实施帮扶措施，取得了群众信任。

三、强化自身建设，促进队伍形象提升

抓思想政治、抓责任担当、抓能力素质、抓基础建设，努力实现自身建设全面提高。

加强思想教育，确保正确政治方向。扎实开展“两学一做”学习教育，深入学习贯彻《党章》《党规》和习近平总书记系列重要讲话精神，组织开展了党建知识问答竞赛、党员重温入党誓词、“感党恩、颂党情”文艺表演和参观“红色西沟”等主题活动。中心组学习形成制度化，召开“讲奉献、有作为”专题民主生活会，讲授“争做合格党员、法官”专题党课，着力提高干警政治素养，筑牢理想信念，增强宗旨意识。

加强作风建设，建立廉政风险防控机制。严格落实全面从严治党“两个责任”，认真履行党风廉政建设“一岗双责”，查找廉政风险点，制定相应措施，在部门设置廉政监察员，进一步加强廉政风险防控。组织召开党风廉政建设专题院务会，运用“四种形态”，就责任落实情况对13个部门负责人进行约谈，做到抓早抓小。召开年终“四述”大会，当场指出部门工作存在的不足、提出整改意见，基本达到了红脸、出汗的效果。

加强学习培训，提升司法业务水平。以创建学习型法院为载体，组织法官到最高院、省高院、市中院参加业务培训26人次，参训人员就学习内容撰写培训报告，并向全院干警转授先进审判理念和处理疑难案件的指导性意见。年初，组织20名陪审员进行了为期5天的法学理论培训。11月份，对15名在岗临用书记员进行了为期30天的速录技能培训。坚持周五下午集中学习制度，由业务骨干对审务实践、办案技能进行讲解交流，促进提高业务水平，提高案件质量。民一庭杨春光同志被省高院授予“全省法院调解能手”称号，刑庭赵德华同志所办案件被市政法委评定为“精品案件”，民二庭李慧同志被市中院荣记个人三等功。

加强基础建设，保障审判需求。以满足工作需要、避免重复投资为原则，完成执行查控系统建设，实现办公区无线网络全覆盖，基本达到标准化办公条件。整洁办案环境，及时修缮法庭，增加安保器械，增添取暖设备，确保审判执行工作顺畅进行。院党组多次就新建审判大楼建设事项进行集中讨论，指定专人完善建设审批手续，确定纪检监察部门全程监督。目前，新建审判大楼主体已建至地上两层。

四、完善司法机制，促进审判提质增效

有序推进司法改革。按照省高院关于推进司法体制改革的部署要求，在市中院的指导下，借鉴兄弟法院成功经验，制定了贴合实际的法官入额遴选工作方案。坚持公平、公正、公开原则，从工作绩效、学术成果、民意认可度、岗位适配度等多个方面对申请入额的法官进行综合考核和考试，按额定比例报请省法官检察官遴选委员会审议确认，13名法官全部获批，其中有院领导3人，35岁以下的年轻法官3人，平均年龄42岁。首批法官入额遴选工作初步完成。

改进审判监督机制。制定《审限监督实施方案》和《案件评查暂行办法》，确定由审监庭专职负责审限监督和案件质量评查工作，定期通报各庭室收结案情况和超审限预警。建立审判流程网上跟踪管理，从立案、分案、送达、开庭、判决、报结、评查、归档等审判流程节点进行实时监督，全年对8件即将超审限案件给予红牌预警。审判委员会侧重典型案例指引、法律适用把关，全年共讨论决定案件69件，同比减少42%。

五、主动接受监督，促进依法公正履职

自觉接受人大监督，认真向县人大常委会专题报告刑事审判工作开展情况，密切与人大代表的联络，办理代表建议2件，就建议涉及的婚姻家庭和刑事强制措施适用两方面内容，指派常务副院长、审委会专职委员、多名业务庭长专程走访代表，悉心听取意见，专门研究讨论后给予答复。认真向政协通报工作情况，加强与人民团体的日常联络。重视检察建议的办理回复，邀请检察机关监督执行案款发放。利用微博、微信发布司法信息，广泛接受社会监督。

各位代表，我院一年来取得的成绩，离不开县委的正确领导，离不开人大的有力监督，也离不开县政府、县政协及社会各界的大力支持。在此，我代表全院干警向各位领导、各位代表以及支持人民法院工作的社会各界人士表示衷心地感谢！

总结成绩的同时，我们也清楚地认识到，我院工作还存在着许多问题和困难：一是执行实际到位率偏低，司法公信力不高；二是部分干警司法能力不足，大局意识欠缺；三是审判政务管理水平有待提高；四是实行法官员额制后，符合条件的司法辅助人员、书记员严重缺乏；五是新建审判大楼遇到建设资金严重不足的困难。

对此，我们将在今后的工作中予以高度重视，进一步采取措施认真加以解决和克服。同时，恳请各位领导、各位代表和社会各界继续给予关注和支持。

2017年工作安排

2017年是我县实现“两全”奋斗目标的开局之年，做好法院工作意义重大。我院将深入学习贯彻习近平总书记系列重要讲话精神，以党的十八大和十八届三中、四中、五中、六中全会精神为指引，紧紧围绕县委中心工作，坚持执法办案第一要务，做细做实司法为民措施，稳步推进司法体制改革，大力加强队伍建设，努力提高司法能力，着力提升司法公信力，为我县“全力晋位上台阶，全面脱贫奔小康”提供优质高效的司法保障和服务，以优异的成绩迎接党的十九大胜利召开。

一、以公正司法为主线，积极维护和谐稳定发展

坚持党的领导，坚定政治方向，从大局出发，为大局服务，紧抓执法办案第一要务。严惩危害公共安全、暴力侵财等刑事犯罪，优化县域社会治安和发展环境。重视劳动争议、土地流转纠纷等民商事案件的审理，平等、全面、依法保护各类市场主体的合法权益。推动行政机关负责人出庭应诉，促进政务诚信建设。加大对执行工作的人力、物力投入，继续开展“树诚信、立公信”专项行动，用足用好执行措施，加大对失信被执行人的惩戒力度，努力提高执行实际到位率。深化诉调对接，完善多元化纠纷解决机制。注重信访息诉工作，加强审判监督管理，坚持有错必纠，坚决防止冤错案件。

二、以司法公开为载体，认真落实为民利民措施

加强诉讼服务中心建设，完善审判信息自助查询系统。提高生效裁判文书网上公布的及时性，逐步推进网络庭审直播。用好执行查控系统，努力保障当事人胜诉权益得到实现。完善派出法庭设施，推动巡回就地审判。增强司法救助的透明度，让困难群众、弱势群体感受到司法温暖。主动邀请人大代表、政协委员旁听庭审、见证执行，落实人民陪审员“倍增计划”，扩大参审范围，增强民众的司法参与度。建立新闻发言人制度，举办法院开放日，充分运用新媒体，丰富司法宣传，使司法公开的方式更加多元化。

三、以落实司法责任制为核心，稳步推进司法体制改革

组建专业化新型审判团队，择优配置审判辅助人员。落实院领导办理重大疑难案件制度，实现“让审理者裁判，由裁判者负责”。推进以审判为中心的刑事诉讼制度改革，探索审判委员会工作新机制。落实“轻刑快判”机制，探索家事审判模式。加强案件繁简分流，完善小额诉讼程序，实现简单案件及时审结，做到系列性、群体性、关联性案件“类案同判”。加强审判流程管理，完善法官绩效考核。合理调配司法行政人员，尝试从在校大学生中聘用司法事务助理。

四、以提高司法能力为目标，着力打造过硬队伍

坚持从严治院，深化“两学一做”学习教育，严格落实全面从严治党“两个责任”，持之以恒加强司法作风建设。牢固树立监督就是支持的理念，更加积极主动地接受人大及其常委会的监督，深入整治群众反映强烈的问题，全力打造司法新常态。开展“大练兵、大比武、大培训”，组织“每周一讲，每月一课”，提高法官司法能力、服务大局能力和群众工作能力，提高审判辅助人员、司法行政人员的综合素质，提高司法警察的业务技能。加强法院文化建设，增强团队凝聚力。加强法官履职保护，落实从优待警，努力拴心留人。

各位代表，新形势下维护社会和谐稳定、促进社会公平正义，人民法院使命光荣、任务艰巨。我们将坚决落实县委重大决策部署和本次大会决议，坚定初心，忠诚履职，扎实工作，勤奋进取，为法治左权建设和保障服务经济社会发展做出新的更大贡献！

2011 年

1 月

1 月 15 日，环保部总量司干部金平，国家环境监测分析中心研究员刘爱民一行就左权县“十一五”以来主要污染物总量减排工作进行核查验收。

1 月 21 日，晋中市政府系统第二十三批农村工作队入村仪式在拐儿镇拐儿村举行。

1 月 22 日，省委宣传部赴桐峪“送温暖、献爱心”暨党支部党建结对活动启动仪式在桐峪镇举行。

2 月

2 月 1 日，左权县传统小花戏《摘花椒》在 2011 年山西省电视台春节联欢晚会参加演出。

2 月 15 日，左权盲艺人在天津音乐厅举行“向天而歌——山西太行山盲艺人开花调演唱会”。

2 月 18 日，晋中市大型图片摄影活动“我是中国共产党员”在麻田八路军总部纪念馆举行开机仪式。

2 月 21 日，新闻出版总署向左权县赠送《中国家庭应急手册》图书仪式在麻田举行，共赠送图书 3 万册。

是月，左权县行政事业单位资产管理中心成立，隶属于财政局。

3 月

3 月 2 日，左权县启动第一次全国水利普查工作。

3 月 11 日，全县经济工作会议在县城召开。

3 月 14 日，全县森林防火宣传月活动暨森林消防大队授旗仪式在宏远体育场举行。副省长刘维佳出席并向左权县森林消防大队授旗。

3 月 15 日，县公安局“阳光工作室”在将军广场建成启用。

3 月 17 日，副省长张平在左权县麻田八路军总部纪念馆、麻田中学、宏远学校和东沟幼儿园等地视察指导工作。

3 月 19 日，常务副市长刘志宏在左权县麻田八路军总部纪念馆、麻田中学、宏远学校和东沟幼儿园等地视察指导工作。

3 月 21 日，中共中央政治局委员、国务委员刘延东在左权县麻田八路军总部纪念馆、麻田中学、宏远学校和东沟幼儿园等地视察指导工作。教育部部长袁贵仁，国务院副秘书长项兆伦，省委书记袁纯清，省长王君，省委常委、秘书长李政文，副省长张平，省教育厅厅长李东福，市委书记李永宏，市长张璞，市委常委、秘书长李苏平，市委常委、常务副市长刘志宏，县委书记、县长王兵等中央、省、市、县领导陪同视察。

3 月 29 日—30 日，中国扶贫开发协会副会长、常务副秘书长黄祖绍率领中国扶贫协会“大学生村官成长工程”调研组在左权县麻田等地进行调研。省政协原副主席、中国扶贫开发协会顾问赵凤翔参加调研。

3 月 30 日，县重点工程项目、滨河新城清华金元·米兰小镇举行开工奠基仪式。

3月30日—31日，国务院扶贫办外资中心项目官员马俊茹率领全国贫困村互助资金检查组在左权县麻田、石匣等地检查指导工作。

是月，确定为左权县优化发展环境活动“推进月”。

4月

4月1日，上海“海尔雅世十二院城革命老区行”为左权石匣学校捐赠价值10万余元的图书和学习、体育用品。

4月3日，省新闻出版局党组书记、局长林玉平在左权县调研。

4月4日，市委副书记吴清海一行在左权县石匣、辽阳、寒王等地就设施蔬菜建设、造林绿化工程、重点工程建设等进行调研。

4月5日，麻田镇老十亩村阳光农廉网查询室正式投入使用。

4月7日，市委常委在左权县召开以“继承革命传统，牢记光荣使命，坚决履职尽责，实现率先发展”为主题的专题民主生活会。

4月10日—11日，人民中国杂志社社长徐耀庭一行在左权县麻田等地参观调研，并向麻田文化站捐赠图书。

4月14日，省委第二十三批扶贫工作队进驻左权县。

4月19日—21日，《人民画报》副总编李莉娟一行在左权县麻田等地参观调研。

4月30日，县公安局被省劳动竞赛委员会授予“山西省五一劳动奖状”光荣称号。

是月，左权县投资30余万元建成的交通系统GPS监控平台正式投入使用。

5月

5月4日，纪念五四运动92周年暨左权县第二届“十大杰出青年”颁奖典礼在宣传文化中心举行。

5月5日，左权将军警卫员党忠斌在左权将军纪念馆向左权县捐赠了当年左权副总参谋长使用过的马搭以及自己当年在战场上缴获的日军战刀等革命文物，并向麻田小学捐款1万元。

5月9日，全国检察机关惩治和预防渎职侵权犯罪图片巡回展在左权县体育馆展出。

5月12日—13日，中国外文局副局长陆彩荣一行在左权县调研。

5月16日，晋中市较大道路安全事故查处督办会议在左权县召开。

5月18日，左权县十四届人大常委会召开第三十次会议。会议任命刘娟为左权县人民政府副县长、代理县长，任命张晓玲为左权县人民检察院副检察长、代理检察长。

5月19日，左权县开展以“读万卷书，行万里路”为主题的宣传活动，迎接中国第一个旅游日。

5月25日，美国内布拉斯加州威里斯安大学国际青年志愿者一行14人在左权县开展为期5天的实践活动。

5月30日，山煤集团左权宏远煤业公司举行120万吨矿井兼并重组整合项目工程开工奠基仪式。

是日，14名美国志愿者在左权县石匣学校开展支教活动。

5月30日—31日，省委常委、宣传部部长胡苏平一行在左权县桐峪镇开展扶贫住村活动。

6月

6月1日，左权县麻田小学收到由中国扶贫基金会寄来的551份“爱心包裹”。

6月4日，由陕西、北京、上海、浙江、江苏、广东、江西、河北、山西、湖北、贵州、湖南等省市的12家电台，共同发起的“红色信念”——纪念建党90周年大型广播献礼宣传活动采访团走进左权。

6月10日，左权县“开花调”国家级传承人、一级歌唱演员刘改鱼携徒弟王建英、郝利宏一行，在中华世纪坛当代艺术中心参加了由文化部和中国非物质文化遗产保护中心主办的薪火相传——非物质文化遗产传承人师徒同台展演活动。

6月12日—14日，中共共产党左权县第十六次代表大会在县城召开。会议按法定程序，选举产生了中共左权县第十六届委员会委员31名、候补委员6名；纪律检查委员会委员13名；出席中共晋中市第三次党代表大会代表23名。

6月14日，中共左权县第十六届委员会召开第一次全体会议，选举王兵为县委书记，刘娟（女）、赵宏钟为副书记，县委常委会由王兵、刘娟（女）、赵宏钟、郑春华、郭午生、韩军、程俊斌、苟富杰、杨建功组成。

6月19日—22日，政协第八届左权县委员会第一次会议在县城召开。会议选举韩卫平为县政协主席；高瑞兰（女）、崔凤珍、刘二梅（女）、王向东为副主席。

6月20日—23日，左权县第十五届人民代表大会第一次会议在县城召开。会议选举巨树民为县人大常委会主任，赵世伟、刘玉明、刘二萍（女）、韩叶青、高左军为副主任；选举刘娟为县长，韩军、邵锦绒（女）、高儒林、陈德刚、李左红、刘钢（挂职）、哇春芳（女、挂职）为副县长；选举王晓光为县人民法院院长；选举张晓玲为县人民检察院检察长。

6月23日，山西省廉政教育基地——麻田八路军总部纪念馆举行揭牌仪式。麻田八路军总部纪念馆是省纪委、省监察厅命名的全省首批9个廉政教育基地之一。

6月28日，市委常委、纪委书记王琦在左权县慰问烈士后代和老党员。

是日，市人大常委会主任张文科一行在左权县进行调研。

6月28日—29日，市委常委、组织部长丁文禄率晋中市委组织部部分机关干部在左权县麻田镇开展“走红路、忆先烈、颂党恩”党日活动。

6月28日—7月3日，2011年CBA—OPEN贺龙中国业余篮球公开赛男子俱乐部联赛在左权县举行。

6月30日，左权县举行纪念建党九十周年暨创先争优表彰大会。

6月30日—7月1日，市委副书记、市政协主席张春生在左权县马厩村驻村调研。

是月，《左权县交通运输志》由山西人民出版社出版发行。

7月

7月1日，市委副书记、晋中市政协主席张春生在左权县石匣乡马厩村开展扶贫住村活动。

7月3日，市委副书记、晋中市市长吴清海一行在左权县石匣水库、马厩村、207国道五里堠段、柏峪村、319省道上交漳段等地视察指导救灾工作。

7月5日，全国成人高校招生工作研讨会在左权县召开。

7月5日—6日，省委常委、常务副省长李小鹏在左权县粟城乡柏峪村开展扶贫住村活动。

7月6日，左权县地企联合工委成立。

是日，左权县在将军广场举行群团一体化建设暨献力“四化”率先发展区启动仪式。

是日，市委书记张璞与扎根基层的大学生村官芦淑红、杨勇夫妇进行座谈。

是日，省民政厅救灾救济处处长吉立民率工作组在左权县查看灾情，指导抢险救灾工作。

7月8日—9日，市委常委、常务副市长刘志宏在左权县石匣乡长城村开展扶贫住村活动，并就地质灾害防治工作进行专题调研。

7月8日—9日，北京外文出版纸张公司总经理杨鲁峰一行向左权县老井村小学、石窑坪小学、麻田镇小学捐赠文具、物品。

7月11日，市委常委、晋中军分区司令员郭雄飞在左权县石匣乡白堠村开展扶贫住村活动。

7月13日，左权县召开新“五个全覆盖”动员大会。

7月14日，重庆卫视《天天红歌会》拍摄组在左权县录制《走进左权》专题节目。

7月19日，部分在晋的全国人大代表在左权县泽城西安水电站二期施工现场就重点工程建设情况进行调研。

7月21日—22日，市委书记张璞，市委副书记、市长吴清海率领由市四大班领导，市直重点部门负责人及各县县委书记、县长组成的晋中市上半年经济运行观摩团在左权县进行观摩，并对左权县上半年经济运行情况进行点评。

7月22日，华能左权电厂举行一号间接冷却塔封顶仪式。市委书记张璞宣布“华能左权煤电公司一号间接空冷塔胜利封顶”，市委副书记、市长吴清海，市委副书记、市政协主席张春生等出席封顶仪式。

是月，左权县会计服务中心成立，隶属于财政局。

8月

8月2日，武警山西省总队总队长仲轩，政委刘建华在左权县麻田镇参加由总队援建的“左权县麻田镇饮水工程”竣工启用仪式。

8月4日—7日，由《人民日报》及其海外版、新华社、中国新闻社、《中国青年报》《光明日报》《经济日报》等中央媒体记者组成的采访团深入左权县开展“红色左权行”主题采风活动。

8月16日—17日，晋中市生态庄园经济研讨会在左权县日月星生态庄园召开。

8月23日，左权县总工会、县妇联、团县委共同进行群团一体化爱心助学活动。活动共筹得63万元助学金，40余名贫困学生和一所希望小学现场接受捐助，共计217名贫困学生得到帮助。

8月24日，香港华革会吴祺光先生为左权县12名贫困大学生每人资助4000元。

8月25日，左权县召开十五届人大常委会第一次会议。会议选举通过24名政府工作部门主任、局长的人事任命。

8月26日，左权县举行“光彩助学基金”资助贫困大学生启动仪式，27名贫困大学生得到首次每生5000元的资助。

8月31日，安泰集团公司总裁李猛一行在左权县考察走访。

9月

9月2日，外文出版社社长、党委书记胡宝民带领外文出版社、北京光海文化用品有限公司领导一行为左权县捐赠价值38万元图书，并在龙泉中学进行助教活动。

9月7日，左权县启动“网格化”社会管理工作。

9月7日—9日，山西省委宣传部在左权县开展扶贫住村活动。

9月8日，《高山安可仰》——缅怀左权中学原校长刘运炎文集举行首发式暨座谈会。

9月16日，山西省高级人民法院在左权县召开“群众观点大讨论”征求意见座谈会。

9月19日，“大左权——中央媒体看左权”红色影展在第十一届平遥国际摄影节展出。共展出作品60余幅，最大的一幅作品长5米，宽3米。

9月26日，汾西矿业集团公司董事长翟红一行莅临左权县，针对集团公司在左权投资项目进展及落实情况和左权县座谈协商、进行工作对接。

9月27日，由左权县老龄委、东方米兰婚纱影楼联合主办的首届“东方米兰杯”金婚庆典仪式在宣传文化中心广场举行。

10月

10月9日—10日，左权县为纪念辛亥革命100周年，举办了社会各界人士纪念辛亥革命书画展、辛亥革命时期文物实物藏品展和专题研讨会。

10月18日，省委常委、副省长高建民率省水利、农业、旅游部门负责人在左权县麻田镇南会村就核桃树种植、旅游路开发、鱼塘开发等包村增收规划进展情况进行调研。

10月20日，县委书记王兵，县委副书记赵宏钟，县人大常委会副主任刘二萍，县政府副县长陈德刚率县直有关单位负责人，各乡镇乡镇长，相关部门、企业负责人参加第二届中国（山西）特色农产品交易博览会，并参与了市政府组织的“左权绵核桃”现场推介。

10月28日，山西省副省长张平一行在麻田镇东安村驻村调研。

11月

11月8日，左权县召开第九届村民委员会换届选举工作会议。

11月16日，左权县上庄香港华革会李建培英小学举行落成典礼。

11月17日，左权县污水管理处理中心挂牌成立。

11月21日，晋中市农民增收明白卡经验交流现场会在左权县召开。

11月25日，省委副书记、省长王君一行在左权县石匣乡竹宁村驻村调研。

是月，在第二届中国国际林产品博览会暨第四届中国义乌国际森林产品博览会上，左权馨源丰公司生产的“馨源丰”有机野生茶、左权百利士公司生产的“一路科技”野生杏仁油获博览会金奖，左权茂丰公司生产的“赵老五”绵核桃获优质奖。

12 月

12 月 9 日—12 日，省委巡视二组组长李锐锋一行在左权县巡视工作。

12 月 13 日，省委常委、常务副省长李小鹏在左权县粟城乡柏峪村住村调研。

12 月 21 日，左权宏远学校被山西省教科院命名为“课改实验基地校”。

12 月 28 日，省水利厅副厅长常书铭一行在左权县慰问泽城西安水电站（二期）工程一期移民。

是月，《左权县革命遗址概览》《左权县抗战回忆录》由中国文史出版社出版发行。

是年，县 50 名乡土人才（在全县范围内选拔）被确定为“县委联系专家”和“乡镇党委联系专家”，并享受政府津贴。

是年，左权县获“全省实施兴水战略先进集体”殊荣，并荣记集体一等功一次。

是年，左权县争取到 1700 台太阳能热水器，分配到 10 个乡镇的农户家中。

2012 年

1 月

1 月 7 日，汾酒集团公益基金会向左权县麻田小学捐赠校车一辆。

1 月 9 日，左权县在北京举办“太行子弟情系左权联谊会”，由抗日战争时期在左权战斗生活过的将帅子弟、左权籍在京知名人士等参加。

1 月 21 日，华能左权电厂一期工程两台机组一投一并实现双机投产。

2 月

2 月 2 日，省委副书记、省长王君在扶贫开发联系县左权调研。

2 月 7 日，中国外文局“新春走基层”中外记者团一行 10 人，在国家外文局副局长陆彩荣的带领下在左权县进行采访。

2 月 22 日，浙江吉利控股集团副总裁毛勇一行在左权参观考察。

2 月 23 日，左权县首届“李有才板话”传承奖颁奖活动在县“辽县抗战纪实馆”举行。

2 月 27 日，左权县获全国“双拥模范县”六连冠。

3 月

3 月 6 日，左权县 2012 年经济工作会议在县城召开。

是日，左权县召开 2012 年加强作风建设优化发展环境大会。

3 月 26 日，省委常委、宣传部长胡苏平在左权县麻田八路军总部纪念馆、中华新闻烈士纪念园、桐峪临参会旧址、扶贫点上武村、“网格化”管理中心，就红色旅游资源开发、新农村建设、文物“网格化”管理进行调研。

3 月 27 日，市委常委、宣传部长黄耀春率市宣传、旅游、文物、发改、财政、国土及市各大银行负责人在左权县就文化产业重点项目进行调研。

3 月 29 日，省工商局局长、非公工委书记王虎胜在左权县调研，并指出，左权率先在全省实现非公经济党组织和党的工作全覆盖。

是月，左权县在全省首家实现视频接访。

是月，左权县麻田顺康天然农产品公司董事长康建忠、岗田农机销售服务公司董事长王云岗分获“十佳青年创业明星”和“优秀青年创业明星”。

4 月

4 月 9 日，由中国扶贫开发协会和国龙（天津）股权投资基金公司共同实施的支持贫困村大学生村官成长工程——低碳扶贫开发项目在石匣乡上会村正式启动。

4 月 11 日，省委常委、常务副省长李小鹏在左权县下乡驻村联系点粟城乡柏峪村，检查春耕备耕情况，指导农业生产和农民增收工作。

4 月 13 日，省委常委、副省长高建民在左权县下乡住村联系点麻田镇南会村，指导春耕备耕、产业发展和农民增收工作。

4月16日，全省非公有制经济组织党组织集中组建工作现场推进会在左权县召开。左权县在全省率先实现非公企业党组织全覆盖。

4月16日—18日，中国人民政治协商会议第八届左权县委员会第二次会议在县城召开。

4月17日，副省长张平在左权县下乡住村联系点麻田镇东安村，详细了解春耕备耕和产业项目发展情况，指导农民增收工作。

4月17日—19日，左权县第十五届人民代表大会第二次全体会议在县城召开。

4月21日，市国土资源局局长赵春雷一行在左权县就推进创新用地机制，统筹安排用地规划，开展城乡建设用地增减挂钩，有效盘活土地资源，全面保障重点项目落地进行了实地调研，随后召开了现场办公会。

4月23日—24日，全市课堂教学改革现场会在左权县宏远学校召开。

4月26日，省委常委、宣传部部长胡苏平一行深入下乡住村联系点左权县桐峪镇上武村下乡住村调研。

4月27日—28日，省委副书记、省长王君深入下乡住村联系点左权县石匣乡竹宁村住村。

5月

5月2日，左权将军女儿左太北在北京向左权县捐赠左权将军的系列书籍及珍贵历史照片。

5月3日，市劳模事迹报告团在左权县举行劳模事迹报告会。

5月4日，县政协委员、青年诗人侯俊伟诗集《山乡恋歌》举行首发座谈会。

5月9日，左权湖万亩现代生态农业示范园区开工建设。

5月10日，左权县召开核桃产业大县建设动员会。

是日，省委信访督查组在左权县调研。

是日，省违法排污排查整治专项行动督查组在左权县检查。

5月15日，山西省“集善工程·香港方树福堂、方润华基金”助行轮椅捐赠仪式在左权县举行。

5月17日，国家扶贫开发协会副会长温克刚一行在左权县对“支持贫困村大学生村官成长工程”进行实地调研。

5月18日—20日，县委书记王兵，县委副书记、县长刘娟，县委副书记赵宏钟，县委常委、纪委书记苟富杰，副县长高儒林等领导率左权代表团赴长沙参加第七届中博会。

5月20日，“皇甫束玉文化教育艺术馆”在晋中高等师范专科学校开馆。

5月25日，由中共山西省委、省军区主办，省党史办、省军区政治部、晋中市委、左权县委联合承办的“纪念左权将军牺牲70周年大会”在左权县举行。

5月26日，“发展中国家农村发展与减贫官员研修班”学员在左权县考察。

5月28日，左权县慈善总会揭牌暨中国外文局支援老区助学金发放仪式举行。

5月31日，县十五届人大常委会召开第七次会议。会议任命黄守业为左权县人民政府副县长（挂职），张圣任左权县公安局局长。

是日，由《山西经济日报》、黄河新闻网、《晋中日报》、晋中电视台等十多家省、市媒体记者组成的“转型综改实验区项目建设”采风团一行20余人在左权县采风。

6月

6月5日，全市妇女小额担保贷款现场推进会在左权县召开。

6月9日，左权职业中学、北京金隅科技学校、左权县金隅水泥有限公司联合办学签约挂牌仪式暨左权职教联席会议举行。

6月12日，“孚诺”健康生活山区行——2012年上海赴山西科学教育传播活动启动仪式在左权县宏远学校举行。

6月15日，侯乃田农民文化大院扩建工程竣工；侯乃田创作的《岁月有痕》一书，由山西教育出版社正式出版。

6月16日—20日，副县长陈德刚率左权县10

多个农业龙头企业的20多个系列产品组团赴北京参加第二届山西特色农产品北京展销周暨扩大市场招商引资系列活动。

6月20日，全市工会组建工作现场会在左权县宏远能源科技集团召开。

6月25日，市委副书记、市长吴清海一行在左权县石港煤业、佳瑞煤业、金隅水泥项目、汾西瑞泰公司煤机制造项目等7户重点工业项目工地现场调研。

6月26日，全省发展核桃扶贫产业工作会在左权县日月星生态庄园举行。

是日，晋中市城乡建设用地增减挂钩工作现场会在左权县召开。

6月27日—28日，省人大常委会在左权县检查《义务教育法》执行情况。

是月，左权县大学生村官姚雪亮、张晶做客《中国访谈》栏目，现场接受采访。

7月

7月4日，新华社山西分社深入左权县调研助农增收明白卡实施情况。

7月6日，在全省2012年中央专项彩票公益金整村推进扶贫项目遴选论证会上，左权县获得中央专项彩票公益金支持贫困革命老区整村推进核桃园建设项目。该项目区位于县境内清漳河沿岸和东南部较为贫困的土石山区，共涉及桐峪、粟城、芹泉、拐儿4个乡镇、10个村、3294户、9873人，其中贫困户2300户、6900人。实施总面积3186.67公顷。

7月13日，左权县首个乡村学校少年宫——麻田中心学校少年宫正式开放。

7月15日，市委书记张璞，市委副书记、市长吴清海率全市上半年经济工作观摩检查组在左权县观摩。

7月18日，省委巡视组曹燎原组长一行在左权县就第六届中博会上签约项目情况进行巡视检查。

7月26日，国家统计局山西调查总队总队长刁满庆一行在左权县调查中组部安排的组织工作满意度。

7月26日—27日，全市司法行政基层工作现场会在左权县召开。

7月27日，左权县医院（中医院）首次通过公开选拔聘用的方式产生新领导班子。院长：程建东，副院长：申海云、程渊文、赵烁伟、王玉彬。

8月

8月6日—9日，县委书记王兵、县长刘娟等县四套班子领导，率左权县党政考察团赴长治、怀仁等地考察学习。

8月9日—10日，市人大常委会环保执法检查团和保障性住房专题调研组在左权县检查调研。

8月21日，市委常委、宣传部部长黄耀春率全市文化产业重点项目观摩团在左权县观摩。

是日，左权县被省政府命名为“山西省林业生态县”，是晋中市东五县首家获此殊荣的县份。

8月21日—22日，省卫生县城检查团在左权县检查指导工作。

8月22日，市人大常委会副主任郭绍华带领“发展壮大县域经济”专题调研组在左权县调研。

8月23日，市委常委、纪委书记王琦在左权县就重点项目建设推进情况进行调研。

8月24日，省委常委、宣传部部长胡苏平在左权县上武村驻村调研。

8月28日，和榆高速公路一期工程榆社至左权段正式通车运营。

8月30日，省老促会副会长马俊、曹振声一行在左权县就生态庄园经济发展情况进行调研。

8月31日，左权县召开信访维稳大化解动员会。

9月

9月16日，国家能源局副局长刘琦率调研组在左权县就能源结构调整、生产转化效率和产业链条延伸等情况进行调研。

9月18日，市委常委、组织部部长丁文禄一行在左权县麻田镇西安村调研。

9月18日—19日，全省农村两轮“五个全覆盖”工程督查组在左权县督查指导工作。

9月20日，省委宣传部副部长郭健在左权县麻田红色旅游综合开发项目现场督查指导工作。

是日，5台国家补贴玉米收割机在辽阳镇西云山村进行玉米收割演示。

9月24日，革命前辈刘伯承元帅的儿子刘太行再次抵达左权县，沿着父亲当年生活和战斗过的地方，追寻革命先辈光辉足迹，缅怀革命先烈丰功伟绩。

9月26日，副省长牛仁亮一行在和榆高速公路左权服务区和云山特长隧道调研。

9月27日，“英雄的左权·崛起的新区”图片展在左权将军广场开展。

9月28日，左权将军殉国暨左权县命名70周年纪念大会在麻田八路军总部纪念馆广场举行。

是日，左权县麻田八路军总部纪念馆新馆开展。纪念馆分三层，展陈面积3800平方米。

是月，《左权县政协志》由中国文史出版社出版发行。

是月，《左权年谱》由人民出版社出版。

10月

10月10日，省林业厅副厅长常光明一行督查左权县造林绿化工作。

10月10日—11日，晋中市落实少先队根本任务加强青少年德育建设工作会议在左权县召开。

10月13日，歌起太行——石占明成名十年演唱会在榆次文化中心大剧院举行。

10月16日，市政协主席张春生在左权县马厩村住村调研。

10月17日—18日，市委常委、政法委书记李苏平带领全市政法综治工作观摩督查团在左权县检查督导。

10月18日，左权县“一村一品”现场推进会在麻田镇召开。

10月26日，左权县首家玉米深精加工企业——丰盛谷农业科技有限公司举行开业仪式。公司生产的“都来捞”黄金玉米和捞面在第二届山西特色农产品北京展销周上获金奖。

10月27日，左权县实现天然气成功置换，居民用上了优质、高效、环保的洁净天然气。

10月31日，左权县将军希望学校落成庆典仪式在左权县桐峪村举行。

11月

11月5日，省委常委、副省长高建民在左权县下乡住村联系点麻田镇南会村调研指导工作。

11月6日，潞安集团董事长、党委书记李晋平，总经理翟红等一行专程赴左权县进行慰问。

11月10日，清漳河万亩优质莲菜园区开工建设。

11月12日，市人大常委会主任张文科率市人大代表在左权县开展集中视察活动。

11月14日，左权县在马厩村无名烈士公墓启动烈士纪念设施抢救保护工程，并进行烈士遗骸集中安葬仪式。

11月19日—20日，省编办副巡视员贺国琳一行5人在左权县检查指导工作。

11月27日，大型左权花戏歌舞剧《太行奶娘》在榆次文化艺术中心成功首演。

11月29日，省委常委、宣传部部长胡苏平一行在左权县下乡住村联系点桐峪镇上武村进行调研。

是日，左权县举办“全心全意解民忧、尽职尽责办实事”活动面对面征询意见会，职能部门代表与群众“面对面”。

是日，辽阳镇召开亲水湾、清漳苑村委会选举工作动员会，启动移民新建村村民委员会选举工作。

12月

12月4日，左权县法制文化图片展在政府广场开展。

12月5日，县长刘娟调任团省委副书记。

12月19日，左权县慈善总会第一届会员代表大会、第一次常务理事会在县城召开。会议选举产生总会理事54名，其中常务理事33名，会长1名、副会长5名，其中常务副会长1名，秘书长1名。

12月19日，左权县召开省市领导住村增收工作汇报会。

12月20日，县医院门诊大楼竣工投入使用。

是月，左权县看守所新建工程在石匣乡马厩村南奠基开工。

2013 年

1 月

1 月 1 日，左权县全面推行预算单位公务卡强制结算制度。

1 月 11 日，左权县召开首届大学生村官工作会议。

1 月 12 日—13 日，省爱卫办常务副主任高生华一行在左权县检查指导创建国家卫生县城工作。

1 月 15 日，左权县首家高标准“红黄蓝亲子园”早教中心正式运行。

1 月 17 日，左权县羊角中心学校被山西省教育厅关工委评为“五好小公民”主题教育活动山西赛区示范学校。

1 月 19 日，山西省人大常委、省政府原参事杨勇为左权县麻田中学捐赠价值 10 万元图书。

1 月 21 日，左权县退休干部申喜廷研究成果《哥德巴赫猜想的证明》发表于《中国科教创新导刊》总第 659 期。

1 月 30 日，邓朴方奶奶郭金梅遗体告别仪式在麻田云头底村举行。

2 月

2 月 4 日，由王占文编写的左权民歌小花戏文化专著——《流转千年的歌舞》举行首发式。

2 月 20 日，市委常委、纪委书记王琦一行在左权县开展访民生、知民情、解民事走访调研活动。

2 月 24 日—25 日，人民艺术家老舍先生的儿子、当代作家、中国博物馆学会副会长、中华民族团结进步协会常务理事、北京市民族联谊会副会长、中国和平统一促进会理事、中国老舍研究会顾问舒乙，在左权县体验民俗风情和城乡社火节活动。

是月，莲花岩庄园被山西省旅游局评为“首批省级旅游休闲度假区”。

3 月

3 月 5 日，市委常委、纪委书记王琦率市国土、发改、环保、经信、供电等部门负责人，在左权县就山西鑫兴煤电化集团中豪镍业有限公司年处理 150 万吨红土镍矿项目建设推进情况进行调研。

3 月 11 日，省委第二十五批农村工作队进驻麻田。

3 月 13 日，左权县十五届人大常委会召开第十二次会议。会议任命赵宏钟为左权县人民政府副县长、代县长。

3 月 19 日，全县经济工作会议在县城召开。

3 月 21 日，左权县水工程移民办公室挂牌成立。

3 月 24 日，桃树湾住宅小区开工建设。

3 月 27 日，省委书记袁纯清率调研组在左权县中豪镍业公司、宏远科技公司、左权湖万亩生态农业园区、和会生态庄园和鲜森葡萄酒庄，就产业转型、文化旅游、农民增收等进行调研。

3 月 29 日，左权县召开残疾人联合会第六次代表大会。

是日，左权县召开第三次全国经济普查动员暨统计工作会议。

3 月 30 日，市委副书记、市长吴清海在左权盘城岭煤业有限公司调研。

4 月

4 月 2 日，左权县 2013-01 号国有土地使用权挂牌出让成功。该宗地占地面积为 14423 平方米，分为两种用途，其中，3181 平方米为商业用地，出让年限 40 年；11242 平方米为住宅用地，出让年限为 70 年。最终由天鑫房地产开发有限责任公司以 515 万元成功竞得。

4 月 3 日—4 日，市委书记张璞在左权县芹泉、拐儿走访调研。

4 月 8 日，左权县召开安全生产基层基础建设年动员暨安全工作会议。

4 月 10 日，左权县拐儿镇寺坪村香港华革会李建陪英小学举行落成典礼。

4 月 10 日—11 日，县妇联和县人社局联合举办的首期妇女创业培训班和巾帼职业技能培训班开班。

4 月 12 日，左权县组织相关部门对手续不全、违法生产的糠醛厂依法实施关停。

4月16日，县委、县政府在左权宏远科技公司召开了左权籍在外企业家座谈会。

4月18日，市长吴清海在左权县石匣乡红都村石占明民歌传承基地调研。

4月22日—24日，政协第八届左权县委员会第三次会议在县城召开。

4月24日—26日，左权县第十五届人民代表大会第三次会议在县城召开。选举赵宏钟为县政府县长，选举赵建军为县人民法院院长。

4月26日下午4时59分，左权县委、县政府政务微博“左权发布”在新浪微博正式上线。县委书记王兵、县人民政府县长赵宏钟分别在微博发言。

4月27日，省商务厅在左权县举行“送服务、送温暖、家电下乡”促消费惠民活动。

5月

5月8日，市委常委、宣传部部长黄耀春带领市直相关职能部门和金融机构负责人，在左权县调研指导文化产业重点项目建设情况，并针对项目推进过程中遇到的困难与问题，进行现场办公、协调解决。

5月10日，左权县15幅摄影作品入选全市“劳动者之歌”摄影大赛。

5月12日，左权县在京著名书画家陈硕石在京逝世。

5月13日，左权县中晋太行矿业有限公司与伊朗MME公司、中国石油大学、北京神雾环境能源科技集团股份公司共同合作的30万吨/年直接还原铁项目技术引进及EPC总包协议签约仪式，在晋祠宾馆国际会议中心举行。

5月17日—19日，县委副书记、县长赵宏钟，副县长高儒林、黄守业率县直有关单位、有关企业负责人参加第八届中博会。

5月20日，左权县获“2012年度开全国家课程、开足课时先进单位”称号。

5月24日，左权县向中国人民革命军事博物馆捐赠《左权将军》铜像。

5月29日—30日，市委常委、政法委书记苗伟在左权县调研。

5月30日，省委常委、常务副省长高建民在左权县下乡住村联系点麻田镇南会村调研，指导农业产业发展和农民增收工作。

6月

6月19日，市委副书记、市长吴清海在左权县就签约项目建设情况进行调研。

6月19日—20日，市人大环保执法检查组暨晋中环保行采访团在左权县检查。

6月25日，晋煤集团副总经理曹建平一行在左权县就结对帮扶产业开发项目进行对接。

6月28日，在建党92周年即将来临之际，市委常委、纪委书记王琦一行在左权县鑫兴煤电化集团公司参加党日活动。

是月，左权县八路军总部纪念馆、左权烈士陵园被省委党史办公室命名为山西省首批党史教育基地。

是月，左权县选定辽阳镇七里店村、小会村作为“美丽乡村”试点村，在全市率先启动建设。

7月

7月3日，“共产党员的中国梦”先进事迹巡回报告团在左权县作专场报告。

7月12日，县政协召开宋树元文史研究成果座谈会。

7月16日，由市教育局、市体育局主办，左权县人民政府承办的全市2013年“信合杯”中学生田径锦标赛在左权县滨河体育中心拉开帷幕。

7月22日，县国土局成功公开挂牌出让2013-06号宗地，由左权县鸿泰发运有限公司以1494万元竞得。该宗地位于寒王乡前寨村，面积6.58公顷，规划用途为工业用地，出让年限为50年。

7月24日，市委书记张璞、副市长王盛章在左权县就扶贫开发工作进行调研。

7月25日，左权县残疾人图书室在宣传文化中心正式挂牌。

7月27日，市委书记张璞率上半年重点工作观摩检查组在左权县观摩指导。

是月，红十字博爱医院健康体检部正式投入运营。

是月，左权县参展产品“左权绵核桃”被第七届世界核桃大会组委会评为“中国优良核桃品种”。

是月，左权县开展第一次全国可移动文物普查。

8月

8月2日，左权县召开“解放思想 转变作风”大行动动员大会。

8月8日，副省长张复明在左权县麻田镇东安村下乡住村。

8月9日，左权县第十次妇女代表大会在县城召开。

8月13日，省人大常委会财经委主任赵建平一行在左权县就上半年国民经济和社会发展计划执行情况进行调研。

8月14日—16日，以“相约万亩荷塘 感受红色左权”为主题的“2013中国麻田·莲花节”在左权县麻田镇举行。

8月21日—23日，《左权县志（1991—2010）》评审会召开。省地方志办公室副主任刘益龄、市史志研究院院长李新文及晋中各县市地方志办公室主任等30余人参加评审。市政府副秘书长杜建英，县委副书记、县长赵宏钟，副县长黄守业及县直130余个承编单位领导参加评审会开幕式。

8月22日，左权县与阳煤集团战略合作框架协议签约仪式在榆次颐景国际酒店举行。

是日，左权县作家协会成立暨首次会员大会举行。

是日，大型左权花戏歌舞剧《太行奶娘》参加了山西省党的群众路线教育实践活动优秀剧目展演。

8月23日—24日，晋中市文联采风笔会在左权县进行。

8月26日，芹泉镇摩天岭旅游公路开工奠基仪式在关滩村举行。

8月27日，龙泉乡举行首届农民健身广场舞比赛。

8月30日，左权县举办领导干部依法行政专题讲座，邀请晋中市司法局宣教科科长、市“普法讲师团”讲师权进强作专题讲座。

9月

9月3日，县委书记王兵率党务公开考察团一行20余人赴长治市长治县考察学习。

9月5日，全国政协副主席卢展工带领全国政协教科文卫体委员会调研组在左权县开展送文化下基层活动，并就革命老区公共文化服务体系建设等情况进行调研。

9月19日—25日，左权县“清漳荷韵”专题摄影在第13届“走向生活的影像”平遥国际摄影大展上展出。

9月20日—21日，大型左权花戏歌舞剧《太行奶娘》在北京国家大剧院首演成功。

9月23日，美国中华工商团体联合会会长，美国熊氏集团董事长，美国、印尼《国际日报》董事长，著名爱国侨胞熊德龙在左权县考察。

9月24日，左权县首家“土地银行”正式挂牌成立。

9月26日，左权县与晋煤集团战略合作框架协议签约仪式在县迎宾馆举行。

9月28日，省委党史办公室副巡视员杨玉堂一行在左权县就党史工作进行督查调研。

9月29日，左权县中小微企业服务联盟举行第一次会员代表大会，审议通过了《左权县中小微企业服务联盟章程》、理事会名单和秘书处人选。为省内首家县级中小微企业服务联盟。

9月30日，位于西寨村的左权县首家社区老年日间照料中心成立。

10月

10月13日，左权县委、县政府在北京组织召开了重阳节话《太行奶娘》座谈会。太行子弟代表，在京左权籍老干部代表，剧目主创人员与来自《人民日报》、新华社、《光明日报》《中国青年报》、凤凰网历史频道、中央电视台等近20家媒体的记者一起参加了座谈。

是日，全市农业科教工作观摩培训会在左权县召开。

10月14日，市委书记张璞就推进全省“百企千村”产业扶贫开发工程在左权县调研。

是日，县拐儿镇寺坪村荣登全国“一村一品示范村”榜单。

10 月 15 日，县辽阳派出所成功侦破一起运输毒品案，缴获毒品 6.188 克。

10 月 19 日—20 日，市委常委、宣传部部长黄耀春率全市文化产业重点项目观摩团在左权县检查指导工作。

10 月 22 日，晋中市社会矛盾调解工作左权推进会召开。左权县“集束调解”经验在全市推广学习。

10 月 24 日，省国资委副主任狄重阳、省扶贫办副主任张晓红一行在左权县就“百企千村”产业扶贫开发项目进行检查指导，并与左权县及潞安集团、晋煤集团、阳煤集团产业扶贫相关负责人进行了座谈。

10 月 28 日，左权县举行首届兼职督学聘任暨督学责任区建设启动仪式。

10 月 29 日，北京航天科技专家为左权县师生作航天科普知识讲座。

10 月 30 日，省人社厅副厅长安尼瓦尔·买买提率省医改督察组在左权县就公立医院改革工作进行调研。

10 月 31 日，辽县抗日战争纪念馆被命名为山西省第二批国防教育基地。

11 月

11 月 1 日，市委常委、纪委书记王琦在左权县就重点工程项目进行调研。

11 月 8 日，市人大代表视察左权县重点工程及民生实事完成情况。

11 月 11 日，晋冀豫三省六县（市）第三届第四次地方税收协作研讨会在左权县召开。

11 月 15 日，共青团左权县第十八次代表大会召开。

是日，全市土地整治及基本农田划定工作座谈会在左权县召开。

11 月 21 日，省委常委、宣传部部长胡苏平在左权县上武村住村。

是日，云南江城哈尼彝族自治县县委常委、副县长李朝良，县委常委、政法委书记李开福一行在左权县考察生态庄园。

11 月 26 日，省委副书记、省长李小鹏在左权县下乡住村联系点粟城乡柏峪村调研。

是日，左权县盲人宣传队入围“2013 感动山西”候选人。

11 月 27 日，左权县盘城岭煤业获“全国企业应急救援知识竞赛优胜单位”奖。

是日，第三届晋台书画联展暨美丽晋中摄影展在左权开展。

11 月 28 日，全市农村土地流转现场推进会在左权县召开。

是月，左权县为 1231 名城乡贫困妇女免费体检。

是月，左权县出版了地方文化“土特产品”——《左权县第二届李有才板话传承活动作品选编》。

是月，县慈善总会与县邮政局联合发行“左权县慈善总会形象宣传暨小额资金募集”主题邮资封。

12 月

12 月 12 日，左权县推进农村社会管理服务改革动员会在石匣乡召开。

12 月 13 日—15 日，大型左权花戏歌舞剧《太行奶娘》在北京军区连演三场。来自解放军政治部、北京军区、战友报、战友文工团等单位的广大官员，省、市、县主要领导和 80 余名曾被太行奶娘抚养过的革命后代一起观看了演出。

12 月 29 日，左权县荣膺“国家卫生县城”称号。

12 月 31 日，在全国政协礼堂政协茶话会上，刘海萍演唱的《太行奶娘》主题歌《太行娘亲》受到习近平总书记以及中央首长们的肯定和赞扬。

是年，左权县（革命老区、国定贫困县）首次纳入“专项生”招生计划范围。

是年，左权县第一批补充耕地项目批复立项，项目共计 10 个，总规模 75.24 公顷，其中新增耕地 58.8 公顷，预算总投资 531.74 万元。

是年，左权县以培育民生林业和生态林业为主，首次把苗圃建设纳入全县林业重点工程。

是年，桐峪镇桐滩村建立的早教基地——桐滩村启蒙乐园正式落成。

是年，左权县被山西省人民政府授予“第二批山西省文化强县”荣誉称号。

是年，左权县“地企共建新模式”受到中央政研室和新华社关注，在《学习与研究》2013年第2期和《内参选编》2013年第10期上刊登推广。

是年，左权县成立常备民兵应急分队。应急分队队员由县直单位年轻后备干部、共产党员和入党积极分子组成，共计50人。

是年，左权县被省委组织部确定为晋中市首个全省大学生村官“六个一”活动定点联系县。

是年，左权县文化系列丛书由北京新星出版社出版发行。全书一套5本，包括《守望文明》《画说左权文化》《同走在文化路上》《桃花红 杏花白歌集》《左权县文化志》。

是年，左权县龙华大酒店被评定为国家三星级酒店，是左权县第一家三星级饭店。

是年，左权县通宝煤化有限公司成为全省唯一的引进跳汰式先进工艺和循环利用环保技术，实行数字化、信息化智能管理模式的现代化洗煤企业。

2014年

1月

1月1日，左权县医院（中医院）通过等级医院评审为“二级甲等”医院。

1月8日，左权县马厩水厂联机调试成功，县城10万居民生活安全用水得到保障。

1月14日，左权县妇联在辽阳镇东沟村举行太原中保集团“母亲邮包”发放仪式，为511名贫困妇女发放价值5万余元的“母亲邮包”。

1月21日，市委常委、纪委书记王琦在左权县城区管委会、辽阳镇和石匣乡走访慰问困难群众，并为他们送上慰问金和新春祝福。

2月

2月17日，副省长郭迎光在左权县就改善农村人居环境、生态庄园经济、农业农村工作等内容进行调研。

2月20日，全县经济工作会议在县城召开。

是日，左权县召开县委工作会议暨党风廉政建设干部大会。

2月26日，晋中市干果管理左权片区技术交流座谈会在左权县召开。

2月28日，市直行政系统第26批农村工作队党的十八大精神宣讲会在左权县召开。

3月

3月4日，《左权文学》举行创刊座谈会。

3月5日，左权县召开党的群众路线教育实践活动动员会。

3月7日，县委、县政府召开干部下乡工作会议。

3月8日，市政府秘书长陈定堂率市政府、办公厅党组成员在左权县麻田镇八路军总部纪念馆进行封闭学习并深入农户调研。

3月13日，县工商局政务大厅注册登记窗口，为左权鑫源热电有限责任公司颁发了左权县第一张新版营业执照，标志着左权县注册资本登记制度改革正式起航。

3月14日，鑫兴煤电化集团向县社会福利中心捐赠建设费用300万元。

3月18日，县委书记王兵，县委副书记、县长赵宏钟率县委常委、县人大常委会主任、政协主席等领导赴麻田八路军总部纪念馆进行封闭学习，缅怀革命先烈，重温入党誓词，接受“红色洗礼”。

3月20日，左权县召开严厉打击违法占地非法采矿专项行动动员大会。

3月24日，左权县召开创建国家园林县城和省级环保模范县城动员会。

是月，《左权文史全集》由中国文史出版社出版发行。

4月

4月1日，省委常委、常务副省长高建民在左权县麻田镇南会村就核桃种植、水产养殖、旅游开发进行调研。

是日，市委副书记、市长胡玉亭在左权县督查清明节期间森林防火工作。

4月2日—4日，中央党的群众路线教育实践活动领导小组成员、教育部部长、党组书记袁贵仁在左权县教育科技局就党的群众路线教育实践活动进行调研指导。

4月3日，市委常委、组织部部长丁文禄在麻田调研党的群众路线教育实践活动。

4月4日，著名书画大师陈硕石魂归故里骨灰安葬仪式在拐儿镇天门村举行。

4月7日，政协左权县委员会在左权县文史博物馆举行《左权文史全集》首发式。同日，左权县文史博物馆百年文史展开展。

4月8日，县政府召开食品安全委员会第一次全体会议。

是日，纪念中国人民政治协商会议左权县委员会成立三十周年大会在县城召开。

4月11日13时至14时30分，县气象局在石匣乡作业点开展人工增雨作业，期间发射WR—1D型增雨火箭弹10枚。

4月17日，中国麻田第二届太行女神摄影大展在南会村开展。

4月21日—23日，政协第八届左权县委员会第四次会议召开。

4月23日，总政歌舞团在老区左权县慰问演出。

是日，省委督导组在左权县调研指导教育实践活动。

4月23日—24日，县第十五届人民代表大会第四次会议召开。

4月24日，亚洲开发银行代表在左权县进行项目前期考察。

5月

5月6日，市政协副主席李非忠率调研组在左权县开展“加强生态建设，打造美丽晋中”专题调研并召开座谈会。

5月8日—9日，市长助理古晓兵率市委督察组在左权县对安全生产党政同责落实情况进行督导检查。

5月13日，左权县召开党的群众路线教育实践活动“升温加压”推进会，传达学习贯彻中央和省市有关会议精神，总结前段教育实践活动开展情况，安排部署下一步工作任务。

5月20日—22日，大型左权花戏歌舞剧《太行奶娘》作为教育部“高雅艺术进校园”剧目，走进全国高校巡演，首站进入郑州大学西亚斯国际学院进行演出。

5月22日，晋中市中小企业协会工作会议暨科技创新现场会在左权县宏远科技公司召开。

5月25日，左权县在麻田镇十字岭开展左权将军殉国七十二周年纪念活动。

是日，白求恩国际和平医院与左权县医院医疗协作启动仪式在左权县人民医院举行。

是日，由左权、和顺、榆社、平遥、陵川、高平、武乡、襄垣八支盲人宣传队（曲艺队）的50多名盲艺人，成立了“太行盲艺人”联谊会。

5月27日—29日，国家外文局领导在左权县调研。

6月

6月4日，市委常委、常务副市长刘志宏在左权县石匣乡长城村住村。

6月12日，左权县首个驻企警务室在华能电厂举行揭牌仪式。

6月15日，左权县武术协会挂牌成立。

6月25日，省委常委、政法委书记王建明在左权县社会服务管理指导中心、矛盾纠纷调解中心和麻田镇，就社会矛盾“大调解”、社会服务管理网格化和“一村一警”等工作进行调研。

6月26日，晋中市人大常委会环保执法检查组和晋中环保行记者采访团在左权县检查工作。

6月27日—28日，全省核桃经济林综合管理技术示范现场培训会在左权县召开。

7月

7月3日，市政协主席张春生在左权县联系点参加指导石匣乡党委班子专题民主生活会。

7月4日，市委常委、市纪委书记赵庆华在左权县联系点参加指导桐峪镇党委班子专题民主生活会。

7月16日，平遥国际摄影大赛总监张国田一行在左权麻田就莲菜产业发展以及绿色莲菜对旅游的拉动前景进行调研。

是日，“左权小花戏”入选第四批国家非物质文化遗产保护名录。

7月17日，中央教育实践活动领导小组成员、教育部党组书记、部长袁贵仁在教育实践活动联系点左权县教科局参加指导局领导班子民主生活会。

是日，左权县召开华能山西太行2×60万千瓦超超临界低热值煤发电项目建设领导组会议。

7月19日，太原理工大学在左权县开展“博士行·爱心梦”教育科技暑期社会实践活动。

7月23日，市委常委、常务副市长刘志宏率市委、市政府督查组在左权县就重点工程进展情况进行督查调研。

7月24日，副省长张复明在左权县麻田镇东安村住村调研。

是日，省委常委、组织部部长汤涛在左权县麻田镇就党的群众路线教育实践活动开展情况和农村“两委”换届选举准备工作进行调研。

7月28日，阳泉至左权高速公路建成通车，实现了晋中市各县（市）全部通高速的目标。

7月28日—29日，全省非公有制企业产业扶贫观摩推进会在左权县召开。

7月30日，左权县在滨河新城崇圣路建起的夜间市场开市。

8月

8月2日—3日，全省领导干部住村包村增收暨扶贫开发工作推进会在左权县召开。

8月6日，全省矛盾纠纷大调解工作晋中（左权）推进会在左权县召开。

是日，县政府召开创建山西省环保模范城规划评审会。

是日，晋中市委书记张璞看望左权县残疾女作家乔叶。

8月12日，县委书记王兵，县委副书记、县长赵宏钟率党政班子领导赴晋中市参加全市县处级领导干部党政同责“三责”教育培训会。

8月13日，省委常委、常务副省长高建民在麻田镇南会村住村调研。

8月14日，省委常委、宣传部长胡苏平率省委宣传部扶贫工作队员在左权县桐峪镇上武村住村调研。

8月16日，创建国家园林县城初验考评专家在左权县检查验收创园工作。

8月22日，在邓小平同志诞辰110周年、桐峪晋冀鲁豫边区临时参议会胜利召开73周年之际，由省科协倡议企业捐赠的《邓小平铜像》在“桐峪临参会旧址”落成。

是日，左权籍老干部程四喜、皇甫鲜峰向左权县捐赠图书。

是月，左权县传统手工“长城陈醋”重现市场。

是月，左权县盲艺人两首民歌《光棍哭妻》和《瞎瞎活了这辈子》入选由江苏文艺出版社出版发行的《中国音乐地理：晋陕黄土高原区》在上海首发。

9月

9月1日，左权县麻田镇北艾铺村十字岭“左权将军殉难处”正式入选首批国家级抗战纪念设施名录。

9月2日—3日，全国妇联妇女研究所专家姜秀花、史凯亮在左权县开展山西革命老区农村妇女生存发展状况典型调查及小组焦点座谈活动。

9月3日，左权县在烈士陵园举行纪念中国人民抗日战争胜利69周年活动。

9月18日，左权县“辽县抗日战争纪念馆”重新向社会开放，同时被省检察院确定为“廉政教育基地”。

9月21日—22日，省委常委、组织部部长盛茂林在左权县宏远科技股份有限公司、龙泉乡政府、麻田八路军总部旧址、八路军总部纪念馆、麻田镇上口村莲菜基地就项目建设、服务型乡镇建设和农民增收情况进行调研。

9月25日，左权盲艺人刘红权入围“太极传统音乐奖”，获“提名项目”证书和奖杯。

9月30日，晋中市“缅怀先烈，圆梦中华”主题公祭烈士活动在县将军广场隆重举行。

是日，在全国首个烈士纪念日之际，县文学艺术界联合会、县作家协会在辽县抗日战争纪念馆开展“缅怀革命先烈，弘扬民族精神”主题纪念活动。

10 月

10 月 11 日，中残联督导检查组一行在左权县检查农村残疾人扶贫开发工作。

10 月 14 日，左权县举办老年人体育协会成立 30 周年暨九九重阳节纪念大会。

10 月 21 日，左权县召开党的群众路线教育实践活动总结大会

10 月 22 日，全市文化产业重点项目建设现场推进会在左权县召开。

10 月 28 日，左权县召开村“两委”换届工作动员会。

10 月 31 日，香港华革会观礼团在左权县参加“华革爱心工程”——熟峪香港亨达小学揭牌仪式。

11 月

11 月 4 日—5 日，《左权县志（1991—2010）》终审会召开。

11 月 7 日，左权文学特刊《十字岭》创刊首发。

是日，左权县举办“清华大学—山西左权区域发展论坛”专题讲座。

11 月 9 日，由省文化厅组织的省直院团“送戏百场进老区”活动在麻田镇启动。

11 月 11 日，省妇联 2014 年家庭教育大篷车公益巡回讲座在左权县开讲。

11 月 12 日，市委常委、纪委书记赵庆华在联系点左权县实地调研指导煤炭企业发展。

11 月 15 日—16 日，左权县第一届职工乒乓球比赛在县体育馆举行。

11 月 18 日，全国双拥办副主任、民政部优抚安置局巡视员杨国英一行，在左权县调研烈士纪念设施建设保护情况。

11 月 19 日，左权县正式被批准为省级农业综合开发项目县。

11 月 20 日，市人大常委会主任张文科带领部分省、市人大代表在左权县就重点工程项目建设进行集中视察。

11 月 23 日—26 日，国家教育督导检查组对左权县进行义务教育基本均衡县评估认定。左权县高标准通过认定。

11 月 26 日，王艾甫获“全国离退休干部先进个人”荣誉称号。

12 月

12 月 10 日，左权县举办首届“晋商杯”大学生创业大赛。

12 月 19 日，省委书记王儒林在左权县考察调研。

12 月 24 日—27 日，左权县举办专题研讨班，对全县主要领导干部进行集中封闭培训。

12 月 29 日—31 日，左权县通过国家三类城市语言文字工作评估验收。

是月，左权县社会管理综合治理委员会更名为左权县社会治安综合治理委员会。

是月，刘有根纪实文学《太行奶娘》由北岳文艺出版社出版发行。

是年，左权县依托“村村通”气象大喇叭网络，在农村开通了“党群直通车广播”。

是年，县环境保护工作协会“绿色太行”编写的地方环保教材《绿色左权》由希望出版社正式出版。

2015 年

1 月

1 月 5 日—6 日，省纪委副巡视员王建新率省督查考评组在左权县对改善农村人居环境工作进行年度督查考评。

1 月 7 日，左权县洗煤行业协会成立并举行了第一届会员大会，同时进行了揭牌仪式。

1 月 13 日，市委常委、纪委书记赵庆华在左权县督查指导学习讨论落实活动。

1 月 19 日，晋中市第二人民医院团队帮扶左权县人民医院启动仪式在县医院举行。

1 月 20 日，公安部消防局副局长（副军职少将）冷俐，国家煤监局事故调查司处长郝虎管，国家安全生产应急指挥中心技装部干部王维赴在左权

县进行安全生产大检查。

1月28日，国家质检总局副局长吴清海在左权县调研。

是月，著名舞蹈艺术家、左权小花戏代表性传承人李明珍编撰的《左权小花戏》由新世界出版社出版。

是月，左权县获2014—2016年度“中国民间文化艺术之乡”称号。

是月，左权县智能交通项目投入使用。

是月，左权县“集报大王”苗世明当选全国“百姓学习之星”，成为晋中市唯一获此殊荣的市民。

是月，左权县获全国首批地质灾害防治高标准“十有县”称号。

2月

2月12日，全县经济工作会议在县城召开。

是日，县委十六届五次全会暨县委工作会议召开

是日，全县党风廉政建设大会暨县纪委十六届五次全会召开。

2月15日，省委副书记、省长李小鹏在左权县开展慰问。

2月27日，左权县慈善总会举行万向“四个一万”发放仪式。

2月28日，左权县国家税务局获第四届“全国文明单位”称号。

3月

3月15日，左权县市场和质量监督管理局挂牌运行。

3月17日—18日，市委书记张璞，在左权县就集体经济壮大、土地承包经营权确权登记、农村土地银行运行情况等进行调研。

3月31日，左权县召开学习“连壁精神”动员大会。

4月

4月2日，河北建投能源公司总经理蔡树文一行，先后在左权县泽城西安水电站，汾西瑞泰正珠、正明煤业及桐峪、龙泉、寒王等地，就建设煤电一体化循环经济项目的选址、水源、原煤供应等进行了实地考察。

是日，左权县全面启动农村土地承包经营权确权登记颁证工作。

4月8日，左权县举行“左权县创建国家园林县城、省级环保模范县城暨全民义务植树”万人签名仪式。

4月9日，省委第27批农村工作队进驻左权县。

4月13日，省委巡视三组巡视左权工作动员会召开。

4月14日，市委常委、宣传部部长黄耀春率市直有关单位负责人，在左权县就文化产业重点项目建设进行专题调研。

4月15日—16日，副省长张复明在左权县就教育均衡发展进行调研指导。

4月21日，省经信委副主任冀明德率省政府督查组在左权县就《山西省减轻企业负担促进工业稳定运行的若干措施》落实情况进行督查调研。

4月22日，山西省儿童发展基金会理事长王永平代领省、市爱心妈妈团代表在左权县救助贫困儿童。

4月22日—23日，左权县举办迎“五一”首届职工羽毛球比赛。

4月24日，主题为“2015年左权财富之巅”暨宏远广场招商发布会在天颐大酒店举行。

4月25日，由《人民日报》组织的“民族记忆·你不知道的抗战故事”主题采访活动在麻田八路军总部旧址举行启动仪式。

是日，“八年抗战·晋中记忆”纪念中国人民抗日战争胜利70周年大型摄影活动在左权麻田八路军总部举行开镜仪式。

5月

5月7日，左权县召开学习讨论落实活动总结暨“六权治本”推进会。

5月12日，左权县人民政府与河北建投能源投资股份有限公司在石家庄签署合作框架协议。

5月21日，左权县召开旅游发展攻坚年行动推进会议，并在会上正式组建左权县旅游工作委员会。

5月25日，左权盲人宣传队在烈士陵园举办“太行浩气传千古——纪念左权将军殉国73周年演唱会”。

5月26日，左权县委举办“三严三实”专题教育党课，县委书记王兵以讲党课的形式，作了题为《认真学习践行“三严三实”，做一名忠诚干净担当的好党员、好干部》的辅导报告，正式启动全县“三严三实”专题教育。

5月29日，市军休二所在左权麻田举行“红色文化”进校园暨送医下乡活动。

是月，阳涉线麻田镇至悬钟段电气改造工程正式开工。

是月，王艾甫抗战藏品精选《铁证·日军侵华罪行自录》和《王艾甫抗日藏品精选》两书由新世界出版社出版发行。其中《铁证·日军侵华罪行自录》一书，被译为日、英文面向国际公开发行。

6月

6月10日—12日，由山西华夏艺术之根创作的大型说唱剧《解放》在左权县举行为期三天、六场的“三区中国梦《解放》万里行”公益性演出。

6月15日—18日，政协第八届左权县委员会第五次会议在县城召开。选举高儒林为县政协主席。

6月17日，县政府召开农村土地承包经营权确权登记颁证、“八普及一创建”和农村集体“三资”管理专项清理整治工作推进会。

6月17日—19日，左权县十五届人民代表大会第五次会议在县城召开。选举郑春华为县人大常委会主任。

6月25日，市人大常委会副主任杨建平率市人大常委会环保执法检查组和晋中环保行记者团在左权县检查采访。

6月26日—27日，左权县举行第一次归侨侨眷代表大会。

6月30日，以“弘扬廉政文化　实现风清气正”为主题的首届廉政文化图片展在左权将军广场开展。

是月，左权县麻田镇西安村、上南会村和拐儿镇老井村3村入选2015年贫困村旅游扶贫试点。

7月

7月1日，县委副书记、县长赵宏钟率左权县政府考察团在晋中市经济技术开发区，就“城中村”改造、高新技术创业服务等工作进行考察学习。

7月2日，市政府秘书长黄海涛率市政府办公厅县处级领导干部在左权县开展“三严三实”专题教育第一专题“严以修身”正面典型教育活动，并深入帮扶村石匣乡大林村走访调研。

7月3日，市委常委、组织部部长丁文禄率市农委、扶贫办、旅游局、交通局、水利局、国土局等部门负责人，在左权县麻田镇专题调研莲菜产业发展情况，并召开万亩莲菜规划实施推进座谈会。

7月4日，“加油中国·快乐足球”暨左权1018足球俱乐部成立。

7月5日，左权县核桃产业提质增效工作推进会在晋中市林业局召开。

7月6日，市委常委、纪委书记赵庆华在左权县慰问老党员、老干部。

7月9日，市政协在左权县调研公共文化服务体系建设情况。

7月11日，左权县在省级休闲度假区芹泉镇日月星风景区举办首届消夏避暑节。

7月17日，中国城郊经济研究会调研组在左权县调研庄园经济。

7月18日，左权县在京业界精英刘廷儒及其公司创设的“北京星河公益基金会”宣布成立并开始运行。

7月21日，市委宣传部在左权县举行抗战电影《无冕英雄》研讨会。

是日，左权县2015年第一期新型职业农民（农机操作手）培训班在连壁村开班。

7月23日，山西美淘村网络科技公司在左权县举行纪念抗战胜利70周年“关爱抗战老兵·弘扬抗战精神”系列活动启动仪式。

7月31日，左权燃气公司举行揭牌成立仪式。

是月，《左权县公安志》编印发行（内部出版）。

8月

8月1日，山西首套《左权抗日英雄》纪念明信片在左权县举行发行仪式。同时启用一枚《左权抗日英雄》明信片首发纪念邮戳。

8月8日，以“唱民歌、学花戏、赏莲花、大冲关”为主题的第三届中国·麻田莲花节在麻田镇莲花生态园区开幕。

8月12日，华能左权 2×66 万千瓦低热值煤发电项目在左权县寒王乡水横村正式开工。

是日，市人大常委会主任张文科带队在左权县集中视察生态庄园经济发展情况。

8月15日，省委副书记、省长李小鹏在左权县柏峪村进行调研。

8月16日，左权县举办晋汇达左权分公司成立仪式（晋汇达 B2B 电子商务平台在左权县落户）。

8月18日，左权县选派百名“第一书记”到农村任职。

是日，左权县茂丰生态经济开发有限公司股权报价系统挂牌仪式在上海股权托管交易中心举行。

8月19日，振东集团在左权县开展贫困大学生救助活动。

8月24日，麻田八路军总部纪念馆被国务院公布为第二批 100 处国家级抗战纪念设施、遗址，是晋中市唯一入选的一家。

8月27日，县政府与晋中田霖公司签订电子商务进农村战略合作协议。

是日，97 岁的皇甫束玉，获中共中央、国务院、中央军委联合颁发的“中国人民抗日战争胜利70周年纪念章”。

8月31日，“铭记历史·圆梦中华”全国红色旅游万里行主题活动山西省分会场启动仪式在麻田八路军总部纪念馆举行。

是月，《中国妇女报》记者在革命老区左权县寻访“太行奶娘”。

9月

9月2日，晋中市生态庄园建设现场促进会在左权县召开。

9月7日，晋中市“缅怀左权将军，祭奠抗战英烈”主题纪念活动在左权县麻田十字岭左权将军纪念亭举行。

是日，晋中市纪念抗战胜利 70 周年征文优秀作品交流会在左权县举行。

是日，“纪念中国人民抗日战争暨世界反法西斯战争胜利70周年”山西省集邮巡回展在左权县开展。

是日，市委常委、常务副市长刘志宏在左权县石匣乡长城村就住村增收工作情况进行调研。

9月9日，左权县召开金融振兴、科技创新、民营经济发展“三大突破”和电子商务进农村工作推进会。

9月10日，省委常委、常务副省长高建民在左权县下乡住村联系点麻田镇南会村调研，指导农业产业发展和农民增收工作。

是日，晋中市优秀民营企业家巡回报告会在左权县举行。

9月19日，由北京山西企业商会组织的《铭记历史·开创未来》北京晋商故事会第六期暨2015中秋联谊会在北京举行。会议期间，左权县举办生态庄园招商引资活动。

9月21日，县领导慰问赴京出席纪念中国人民抗日战争暨世界反法西斯战争胜利 70 周年阅兵仪式归来的左权县太行奶娘张招弟。作为晋中市唯一的奶娘代表乘坐第二辆老兵车接受检阅。

9月23日，省审计厅厅长王亚一行在左权县芹泉镇调研精准扶贫工作。

9月24日—25日，晋中市人大常委会副主任杨建平带领执法检查组在左权县开展贯彻实施《消费者权益保护法》执法检查。

9月25日—28日，左权县首届葡萄文化节暨环左权湖自行车大赛在石匣乡鲜森葡萄庄园举办。

9月29日，县领导看望慰问古忠孝、白生明等抗战老兵，同时，将中共中央、国务院、中央军委联合颁发的“中国人民抗日战争胜利 70 周年纪念章”以及慰问金送到老人手中。

9月30日，左权县在县烈士陵园举行公祭日活动。

是日，左权县太行龙泉旅游区一期工程竣工开园。

是日，值全国烈士纪念日之际，辽县抗日战争纪念馆举行全县各界人士缅怀革命烈士暨《忠魂留太行》专题教育片首映式。

是月，为纪念抗战胜利70周年，一面铭刻有1250名左权籍抗日英烈的“英烈墙”在左权县“左权将军殉难处”建成。

10月

10月10日，左权县为新设立的山西左权宏远教育投资有限公司左权宏远培训学校颁发了首张“三证合一、一照一码”营业执照。

10月12日，左权县召开“十三五”规划编制培训会。

10月16日，左权县召开首次部分乡镇党委书记、县直单位“一把手”向县纪委述纪、述主体责任会议。

是日，左权县举办首届农村电子商务理论与实操培训班。

10月20日，副省长张复明在左权县麻田镇东安村下乡住村。

10月27日，省委巡视三组向左权县反馈巡视情况。

是日，省政府秘书长廉毅敏在左权县麻田镇郭家峪村住村调研。

10月27日—28日，大型花戏歌舞剧《太行奶娘》在北京舞蹈学院剧场上演。

10月31日，“集结号志愿者”行动暨人民抗战主题图片巡展“左权，没有围墙的抗战军营”图片巡展在北京中山公园启动。

是月，左权县“勿忘国耻　圆梦中华”国防教育图片巡回展开展。

11月

11月1日，华能左权电厂热源改造工程竣工向县城正式供热。

11月9日，“幸福起航·三晋光明行”大型妇女儿童眼健康公益活动在左权县寒王乡启动。

11月14日—15日，世界新经济研究院院长、著名经济学家陈瑜，带领专家组一行，在左权县调研农业农村发展工作。

11月17日，左权县举行“电子商务进农村工程”启动仪式。

11月18日，省市人大代表集中视察左权县重点工程建设情况。

是日，左权县城镇居民最低生活保障中心与创维集团山西分公司共同承办的“善行左权，爱心助困惠万家”扶贫惠民工程启动仪式在左权县举行。

11月26日，县政府召开生态庄园提质升级银企对接会。

11月27日，左权县召开文化旅游产业项目招商引资洽谈会。

11月30日，97岁的杰出教育出版家、著名文艺活动家、剧作家和诗人皇甫束玉在北京病逝。

11月30日—12月1日，省政府重点工作督查组在左权县调研。

是月，解放军出版社出版了描述左权将军伟大一生的连环画册《太行将星》。

12月

12月1日，省委副书记、省长李小鹏在左权县柏峪村扶贫联系点宣传贯彻中央扶贫开发工作会议精神，看望慰问老区群众，调研基层一线扶贫开发工作。

12月2日，左权县召开“三农”工作领导组会议，专题研究精准扶贫工作。

12月15日，省政府督查考评组组长、省民政厅副厅长李太平率省农业、住建相关厅局领导在左权县督查考评改善农村人居环境工作并召开座谈会。

12月21日，左权县召开“从严治党”集体约谈会。

12月22日，县政府召开金融扶贫座谈会。

12月23日，省发改委以工代赈服务中心主任刘武华在左权县宣讲中央扶贫开发工作会议精神。

12月25日，左权县旅游行业协会正式成立，为山西省首家县级旅游协会。

12月30日，左权县太行龙泉风景区上榜国家AAAA级旅游景区，日月星风景区上榜AAA级旅游景区。

是月，《中共左权县委党校志》由人民日报出版社出版发行。

是月，《中国共产党左权县简明历史》由中共党史出版社出版发行。

是年，是中国人民抗日战争胜利70周年，左权将军被台湾“国防部”刊登在2015年纪念抗战的月历上，是台湾首次纪念的中国共产党抗战将领。

是年，左权县在全市率先引进高科技为房产加密上“保险”。

是年，商务部网站公布了《2015年电子商务进农村综合示范县名单》，左权县位列其中，获得中央直投专项资金扶持，为山西省8个获批示范县之一，晋中市唯一获批的示范县。

是年，县老年体协选送的左权小花戏《桃花红杏花白》，在第一届中华老年体育舞蹈香港国际艺术节中国赛区第二十二个阶段的比赛表演活动中，获得金奖一等奖。

是年，左权县北天池山入选“全国百座避暑名山”。

是年，民革山西省委、民革晋中市委一行在左权县辽阳镇七里店村开展“博爱·牵手”情系老区爱心捐赠活动。

2016年

1月

1月26日，淘宝网“特色中国·左权馆”上线运营。

1月30日，晋中市委常委、组织部长唐立浩在左权县麻田镇西安村走访慰问。

是月，左权县被住房和城乡建设部命名为“国家园林县城”。

2月

2月25日—26日，左权县举办依法治县培训班。

3月

3月2日，县羊角村董伟岗购置的车牌号为晋K7222X的新能源燃气半挂汽车在大队车管所免费注册登记，成为左权县享受该政策的第一人。

3月8日，山西省电子商务进农村综合示范县现场推进会在左权县召开。

3月9日，左权县举办2016年“春风行动”促就业专场招聘会。

3月10日，左权县经济工作会议在县城召开。

3月11日，省国土资源厅厅长许大纯一行在左权县调研国土资源管理工作，深入原庄村实地察看土地复垦项目，并召开座谈会。

3月18日，左权县召开脱贫攻坚暨农业农村工作会议。

是月，万象集团“四个一万”救助工程第五次发放仪式在左权县举行。

4月

4月1日，以“春到太行，花开左权”为主题的左权县第二届“赏春节”在莲花岩生态庄园开幕。

4月9日，省政府督查组一行在左权县督查重点工作完成情况。

4月11日，左权县政府班子开展“1151蹲点调研”活动，即联系1个民营企业、1个贫困村、5个贫困户、1个生态庄园。

4月14日，左权县举行“PPP融资模式”专题讲座，山西省财政厅地方金融处处长常锦全作专题报告。

4月15日，左权县召开“民企入晋”招商活动安排部署会。

4月22日，左权县退休干部张基祥家庭荣获“全国书香之家”称号。

4月25日，大队车管所为该公司办理了免费注册登记手续，晋K7001X号车成为纯电动汽车被免费注册登记的第一车。

4月26日，左权县召开“两学一做”学习教育工作会议。

5月

5月8日，县中小微企业公共服务平台正式挂牌运营。

5月12日—13日，县委、县政府在龙泉乡、拐儿镇召开脱贫攻坚和农业农村重点工作推进片会。

5月25日，左权县召开县委巡察工作动员会。

5月27日，以“醋文化与旅游”为主题的“左权县首届长城醋文化节”活动在石匣乡长城村举行。

5月31日，市委第三巡察组进驻左权开展巡察工作。

是月，左权县被授予“全国法治教育先进县”。

6月

6月3日，国家外文局局长周明伟一行在左权县调研精准扶贫工作。

6月8日，左权县举办县直机关公务用车制度改革取消车辆拍卖会，为是年左权县正式启动公务用车制度改革之后的第一次公车拍卖。

6月12日，左权旅游“自驾游营地”项目奠基开工。

6月15日，左权县首届“十龙寿诞祈福节”在太行龙泉风景区开幕。

6月16日，左权县人民政府与山西振东道地药材开发有限公司签订战略合作框架协议。

6月16日—17日，省人大常委会副主任、省总工会主席田喜荣等一行在左权县就扶贫开发工作进行调研。

6月24日—25日，左权县盲人宣传队分别在北京大学和清华大学举办名为“聆听生命的另一面”和“花开喜迎导盲犬——太行盲艺人无障碍走进清华大学”演唱会。

6月27日，左权县被国土资源部授予“国土资源节约集约模范县”称号。

6月30日，兴达集团左权肉鸭养殖示范园区项目在左权县拐儿镇骆驼村落地并正式开工建设。

7月

7月4日，县政府召开建档立卡精准扶贫工作座谈会。

7月12日，阳黎高速公路（左权—黎城段）正式通车运营。

7月14日，左权县被授予全省城乡爱国卫生清洁运动先进单位。

7月19日—20日，县境内出现强降雨，局部地区降雨量达到200毫米以上，全县10个乡镇不同程度受灾，涉及全县110多个大小村庄、5万余人，因灾造成损失8.1亿元。

7月21日，市委副书记、市长胡玉亭率领市水利、国土、交通、公路等部门负责人，赶赴左权县灾情比较严重的拐儿镇和芹泉镇，实地察看受灾情况，现场指挥抢险救援。

是月，左权县再次被命名为全国双拥模范县，是左权县连续第七次获全国双拥模范县称号，实现了“七连冠”。

8月

8月1日，左权县正式启动内资企业设立全程电子化登记。

8月5日，由全国和省、市、县、乡五级人大代表组成的调研组在左权县就贯彻落实全省科技创新和省科技创新城推进工作进行专题调研。

8月11日，中组部组织二局、中国扶贫开发协会组织2016年第五期全国贫困村大学生村官培训班学员及解放军长江支队文艺团一行300余人在左权县桐峪镇和平果业、麻田八路军总部纪念馆参观学习。中国扶贫开发协会会长、原山西省委书记胡富国，中国扶贫开发协会副会长、原中国工商银行副行长田瑞章，中国扶贫开发协会副会长、原外经贸部副部长、原华润集团董事长谷永江等参加调研。

8月16日，左权县“脱贫攻坚挂图作战”大培训开班。

8月17日，左权县召开2016年度政府系统年中述职考评会议。

是日，副市长、市公安局党委书记、局长戎劲光一行在左权县调研指导工作。

8月17日—19日，晋冀鲁豫边区首届文化旅游节在桐峪镇举行。

8月19日，“华能太行杯”首届农民广场舞大赛在寒王村进行。

8月23日—24日，全省农村人居环境改善现场会暨农村公共浴室建设现场推进会在左权县召开。

8月25日，晋冀豫陕蒙重大林业有害生物联防联治会商活动在左权县举行。

8月25日—26日，晋中市农村土地承包经营权确权登记颁证工作暨全市农村集体“三资”管理规范化培训会在左权县召开。

8月30日，中国银行山西省分行“爱心圆梦大学路”爱心捐赠仪式在左权中学举行。

是月，《左权县志（1991—2010）》由中华书局正式出版发行。

9月

9月1日，晋中市建档立卡精准扶贫现场推进会在左权县召开。

是日，左权县颁发了首张“五证合一”“一照一码”营业执照。

9月6日—8日，中国共产党左权县第十七次代表大会在县城召开。会议按法定程序，选举产生了中共左权县第十七届委员会委员33名、候补委员7名；纪律检查委员会委员14名；出席中共晋中市第三次党代表大会代表24名。会议选举王兵为县委书记，赵宏钟、王宏昌为副书记。县委常委会由王兵、赵宏钟、王宏昌、李左红、刘二萍（女）、张海荣、李学文、孟玲珑、史泽生等9人组成。

9月22日，市委副书记、代市长王成在左权县就“三农”工作、脱贫攻坚和项目建设等进行调研。

是日，辽县抗战纪念馆藏品捐赠暨网上抗战博物馆启动仪式在辽县抗日战争纪念馆举行，王艾甫将馆内全部藏品捐赠给左权县人民政府。同时双方签订《辽县抗日战争纪念馆捐赠接收协议书》。

9月22日—25日，政协第九届左权县委员会第一次会议在县城召开。选举高儒林为县政协主席，程俊斌、邵锦绒（女）、王向东为副主席。

9月23日—26日，左权县第十六届人民代表大会第一次会议在县城召开。选举郑春华为县人大常委会主任，赵世伟、刘玉明、韩叶青（女）、高左军为副主任；选举赵宏钟为县人民政府县长，张海荣、刘二梅（女）、张圣、张世华、吕爱鸿、张雪东为副县长。

10月

10月16日，省道319线左权县城过境改线工程如期完工并进入试运行。

是日，石佛寺城郊森林公园（亚行项目区）建设启动。

10月17日，“红色的魅力”全民阅读系列活动启动。

10月20日，左权县举办助推扶贫光彩事业资助贫困大学生家庭活动。

10月21日，市委书记胡玉亭在左权县桐峪镇桐滩村、上武村调研扶贫脱困工作。

10月24日，左权县举行纪念长征胜利80周年老红军故事赠阅讲映大会。

10月25日—31日，亚洲开发银行考察团在左权县，对山西城乡水源保护及环境改善项目开展了为期一周的贷款实地考察。并召开了实地考察总结会，亚行项目经理与左权县政府代表签署了谅解备忘录，标志着该项目进入实质性推进阶段。

11月

11月1日，副省长张复明一行在左权县调研县域内城乡义务教育一体化改革发展工作，并在包扶村指导精准扶贫工作。

11月8日，为庆祝第十七个中国记者节，晋中市新闻工作者代表在左权县举行“缅怀革命先烈、引领舆论导向、服务全市发展”记者节主题活动。

11月13日，“大健康中国行”公益活动走进左权。

11月17日，省市人大代表在左权县集中视察重点工程项目建设情况。

11月25日，山西普硒金农业科技有限公司与左权县拐儿镇后板峪村农业合作社富硒农业种植、养殖、旅游连锁基地签约仪式在太原举行。

是日，左权县农民赵亚飞荣获“感动晋中十大道德模范人物”。

11月30日，左权县举办党的十八届六中全会精神和省市党代会精神宣讲报告会。

12月

12月7日，市委副书记苗伟在左权县就学习贯彻落实全市脱贫攻坚推进大会精神作专题辅导报告。

12 月 9 日，左权县召开乡村旅游发展推进会。

12 月 14 日，左权县召开中心村带动扶贫暨推进“八普及一创建”工作座谈会。

是日，县工商联（总商会）第九次会员代表大会在县城召开。

12 月 15 日，县政府召开光伏扶贫现场推进会。

是日，中国外文局与左权县在北京举办“精准扶贫座谈会”。

12 月 17 日，太行人民抗战研究所在京成立。

12 月 19 日—20 日，副市长任忠在扶贫联系点左权县寒王乡石港口村开展驻村帮扶。

12 月 21 日，县委、县政府召开脱贫攻坚推进大会暨脱贫攻坚专题培训会。

12 月 28 日，左权县新建看守所竣工并投入使用。

是月，左权县被授予全国农村集体“三资”管理示范县。

是月，左权县被评为全国百佳国税地税合作县级示范区。

是月，左权县物价局撤销，物价工作职能及下属单位全部并入县发展和改革局。

是年，县芹泉镇小南庄村的门户网站和手机 APP 客户端正式建成上线试运营。

是年，曾任中共左权县委（辽县县委）书记的杨蕴玉，获中共中央、中央军委颁发的“中国工农红军长征胜利 80 周年纪念章”。

是年，县财政局在全市率先建成县级涉农资金电子监管平台。

是年，左权县通过国家复审考核再次被命名为“全国卫生县城”。

是年，左权县获“2016 年度山西省农田水利基本建设‘禹王林’红旗县”荣誉称号。

是年，左权县被山西省表彰为“整合涉农专项资金示范县”。

是年，国家林业局认定左权县凤凰山为第二批国家级核桃示范基地。

县情概貌

历史 地理

【位置】 左权县位于山西省东部边缘，太行山山脊中段，清漳河中游。地理坐标为北纬 36°45′～37°17′，东经 113°06′～113°48′。北连和顺，南邻黎城、武乡，西接榆社，东与河北省邢台、武安、涉县三县市毗连。

县境阳（泉）涉（县）铁路、207 国道阳（泉）黎（城）高速公路贯通南北，省道南（坡）太（谷）公路、汾（阳）邢（台）高速公路横穿东西，省道南（窑）沁（源）公路，墨（镫）左（权）铁路穿境而过。境内高速、国省干线、铁路为晋、冀、豫三省交往之重要通道。

由县城至周围各县、市公路里程为：

东：距河北省邢台市界 64 千米，至邢台市城区 146 千米。距河北省武安市界 45 千米，至武安市城区 145 千米。

东南：距河北省涉县界 48.7 千米，至涉县城 87 千米。

南：距武乡县界 17 千米，至武乡县城 78 千米；距黎城县界 36 千米，至黎城县城 81 千米。

西：距榆社县界 19 千米，至榆社县城 45 千米。

北：距和顺县界 22 千米，至和顺县城 39 千米。 （宋丽 韩永丽 张明）

【境域】 2016 年，左权县土地总面积为 2028.1 平方千米，周围地界如下：

左权—和顺：西起左权、榆社、和顺交界处之马堖山，向东北经高会山，越西清漳河，经石人梁、花皮堖、北家沟堖，折东南入石匣乡，经神家庄入寒王乡，经下凹村北紫荆山、蒲峪村、寒王村，越 207 国道，向东南经鹿鸣、大南沟入拐儿镇，经瓦岩沟、麻花尖、小背坡、骆驼、小亭沟，至左权、和顺、邢台交界之芹泉镇的营圪道村界止。全长 91.25 千米。

左权—榆社：北起石匣乡山沟村北之马堖山，向南经红圪堖、卧牛沟，沿武乡岭越南（坡）太（谷）公路，经范家峪村、安阳岭、祁家岩村界，至左权、榆社、武乡交界之榆社县枯树村界止。全长 41 千米。

左权—武乡：北起榆社县枯树村界，向南经龙泉乡东沟底、大坪、黑岭岩、南岭、土门村界入桐峪镇，经岑彭寨、莲花岩，至左权、武乡、黎城交界之后堖山止。全长 31.5 千米。

左权—黎城：自桐峪镇莲花岩村南之后堖山起，向东南经山旦壑、老虎沺、小崖壑，越 207 国道，沿方向岭、界石岭、砚瓦台、南洞山入麻田镇，经黑虎口，越清漳河至左权、黎城、涉县交界之羊道堖止，全长 28.7 千米。

左权—涉县：由麻田镇羊道堖起，向东北经龙寺堖、界碑山、北柳背、土林背、十字岭、南岩沟入羊角乡，经关南盘、南峪沟至滚子岩村界止，全长 38.5 千米。

左权—武安：由左权、河北省涉县、武安交界之滚子岩村界起，向东北经搭梯沟、敖垴、黄泽岭、西天垴、青岩寨入芹泉镇，经摩天岭至峻极关止，全长 26.75 千米。

左权—邢台：南起峻极关，向北经抓蛟岭至芹泉镇营圪道村界止，全长 14 千米。

全县边境周长 271.7 千米。南北最大宽度 67 千米，东西最大长度 80 千米。

（宋丽　韩永丽　张明）

【政区沿革】　左权县历史悠久，县城北新石器时代文化遗址和桐峪马家坪黄龙洞出土文物，标志着 4000 年前我们的先人即在此繁衍生息。夏时属冀州之域。春秋，属晋。战国时先属韩，后属赵。秦属上党郡。西汉时，属涅氏县，隶属上党郡。东汉延康元年（220）始置轑河县，治所轑阳故城，属乐平郡。三国时属魏，隶属于乐平郡。西晋泰始元年（265）易名为轑阳县，属乐平郡。东晋十六国战乱时期，隶属变换频繁，建兴四年（316）属汉（前赵）；大兴二年（319）属赵（后赵）；升平二年（358）属燕（前燕）；太和五年（370）属秦（前秦）；太元十一年（386）属后燕，二十一年（396）属魏（北魏）。南北朝时期，北魏太平真君九年（448）废轑阳县并入乡县（今武乡）；孝昌二年（526）恢复县置，将“轑”改为“辽”，即辽阳县，属乐平郡；北齐天宝五年（566），再度并入乡县。隋时，开皇十年（590），复置县，改名为辽山县，属并州；十六年（596），境内新置交漳县，是年始置辽州（治所辽阳故城），辖辽山、交漳二县；大业二年（606）废州，撤交漳县并入辽山县，属并州。唐代仍为辽山县，随州治变化先后隶属于辽州、箕州、仪州、乐平郡、仪州。五代十国时期，县置未变，后梁开平三年（909），仪州复名辽州，辽山县属辽州；十国时，辽州为北汉国十二州之一，辽山属辽州。北宋熙宁七年（1074），废辽州，降平城、和顺二县为镇，入辽山县，隶平定军；元丰八年（1085），复置辽州，辽山属辽州。金时县置未变，辽山属辽州，隶属河东南路。元代县置未变，辽山属辽州，隶属晋宁路。明洪武元年（1368）裁辽山县并入辽州，隶属山西布政使司，升辽州为直隶州，辖榆社、和顺二县；清雍正九年（1731），山西恢复道制，辽州隶属冀宁道。中华民国元年（1912）废州，辽州改名为辽县；民国 3 年（1914），隶冀宁道；民国 16 年（1927）废道，直隶山西省政府。1937 年抗日战争爆发，辽县隶属山西省第三行政公署。1939 年 7 月，日军占据县城，辽县抗日民主政府移驻西黄漳村，隶属太行第三专区。1941 年 9 月，晋冀鲁豫边区政府决定：以平辽公路为界划县境西北部置辽西县，县抗日政府驻蒿沟村，隶属太行三专区。1942 年 5 月，八路军副参谋长左权在反“扫荡”战斗中于县境内麻田十字岭壮烈牺牲，为纪念左权将军，是年 9 月，经晋冀鲁豫边区政府批准，辽县易名左权县。1943 年，辽西县改属太行二专区；1945 年 4 月，县城光复，辽西县政府迁回县城。同年 11 月，左权、辽西两县合并为左权县，隶属于太行二专区。1949 年 1 月，太行第二专区易名左权专区，同年 9 月 1 日，山西省人民政府成立，撤销左权专区，左权县隶属于榆次专区。1958 年 10 月，左权、和顺合并为和顺县。1959 年 6 月，恢复左权县置，属山西省晋中地区。2000 年 10 月，晋中撤地建市，左权县隶属山西省晋中市。2016 年未变。　（宋丽　韩永丽　张明）

【行政区划】　2016 年，左权县设县城区、5 镇（辽阳镇、拐儿镇、芹泉镇、桐峪镇、麻田镇）、5 乡（寒王乡、石匣乡、粟城乡、羊角乡、龙泉乡），辖 8 个社区、203 个行政村。

（宋丽　韩永丽　张明）

【地质】　左权县境是华北地层大区山西地层区太行山分区的一部分。出露地层按层序由老至新有：上太古界五台系；中元古界长城系；下古生界寒武系、奥陶系；上古生界石灰系、二叠系；中生界三叠系；新生界上第三系、第四系。地层分布，除新生界地层外，中东部上太古界地层呈南北向出露，中元古界之后三叠系地层西部由东向西、由老至新依次出露；东部由西向东依次为中元古界—下古生界渐次出露。地层总体倾向为西部向西南、东部向东倾斜。县境内岩浆岩不甚发育，主要分布于本县东部地区的五台系、长城系及寒武系地层出露区。按时代成因可分为太古代变质超基性岩、伟晶岩，元古代晚期辉绿岩和新生代玄武岩。左权县处于沁水坳陷和太行断裂（断折带）隆起两构造单元接壤部分，两单元在本区大致以和顺—左权—襄垣三县城连线为界。两者中的次级构造迥然有别。沁水坳陷以平缓褶皱为主，太行断折带以断裂为主。

（宋丽　韩永丽　张明）

【地貌】　太古代时期，左权县地处大洋之中。元古代初期为东北—西南走向的浅海海峡。在早古生代处于海水较浅的碳酸盐台地环境；晚古生代早期，处于滨海平原环境。之后逐渐远离海洋，处于内陆河湖环境，到距今1亿年前后，山西大地褶皱隆起。后来，河北平原不断下陷，使这里遭受剧烈侵蚀、剥蚀，逐渐形成西、北、东三面高，中南部低下的地势形态。西北部海拔大部在1200米以上，最高海拔为2141米。东南部地势低，海拔大部在1000米左右，最低处仅650米。相对高差1491米。全县仅清漳流域有少面积的平川地外，山地和丘陵面积占到总面积的90%。全境地形区域可分为土石山区、深石山区、山间河谷区三部分。全境内有大小山峰420余座，均为太行山脉的分支。主要山脉有香烟岭、老寒岭、武乡岭、十字岭、界石岭、界碑山、武军山。（宋丽　韩永丽　张明）

【自然资源】　左权县内自然资源丰富。全县国土总面积为20.20万公顷，其中，耕地1.72万公顷，占全县总面积的8.54%。土壤大体分为山地草甸土、褐土、草甸土三个土类。境内海拔高差较大，自然条件不同，植被群落、种类及其地理分布也比较复杂。县内河多泉广，常年径流量为14035万立方米。地下水资源量7686万立方米/年。地下水可开采量984万立方米，地表水可利用量8400万立方米。地下矿产资源类多质优量丰，境内矿产30余种，其中能源矿产1种、金属矿产6种、非金属23种。是全国100个重点产煤县之一。

（宋丽　韩永丽　张明）

经济和社会发展

【经济总量】　2016年，左权县生产总值44.05亿元，比上年增长4.2%。其中，第一产业增加值2.83亿元，同比下降0.5%；第二产业增加值21.11亿元，增长4.3%，其中工业增加值为15.19亿元，同比增长2.8%；第三产业增加值20.11亿元，增长4.9%。三次产业比例由上年的8.9：47.3：43.8调整为6.4：47：45.6。人均生产总值2.66万元。（宋丽　韩永丽）

【农业】　2016年，左权县农作物播种面积为12738.1公顷，比上年增加31.1公顷，其中：粮食播种面积为11536.5公顷，在粮食播种面积中，玉米种植面积7782公顷，比2015年减少203公顷。在其他作物播种面积中，油料种植面积301.4公顷，比上年增加1.4公顷；蔬菜种植面积为561.1公顷，比上年增加45.1公顷。

全年粮食总产量56729.4吨，比上年减少了2853.6吨，同比下降4.7%。其中，夏粮产量43.6吨，同比增长9%，秋粮产量56685.8吨，同比下降4.8%。农林牧渔总产值完成6.22亿元，同比下降2.6%。其中农业产值4.45亿元，同比下降4%；林业产值3287万元，同比下降4.8%；牧业产值1.25亿元，同比增长3%；渔业产值467万元，同比下降22%。

全年肉类总产量3652.7吨，同比下降2.9%。其中猪肉产量1535吨，牛肉产量231吨，羊肉产量1139吨，禽肉产量727吨。

禽蛋产量4903吨。年末大牲畜存栏4979头，同比增长38%；猪存栏15146头，同比下降1.1%；羊存栏144807只，同比增长6.4%；鸡存栏45.5万只，同比下降7.3%。

林业方面，左权县在抓好护林防火工作的同时，大力开展全民义务植树造林，全年植树造林面积2433.33公顷，新增育苗273公顷，四旁植树68.5万株。（宋丽　韩永丽）

【工业】　2016年，左权县规模以上工业企业实现工业总产值33.27亿元，同比下降6.6%；完成工业增加值14.40亿元，同比增长3%。

主要工业产品产量中，原煤产量330.2万吨，同比下降38.6%；洗精煤产量220.9万吨，同比增长28.7%；铁精粉产量29.6万吨，同比增长

77.6%；电石产量7623.5吨，同比增长683.1%；铁合金产量11529.2吨，同比增长99.5%；发电量570781.33万千瓦时，同比下降0.3%；水泥产量118.3万吨，同比增长25.1%。

全县规模以上工业企业主营业务收入26.97亿元，同比下降8.8%；实现税金1.35亿元，同比下降47%；利润总额为－5.65亿元；亏损企业亏损额5.65亿元，同比增长105%。（宋丽　韩永丽）

【固定资产投资】　2016年，左权县社会固定资产投资完成99.40亿元，同比增长12.8%。其中，5000万元以上项目完成24.72亿元，同比下降51.2%；5000万元以下项目完成64.68亿元，同比增长281.4%。按经济类型分，国有企业完成投资24.23亿元，同比增长51.5%；非国有企业完成投资75.17亿元，同比增长4.2%。按产业分，第一产业完成投资20.47亿元，同比增长58%；第二产业完成投资32.08亿元，同比下降38.1%，占全部投资比重的32%；第三产业完成投资46.86亿元，同比下降100.6%。

按项目构成分，建筑工程完成投资58.31亿元，同比增长54.9%；安装工程完成投资7.46亿元，同比增长32.1%；设备、工具、器具购置完成投资16.15亿元，同比下降40.2%；其他费用完成投资17.49亿元，同比下降1.8%。

全年房地产开发投资3.85亿元，同比增长177.5%。房屋施工面积20.64万平方米。

全部固定资产投资施工项目个数278个，同比增长129.8%，本年新开工项目229个，同比增长133.7%，占全部施工项目个数的82%；新增固定资产61.22亿元，同比下降3.4%。

（宋丽　韩永丽）

【批发贸易　餐饮业　旅游业】　2016年，左权县实现社会消费品零售总额14.35亿元，比2015年同期增长7.2%。

分区域看，城镇零售额实现8.81亿元，乡村零售额实现5.54亿元，分别比2015年同期增长7.7%、6.2%。

按销售行业看，批发零售业实现11.49亿元，同比增长7.2%；住宿和餐饮业实现零售额2.86亿元，同比下降7%。

旅游业仍保持强劲快速增长。2016年，全县一共接待旅客达277.6万人次，旅游综合收入达23.4亿元。（宋丽　韩永丽）

【交通　邮电】　2016年，左权县境内公路通车里程达1261.566千米，农村新增道路通车里程0千米。

2016年，全县民用汽车拥有量为21345辆，比上年增加了734辆，其中：载客汽车18452辆，比上年增加了723辆；载货汽车2334辆，比上年增加了156辆；其他汽车211辆，比上年同期增加了108辆。

全县邮电业务收入完成9722.62万元，同比下降38.4%，其中：邮政业务收入1132.62万元，同比下降5.9%，电信业务收入8590万元。电话用户总数达147500户，其中：固定电话用户17100户；移动电话用户130400户。全县宽带接入用户达23290户。（宋丽　韩永丽）

【财政　金融和保险】　2016年，左权县财政收入压力加大。全县财政总收入完成6.87亿元，同比下降17.3%，占年度预算8.15亿元的84.23%，其中：一般预算收入完成4.54亿元，占年度预算任务4.53亿元的100.1%，同比（同口径）增长0.7%。2016年主体税种增值税、营业税、企业所得税、个人所得税四个税种收入达到全县税收收入的65.2%。

全年全县一般预算支出执行13.73亿元，比上年增长4.95%；教育支出2.79亿元，同比增长17.25%；社会保障与就业支出1.76亿元，同比增长12.67%；医疗卫生支出1.33亿元，同比下降2.59%；节能环保支出4255.9万元，同比下降37.68%；农林水事务支出2.87亿元，同比增长32.58%。

金融机构贷款增幅高于存款增幅。2016年，左权县金融机构各项存款余额累计105.34亿元，同比增长21%。其中个人存款65.37亿元，占到全部存款余额的62%，较年初增加2790.3万元，同比下降0.01%；单位存款36.79亿元，占到全部存款余额的35%，较年初增加17.98亿元，同比增长

96%；财政性存款3.18亿元，占到全部存款余额的3%，较年初增加4950.8万元。年末金融机构各项贷款余额93.00亿元，同比增长18%。

保险事业健康发展。2016年，左权县保费收入1.39亿元，同比增长11.4%。其中：财产险保费收入3928万元，同比下降1.1%；人寿险保费收入9922万元，同比增长16.1%。全年全县支出各类赔款给付7185万元，同比下降16.2%，其中财产险赔付1866万元，同比下降12.9%；人寿险赔付5319万元，同比下降17.3%。（宋丽　韩永丽）

【教育和科学技术】 2016年，左权县教育事业迅猛发展。教育资源进一步优化整合，义务教育水平全面提高，县城中小学生占全县中小学生总数比例高达60%，民办教育、企业办教育也迈出了较大步伐。全县各类学校在校学生人数25900人（包括幼儿），其中：普通高中在校学生2100人，职业高中在校学生1441人，初中在校学生4662人，小学在校学生12336人，幼儿园60所，5361人，小学适龄儿童入学率达100%，高考达线479人。

科技水平有了大力发展。2016年科技引资34万元，至年末，共申请专利35件，其中：发明专利3件，实用新型26件，外观设计6件。

（宋丽　韩永丽）

【文化 卫生和体育】 文化事业健康发展，左权县小花戏享誉国内外，文艺表演团体30个。全社会馆藏图书达到8.5万册，电视综合人口覆盖率达98%，有线电视用户达22198万户。

卫生事业进一步发展。县级医疗卫生机构5个，乡镇卫生院10个，分院5个，农村卫生所达到202个。县乡村三级医疗机构达标率分别为100%、80%、80%。病床位430张，卫生技术人员475人。2016年全县农民有122605人参加了新型农村合作医疗，参合率99.52%，覆盖率达到100%。农村社会养老保险8.6万人。

（宋丽　韩永丽）

【城市建设】 2016年，左权县城市建成区面积6.05平方千米，城市房屋建筑面积285.5万平方米。年末建成区绿化覆盖率40.03%，城区有公园5座。（宋丽　韩永丽）

【资源 环境】 2016年，左权县石匣水库（中二型）蓄水总量6413万立方米，全年全县总用水量3100万立方米，其中工业用水737万立方米，城市生活用水229万立方米，万元工业增加值耗水量48.5立方米，同比下降2.4%。

全年全县二级以上天气249天，共计实现二氧化硫削减920吨，完成全年任务的643%、氮氧化物削减480吨，完成全年任务的470%、化学需氧量削减57.4吨，完成全年任务的101%、氨氮削减7.4吨，完成全年任务的101%、烟尘削减140吨、粉尘削减4吨，清漳河麻田出境口断面水质稳定在三类。（宋丽　韩永丽）

【安全生产】 左权县亿元GDP生产安全事故死亡人数为0.41人。煤矿百万吨死亡人数为零。全县共发生各类安全事故18起，死亡18人。其中道路交通事故18起，死亡18人，消防火灾发生0起，无人员伤亡，其他行业0起，死亡0人。

（宋丽　韩永丽）

【人民生活和社会保障】 2016年，山西省人口抽样调查推算，左权县总人口165796人；其中：男性87916人，女性77880人。当年出生人口1563人，死亡人口809人，人口出生率9.45‰，死亡率4.89‰，人口自然增长率4.56‰。城镇人口73131人，乡村人口92665人，城镇化率达到44.11%。

2016年，全县城镇居民可支配收入2.37万元，同比增长6.1%，农民人均可支配收入4745元，同比增长7.1%，城镇居民恩格尔系数16.6%，农民恩格尔系数28.3%。

社会保障得到加强。全县企业参加基本养老保险人数为7640人，参加失业保险人数为7640人，全县共有城镇居民719人和农村居民1664人得到政府最低社会保障。（宋丽　韩永丽）

机构设置及其负责人名录

中共左权县委员会

书　记：王　兵

副书记：赵宏钟　郭午生（至2016.9）

王宏昌（2016.9 始）
暴英杰（挂职　至 2016.4）
南春林（挂职　2016.1 始）
常　委：郑春华（至 2016.9）
程俊斌（至 2016.9）
马成毅（至 2016.9）
郭建雄（至 2016.8）
张永东（至 2016.8）
李左红（2016.9 始）
刘二萍（女，2016.9 始）
张海荣（2016.8 始）
李学文（2016.8 始）
孟玲珑（2016.8 始）
史泽生（2016.8 始）

左权县人大常务委员会

主　任：郑春华
副主任：赵世伟　刘玉明
刘二萍（女，至 2016.9）
韩叶青（女）　高左军

左权县人民政府

县　长：赵宏钟
常务副县长：马成毅（至 2016.9）
张海荣（2016.9 始）
副县长：邵锦绒（女，至 2016.9）
李左红（至 2016.9）
刘二梅（女，2016.9 始）
张　圣（2016.9 始）
张世华（2016.9 始）
吕爱鸿（2016.9 始）
张雪东（2016.9 始）
王　洋（挂职　2016.12 始）

政协左权县委员会

主　席：高儒林
副主席：崔凤珍（至 2016.9）
高瑞兰（女，至 2016.9）
刘二梅（女，至 2016.9）
程俊斌（2016.9 始）
邵锦绒（女，2016.9 始）　王向东

中共左权县纪律检查委员会

书　记：王宏昌（至 2016.8）
李学文（2016.8 始）
常务副书记：孙　力（至 2016.9）
副书记、监察局局长：刘晋才
副书记：常　亮（2016.9 始）
常　委：赵瑞峰（至 2016.9）
张东伟（至 2016.9）
郭彦刚（2016.9 始）
武美英（女，2016.9 始）
牛　鸣（2016.9 始）
曹英明（2016.9 始）

左权县人民检察院

党组书记：张晓玲（女）
检 察 长：张晓玲（女）
常务副检察长：赵风林
副检察长：李原同　陈文光

左权县人民法院

党组书记：赵建军（至 2016.9）
高学军（2016.9 始）
院　　长：赵建军（至 2016.9）
高学军（2016.9 始）
常务副院长：赵豫山
副院长、正科审判员：王建华　赵立明

县委工作部门及其事业单位（正科）

县委办
主　任：巨建华
副主任：周建华（兼防范和处理邪教问题小组办公室主任）
杨海芳（女）　张彦忠
国家密码管理局局长：路小琴（女）
县委组织部
部　长：郭建雄（至 2016.8）
孟玲珑（2016.8 始）

副部长：巨琼瑛（女） 王锁明 王俊斌（兼）

县委宣传部

部　长：郑春华（至2016.9）

　　　　刘二萍（女，2016.9始）

常务副部长：张　峰

副部长：冯春瑞　李　岩

县八路军总部纪念馆馆长：冯耀武

　　　　　　　　副馆长：霍韶华

县委新闻中心（县政府新闻办公室）主任：李四新

　　　　　　　　　　　　　　副主任：王炯瑞

县委统战部

部　长：崔凤珍（至2016.9）

　　　　王宏昌（2016.9始）

常务副部长：朱权忠（至2016.11）

　　　　　　曹卫锋（2016.12始）

副部长：石建光

县委政法委

书　记：程俊斌（至2016.9）

　　　　李左红（2016.9始）

常务副书记：郝济明（至2016.11）

副　书　记：何剑虹　杨晓宇

县机构编制委员会办公室

主　任：邢兰富

副主任：王振文

县委老干部局

局　长：王俊斌

副局长：赵海燕（女）

县委、县政府信访局

局　长：焦耀英（至2016.11）

　　　　张东庆（2016.11始）

副局长：杜红伟

县委直属事业单位

县委党校

常务副校长：曹廷瑞

副校长：王显明　刘翠平（女）

县党史办

主　任：郝红东

副主任：张新晔（女）

县委信息化中心

主　任：原　军

副主任：李双伟　王旭斌

左权县人大常务委员会工作机构

办公室主任：郭宏伟（至2016.12）

　　　　　　霍彦明（2016.12始）

主任科员：魏丽俊（女）　赵兰翔（2016.11始）

财经工作委员会主任：侯玉田（至2016.12）

　　　　　　　　　　李彦言（2016.12始）

法律工作委员会主任：王同峰（至2016.12）

　　　　　　　　　　袁庆华（2016.12始）

副主任：范凤珍（女）

农业代表工作委员会主任：赵兰翔（至2016.12）

　　　　　　　　　　　　张润民（2016.12始）

人事代表工作委员会主任：刘建军

信访室主任：张婧兰（女）

教科文卫工作委员会主任：王跃珍（女）

城乡建设环境保护工作委员会主任：苏　涛（女）

人大代表联络中心副主任：常晓亮

政府组成部门及其直属机构（正科）

县政府办公室

县长助理：高跃华（至2016.11）

办公室主任：孙建宏

副主任：程靖宇（至2016.12）　赵建军

　　　　樊立波　王晓华

治超办主任：赵建军

县政务中心主任：朱向恒

　　　　副主任：孙　涛

　　　纪检组长：温海亮

县政府电子政务管理办副主任：李中华

　　　　　　　　　　　　　　岂海霞（女）

县发展和改革局

局　长：王世秀（至2016.12）

党组书记（主持工作）：刘林忠（2016.11始）

副局长：刘玉根　张东明　常彦军　郝军青

县物价局局长：崔海珍（至2016.9）

　　　副局长：张丽萍（女，至2016.9）

县公安局

局　长：张　圣

政　委：郝耀新

常务副局长：宋献华

副局长：郭应林　于雷明

孙永光（兼任610办副主任）

交警队

大队长：李东晓

副大队长：赵维忠（至2016.9）

高文德（至2016.9）

郑立宏（至2016.9）

县民政局

局　长：刘首毅（至2016.12）

侯新华（2016.12始）

副局长：赵世清　李树青

双拥办主任：刘　翱

县司法局

局　长：侯新华（至2016.12）

陈建国（2016.12始）

副局长：赵太英（女）　王建军

县教科局

局　长：胡德荣（至2016.12）

巨维华（2016.12始）

副局长：宋修青　曹卫锋（兼，至2016.12）

县进修校校长：霍国平

左权中学校长：张斌文

副校长：王国献　郭世荣　张宪昌

赵生伟

左权二中校长：牛立斌

副校长：张玉忠　原建伟　刘云平

左权三中校长：张爱军

副校长：张建强　赵育红　李乃明

县职业中学校长：白华毅

副校长：杨焕明　张巨文　焦卫云

县宏远学校校长：巨亚宏

副校长：孙新云　赵世清　杜春涛

县文化局

局　长：王建军（至2016.12）

郭宏伟（2016.12始）

副局长：常晋斌　周海萍（女）

县体育中心主任：程旭彪

副主任：霍剑锋　秦志宏

县电视台台长：巨维华（至2016.11）

副台长：李先明

县文物局局长：刘晋海

县卫生和计划生育局

局　长：王新权（至2016.12）

秦国英（女，2016.12始）

副局长：李中平　张双贵　孙俊义

县妇幼保健和计生服务中心主任：马云莲（女）

县爱国卫生运动委员会办公室主任：元全鑫

副主任：程旭东

县疾控中心主任：赵云生（至2016.8）

副主任：杨生江　霍志明

县医院（中医院）院长：程建东

副院长：申海云　程渊文

王玉彬　樊利军

县农业委员会

主　任：郑拉晖（2016.12始）

副主任：魏淑伟　李华荣　霍建斌　吴志鸿

县畜牧兽医局局长：郝永福

副局长：巨光明　李旭玲（女）

县农机中心主任：赵天年（至2016.8）

副主任：李立华　韩旭彦（女）

县农村经济经营管理中心

主　任：窦俊秀（至2016.12）

副主任：张海珍（女）　成建文

县扶贫中心主任：侯秀英（女，至2016.11）

窦俊秀（2016.11始）

副主任：李　忠

县林业局

局　长：巨维荣

副局长：刘文斌　药文生

森林防火指挥部办公室副主任：王卫国（至2016.5）

干果经济林产业中心副主任：郝炳伟　李　燕（女）

县水利局

局　长：郑拉晖（至2016.12）

侯秀英（女，2016.12始）

副局长：赵志强　李建强
石匣水库管理处主任：刘林忠（至 2016.12）
副主任：王瑞民　李彦明
水资源管理办公室主任：范海龙
县移民办主任：袁庆华（至 2016.12）
副主任：王建华

县人力资源和社会保障局

局　长：周世华（至 2016.12）
胡德荣（2016.12 始）
副局长：张彦云　马庆田　李维光

县住房保障和城乡建设管理局

局　长：任文华（至 2016.12）
焦耀英（2016.12 始）
副局长：李云魁　袁晋军　程鸿飞
县市政局局长：刘瑞明
副局长：路保军
县园林局局长：程建胜
副局长：贾虎鸣　张晓华
县供暖供气总公司总经理：侯军华
县自来水公司经理：刘　峰
副经理：李焕江　王　凯

国土资源管理局

局　长：王东光（至 2016.12）
郝建忠（2016.12 始）
副局长：陈金水
郝建忠（至 2016.12）

县环境保护局

局　长：赵晓明（至 2016.12）
王新权（2016.12 始）
副局长：张书华　巨如生

县统计局

局　长：孙建文（至 2016.12）
刘俊彦（2016.12 始）
副局长：张向琴（女）　曹丽芳（女）

县经济和商务粮食局

局　长：何君兰（女，至 2016.11）
郝建国（2016.12 始）
副局长：霍志光　霍全胜　范亚军　牛少华
县城镇集体工业联合社主任：陈瑞国
县粮食储备中心主任：李彦言（至 2016.12）
副主任：李左荣　陈美芳（女）
县中小企业服务中心主任：刘德荣
副主任：吕三怀　李建军

县交通运输局

局　长：赵军峰（至 2016.12）
薛宏伟（2016.12 始）
副局长：尚旭红　霍晋荣

县安全生产监督管理局

局　长：薛宏伟（至 2016.12）
郝济明（2016.12 始）
副局长：范建彪（兼安监执法大队大队长）
李振国　郭斌华

县财政局

局　长：范建明
副局长：薛瑞文　崔万珍　李爱君
国库集中支付中心副主任：李素华（女）　王月升

县审计局

局　长：梅廷华
副局长：杨海燕（女）　崔玉军

县市场和质量监督管理局

局　长：王宏宇
副局长：韩彦忠　刘志斌　高少波
牛　鸣（至 2016.12）

县政府直属事业单位

县政府采购中心

主　任：义卫红
副主任：马兰先（女）

县供销合作社

主　任：宋瑞峰
副主任：刘　文　李晓红

县机关事务管理局

局　长：曹永宏
副局长：贺瑞斌　赵向军　吴进军
农业引进外资项目管理办公室主任：王俊亮
副主任：何文涛

县档案局

局　长：赵桂林

副局长：李永红　郭立明

县志编纂委员会办公室

副主任：张俊平（女）　宋　丽（女）

县老龄委员会工作办公室

主　任：吕丽芬（女）

副主任：李　勇

赵左彬（至2016.9）

县地震局

局　长：孙瑞林

副局长：常东红（女）

县旅游事业发展局

局　长：霍彦明（至2016.12）

副局长：高永胜　李占斌

县循环经济工业园区管理委员会

主　任：孙向峰

群众团体

县总工会

主　席：巨瑞青

副主席：张忠彦（女）　杜丽春

共青团左权县委员会

书　记：常　新（2016.12始）

副书记：任喜彬（至2016.12）

郝志英（女，2016.12始）

张宋心（2016.12始）

少工委主任：孙丽峰（至2016.12）

樊亮亮（2016.12始）

县妇女联合会

主　席：王丽琴（女）

副主席：李文芳（女）　刘立波（女）

县妇儿工委办主任：李素红（女）

县科学技术协会

主　席：王存华

副主席：禹彩凤（女）　董瑞萍（女）

县残疾人联合会

理事长：曹淑琴（女）

副理事长：苗世鹏

县红十字会

专职副会长：巨维忠

县工商业联合会

常务副主席：韩世红（至2016.12）

曹卫锋（2016.12始）

副主席：刘　峰（至2016.12）

曹志忠（2016.12始）

县文学艺术界联合会

主　席：孟振先（女）

副主席：王治红

垂直部门管理机构

县国税局

局　长：马海军

副局长：刘晋忠　赵旭岗　张晋生

孙　燕（女，2016.11始）

县地税局

局　长：焦志忠

副局长：张鸿雁　宋建文

赵跃华（至2016.4）

王云红（2016.7始）

中国人民银行股份有限公司左权支行

行　长：常向阳

副行长：霍治清　王文峰

中国银行股份有限公司左权支行

行　长：张　晶（女）

副行长：任　斌

中国农业银行股份有限公司左权县支行

行　长：禹跃文

副行长：孟　勇

中国建设银行股份有限公司左权支公司

行　长：秦晋军

山西左权农村商业银行股份有限公司

董事长：李亚军

行　长：邸保国

监事长：巨振前

副行长：刘玉林　关向明　赵爱军

行长助理：彭旭波

中国邮政集团公司山西省左权县分公司

总 经 理：王建勇

副总经理：赵莉莉（女）

公路段

段长兼党支部书记：温照熙

副段长：杨陆军

武装部

部　长：史泽生

政　委：张永东（至 2016.5）

消防中队

队　长：田　磊

气象局

局　长：宋喜柱（至 2016.11）

　　　　王跃宏（2016.11 始）

副局长：韩世军（至 2016.11）

　　　　陈　鹏（2016.11 始）

左权县各乡镇（城区）负责人名录

寒王乡

党委书记：张雪平

党委副书记、乡长：王　飞（至 2016.5）

　　　　　　　　　赵治宏（2016.6 始）

党委副书记：张东庆（至 2016.11）

人大主席：梅世明

纪检书记：卢宇波（至 2016.5）

　　　　　郝晓阳（2016.5 始）

武装部部长：郭　锐

副乡长：王　珍（女，至 2016.5）

　　　　郝晓阳（至 2016.5）

　　　　冯海清（女，2016.6 始）

　　　　李红伟（2016.6 始）

　　　　刘翠英（女，2016.6 始）

组织委员：郭　敏（2016.5 始）

石匣乡

党委书记：陈建国（至 2016.5）

　　　　　王　飞（2016.5 始）

党委副书记、乡长：程利宏（至 2016.5）

　　　　　　　　　雷建红（2016.6 始）

人大主席：王旭东

党委副书记：冯春斌

纪检书记：巨彦军（至 2016.5）

　　　　　王爱华（2016.5 始）

武装部部长：白从宇

副乡长：程秒华（女，至 2016.5）

　　　　岂雪峰（至 2016.5）

　　　　王晓军（至 2016.5）

　　　　霍云平（女，2016.6 始）

　　　　巨海英（女，2016.6 始）

　　　　王世军（2016.6 始）

　　　　郝少华（2016.6 始）

组织委员：岂雪峰（2016.5 始）

辽阳镇

党委书记：张彦红

党委副书记、镇长：张俊恩

人大主席：张润民（至 2016.12）

党委副书记：李保忠（2016.5 始）

纪检书记：王爱华（至 2016.5）

　　　　　曹建红（2016.5 始）

武装部部长：霍凯亮

副镇长：刘彦忠（至 2016.5）

　　　　申瑞英（女，至 2016.5）

　　　　苏　瑞（至 2016.5）

　　　　程秒华（女，2016.6 始）

　　　　白丽军（2016.6 始）

　　　　赵治国（2016.6 始）

　　　　宋英海（女，2016.6 始）

组织委员：苏　瑞（2016.5 始）

龙泉乡

党委书记：吕爱鸿（至 2016.5）

　　　　　巨晓华（2016.5 始）

党委副书记、乡长：赵治宏（至 2016.5）

　　　　　　　　　朱万文（2016.6 始）

人大主席：朱万文（至 2016.5）

　　　　　赵淑萍（女，2016.6 始）

党委副书记：赵淑萍（女，至 2016.5）

　　　　　　刘立斌（2016.5 始）

纪检书记：曹彦云（至 2016.5）

　　　　　王志军（2016.5 始）

武装部部长：王　晋（2016.5 始）

副乡长：张东升（至 2016.5）

　　　　王书平（至 2016.5）

白丽军（至 2016.5）
曹彦云（2016.6 始）
王晓军（2016.6 始）
侯新宇（2016.6 始）
范红伟（2016.6 始）
组织委员：王　丰（女，2016.5 始）

桐峪镇

党委书记：张文伟
党委副书记、镇长：冯瑞斌
人大主席：雷建红（至 2016.5）
李　海（2016.6 始）
党委副书记：李　海（至 2016.5）
路俊华（2016.5 始）
纪检书记：王志军（至 2016.5）
牛彦瑞（女，2016.5 始）
武装部部长：李守忠（至 2016.5）
张建峰（2016.5 始）
副镇长：裴建军（至 2016.5）
冯海清（女，至 2016.5）
张建峰（至 2016.5）
连国平（2016.6 始）
岂现丽（女，2016.6 始）
王卫国（2016.6 始）
杨　勇（2016.6 始）
组织委员：石　磊（2016.5 始）

麻田镇

党委书记：崔　波
党委副书记、镇长：王少华
人大主席：王海波
党委副书记：张国强（2016.5 始）
纪检书记：刘立斌（至 2016.5）
任　浩（2016.5 始）
武装部部长：王建光（至 2016.5）
张建飞（2016.5 始）
副　镇　长：张国强（至 2016.5）
巨海英（女，至 2016.5）
徐巍巍（至 2016.5）
郭　强（2016.6 始）
赵　恺（2016.6 始）
杜文珍（女，2016.6 始）
韩振芳（女，2016.6 始）
组织委员：王　鑫（2016.5 始）

粟城乡

党委书记：裴丽华
党委副书记、乡长：申继红（至 2016.5）
程利宏（2016.6 始）
人大主席：王云田
党委副书记：樊智国
纪检书记：牛彦瑞（女，至 2016.5）
郭建波（2016.5 始）
武装部部长：宋从东
副乡长：刘志芳（女，至 2016.5）
王瑞俊
赵瑞雪
赵宪兵（2016.6 始）
组织委员：韩小梅（女，2016.5 始）

芹泉镇

党委书记：秦国英（女，至 2016.5）
张　勇（2016.5 始）
党委副书记、镇长：张　勇（至 2016.5）
镇　长：王　珍（女）（2016.6 始）
人大主席：刘庆林
党委副书记：禹俊新
纪检书记：郭建波（至 2016.5）
郭彦刚（2016.5 始）
武装部部长：王　晋（至 2016.5）
李昭东（2016.5 始）
副镇长：宋英海（女，至 2016.5）
曹国清
王晓燕（女，2016.6 始）
王　斌（2016.6 始）
王　勇（2016.6 始）
组织委员：王亚波（2016.5 始）

拐儿镇

党委书记：张雪东
党委副书记、镇长：程振华
人大主席：曹志强
党委副书记：张建强

纪检书记：郭彦刚（至2016.5）
徐巍巍（2016.5始）
武装部部长：李　波
副镇长：赵治国（至2016.5）　武　帅
杨丽琴（女，2016.6始）
曹志萍（女，2016.6始）
王军利（2016.6始）
组织委员：范军伟（2016.5始）

羊角乡

党委书记：巨晓华（至2016.5）
申继红（2016.5始）
党委副书记、乡长：巨彦军（2016.6始）
人大主席：刘瑞琴（女）
党委副书记：路俊华（至2016.5）
李守忠（2016.5始）
纪检书记：曹建红（至2016.5）
王　玥（2016.5始）
武装部部长：李　强（至2016.8）
副乡长：李红伟（至2016.5）
霍云平（女，至2016.5）　王红亮
马彦锋（女，2016.6始）
胥晓春（2016.6始）
组织委员：李　文（2016.5始）

县城区

党工委书记：郝建国（至2016.11）
主　任：杜常青
党委副书记：曹轶芳（女）
纪检书记：陈军伟
副主任：石伟宏　王瑞琴（女）　原彦峰

（王振文　孙芳　田超）

中国共产党左权县委员会

重要会议

【左权县经济工作会议】 2016年3月10日，左权县经济工作会议召开。全面总结过去五年工作，分析当前形势，研究部署“十三五”以及2016年经济工作。县委书记王兵，县委副书记、县长赵宏钟分别作重要讲话，动员全县上下适应新常态，谋划新战略，推动新发展，奋力实现“十三五”良好开局。县委副书记郭午生主持，县委常委、组织部长郭建雄宣读《2015年度目标责任考核表彰决定》。县四大班子领导；法院院长、检察院检察长、公安局局长，党校常务副校长，人武部部长，县长助理；各乡镇、城区副科以上领导干部；各乡镇行政村书记、主任，城区管委会社区主任；县直各部门、单位主要领导，经济管理部门实职副科以上领导干部；中小微企业50户，规模以上企业19户；担任过实职的副县级以上离退休干部共计830人参加会议。会上，龙泉乡、国土局、经贸局、盘城岭煤业、龙泉风景区的主要负责人作了典型发言。

（武鹏飞）

2016年3月10日，左权县经济工作会议在县城召开

【县委工作会议】 2016年3月10日，左权县召开县委工作会议，传达贯彻落实中央和省、市会议精神，总结2015年县委各项工作，安排部署2016年组织、宣传、政法、人武、统战等党务工作任务，动员全县各级党组织和广大党员领导干部围绕中心、服务大局，坚定信心、开拓创新，推动全县经济平稳健康发展、社会和谐稳定。县委书记王兵讲话，县委副书记、县长赵宏钟主持。县委副书记郭午生、暴英杰，县人大常委会主任、县委常委、宣传部部长郑春华，县政协主席高儒林，县委常委、政法委书记程俊斌，县委常委、常务副县长马成毅，县委常委、纪委书记王宏昌，县委常委、组织部部长郭建雄，县委常委、人武部政委张永东，县政协副主席崔凤珍在主席台就座。县四套班子领导，公检法“三长”，党校常务副校长、人武部部长，县长助理；县纪委委员；各乡镇、城区、县直单位副科以上领导干部；执纪执法机关股级干部；县直单位纪检监察联络员；党风政风监督员代表；重点监控企业书记或负责人，新闻媒体记者等800余人参加。

（武鹏飞）

【全县脱贫攻坚暨农业农村工作会议】 2016年3月18日，左权县召开脱贫攻坚暨农业农村工作会议。全面安排2016年及今后一个时期全县的脱贫攻坚和农业农村工作。动员全县上下进一步坚定信心、抓实措施，扭住“兴产业、搭载体、搞众筹、讲机制”四件大事，在“十三五”开局之年实现35个贫困村、1万人的脱贫任务，为实现全面建成小康社会目标奠定坚实基础。县委书记王兵，县委副书记、县长赵宏钟在会上讲话。县委副书记郭午生主持会议。县政协主席高儒林、县人大常委会副主任赵世伟、副县长张世华出席会议。会上，王兵、赵宏钟分别为10个乡镇颁发了2016年度脱贫攻坚责任书；会议出台了《加快建设全面小康社会的实施意见》《左权县2016年精准脱贫攻坚行动计划》《左权县2016年精准扶贫产业扶持政策》等相关配套文件。拐儿镇、县扶贫办、芹泉镇小南庄村、麻田镇西安村、晋煤佐民农业开发有限公司和县信用联社的负责人在会上做了表态发言。

（武鹏飞）

【中国共产党左权县第十七次代表大会】 2016年9月6日—8日，中国共产党左权县第十七次代表大会隆重召开，会议回顾了过去五年的工作，总结了全县经济社会各项事业取得的重大成就，选举产生中国共产党左权县第十七届委员会和中国共产党左权县纪律检查委员会，谋划和确定左权县未来五年发展的大政方针和宏伟蓝图。中共左权县第一次全体委员会议选举王兵当选为县委书记，赵宏钟、王宏昌为县委副书记，县常委会由王兵、赵宏钟、李左红、刘二萍（女）、张海荣、李学文、孟玲珑、史泽生等9人组成，中共左权县纪委第一次全体委员会议选举李学文为县纪委书记。

（武鹏飞）

【全县脱贫攻坚推进大会】 2016年12月21日，左权县召开脱贫攻坚推进大会，要求全县上下进一步统一思想、凝聚共识，咬定建设扶贫攻坚示范县目标不动摇，扭住创新精准举措不松劲，形成以扶贫统筹全县改革发展稳定大局、总揽经济社会发展全局的态势，奋力开创脱贫攻坚新局面。市委常委、县委书记王兵，县委副书记、县长赵宏钟分别作重要讲话，县委副书记王宏昌主持会议，县政协主席高儒林等四大班领导出席会议。会上，省扶贫办宣传中心主任郭洪作了脱贫攻坚专题培训。副县长张雪东解读《左权县关于坚决打赢脱贫攻坚战的实施方案》。寒王乡党委书记张雪平，省审计厅驻芹泉镇芹泉村第一书记赵洪胜，县扶贫开发中心主任窦俊秀作了交流发言。县检察院、法院、县委党校负责人，县直单位主要负责人，各乡镇副科以上干部及扶贫站工作人员，省、市、县驻村扶贫工作队和选派出的第一书记，全县贫困村支部书记和村委主任，以及涉及帮扶贫困村的企业负责人参加会议。

（武鹏飞）

县委重要决策

【关于加快建设全面小康社会的实施意见】 2016年，左权县为深入贯彻落实中共中央、国务院《关于落实发展新理念加快农业现代化实现全面小康目标的若干意见》，进一步深化农村改革，加快转变农业发展方式，努力拓宽农民增收渠道，切实在促进富民强县上取得新成效，在全面建成小康社会上迈出新步伐，制定本实施意见。是年，农业农村工作要全面贯彻落实党的十八大和十八届四中、五中全会精神，坚持创新、协调、绿色、开放、共享的发展新理念，把转变农业发展方式作为根本途径，大力实施人才驱动、科技驱动、创新驱动、互联网+驱动战略，致力推进农业供给侧结构性改革，持续在培育新农民、发展新农业、建设新农村上发力，推动粮经饲统筹、农林牧结合、种养加一体、一二三产业深度融合发展，保持农业稳定发展和农民持续增收，实现农民生产方式和生活方式的同步转变，走出一条产出高效、产品安全、资源节约、环境友好的山区特色现代农业发展道路，确保全县16万人民与全国人民一道迈入全面小康社会。(1) 夯实农业基础，转变发展方式，着力构建与现代农业相匹配的产业体系、生产体系、经营体系，让农业成为充满希望的朝阳产业。(2) 强化规范管理，提高培训质量，全力推进农民职业化。年内完成新型职业农民培训1000人。(3) 改善人居环境，统筹城乡发展，致力推动农村城镇化。坚持工业反哺农业、城市支持农村，促进城乡公共资源均衡配置、城乡要素平等交换，稳步提高城乡基本公共服务均等化水平。（4）深化农村改革，增强发展动力，释放农业农村发展新动能。通过规范农村集体产权制度改革，加快农村土地改革步伐，加快水利体制改革和积极推进“三农”投融资机制改革，从而达到保护农民财产权利，壮大集体经济，增加农民财产性收入的目的。（5）强化组织领导，改进工作方法，提供政治和组织保障。通过不断健全党领导农村工作体制机制，加强农村基层党组织建设和全面推进农村精神文明建设，开创农业农村工作新局面。（武鹏飞）

【进一步加强统一战线工作】 《中国共产党统一战线工作条例（试行）》（以下简称《条例》）是共产党关于统一战线的第一部党内规定，是推进统战工作制度化、规范化、程序化建设的重要标志。《中共山西省委关于贯彻〈中国共产党统一战线工作条例（试行）〉的实施意见》（以下简称《实施意见》）和《中共晋中市委关于加强统一战线工作意见》（以下简称《意见》）从全省、全市的高度科学阐述了贯彻落实《条例》的重大意义，安排部署了今后一段时期全面加强统战工作的主要任务和重要举措。为认真贯彻落实《条例》《实施意见》和《意见》，充分发挥新时期统一战线在凝聚人心、汇聚力量方面独特的政治优势，巩固和发展最广泛的爱国统一战线，结合左权县实际，提出如下意见：一是认真学习和深刻领会《条例》《实施意见》和《意见》的精神实质，切实加强党对统一战线工作的领导；二是扎实推进和全力做好统一战线各项领域工作；三是抓好《条例》《实施意见》和《意见》的督查落实。（武鹏飞）

【进一步加快民营经济发展】 为贯彻落实省、市加快民营经济发展大会精神，推进大众创业、万民创新，充分发挥民营企业扩大就业、活跃市场及产业转型等方面的重要作用，促进县域经济可持续发展，左权县结合实际，制定意见。具体措施如下：转变政府职能，创新服务方式；拓宽市场准入，确保公平竞争；强化依法行政，优化发展环境；立足转型发展，优化产业结构；创新金融业态，拓宽融资渠道；加强内引外培，构筑人才高地；加强政府建设，优化体制机制；建立信息平台，督查落实政策；深化规范管理，提升企业素质；实施阳光工程，理顺政商关系。（武鹏飞）

【在全县党员中开展“两学一做”学习教育活动】 开展“两学一做”“学党章党规、学系列讲话，做合格党员”学习教育，是落实党章关于加强党员教育管理要求、面向全体党员深化党内教育的重要实践，是推动党内教育从“关键少数”向广大党员拓展、从集中性教育向经常性教育延伸的重要举措，是加强党的思想政治建设的重要部署，对于解决基层党组织和党员队伍存在的突出问题，保持和发展党的先进性和纯洁性，具有十分重要的意义。经县委研究同意，决定 2016 年在全县党员中开展“学党章党规、学系列讲话，做合格党员”学习教育活动。（武鹏飞）

【成立左权县巡察工作领导小组】 根据上级要求，经县委常委会研究，决定成立左权县委巡察工作领导小组，组长由县委常委、纪委书记王宏昌担任，副组长由县委常委、组织部长郭建雄担任。领导小组在县委领导下，对全县巡察联络工作、巡察工作实施全面领导，对县委负责并报告工作。县委巡察工作领导小组办公室是县委巡察工作领导小组的日常办事机构，为县委工作部门，设在县纪委，办公室主任由县纪委常委张东伟兼任。巡察办主要承担巡察联络、统筹谋划、综合协调、组织指导、政策研究、制度建设、监督管理、督查督办、服务保障等工作。（武鹏飞）

【开展“一带三创”全面加强农村基层党组织建设】 为认真贯彻落实省委、市委关于实施“一带三创”全面加强农村基层党组织建设的精神和部署，全面落实各级党组织抓农村基层党建工作责任，充分发挥农村基层党组织的领导核心作用和广大党员的先锋模范作用，推动全县农村基层党组织建设全面进步、全面过硬，为左权县如期实现全面脱贫奔小康目标提供坚强组织保证。经县委研究同意，决定在全县开展“一带三创”、全面加强农村基层党组织建设工作。“一带”就是把以上率下作为基本工作方法，一级做给一级看，一级带着一级干，逐层逐级抓落实，形成大抓基层的鲜明导向。“三创”就是要结合本地实际，选好突破点、找准着力点、深入开展创建“五个好”村党组织、“五个好”乡镇党委、农村基层党组织建设先进县“三级联创”活动。到2020年，通过实施“一带三创”，着力推动全县农村基层党组织建设全面进步。各乡镇党委、各村级党组织要加快完善基层党组织领导下的基层治理体系，充分发挥党组织在基层治理中的领导核心作用，实现“乡村治、百姓安”；以“两学一做”学习教育为依托，着力打造政治过硬、作风优良的骨干队伍；坚持重心下移、力量下沉、资源下沉，加大人力物力财力的投入力度，切实提升基层基础保障水平。（武鹏飞）

【开展“冬季行动”活动】 为深入学习贯彻党的十八大和十八届三中、四中、五中全会及中央扶贫开发工作会议精神，学习贯彻习近平总书记系列重要讲话精神，学习贯彻省委十届七次全会和市委三届七次全会精神，把“冬季行动”作为落实省长李小鹏左权柏峪住村调研系列要求的先锋之役，把“冬季行动”作为推动全县发展、加快脱贫攻坚的突围之役，把“冬季行动”作为破解左权县项目难题的决战之役，变过去的“稍等等、靠一靠、歇歇脚”为鼓足干劲、主动作为，变过去的“冬闲、冬休、冬懒”为苦干实干、务求突破，紧紧抓住关键，补齐短板，定实措施，全力攻坚，努力破解发展难题，确保2016年各项目标任务全面完成和“十二五”圆满收官，为2016年及“十三五”全县发展打好提前量、赢得主动权。经县委研究同意，决定在全县开展“冬季行动”活动。本次“冬季行动”重点开展30项具体行动：全年目标冲刺行动、项目建设和招商引资行动、做好谋篇布局行动、深入落实“两个责任”行动、加大挺纪在前行动、刹“四风”强作风行动、持续惩腐行动、问题集中整改行动、主题宣传宣讲行动、“学习《讲话》精神，繁荣文艺创作”主题行动、“文明新风在左权”主题行动、综合考核行动、党员干部素质能力提升行动、基层基础建设行动、平安左权建设行动、依法治理非正常上访行动、狠抓安全生产行动、全面深化改革行动、“六权治本”推进行动、推进大众创业、万民创新行动、县级领导联系民营企业行动、文化科技卫生“三下乡”行动、脱贫攻坚年度行动、困难企业帮扶行动、保障性住房和“城中村”改造征拆行动、财税挖潜增收行动、民生民利保障行动、环境治理专项行动、“农民工维权”行动、农民工免费培训行动。要求各乡镇、各部门要进一步完善改作风、抓落实的工作机制，明确工作分工，量化工作任务，细化工作责任，尤其是各单位党组织要切实扛起党风廉政建设“两个责任”，从严管好班子，从实带好队伍，坚决克服庸懒散、推拖靠等问题，确保行动取得实效。（武鹏飞）

县委办公室工作

【扎实开展“两学一做”学习教育】 左权县委办公室始终把“真学、实做、真改、实干”贯彻于“两学一做”学习教育全过程，确保学习教育抓好、抓实、抓出成效。(1) 真“学”补钙。聚焦学党章党规、学习近平总书记系列重要讲话两个主体内容，全体班子成员带头学习党的十八届三中、四中、五中、六中全会精神，扎实开展“讲政治、有信念”“讲规矩、有纪律”“讲道德、有品行”“讲奉献、有作为”四个专题的学习研讨，分别撰写研讨材料，组织全办党员干部以集中培训、专题研讨、警示教育等方式，把党章党规和系列讲话融入党员日常教育中。(2) 真“改”显效。按照解决一些党员理想信念模糊动摇、党性意识淡化、宗旨观念淡薄、精神不振、道德行为不端“五个着力”的要求，对照自身工作及成长经历，分别开展问题自查、原因剖析、全面整改，建立问题清单和整改清单“两个清单”，进一步强化自身党性修养，提升素质水平。(3) 实“干”赶超。围绕全县“全力晋位上台阶，全面脱贫奔小康”的奋斗目标，结合办公室工作职能，全体班子成员紧扣发展大局，积极作为、聚力实干，扭住重点、精准发力，营造了办公室团结奋进、真抓实干的良好氛围，有力推动了各项工作高效开展，真正把学习教育的最终成效体现在推动发展、干事创业上。（武鹏飞）

【资料信息工作】 左权县委办公室在资料工作上，全年撰写150余篇50万余字各类文稿，其中全县经济工作会议上的讲话、党代会工作报告等文章，受到领导和社会各界的好评。信息工作上，及时、准确、全面地收集和上报信息，为各级领导提供决策依据。全年共编发《左权信息》151期、300余条，被《晋中信息》各刊采用100余条。处理市领导批办的社情民意件9件，有效化解群众矛盾纠纷。（武鹏飞）

【机要 保密工作】 2016年，左权县委办公室接收办理各类明密电报1117份，其中译传办密码电报381份，办理党务、政府文件736份，发报39份，没有出现任何纰漏。对重点涉密单位和岗位进行保密管理督查，多次开展保密宣传教育活动。紧紧抓住教育转化、无邪创建等行动，落实防范措施，狠抓基层管控，防范和遏制邪教活动，维护安定和谐的政治局面。（武鹏飞）

【精准扶贫】 2016年，左权县委办先后帮扶拐儿镇故县村和寒王乡鹿鸣村。从发展产业、夯实基础设施、社会救助等方面进行帮扶。（1）发展增收产业。帮助故县村争取资金25万余元，实施荒坡垫地4.67公顷，种植核桃树2100株。帮助鹿鸣村50户村民发展光伏产业，每户争取补贴资金4000元，年底完成安装20余户。同时，帮助鹿鸣村发展藜麦和小杂粮种植、蔬菜大棚、养殖等产业，拉动村民增收。年底，鹿鸣村有21户贫困户人均年收入均超过3026元，实现脱贫。（2）夯实基础设施。帮助故县村争取资金8万元，实施了水源池改造，管道配套等工程。帮助鹿鸣村争取水利资金8万元，建成了水池、水管；投资20万元与高速公路服务区达成了10年供水协议，从根本上解决了村民饮水困难。争取供电资金12万元，改建完善了农村电网，对变压器进行了扩容更换。争取教育资金53万元，改建扩建村学校，改善了村内学生教育环境。（3）社会兜底救助。以社会兜底方式对鹿鸣村3户五保户、4户残疾户以及65周岁以上困难人员进行脱贫。（4）实施赡养扶贫。对鹿鸣村65周岁以上年龄较大、缺少创业意愿的家庭签订子女赡养扶贫协议。至年底有6户10人签订赡养协议，其余24户正在推进。（5）增加集体经济。帮助鹿鸣村建成100千瓦村级分布式光伏发电站1座，电站正常运营后年可发电12万千瓦时～15万千瓦时，年收益按照国家补贴标准0.98元/千瓦时，共计12万元～15万元，除偿还部分建设资金和维护及项目管理费用外，剩余收益的60%作为专项扶贫资金（无劳动能力的贫困人口每人每年资助3000元；考入国家计划内大学院校的贫困生一次性资助3000元；为本村16岁以上外出务工的贫困农民缴纳100元意外伤残保险；结余资金平均分配给本村的贫困人口），40%作为基础建设资金。（武鹏飞）

组织工作

【开展“两学一做”学习教育活动】 2016年，县委组织部把“两学一做”学习教育作为党建“一号工程”来抓。县乡两级党委班子成员建立学习教育联系点，县四大班子成员每人联系1个乡镇、1个农村、1个县直单位、3个～5个非公企业；县委成立“两学一做”学习教育协调小组，建立完善督导检查制度，先后4次深入基层督导活动开展情况，对学习教育开展不重视、不及时，给予支部所在党委通报批评，要求其及时整改“补课”；县委把学习教育纳入各乡镇、县直部门年度目标责任考核范围，作为党委（党组）书记“四述”（述职、述廉、述作风、述主体责任）和党建专项述职的重要内容，实行百分制量化考评，根据日常督导和年度综合考核进行打分，对考核末位的单位进行重点整顿；县委组织部编印《左组信息》“两学一做”学习教育专刊13期，在左权党建网、左权电视台、手机报、手机短信平台和党群直通车广播中，开设“两学一做”学习专栏，向党员宣讲党建理论、微型党课和优秀党员事迹。

县委组织部分二批次举办农村“两委”主干、第一书记、农村骨干党员、流动党员集中轮训和脱贫攻坚专题培训，重点对乡镇党委副书记、组织委员等“两学一做”直接组织者进行业务培训；县委常委带头开展“讲党课、听党史、学讲话，重温入党誓词”活动，集中学习习近平总书记“七一”重要讲话，强化党员理想信念教育。10月18日，邀请省委党校副教授霍毅斌作“学党章党规、做合格党员”专题讲座；开展红色革命教育，组织党员干部到麻田八路军总部纪念馆、左权烈士陵园、十字岭将军亭瞻仰缅怀革命先烈；以龙泉乡连壁村为典型，组织党员学习“情系群众、甘于奉献、艰苦奋斗、求实创新”的连壁精神，用身边事教育身边人；各级党组织以观看警示教育片、阅读违纪违法党员忏悔录、参观警示教育基地等形式，从反面典型中汲取教训；编印了《两学一做简明读本》，图文并茂地把党章党规、系列讲话和优秀党员事迹列入读本中，开展“送学上门”，深受党员欢迎；在纪念建党95周年之际，组织机关党员观看《党的女儿尹灵芝》，举办老干部“两学一做”专场演出，在将军广场演出大型红色花戏歌舞剧《太行奶娘》，引起社会各界强烈反响。

选派136名机关党员干部到农村担任第一书记，全县23名四大班子领导，122名乡科级党员干部，2137名机关党员干部与13525户贫困户结对帮扶，走访慰问老党员、困难党员、困难群众780多人；扎实开展“四诺三比一争优”（四诺：亮明身份开展承诺、面向群众公开承诺、立足岗位积极践诺、查看业绩全面评诺；三比：比党性、比作风、比贡献；一争优：争做优秀共产党员）党员先锋行主题实践活动，特别是在“7·19”抗洪救灾中，党员干部身先士卒，带头组织群众转移，第一时间打通救灾通道，开展灾后重建，为战胜洪灾做出了重要贡献；开展带案下访活动，党员干部上门入户听取群众意见，解决实际困难，运用“集束调解”方式，重视和发挥党员骨干、老干部党员调解能力强的优势，累计为群众调处疑难问题235件；在国有及非公企业党组织，重点开展党员职工技能培训，组建党员技术攻关先锋队，在提升效益、保障安全方面发挥党员带头作用；在农村发展一线，重点培育扶持党员致富带头人队伍，党员带头组建种、养、加合作社，带动农户发展，实现共同增收。（刘俊彦　岂雪峰　孙丽峰）

【乡镇换届】 2016年4月7日，左权县召开全县换届工作动员会，成立县乡换届工作领导组，印发《乡镇领导班子换届工作方案》《县党代会换届选举工作方案》等文件；抽调17人组建县委换届风气督查组和县纪委换届纪律监督组，全程督导10个乡镇换届纪律执行情况；开通“12380”电话、信访、网络和短信“四位一体”的综合举报受理平台，全方位受理违反换届纪律问题；制定《乡镇换届选拔任用乡镇党政正职工作方案》和《关于乡镇换届“三类人员”的选拔办法》，明确选拔的原则、条件、程序等。在人选配备过程中，县委严格标准，加强领导，达到了换届要求。1名35周岁的年轻干部和1名非党女干部走上了乡镇长岗位，从乡镇“三类人员”（乡镇事业编制人员、优秀村干部、大学生村官）中提拔27人，包括农村干部1人、大学生村官2人、有大学生村官经历的乡镇事业人员或乡镇公务员10人、乡镇事业人员14人。在任选考察过程中，重点对干部的“三龄两历一身份”（年龄、工龄、党龄，学历、工作经历，干部身份）进行核实，并深入被考察对象所在的村（社区）、街坊四邻中进行走访了解，深入了解干部“八小时之外”的生活情况。新一届乡镇领导班子的平均年龄38.96岁，较换届前下降2.47岁；新一届乡镇领导班子非党干部、女干部和年轻干部，除非党与上届持平外，其他较上届都有所增加。（王锁明　刘栋）

【调整配备县直领导班子】 2016年10月—11月中旬，县委组织部利用1个多月时间，深入全县82个县直部门和10个乡镇就干部工作进行了调研摸底。充分了解和掌握各单位班子的运行情况及每个成员的思想状况，为干部调整提供详细精准的“第一手”信息。11月底，县委主要对政府组成部门、信访局、扶贫中心“一把手”和部分人大常委会工委主任以及团县委、工商联领导班子进行调整，共涉及38人，其中提拔4人、继续提名6人、交流24人、实职转虚职2人、免职2人。（王锁明　刘栋）

【干部教育培训】 2016年，县委组织部按照《左权县“485”干部教育培训方案》，举办各类培训班40余期，完成省、市、县各类调训学员177人次，4400余名行政事业干部利用“两个在线”平台进行全员培训，实现第四个“万人培训计划”

目标，推动左权县干部素质持续整体提升。

（王锁明　刘栋）

【党费收缴专项检查】　2016年，县委组织部以中央省市关于党费收缴有关政策为依据，以党支部为基本单位，以自查自改为主要形式，开展党费专项检查工作。经排查，绝大部分党员能够按时、足额交纳党费，仅存在极少数党员不能及时、足额缴纳党费。截至年底，共有376名党员补交党费6.6万元。国有企业5名年薪制党员，共补交党费14950元。（刘俊彦　孙丽峰）

【推进村级组织活动场所建设】　2016年初，县委组织部采取村级组织自查、乡镇党委排查、县委组织部逐个核查的方式对全县所有危旧狭小和无活动场所村进行摸底排查。经排查，23个活动场所需修缮，3个需新建。坚持实际、实用、实效的原则对修建的活动场所科学规划，扩大活动场所的整体功能效应。解决建设资金难题。通过“县财政投入一点，帮扶单位和第一书记争取一点，村集体自筹一点”的方式筹集建设资金，年底全部完工并验收。解决完善了活动场所危旧狭小状况，彻底消除村级活动场所“空白点”。（刘俊彦　孙丽峰）

【大学生村官管理工作】　2016年，县委组织部坚持开展谈心谈话制度，召开大学生村官座谈会4次，不间断督查在岗履职情况，开展教育培训3次；加大大学生村官培训，新建大学生村官网络学习平台，对244名大学生村官信息库进行更新和维护，组织3名大学生村官参加晋中市贫困村大学生村官培训，组织1名村官在北京参加创业主题示范培训，组织170名离任大学生村官参加中青年干部执行力和任职提升培训；加快大学生村官流动，在县乡换届之机，公开选拔2名大学生村官担任乡镇副职，2名大学生村官进入乡镇公务员队伍，年底招聘39名大学生村官县乡进入事业单位；新选聘10名大学生村官进入乡镇工作。（刘俊彦　郑建波）

老干部工作

【概述】　2016年，左权县委老干部局以“老干部工作为党和人民事业增添正能量”为价值取向，服务全县中心工作，全面落实离退休干部生活待遇和政治待遇，不断加强离退休干部思想政治建设和党组织建设，充分发挥老干部活动中心和老年大学的阵地作用，组织引导离退休干部开展为党和人民事业增添正能量活动，老干部工作队伍的整体素质，得到提升。至年底，全县共有离退休干部1401名。其中：按离退休分：离休干部31名，退休干部1370名；按居住地分：居住在县城的离退休干部1095名，居住在乡镇村的离退休干部306名；按职务分：实职性副县级以上离退休干部23名，其他离退休干部1378名。全县共有离退休干部党员586名，其中，离休干部党员24名，退休干部党员562名。（赵海燕）

【离退休干部生活待遇和政治待遇全面落实】　2016年，左权县委老干部局以“基本政治待遇不变，生活待遇优先”的原则，全面落实离退休干部的两项待遇，做好服务保障工作。落实离休干部离休费保障、医药费保障和财政支持等机制，离休干部特需费和离退休干部活动经费由县财政全额预算，加大对特殊困难离退休干部的帮扶力度。为全县离退休干部每人征订一套《山西老年》，夫妇双方的另订一本《特别健康》；坚持每月15日的老干部通报会，由县委、县政府领导轮流向老干部代表通报所分管的工作，并听取老干部代表反映的意见和建议；组织离休及副县级以上退休干部进行体检、视察全县重点工程、参加重要会议和重大活动；重大节日如春节、重阳节前进行走访慰问，为全县离退休干部送去慰问品和慰问信，送去党和政府对他们的关心和重视。（赵海燕）

【左权县离退休干部党委成立】　为落实从严治党，不断加强离退休干部思想政治建设和党组织建设，根据晋老发〔2015〕12号文件精神，左权县作为全市建立离退休干部党委试点县，于2016年5月，将2000年设立的左权县老干部局党总支改设为左权县离退休干部党委，隶属于县直工委，并在其具体指导下开展工作，老干部局局长王俊斌兼任党委书记，并配有专职副书记、组织委员、纪检委员和宣传委员，下设16个老干部党支部、37个小组。在原有的基础上，健全了各类规章制度，选好配强党支部班子成员，继续以老干部党支部和小组为桥梁，让党的方针政策、重大会议精神、全县重大事项等“服务送下去”，把全县离退休干部的思想状况、生活情况、存在困难等信息收回来，更好地把广大离退休干部党员凝聚到党的周围，确保每一位离退休干部党员都能正常参加组织生活。

（赵海燕）

【开设老年大学摄影班】 2016年，左权县老年大学在原来9个班的基础上，增设了摄影班，聘请市摄影家协会副主席邢兰富担任摄影班教师，共招收学员45名，于4月22日开班。充分利用老年大学摄影班这一平台，用小镜头记录大世界，“展示阳光心态、体验美好生活、畅谈发展变化”，集聚正能量，弘扬主旋律。进一步巩固“省级老年大学示范校”成果，更好地满足广大离退休干部的精神文化需求，全面助推老年教育事业的健康发展。

（赵海燕）

【设立嶂山社区老干部活动室】 为进一步落实中办发〔2016〕3号文件精神，按照《关于进一步推进利用社区资源做好离退休干部服务工作的实施意见》和《关于开展离退休干部“四就近”服务工作示范社区创建活动的通知》文件要求，左权县积极推进利用社区资源做好离退休干部“四就近”（就近学习、就近活动、就近得到关心照顾、就近发挥作用）服务工作，和嶂山社区积极联系，争取到约40平方米的活动场所，设立嶂山社区老干部活动室，为活动室配置了办公桌椅、文件柜，悬挂了“四就近”宣传版面，征订了报纸杂志，由老干部第十四党支部组织居住在嶂山社区的离退休干部集中学习、开展活动，真正实现“就近学习、就近活动、就近得到关心照顾、就近发挥作用”目的。

（赵海燕）

【开展为党和人民事业增添正能量活动】 （1）开展“讲述励志故事，传递耆年力量”活动。组织老同志通过讲述亲身经历的励志故事，传承耆年硕德的精神力量，弘扬人生信念。其中，退休干部苗世明讲述的《我的集报生涯》参加省委老干部局节目录制并在省网展播。（2）开展“学习王焕杰”征文活动。为营造“学先进典型、做合格党员”的浓厚氛围，畅谈学习王焕杰的心得和感受，组织广大离退休干部以“学习王焕杰，增添正能量”为主题、组织老干部工作者以“学习王焕杰，岗位做贡献”为主题，交流心得，畅谈感受，进一步激发为党和人民事业增添正能量的积极性和主动性。（3）开展“我为扶贫攻坚做贡献”活动。号召身体好、从事过农业工作、经验丰富、有能力的老干部为打赢扶贫攻坚仗贡献自己的力量，有的老干部深入基层进行调研，有的为扶贫攻坚出谋划策，有的和扶贫户直接结对。其中老干部第十二党支部书记张云田撰写的《万众发力精准扶贫　对号入座精准脱贫》被市局评为“精准扶贫优秀调研论文”，并被“晋中论坛”刊登；老干部第一党支部书记巨正明等4名老干部的建言献策被市局评为“优秀扶贫金点子”；老干部第十三党支部的30名党员，在支部书记宋海荣的号召下集资6160元，帮助贫困学子赵南凯顺利入学。

（赵海燕）

【王俊斌获“全国先进老干部工作者”荣誉称号】 王俊斌，男，1962年8月生，山西省左权县拐儿镇南茬村人，汉族，中共党员，左权县委组织部副部长、左权县委老干部局局长，2010年10月，担任左权县委老干部局局长，2012年12月—2016年12月，兼任左权县委组织部副部长。2012年，左权县委老干部局被评为“全省离退休干部党组织创先争优先进集体”；2013年，在全省离退休干部发挥作用经验交流会上做典型发言，老干部工作创新项目于2012年、2013年连续两年被省局推介；2014年12月，左权县老干部活动中心被省委组织部、老干部局评为“省级先进活动中心”；2015年6月，县委老干部局被评为“全省老干部工作先进集体”，王俊斌在全省离退休干部党组织建设会议上做典型发言；2016年，获得“省级老年大学示范校”。他本人先后获得“晋中市老龄工作先进个人”“优秀共产党员”“模范工作者”等荣誉称号，在2016年12月23日召开的全国老干部工作先进集体和先进工作者表彰大会上，获“全国先进老干部工作者”荣誉称号。

（赵海燕）

宣传工作

【开展理论宣传】 2016年，县委宣传部创新版面栏目网页，宣传习近平总书记系列重要讲话精神，持续抓好中国特色社会主义理论的学习普及。发挥党校、宣讲团等的作用，围绕党的十八届六中全会精神、省第十一次党代会、市第四次党代会精神，全年开展宣讲50余场。开展理想信念、党性党风、事业忠诚、从政道德、廉政警示和法律法规教育，凝聚全县干部群众昂扬向上、团结奋进、攻坚克难的精气神。（程向军）

【开展理论研究】 2016年，左权县在北京举办“太行抗战教育课程体系研发工作研讨会”。通过挖掘抗战资源，为全国党史教育提供重要的思想理论支撑。由左权县委党校支持的“中国集结号”志愿者行动2016年工作会议暨太行人民抗战研究院成立。“中国集结号”志愿者行动以“守护民族魂 共筑家国梦”为宗旨，努力通过太行抗战文物文献的搜救整理研究、抗战历史教育及烈士纪念活动的开展，为抗战老区的精准扶贫及产业转型提供实质性帮助。（程向军）

【增强外宣工作】 2016年，左权县在中国网开设农副产品展示专区，并链接左权特色农产品淘宝网，销售左权农产品；承办晋中市第17个记者节活动。年内，县委新闻中心在《山西日报》《山西经济日报》等省级报刊媒体刊登消息（图片）36条；市级报刊刊登消息257条，其中头版头条2条，晋中县市特刊（专版）24期。县电视台向《晋中新闻联播》发稿103条，向《县区特别报道》发稿141组423条。左权发布已发布博文4981条，发展粉丝2225个。全年共接待国家、省、市各级媒体记者350余人次，刊发各类宣传稿件400余篇。（程向军）

【推进文化产业重点项目】 2016年，左权县市级文化产业重点项目3个：太行龙泉旅游区二期工程、莲花岩庄园风景区建设项目和红色剪纸大园项目。项目总投资5.45亿元，年度计划总投资8300万元，实际完成投资3874万元。县级旅游“十大工程”进展顺利，旅游“十大节庆”活动全部如期举行。同时，规划“太行百里红色生态走廊”，组织专家论证会。《太行奶娘》剧目全年对外演出53场，屡计达到310场次。辽县抗战纪念馆开通VR网上博物馆。（程向军）

精神文明建设工作

【群众性文明创建活动】 2016年，县文明办在全县范围内，评选表彰县级各类文明创建先进典型64个，推进文明创建向基层深化、向企事业拓展，夯实群众性精神文明创建基础。9月，在左权县国税局会议室召开全县精神文明创建工作经验交流会，并对各级文明单位进行业务培训，强化文明创建质量，提升文明创建水平，确保选树出一批质量好、水平高、具有示范带头作用的文明创建先进典型，推动全县文明创建水平提高。是年，新推荐13个市级文明创建典型并通过验收。（陈浩）

【核心价值观宣传普及】 2016年，县文明办在新闻媒体、新媒体和社会媒介全面做好社会主义核心价值观公益广告刊播工作，将核心价值观、中国梦等内容融入到广场节日组合灯展中，协调住建、市政、交通以及各乡镇围绕社会主义核心价值观和重点社会宣传内容，对公交站牌、建筑围挡、户外广告等媒介的宣传内容进行统一规划。1月，在盘城岭煤业有限公司礼堂举办“践行社会主义核心价值观”主题宣讲活动，27名选手分专业组和非专业组进行比赛，宣讲活动的开展促进了社会主义核心价值观的宣传普及，传播了积极向上的正能量。（陈浩）

【青少年思想道德教育】 2016年，县文明办开展“我们的节日·清明”主题缅怀活动，组织全县中小学生开展“缅怀革命先烈”线上线下祭扫活动，发放“文明祭扫、平安清明”倡议书3000余份。加强乡村学校少年宫组织领导，进一步规范资金管理、强化师资队伍素质，严格检查考核，确保乡村学校少年宫活动规范化、学科化、有效化，是年新建寒王乡、羊角乡乡村学校少年宫2所。举办左权县首届“美德少年”评选活动，用美德力量托

举少年梦、中国梦，在全社会形成广泛学习美德少年、争当美德少年的良好道德风尚。（陈浩）

【开展道德模范评选】 2016年，左权县成立左权好人和道德模范推荐评选活动领导组，建立联席会议。出台《左权道德模范评选表彰办法》和《关于开展左权好人和道德模范推荐评选实施方案》，创新左权好人发现机制。共推荐评选左权好人30余名，先后有赵亚飞、尹金鱼等5人获得市道德模范和晋中好人荣誉称号。（程向军）

【推进农村精神文明建设】 2016年，左权县进一步修订完善文明村镇创建管理办法、文明村镇创建测评体系；管好用好红白理事会，引导农村群众破除陈规陋俗、树立文明新风；持续开展文化下基层、普法宣传、移风易俗、健康义诊、农技培训、全民阅读等“三下乡”活动，全年开展集中服务活动4次，分散服务活动60余次；组织全县64个县级以上文明单位与所帮扶村镇开展共创共建活动，市级标兵以上文明单位开展关爱农村贫困留守儿童爱心助学活动，组织学雷锋志愿服务队以“幸福夕阳”为主题深入结对村镇开展关爱留守儿童、关爱孤寡老人、关爱残疾人等弱势群体的志愿服务活动。（程向军）

【赵亚飞获第五届感动晋中十大道德模范人物】

赵亚飞，1980年农历3月22日生，左权县麻田镇上口村村民。2016年获晋中市第五届感动晋中十大道德模范人物。

赵亚飞在颁奖现场

20多年间，赵亚飞致力于为抗战时期牺牲在左权的革命烈士寻亲。1993年，赵亚飞家扩建房院时，无意中挖掘到一具遗骨、一块怀表，等赵亚飞放学回家时，遗骸已被其四叔另外迁葬。少年赵亚飞知道后，心里萌生了为遗骨寻亲的念头。但是，除了一块依然铮亮的怀表，那具遗骨没有任何线索。从名字下手，因为口音问题，当地老乡一直把朱杰民念作朱建民。赵亚飞初中毕业后，用大量的时间四处走访、查阅上口村全部抗战历史，都没有找到能够证明朱建民身份的有力证据。直到2009年得知在《洪飞文集》记载着上口村牺牲过一个姓朱的烈士，是鲁艺（前方鲁艺）的一位音乐家朱杰民，但不是朱建民。经分析朱建民和朱杰民是同一个人。资料显示，朱杰民（原名周极明）老家在四川。最后赵亚飞在重庆电视台和《重庆商报》的帮助下，才辗转联系到朱杰民的妹妹周极玉。2010年1月29日，赵亚飞为牺牲在左权县的四川籍八路军音乐家朱杰民（原名周极明，今重庆合川人）烈士寻亲成功，烈士唯一的女儿周传慧将亲人的遗骨含泪接回家乡安葬。

在查阅朱杰民牺牲的资料时，赵亚飞发现，一个叫严熹的名字，一直与朱杰民的名字同时存在。严熹的家又在哪里？经过反复的走访和资料查阅，2014年10月，赵亚飞确定严熹牺牲的地点在左权县芹泉镇高峪村。在杨家庄村一座山坡的大石缝里，赵亚飞找到了烈士的遗骨。尽管时过境迁，村民韩海林肯定地说，大石缝里埋的就是当年和他父亲一起抗日牺牲的两名八路军战士，其中一人便是严熹。而他的父亲，正是与严熹一起遇袭后跳崖生还的民兵韩天宝。

2015年4月23日傍晚，赵亚飞从左权启程，亲自护送严熹烈士的遗骸回到江苏省江阴市。4月24日下午，赵亚飞和烈士亲属一起将烈士的遗骨火化。25日下午，在江阴河塘安息堂，严熹的弟弟、时年92岁的严飞熊老人含泪从赵亚飞手中接过哥哥的骨灰盒，激动的泪水尽情地流淌，历经73年风雨，散落在荒野的烈士英魂终归故里。

1993年—2016年，赵亚飞为几十名烈士寻亲的事迹被中央电视台《等着我》、山西卫视、上海纪实、重庆卫视、《解放军报》《山西日报》《山西晚报》《晋中日报》《中国社会报》《中国青年报》等媒体报道，中央电视台还为他制作了抗战胜利70周年公益广告，于大阅兵当天上午在CCTV－6播出。仅有初中文化的他，开通了博客——“守住承诺赵亚飞”，访问量突破8万。 （陈浩）

统一战线工作

【概述】 2016年，县委统战部贯彻落实执行党的统一战线的方针、政策，紧密联系党外代表人士、非公经济人士、港、澳、台和海外工商社团及民族宗教界代表人士，调动一切积极因素，团结一切可以团结的力量，同心同德，为左权的改革、发展和稳定服务，为实现县委提出的“全力晋位上台阶、全面脱贫奔小康”宏伟目标做出了贡献。是年，县委统战部人员编制5人。 （石建光）

【统战地位得到新提升】 2016年，县委统战部学习贯彻落实中央《中国共产党统一战线工作条例（试行）》（简称条例）和省委、市委有关文件精神，坚持党对统战工作的领导，县委成立了统一战线工作领导小组，制定出台了《中共左权县委关于加强统一战线工作的意见（试行）》，要求全县各级党组织要把统战工作纳入重要议事日程，并且明确县、乡党组织主要负责人是统战工作的第一责任人，对统一战线工作负总责。2016年县委换届，按照要求，由县委副书记王宏昌任统战部长，强化了对统战工作的领导。工商联党组书记由县委统战部常务副部长曹卫锋担任，完善了合署办公机制。

（石建光）

【党外代表人士队伍建设】 2016年，县委统战部以制度建设、推荐储备、培养锻炼三个环节为重点，加强党外代表人士队伍建设。通过建章立制、建立档案、严格选拔、沟通交流等方式，使党外干部工作更加科学规范。注重从专业技术人才中发现储备，把各条战线的100多名专业技术人才列入重点培养对象进行管理，建立了党外人士储备库，拓宽了党外干部选拔任用的范围和领域。将党外干部培训纳入到全县干部培训计划体系中，充分利用各种教育培训平台，对全县党外代表人士开展轮训。年内乡镇换届，推荐1名非党干部担任镇长，4名党外干部任副镇长。9月，县政协换届政协委员129人中，党外代表人士有78人，占到60.5%。县人大换届人大代表150人中，党外代表人士有58人，占到39%。年末，全县37名党外副科以上干部中，担任副处级3名、正科级4名、副科级30名。 （石建光）

【经济统战】 2016年，县委统战部为进一步加强县级领导干部对民营企业的跟踪、协调和服务，及时为企业排忧解难，起草制定了《关于建立县四套班子领导干部联系民营企业工作制度的通知》。每位领导负责联系4个～5个民营企业，共联系企业95个，在联系帮扶中实行“三联”，即联系企业，着力破解发展难题；联系项目，着力推进项目进度；联系企业家，着力重塑队伍形象。县四套班子领导按照文件要求，深入所包企业，了解企业在发展中面临的困难和问题，商定发展项目，每位县级领导平均每月深入所包企业2次以上，帮助企业解决资金、土地、劳动用工、落实企业发展优惠政策等各类问题。同时在深入企业过程中，县级领导坚持信念引领，增强企业家的“四信”教育，通过宣传解读党的方针政策，引导企业家认真学习中国特色社会主义理论体系，着力培育企业家“守法诚信、坚定信心”的理念，重塑左权县民营企业家队伍新形象。9月，左权县成立帮扶企业工作组23个，由四大班领导带队，抽调82名机关干部到42个企业和17个项目开展对口帮扶，帮助企业筛选急需解决问题108条，其中，县里帮助企业解决57个问题，企业自己解决51个问题。 （石建光）

【海外统战】 2016年，县委统战部进一步加强同中国香港华革会社团的联谊工作，争取扶贫救助资金。中国香港华革会吴祺光夫妇年内先后3次到左权县开展发放助学金、救助学生座谈回访、援建希望小学观礼等活动。其中，8月17日，向新考入大学的13名新生发放了每人4000元助学金；对前几年考上大学的大二、大四16名学生每人发放4000元助学金；11月22日，市侨联有关领导代表

香港华革会吴祺光夫妇在左权县资助贫困大学生

吴祺光夫妇向 70 名受助中学生发放助学金每生 1500 元，计 10.5 万元。截至年底，为左权县 16 个农村卫生所配备医疗器材 160 余件，价值 100 余万元；连续 7 年共计资助左权县贫困中学生 470 名，资助金额 44 万元；连续 6 年资助左权县贫困大学生 67 人次，资助金额 26.2 万元；由他们出资或牵线，带动其他进步团体和人士援建“华革爱心工程项目”——希望小学 5 所，至年底，已投入资金 150 万元。捐赠左权中学、宏远学校、职业中学、上庄、寺坪、熟峪等 6 所学校图书款项近 5 万元等。（石建光）

【民族宗教工作加强】 2016 年，县委统战部把宗教场所安全工作摆在首要位置，在抓好规范建设上，开展和谐寺观教堂创建活动。对重大宗教节日，坚持请示报批制度，按计划有组织地开展活动，确保信教群众平安过节、依法过节。强化三级网络建设。县乡村三级实行网格化管理和乡镇（城区）、村（社区）两级工作责任制，各乡镇党委书记为宗教工作第一责任人，分管副书记为宗教工作直接责任人，村联络员（信息员）定期、不定期深入各宗教活动场所，及时掌握教职人员和信教群众情况及各类带有苗头性的信息。高度重视宗教界代表人士培养和宗教界人士的政治安排，先后向市里推荐市佛协常务理事 1 人，推荐县政协委员 1 人。县佛教协会成立后，左权县委统战部组织和支持协会向信教群众宣传党的宗教政策，依法开展宗教活动，参与社会公益活动，自觉抵制境外宗教势力的渗透。对居住在左权县的少数民族群众多次走访，帮助少数民族群众开展经营活动，保护他们的合法权益。（石建光）

【宗教活动场所】 2016 年，左权县经批准的宗教活动场所 9 处：辽阳镇石佛寺、拐儿镇天门寺、龙泉乡永佛寺、麻田镇圣园寺、龙泉公园内的龙窑寺、寒王乡清泉寺、基督教民圣巷固定活动点、麻田镇固定活动点、道教龙泉公园内的十龙祠。（王晓华）

天门寺

【理论成果】 2016 年，左权县委副书记、统战部部长王宏昌《正视问题短板　勇于攻坚克难　全力打好打赢扶贫攻坚战役》获得 2016 年度全市统战理论政策研究二等奖。左权县委统战部副部长石建光、左权县委统战部科员李伍珍《加快生态建设　打造生态名县》获得 2016 年度全市统战理论政策研究优秀奖。（石建光）

政法与综治工作

【概述】 2016 年，左权县政法机关围绕防控风险、服务大局两大主题，立足超前防范、源头治理、公正执法、维护稳定，扎实推进政法综治各项工作，确保全县社会治安大局的总体平稳。2016 年度群众安全感满意度为 89.3%。是年，左权县被晋

中市综治委命名为“矛盾纠纷多元化解工作先进县”。（杨晓宇　王娇）

【维稳工作】 2016年，左权县政法系统围绕两会、G20峰会、十八届六中全会等重要节点，以重点人事物为重点，全力搜集研判涉稳信息、落实稳控措施，强化反恐和对敌斗争，收集各类预警性、行动性、内幕性情报信息461条，打掉1个邪教“法轮功”团伙；稳控各类重点人员255人次；劝返群体赴京访12次，疏散到县委县政府群体访56次，行政拘留非访人员5人次；完成49家社会稳定风险评估。全年未发生重点人员漏管失控和暴力恐怖袭击事件，社会政治保持持续稳定。

（杨晓宇　王娇）

【基层队伍】 2016年，左权县乡镇综治委主任全部由党委书记担任，乡镇（城区）综治办主任全部调整为党委副书记担任，武装部部长兼任综治办副主任。4名乡镇综治专干在乡镇换届中得到提拔重用。群防群治队伍发展壮大，全县共有专职巡防队员506名，保安455名，“平安志愿者”2854名。2016年，网格长通过基层社会服务管理信息平台上报各类事部件16843件。（杨晓宇　王娇）

【多元化解】 2016年，左权县制定《关于完善矛盾纠纷多元化解机制的实施意见》，构建了由县委政府统一领导，政法综治机关牵头组织，有关部门各司其职，社会力量广泛参与，人民调解、行政调解、司法调解既充分发挥作用，又相互衔接配合的“多元调解”工作体系。开展“筑防线、防风险、解纠纷”的矛盾纠纷排查化解活动。是年，通过调解方式化解矛盾纠纷2025件，其中人民调解为1487件，人民法院以调解方式结案的案件达398件，其他行业性调解委员会调解140件，调解成功率达90%以上，调解协议兑现率达96%，由当事人主动申请调解的超过80%。（杨晓宇　王娇）

【专项行动】 2016年，左权县开展社会治安风险隐患大排查大整治行动，共排查出各类风险隐患566个。其中，矛盾纠纷类211件，公共安全类253件，内部安全类103件，整治率达85%。开展“城中村整治行动”，共检查重点部位、重点场所和各类九小场所869家次，发现并责令整改安全隐患89处，登记备案群众性文化活动13次。是年，全县刑事案件共立349件，破230件，发案同比下降12%，抓获各类犯罪嫌疑人126人，打掉团伙11个49人；受理治安案件1243件（同期上升0.48%），查处治安案件1118件（同期上升5%）。

（杨晓宇　王娇）

【执法检查】 2016年，左权县集中开展“千案评查”活动，对2015年所有办结的案件进行评查，集中评查案件100件。对于评查中发现的瑕疵案件，办案单位依照法律程序予以整改。是年，涉法涉诉信访问题相对平稳。（杨晓宇　王娇）

【司法体制改革】 2016年，左权县在司法体制改革方面，落实《领导干部干预司法活动、插手具体案件处理的记录、报告、通报和责任追究制度》实施意见；建立外部沟通机制，疏通办案渠道，建立法律文书简化机制，并建立了“书面汇报”与“口头汇报”相结合的汇报机制，实行繁简得当的内部审批程序，加快案件内部审批速度。

（杨晓宇　王娇）

【综治政策工具运用】 2016年，左权县加大对综治政策工具的运用力度，特别是对“一票否决和黄牌警告”的运用，全县全年共实施一票否决2个，黄牌警告2个，挂牌督办2个，约谈2个，限期整改5个。（杨晓宇　王娇）

信访工作

【概述】 2016年，左权县信访工作呈现“三降、一规范”的较好局面，即：来县访总量下降，越级访下降，复查复核下降，信访程序进一步规范。进京非访低于考核指标，信访事项化解率高出考核指标，对非正常上访进行了依法处理；共接待来访群众420批5900人次，同比总批次下降27.8%，总人次下降16.5%；网上投诉共30件，来信访共39件，均全部办结；复查信访案件21件；省交办信访疑难案件4件，市交办信访疑难案件3件，均全部按程序办结。（刘燕　江华）

【信访工作制度改革】 2016年，左权县推进阳光信访。实行网上信访受理。依托网上信访平台，把办信、接访、督察督办等全部信访事项在网上流转、公开，做到“可查询、可跟踪、可督办、可评价”，逐步把网上信访作为解决信访问题的主渠道。夯实基层基础，规范信访事项受理、查办、答复、回访、听证、复查、复核、归档等工作程序。

全面推进法治信访。引导信访人逐级走访。深入学习宣传贯彻《关于进一步规范信访事项受理办理程序引导来访人依法逐级走访的办法》引导群众依法、理性、有序、文明走访，营造和谐稳定的社会环境；推行诉访分离制度，把解决涉法涉诉信访问题纳入法治轨道，让律师参与到信访接待和信访积案化解工作中来；推进法定途径分类解决制度，在建立法定途径分类处理信访投诉清单，厘清诉访分离与分类处理的关系，明确依法分类处理信访投诉的途径，确保信访投诉分类处理后顺利接管等四方面下功夫，提高依法处理信访诉求请求的质量和效率。

强化责任信访，创建“三无”（无进京非访、无进京越级访、无到省集体访）县的工作目标。制定《关于进一步建立和完善信访工作制度的意见》，分别从信访联席会议制度、县领导约访制度、县领导包案制度、初信初访办理制度、风险评估制度、接返处置制度、信访救助制度、信访秩序治理制度、责任追究制度等9方面做细化规定。

（刘燕　江华）

【加强和创新信访工作】 2016年，县信访局坚持“变堵为疏”，主动接待、形式多样。县领导定时定点接访，使干群关系密切了、群众问题解决了、部门参与信访工作的积极性也提高了；对重点案件主动约访，县委、县政府领导根据分工，重点选择疑难复杂信访案件，约定信访人在规定时间来访；派出专人陪访，对于县里难以解决的信访问题，派相关部门负责人专门陪同信访人到上级部门咨询；开通视频接访，为方便群众上访，在县网格化社会管理视频系统上开展了视频接访，实现了信访问题的就地反映、就地交办、就地解决。

坚持“事要解决”，案件解决实现责任化。实行信访案件包案责任制；切实抓好专案攻坚；严格信访案件信访局、县委督查室、县联席会议领导约谈三级督办，层层加码，促进“事要解决”。

坚持法治理念，信访秩序实现规范化。严格“三个规范”即：规范上访人的上访行为；规范接访人的接访行为；规范信访事项制造者的行为；执行“三级终结”，全面落实《关于做好信访事项终结工作的意见（试行）》，引导信访人通过三级信访终结程序解决信访事项；开展公开听证，推动形成信访行为要合法、理性的良好导向。

坚持以人为本，人性化服务群众。耐心倾听，坚持“有理推定”的原则，不断强化群众观点，站在群众的立场思考问题，准确把握信访案件来龙去脉；诚心沟通，打造培养一支能忍得下、拎得清、说得好、做得精的信访接待队伍；热心救助，针对“于法无据、于情有理”的困难群体，视具体情况实施信访救助，让困难信访群众切身感受到党委、政府的人文关怀。

（刘燕　江华）

【信访工作法治化】 2016年，左权县信访部门不断增强运用法治思维和法治方式推动信访工作的自觉性，既要使信访工作本身遵循法治化的道路，也要将信访矛盾更多地引向司法解决之路。同时信访治理还应厘清界限，从“全能信访”转向“有限信访”，并从整体社会治理的角度，系统、综合、源头推进信访治理，以促进合理社会治理秩序的形成。实行诉讼与信访分离，依法处理涉法涉诉信访问题；通过法定途径分类处理信访诉求，构建良好法治秩序和社会秩序的重要举措；依法规范信访秩序，完善信访违法行为处置机制，为依法处置提供依据和支撑。

（刘燕　江华）

党校工作

【教学宣讲】 2016年，县委党校完成各类培训宣讲任务，全年参训学员达到1600余人次。其中：配合县委组织部门举办2期村级干部“领头雁”培训班，全县各乡镇（城区）党委副书记、党委秘书，各村（社区）党支部书记共计250余人参加培训；配合县委组织部举办4期入党积极分子和预备党员转正培训班，共260多名入党积极分子和预备党员参加培训；联合司法局、老龄委、总工会、团委、妇联、文联、县志办、项目办、党史办、科协、旅游局11个机关单位，开展“两学一做”专题培训，共100余人参加学习；围绕“两学一做”专题教育学习内容，组织3名经验丰富的教师组成专题宣讲团，深入到全县各个机关、单位、乡镇、企业开办基层专题培训讲座27场次，共培训1000余人次。（吕小明）

【科研调研】 2016年，县委党校以基层党组织建设和基层党性教育为主要调研课题，组建2个调研组，完成调研报告6篇，其中《边贫农村党员管理遇到的问题及思考对策》获山西省党建研究会二等奖、晋中市党建研究会一等奖；由党校教师撰写的《在党的领导下实现中华民族复兴伟大梦想》一文在省党校论文研讨会上进行了交流。（吕小明）

【红色教育】 2016年，县委党校着手推进党性教育课程体系的研发建设。12月17日下午，县委党校在北京远望楼组织举办太行抗战教育课程体系研发工作研讨会。会议围绕左权县红色教育资源的挖掘和开发展开，抗战将领后代与来自全国多所大学和科研机构的研究人员以及专家学者，就如何研发编撰“太行抗战教育课程体系”进行了深入、热烈的探讨，会议最终确立打造以“理想信念、宗旨观念、党性修养、党规党纪”“四位一体”为主要内容的干部教育培训红色课程体系，计划于2017年完成《太行军民抗战》三章8节课的课程体系开发，为加强麻田党性教育基地建设和下一步新建麻田干部学院打下坚实的基础。（吕小明）

2016年12月17日，县委党校在北京举办太行抗战教育课程体系研发工作研讨会

【师资培训】 2016年，县委党校选派3名骨干教师到中国人民大学、浙江大学访学进修；选派2名优秀教师参加省委党校组织的培训及交流活动；选派1名副校长到基层农村实践锻炼；选派5名行政人员参加各类业务培训。通过培训，增强了全体教职工的政治素养、道德品质、思想理念和业务能力，为党校发展打牢坚实的基础。（吕小明）

党史研究

【概述】 2016年，中共左权县委党史办编辑整理县级党史调研成果《抗日战争时期左权县人口伤亡和财产损失》，完成晋中市史志院编撰《晋中党史人物》（左权部分）供稿任务，完成中共山西省委党史办主办《中共山西年鉴（2016）》的供稿工作。同时出台左权县“十三五”红色文化发展规划，参与中共左权县委对麻田八路军总部纪念馆的重新布展工作。（李花）

【党史调研成果《抗日战争时期左权县人口伤亡和财产损失》】 抗战时期左权县人口伤亡和财产损失的调研工作开始于2008年，2016年左权县委党史办对抗损调研资料进行归类整理，于8月份

《抗日战争时期左权县人口伤亡和财产损失》书稿

完成《抗日战争时期左权县人口伤亡和财产损失》初稿。吸收各方面意见后，10月，付梓印刷。全书设六章，总计30万字，全面记载了抗战期间日本侵略者在左权县的主要罪行，以及左权县的人口伤亡情况和财产损失情况。（李花）

【编纂《晋中党史人物》（左权部分）】 2016年12月，《晋中党史人物》（左权部分）初稿完成，该稿内容主要收录左权建党以来，在各个历史时期、各行业各领域做出突出贡献的历史人物，包括栋梁篇、群英篇、英烈篇、英模篇四部分，共57篇，共计5万余字，19幅人物照片。（李花）

【提供《中共山西年鉴（2016）》左权稿】 2016年3月，《中共山西年鉴（2016）》左权供稿工作完成，《中共山西年鉴（2016）》是由中共山西省委党史办主办，按照稿件的撰写要求，主要收录了中共左权县委在2016年度的全面工作概述及以党建、经济为主的各方面成就，全文6千余字。（李花）

【党史宣传教育活动】 2016年"七一"前后，县委党史办党支部书记、农村第一书记先后赴驻村路家庄村、整顿后进支部村高家庄村，集中开展"讲党课、听党史、学讲话"活动。同时送上学习书籍20册，价值500元。（李花）

【配合麻田八路军总部纪念馆重新布展】 年内，县委党史办配合参与中共左权县委对麻田八路军总部纪念馆的重新布展工作。参观学习、走访调研，在党史史料方面进行了大量的补充，对纪念馆旧址和党史相关的方方面面都进行了梳理、定位，形成含80个小故事、约3万余字的文字提纲。（李花）

【精准扶贫】 2016年1月—11月，县委党史办对接的扶贫村2个，路家庄村和高家庄村，党史办全体机关人员与15户贫困户进行了结对，配合路家庄投资10万元，新建文化活动场所一个，配置了篮球架、运动器材，为村民休闲娱乐提供了场所。投资15万元，对所有农户自来水入户工程进行完善和提升，保证农户冬天的正常饮水；同时修筑大堰1个。另外七一前夕，机关全体人员自掏腰包购买了米、面、油等物品深入结对贫困户中进行慰问。

针对高家庄村党组织软弱涣散情况，资助3000元用于阵地建设，加强村党支部硬件设施；谋划发展主导产业，壮大集体经济来源。争取县农业、林业部门的支持，投资2.8万元购买5000棵速生杨树苗，栽植于村外小河旁的滩地。"七一"期间，单位领导班子看望慰问了村困难党员、老党员17人。

12月，扶贫村更换为桐峪镇碾草渠村，完善脱贫计划和帮扶措施，并且明确帮扶责任人，"两节"期间购买米、面、油等物品对2户贫困户、2户特殊户进行了慰问。（李花）

编制工作

【推进城市执法体制改革】 2016年，县编办结合左权县实际，印发《左权县交通运输综合执法体制改革方案》，通过整合行政执法职能和机构，实行综合行政执法，完善执法运行机制，规范执法行为，强化执法监督和执法保障，建立权责明确、行为规范、监督有效、保障有力的交通运输执法新体制。印发《左权县经贸粮食综合执法体制改革方案》，强化商务粮食流通领域监管职能，全面推进商务粮食流通领域综合执法。（王振文）

【编制动态管理】 2016年，县编办根据各部门和单位的职责现状，对职责弱化的部门和单位的编制予以精简，将收回的编制调整到职责增加或新组建的事业单位；对确因工作需要新设立的机构一般采取连人带编的方式进行划转。按照县政府对脱贫攻坚2016年行动计划安排部署，为进一步加强乡（镇）扶贫工作机构队伍建设，在10个乡（镇）分别设立扶贫工作站，挂牌在各乡（镇）综合便民服务中心，负责辖区内精准扶贫工作，在寒王乡、石匣乡、芹泉镇、麻田镇、拐儿镇的综合便民服务中心设3名专职扶贫员，在其余乡镇综合便民服务中心设2名专职扶贫员，编制数从综合便民服务中心内部调剂。（王振文）

【事业单位登记管理工作】 截至2016年底，左权县登记事业单位269个，已发放统一社会信用代码136个，2016年以前历年废止的36个，应提交的年度报告单位212个，已提交年度报告公示的130个，报告率达61.3%。变更登记48个。（王振文）

干部下乡工作

【概述】 2016 年，省市县 153 个单位、7073 名党员干部、141 名第一书记深入左权县 125 个贫困村结对帮扶 13525 户贫困户，33947 贫困人口，基本实现了贫困村和贫困户帮扶两个全覆盖。截至年底，省、市、县各级干部共组织开展各类帮扶活动 251 次，制定当年发展计划 141 个，帮助农村解决实际问题 278 件，共实施增收项目 286 个，累计投入各类帮扶资金 6209.52 万元。（李瑞英）

【省委工作队】 2016 年，3 名省级领导在左权县帮扶 3 个贫困村；省政府办公厅、省审计厅、

2016 年 12 月，省审计厅党组成员、副厅长南春林调研下庄肉牛养殖项目

晋中学院、华能电厂四支省委工作队 944 名党员干部包扶 15 个贫困村。全年实施项目 85 个，投资 3109.2 万元。（李瑞英）

【市委工作队】 2016 年，6 名市级领导在左权县帮扶 6 个贫困村；23 支市委工作队 4207 名党员领导干部包扶 23 个贫困村。全年实施项目 53 个，投资 2313.81 万元。（李瑞英）

【县委工作队】 2016 年，24 名县级领导、8 个系统的 101 个单位、89 支农村工作队、1922 名党员干部包扶 89 个贫困村开展帮扶工作。全年实施帮扶项目 148 个，投入 786.51 万元，其中：资金 595.11 万元，物资折款 190.50 万元，帮助建档立卡贫困人口脱贫 10615 人。基础设施投入 329.70 万元；产业扶贫投入 312.20 万元，帮助带动建档立卡贫困人口 7061 人；文化教育投入 106.77 万元，其中：用于资助贫困学生的投入 16.89 万元，受到资助的贫困学生人数 1313 人；医疗卫生投入 6.70 万元；人力资源培训投入 5.68 万元；赈灾救济送温暖 24.56 万元。帮助引进各类资金 1929.20 万元，引进项目数 197 个，受益建档立卡贫困户 4552 户；举办培训班 74 期，培训各类人员 3721 人次，其中：贫困户劳务就业培训 2514 人次，培训各级干部 862 人，培训医生教师等专业人才 15 人次，培训创业致富带头人 330 人次。帮助贫困户实现劳务就业 1157 人次，实现劳务收入 1089.35 万元。（李瑞英）

左权县人民代表大会常务委员会

重要会议

【概述】 2016年3月—9月，左权县共召开第十五届人大常委会会议6次。9月23日—26日，召开了第十六届人民代表大会第一次会议。12月，召开第十六届人大常委会议2次。（霍彦明　苏涛）

【左权县第十五届人大常委会第三十七次会议】 2016年3月31日，左权县第十五届人大常委会第三十七次会议在政府后五楼会议室举行，会期半天，县人大常委会副主任韩叶青主持会议。

会议听取审议了县人大常委会财经工委主任侯玉田代表执法检查组作的《关于对〈中华人民共和国预算法〉执法检查情况报告》；以举手表决方式通过了《左权县组织实施宪法宣誓的意见》；会议作了《关于县十五届人大常委会第三十六次会议专项工作报告满意度表决情况说明》，纠正了第36次常委会对物业管理工作报告的满意度表决错误。县人大常委会主任郑春华在会议结束时作了简短讲话。

本次会议应出席常委会组成人员19人，实出席17人。

列席会议的有：政府副县长邵锦绒，法院院长赵建军，检察院检察长张晓玲，政府办主任孙建宏，县财政局、住建局主要领导，各乡镇人大主席，2名县人大代表，县人大常委会各委室正、副主任。　（霍彦明　苏涛）

【左权县第十五届人大常委会第三十八次会议】 2016年5月3日，左权县第十五届人大常委会第三十八次会议在政府后五楼会议室举行，会期半天，县人大常委会副主任高左军主持会议。

会议审议表决《左权县人大常委会关于县乡两级人民代表大会换届选举的决定（草案）》《左权县人大常委会关于成立左权县县乡两级人大换届选举委员会的决定（草案）》《左权县二〇一六年县乡两级人民代表大会换届选举工作方案（草案）》；书面审议了《左权县人大常委会2016年工作要点》。县人大常委会主任郑春华对县乡换届选举工作作了安排。

本次会议应出席常委会组成人员19人，实出席18人。

列席会议的有：县政府副县长李左红，法院院长赵建军，检察院检察长张晓玲，县委办主任巨建华，政府办主任孙建宏，县委组织部副部长王锁明，纪检委常务副书记孙力，公安局常务副局长宋献华，五大党（工）委书记、城区管委会副书记，各乡镇人大主席，人大常委会各委室正、副主任。

（霍彦明　苏涛）

【左权县第十五届人大常委会第三十九次会议】 2016年9月1日，左权县第十五届人大常委会第四十次会议在政府后五楼会议室举行，会期半天，县人大常委会主任郑春华主持会议。

会议审议通过左权县人大常委会《关于召开左权县第十六届人民代表大会第一次会议的决定》

（草案）；书面审议了《左权县人大常委会工作报告（讨论稿）》；听取审议代表资格审查委员会刘建军作的《关于左权县第十六届人民代表大会代表资格审查的报告》。

本次会议应出席常委会组成人员 19 人，实出席 17 人。

列席会议的有：政府副县长李左红，法院副院长王建华，检察院常务副检察长赵风林，政府办主任孙建宏，县委组织部副部长王锁明，财政局局长范建明、发展和改革局局长王世秀，各乡镇人大主席，县人大常委会各委室正、副主任。

（霍彦明　苏涛）

【左权县第十五届人大常委会第四十次会议】 2016 年 9 月 18 日，左权县第十五届人大常委会第四十次会议在政府后五楼会议室举行，会期半天，县人大常委会副主任赵世伟主持会议。

会议审议通过左权县第十六届人民代表大会第一次会议有关建议名单、草案；听取审议了代表资格审查委员会刘建军作的《关于左权县第十六届人民代表大会补选代表资格的审查报告》；会议根据左干字〔2016〕27 号文件通知，根据县人民法院院长赵建军的提请，投票表决通过了对高学军任左权县人民法院副院长、审判委员会委员、审判员的任命，会议接受了赵建军因工作调动辞去左权县人民法院院长的职务请求并作出接受辞职决议，会议根据县人大常委会主任郑春华的提请，通过了高学军代理左权县人民法院院长职务的决定。按照宪法宣誓制度，高学军代院长面向国徽、手抚宪法，作了庄严的任职宣誓，成为宪法宣誓制度实施以来第一人。

本次会议应出席常委会组成人员 19 人，实出席 18 人。

列席会议的有：政府副县长张世华，县法院党组书记高学军，县检察院检察长张晓玲，县委办主任巨建华，政府办主任孙建宏，县法院常务副院长赵豫山，县委宣传部常务副部长张峰，县委组织部副部长王锁明，县纪委副书记常亮，各乡镇人大主席，县人大常委会各委室正、副主任。

（霍彦明　苏涛）

【左权县第十六届人民代表大会第一次会议】 2016 年 9 月 23 日—26 日，左权县第十六届人民代表大会第一次会议在县人民武装部三楼会议室召开。来自全县各条战线的 150 名县人大代表，肩负 16 万人民的重托，意气风发，依法履行神圣职责，共商左权发展大计。

24 日上午，大会第一次全体会议应出席代表 150 人，实出席 149 人。大会由大会执行主席、县人大常委会主任郑春华主持，县人民政府县长赵宏钟代表上届县政府向大会作《政府工作报告》。会议还审查了左权县国民经济和社会发展第十三个五年规划纲要（草案），审查了县政府关于左权县国民经济和社会发展计划执行情况与 2016 年国民经济和社会发展计划草案的报告，审查了县政府关于左权县 2015 年财政预算执行情况及 2016 年全县财政预算草案的报告。通过了本次大会《选举办法》。

2016 年 9 月，左权县第十六届人民代表大会第一次会议在县城召开

25 日上午，大会第二次全体会议由大会执行主席、县人大常委会副主任赵世伟主持。大会听取县人大常委会主任郑春华作的《左权县人民代表大会常务委员会工作报告》，听取县法院代院长高学军作的《左权县人民法院工作报告》，听取县检察院检察长张晓玲作的《左权县人民检察院工作报告》。

26 日上午，大会第三次全体会议由大会执行主席、县委书记王兵主持。大会以无记名投票表决的方式，选举郑春华为左权县第十六届人民代表大会常务委员会主任；选举赵宏钟为左权县人民政府县长；选举高学军为左权县人民法院院长；选举张晓玲（女）为左权县人民检察院检察长；选举赵世伟、刘玉明、韩叶青（女）、高左军为左权县第十六届人民代表大会常务委员会副主任；选举张海荣、刘二梅（女）、张圣、张世华、吕爱鸿、张雪东为左权县人民政府副县长；选举王卫权、王云田、王旭东、王海波、王跃珍（女）、王锁明、巨世峰、白晓颖（女）、任喜彬、刘庆林、刘建军、刘跃锋、刘瑞琴（女）、张家彦、张润民、张婧兰（女）、李彦言、苏涛（女）、赵保明、原红芳（女）、袁庆华、郭应林、常晓亮、曹志强、梅世明、霍彦明26人为左权县第十六届人民代表大会常务委员会委员；选举丁美科、王卫权、王丽（女）、王兵、王珍（女）、王富明、巨世峰、白晓颖（女）、孙星星（女）、宋瑞珍（女）、张学东、张建明、张家彦、李保安、郑春华、赵庆华、赵宏钟、原红芳（女）、徐丽青（女）、徐彦岗、黄海涛、薛俊峰22人为左权县出席晋中市第四届人民代表大会代表。新当选人员与全体代表见面后，首次举行了隆重的宪法宣誓仪式。

26日下午，大会第四次全体会议由大会执行主席、县人大常委会主任郑春华主持。大会表决通过了关于左权县人民政府工作报告的决议、关于左权县国民经济和社会发展第十三个五年规划纲要的决议、关于左权县2015年国民经济和社会发展计划执行情况与2016年国民经济和社会发展计划的决议、关于左权县2015年财政预算执行情况及2016年财政预算的决议、关于左权县人大常委会工作报告的决议、关于左权县人民法院工作报告的决议、关于左权县人民检察院工作报告的决议，县委书记王兵作了闭幕讲话。（霍彦明　苏涛）

【左权县第十六届人大常委会第一次会议】 2016年12月2日，左权县第十六届人大常委会第一次会议在政府前四楼会议室举行，会期半天，县人大常委会主任郑春华主持会议。

会议审议通过《左权县人大常委会人事任免办法（草案）》《左权县人大常委会关于专项工作报告满意度测评办法（草案）》《左权县第十六届人大常委会代表资格审查委员会主任委员、副主任委员、委员建议名单》；会议还根据县人大常委会主任郑春华的提请，听取审议了拟任人员的供职发言，根据县长赵宏钟的提请，听取审议了拟任人员的供职发言，郑春华主任为新任命人员颁发了任命书，新任命人员进行了宪法宣誓，最后郑春华主任作了重要讲话。

本次会议应出席常委会组成人员31人，实出席31人。

列席会议的有：县政府常务副县长张海荣，县法院院长高学军，县检察院副检察长陈文光，本次会议拟任人员，县人大常委会各委室正、副主任。

（霍彦明　苏涛）

【左权县第十六届人大常委会第二次会议】 2016年12月22日，左权县第十六届人大常委会第二次会议在政府后五楼会议室举行，会期半天，县人大常委会副主任高左军主持会议。

会议听取审议县财政局局长范建明受县政府委托所作的《左权县2015年财政决算草案的报告》、县审计局局长梅廷华受县政府委托所作的《关于2015年度财政预算执行和其他财政收支的审计工作报告》，县人大常委会财经工委主任李彦言代表人大常委会作了《关于2015年度财政决算草案的审查报告》，经会议审议表决，通过了《关于批准左权县2015年县级财政决算的决议草案》；范建明代表县政府作了《左权县2016年财政预算调整草案的报告》，人大常委会财经工委作了《关于2016年财政预算调整的审查报告》，经会议审议表决，通过了《关于批准2016年财政预算调整的决议草案》。

本次会议应出席常委会组成人员31人，实出席28人。

列席会议的有：县政府副县长刘二梅，县人民法院院长高学军，县人民检察院常务副检察长赵风林，政府办主任孙建宏，县财政局和审计局主要领导，县人大常委会各委室正、副主任。

（霍彦明　苏涛）

主要工作

【概述】 2016年，左权县人大常委会听取审议“一府两院”专项工作报告18项，进行了2部法律法规实施情况的执法检查，开展专题调研活动1次；任免地方国家机关工作人员35人次，交办督办代表建议、批评和意见129件。（霍彦明　苏涛）

【监督工作】　重点工程建设跟踪监督。2016年，县人大常委会先后深入华能山西太行低热值煤发电项目、晋煤核桃深加工及示范种植基地建设项目、思源实验学校项目、太行龙泉旅游景区二期工程项目、省道319改线工程、城市天桥建设项目等16个重点工程进行实地调研视察。在第三次常委会上审议县政府《关于2016年重点工程进展情况报告》。

财政预算决算审查监督。2016年，县人大常委会听取审议县政府2015年县级财政决算报告、2015年财政预算执行及其他财政收支情况的审计报告、2016年财政预算调整情况报告。对县2016年1—9月份国民经济和社会发展、上半年财政预算执行情况及1—9月份收支情况，采取座谈与重点调查相结合的方式，深入到财政、发改、审计、国税、地税、交通、经贸、住建等部门和所涉及的企业进行调研。对集中供水、智能交通管理系统等7个政府专项资金建设工程项目绩效评价进行了审查。

脱贫攻坚工作重点监督。2016年11月，县人大常委会组织全体组成人员和部分人大代表，组成4个调研组，深入全县10个乡镇开展脱贫攻坚专题调研，走访了38个村、138个贫困户，召开座谈会13场。专门和脱贫攻坚领导组成员单位负责人进行座谈，进一步分析研究全县脱贫攻坚工作。在十六届人大常委会第三次会议上，听取审议县政府《关于脱贫攻坚工作报告》，对报告进行了满意度表决。

对“三农”工作持续监督。一是对核桃产业发展情况开展调研。左权县在核桃产业大县建设上，栽植实现规模化、管理注重精细化，强县优势日益凸显。对存在的经营粗放、品种杂乱、人员短缺、投入不足等问题提出有针对性的意见建议。二是对庄园经济发展情况开展调研。左权县庄园经济发展活力不断增强，带动作用日益明显。特别是生态庄园实施重点工程、生态造林和特色产业扶贫三大工程，开启了农民增收的“绿色”银行。对规模不大、创新不够、内涵不深、效益不高等问题，需持续关注，推进解决。三是对农田水利基础设施建设工作开展调研。实地查看了鲜森庄园灌溉工程、拐儿镇西沟防洪治理工程等，听取审议县政府《关于全县农田水利基础设施建设情况报告》，对报告进行了满意度测评。

物业管理监督规范。县人大常委会选择有代表性的辇山小区、盛世花园小区、七里河小区物业管理工作进行实地调研，与物业公司负责人、业主代表座谈交流，到小区入户走访调研，听取居民的意见建议。在十六届人大四次常委会会议上听取审议了县政府《关于物业管理工作情况报告》，针对调研中发现的物业管理机制不健全、服务不规范、收费难度大、物业与业主矛盾突出等问题，提出意见建议，促进了各类矛盾纠纷的有效化解。

监督社会热点问题。县人大常委会，实地走访了县直、乡镇、农村3个幼儿园，从事食品生产、加工、流通、餐饮等企业，公安局网络安全大队及长城、石匣、石港口、寒王4个土地确权登记颁证点，就百姓关注的学前教育、食品安全、网络管理和土地确权等工作分别进行调研。常委会听取审议县政府《关于学前教育工作情况报告》《关于网络安全工作报告》和《关于食品安全监督工作情况报告》，形成了《关于全县农村土地确权工作情况调查报告》，就如何进一步加强管理，提高服务质量，增加群众的满意度提出意见和建议，促进了相关工作的有序开展。

开展执法检查。2016年，县人大常委会对《中小企业促进法》《基本农田保护条例》贯彻实施情况，配合晋中市人大常委会环保执法检查组对《环境保护法》开展执法检查。全面了解相关法律法规的实施情况。

强化司法监督。2016年，人大常委会对县司法局公证工作、县人民法院刑事审判工作和县人民检察院公诉工作进行座谈调研，并在县十六届人大常委会第三次和第四次会议上，分别听取和审议了县政府《关于公证工作报告》、县人民法院《关于刑事审判工作报告》和县人民检察院《关于公诉工作情况报告》。

增强法治意识。县人大常委会制定实施了《左权县关于实施宪法宣誓的意见》，组织71名被选举任命的国家机关工作人员进行宪法宣誓，彰显宪法权威，进一步增强被选举任命人员的宪法意识和法治意识。县人大常委会不断强化对转交办案件监督力度。2016年，共受理来信来访66件213人次，群众反映的信访问题基本得到妥善解决。

（霍彦明　苏涛）

【规范行使重大事项决定权和人事任免权】依法行使重大事项决定权。2016年，县人大常委会对全县国民经济和社会发展第十三个五年规划等事关左权县改革发展稳定大局的重大事项开展工作调研。根据国家监察体制改革试点工作要求，表决通过了《左权县监察委员会副主任、委员的任免和宪法宣誓程序的决定》，明确了监察委员会副主任、委员的任免和宪法宣誓程序。

换届选举。2016年，是县、乡人大换届选举年，县人大常委会出台换届选举方案，成立选举工作指导组。全县选民参选率超过90%。全县共选举产生县、乡两级人大代表689名，国家机关工作人员100名，代表结构、国家机关班子结构更加优化，更趋合理。

依法行使人事任免权。2016年，依法任免本级国家机关工作人员35名，其中任命政府挂职副县长2名，县政府组成部门负责人20名，人大常委会工作机构负责人4名，免职4名，任命代表资格审查委员会成员5名，接受因工作变动辞去人大代表职务的8人，其中6位常委会委员职务相应终止。县政府组成部门负责人全部向常委会提交了年度履职报告。

（霍彦明　苏涛）

【依法履职】　代表活动质量进一步提高。按照县第十七次党代会提出的“人大要围绕发展中心，主动参与脱贫攻坚”的要求，制定出台《关于人大代表开展“脱贫攻坚我建议我行动”活动方案》，倡导全县各级人大代表把主题活动作为履职行权、联系和服务群众的重要内容。活动以12个代表小组为单位，按照“走一村、听一次、献一策、上一课、帮一户、带一片”的活动方式，代表们深入原选区或所包村、户与贫困户面对面交流，了解分析致贫原因，宣传扶贫政策，涌现出一批生态庄园、特色种植、规模养殖、商品流通、家庭农场、特产加工等领域的典型，起到了示范引领作用。

代表履职能力进一步提升。常委会组织编写培训资料2万余字，分4组对全县12个代表活动小组的150名县人大代表进行集中培训。组织省、市、县、乡四级人大代表参加省、市、县人大组织的代表知识答题竞赛和人民代表大会制度及相关法律知识电视竞赛活动，达到了以赛促学、以赛代训、以学促用的目的。全年组织人大代表参加常委会组织的调研视察、列席常委会达108人次，提高了人大代表的知情权、知政权。

代表建议办理效果进一步提质。办理代表建议是国家机关的法定职责。十六届人大一次会议期间，共收到交由县政府办理的代表建议126件、县法院办理的代表建议2件、县检察院办理的代表建议1件，其中确定为重点建议10件，数量和质量均有所提高，办复率达100%。在县政府办理的代表建议中，已经解决或正在解决的89件，占70.6%，暂时不能解决，但列入计划的24件，占19.1%，受客观条件限制，短时期内难以解决的13件，占10.3%。

（霍彦明　苏涛）

左权县人民政府

综　　述

【经济社会发展取得新成效】　2016年，左权县人民政府主动作为、迎难而上，承受了经济持续下行的压力，应对了扶贫思路的调整，顶住了20年一遇的洪灾，全县经济社会发展持续健康，稳中有进。地区生产总值完成44亿元、增长4.2%，规模以上工业增加值完成14.4亿元、增长3%，社会消费品零售总额完成14.3亿元、增长7.2%，一般公共预算收入完成4.54亿元、增长0.7%。固定资产投资完成99.4亿元、增长12.8%，增幅全市第一。城镇居民人均可支配收入完成23687元、增长6.1%，农村居民人均可支配收入完成4745元、增长7.1%，两项收入指标增幅，在全市排位较上年分别前移3位、9位。（桑俊杰）

【脱贫攻坚首战告捷】　2016年，左权县人民政府自加压力，建设扶贫攻坚示范县。制定“十三五”脱贫攻坚规划，出台《关于坚决打赢全县脱贫攻坚战的实施方案》，实施七大攻坚工程、21项专项行动，扶贫项目覆盖全部贫困乡村、惠及所有贫困人口；成立乡村扶贫工作站室，省、市、县三级7255名党员干部入户帮扶，36645名贫困人口实现帮扶全覆盖；整合财政涉农资金10大类88项、7459万元，新发展中药材3万亩、核桃1万亩、设施蔬菜1200亩，建成村级光伏电站15座、屋顶分布式电站830座。培育规模养殖户292个，畜禽规模化养殖比重达57.8%，大青山羊供港澳中转场竣工，成功获得供港澳活羊注册证；组建农建水保、整地造地、造林绿化三类专业队112支，吸纳贫困劳动力2000余人，受到国务院扶贫领导小组、省政府领导充分肯定。全县8147名贫困人口稳定脱贫。（桑俊杰）

【工业经济企稳向好】　2016年，左权县人民政府强化经济运行监测调度，开展“干部入企帮扶解困”活动，以有力有效的举措推动企业正常运行。山煤宏远、汾西瑞泰正珠、省煤销盘城岭煤业投产，潞安阜生转为生产矿井，昌鑫、华鑫等10个铁矿系统平稳生产，鼎盈煤化顺利入规，华能左权电厂全年发电57亿千瓦时，金隅水泥扭亏增效。统计监控的洗精煤、铁精粉、水泥、硅铁、电石等工业主导产品产量，分别同比增长56.2%、77.6%、25.1%、101.8%、660%。培育新动力，新登记市场主体1437户、增长36%，市场主体超万户，注册资本破百亿，实现“双提升”。持续推进“双百行动”，5个小微企业打包入驻山西股权交易中心，13个入驻浙江“投融界”，4个在上海、深圳股权交易所Q板上市，鲜森酒庄、建筑公司获市级优秀等级，三星制衣、源泰商贸、馨源丰商贸获市级先进等级。（桑俊杰）

【第三产业势头强劲】　2016年，加速景点建设，左权百里红色生态走廊综合开发项目完成规划编制，石佛寺城郊森林公园一期工程开工，武军山风景区、自驾游营地进展顺利，麻田全域旅游专线开工。推动景区提标，麻田八路军总部纪念馆被评为省级文明景区、鲜淼葡萄庄园达到国家AAA级景区标准。29个村列入全国乡村旅游扶贫重点村，8个村基础设施建设全面展开。成功举办十大节庆活动，带动旅游业持续升温，全县游客接待量286.3万人次、旅游综合收入25亿元，同比增长38%；着力打造电子商务创业园，全县电商企业达50余个，30余种农特产品实现网上销售，线上交易额突破7000万元。“粮易模式”全省推广，“粮易网”成为全国首家第三方变现交易平台。一多便利连锁店达24个，好又多超市纳入限额以上商贸企业。浩宇石材创外汇2.5万美元，外贸出口实现零突破。服务业产值占地区生产总值47%，较2015年提高2个百分点，三次产业比优化为6.4∶47∶45.6。

（桑俊杰）

【城乡环境持续改善】 2016年，左权县地下与地上并重，新改建水、气、热、雨污管网52.8千米，新增城市道路16千米、停车位1005个，更新增加新能源混合动力出租车、新能源纯电动公交车122辆，在全省率先实现县城绿色公共交通出行全覆盖。建设与管理并重，东河路家具城、花园宾馆完成主体工程，4座城市天桥、鱼跃口加气站建成投入使用，主街道机械化清扫率、垃圾无害化处理率分别超任务15个、10.8个百分点。增绿与治污并重，植树造林2000公顷，新增城市绿化面积10万平方米，国家卫生县城通过复审；铁腕治污、从严环保，华能左权煤电2号机组脱硫除尘超低排放完成改造，取缔或改造燃煤锅炉8台，淘汰黄标车223辆，省级环保模范县城通过初验，空气质量综合指数全市第一。“治窝”与“治坡”并重，巩固民生改善“八普及一创建”，近5万村民洗上热水澡，上千名老人实现老有所养、老有所乐，西寨、赵家庄、上武村成为省级太阳能公共浴室示范村；在千人村推开产业扶贫“八普及一创建”，建成电子商务服务站、农机大户、金融网点各29个，培育家庭农场25个、生态庄园22个。引深乡村清洁工程，所有行政村达市级标准，一半达省级标准，桐峪镇获省级卫生乡镇，郭家峪、麻田村成为省级宜居示范村，拐儿、蛤蟆滩、上武、上会村成为市级宜居示范村。

（桑俊杰）

【民生事业有效保障】 2016年，左权县开发公益性岗位66个、见习岗位50个，带动新增就业1442人。加大劳动保障监察执法力度，为1652名农民工追讨工资1133.4万元。持续实施“改薄”工程，9所学校校舍建成投用，2所农村幼儿园、3所学校教师周转房竣工，思源实验学校主体完工。深化教育教学改革，高考二本以上达线556人，3人考入清华、北大，万人达线率居全市第五，左权中学被评为全市高中教育教学质量优秀单位。《左权县志（1991—2010）》出版。巩固公立医院改革成果，推进优质医疗资源下沉，新建10个村级卫生室，县域就诊率达80%。出台《安全生产党政同责实施细则》，9525个生产经营单位全部明确监管部门，全县安全生产形势持续稳定向好。优先保民生、保工资、保运行，足额发放机关事业单位人员工资，各类社保待遇和津补贴全部兑现。

（桑俊杰）

【政务效能全面提升】 2016年，左权县推行“三三三”工作法，从严落实“13710”工作制度，将重大政务事项全部纳入台账，逐项跟踪问效、逐项销号管理，全年督办事项2216项，政务办结率达98.7%；健全重大行政决策合法性审查办法、法律顾问管理办法，政府决策的科学化、民主化、法治化水平进一步提高；自觉接受人大法律监督和政协民主监督，办理人大代表意见建议126件，政协委员提案109件，满意率和基本满意率达100%；及时回应群众诉求，办理县长信箱事项33件；出台《左权县2016年政务公开工作要点实施方案》，公开重点领域信息1500余条；严格落实党风廉政建设主体责任和“一岗双责”，廉洁干事氛围日趋浓厚。

（桑俊杰）

重要工作会议

第十五届人民政府常务会议

【第53次常务会议】 2016年2月29日，县长赵宏钟主持召开县政府第53次常务会议。会议听取安全工作落实工商注册企业倒逼分责情况汇报，研究2016年全县主要预期指标和约束性指标、固定资产投资调度管理办法、重点项目建设推进工作方案、项目计划等事宜。会议要求，2016年经济工作要以“五大发展理念”为总统领、以脱贫攻坚为总目标、以项目建设为总抓手，坚持稳增长、调结构、惠民生、防风险，主动适应新常态，提高经济发展质量和效益，确保经济社会持续健康发展。（桑俊杰）

【第54次常务会议】 2016年3月17日，县长赵宏钟主持召开县政府第54次常务会议。会议研究讨论并原则通过《左权县2016年农业农村重点工作考核办法》《左权县2016年精准扶贫产业扶持政策》《左权县产业扶贫“八普及一创建”实施方案》《左权县2016年精准脱贫攻坚行动计划》等。会议强调，要高度重视农业农村工作，确保财政投入额度不减、政策支持力度不减，千方百计增加农民收入，加快农业现代化进程；要大力实施产业扶贫“八普及一创建”，通过项目促动、典型带动、示范引领，夯实农民增收基础，促进农村经济发展；要把脱贫攻坚作为农业农村工作的头号工程来抓，围绕建设“扶贫攻坚示范县”目标，突出抓好兴产业、搭载体、搞众筹、讲机制四件大事，在时间节点、产业特色、推进机制上站前列、当示范，大幅度增加农村居民收入，确保全县人民如期摆脱贫困，与全国人民同步迈入小康社会。（桑俊杰）

【第55次常务会议】 2016年5月11日，县长赵宏钟主持召开县政府第55次常务会议。会议研究简政放权麻田试点工作，讨论并原则通过了《左权县农村集体工程建设项目招投标权力下放方案》。会议强调，简政放权麻田试点工作，是全县落实上级精神、推进简政放权改革的现实举措和有效尝试，也是扎实做好麻田省级“百镇”建设的重要举措。要认真学习领会全国推进简政放权放管结合优化服务改革电视电话会议精神，加快推进政府职能转变，下放行政权力，优化审批流程，推进项目提速，激发农村经济发展活力；麻田镇要深入研究上级有关政策，完善项目招投标程序、设施设备、监管措施，做好放管结合工作，确保农村集体工程建设项目招投标放权工作有序开展；县农经中心等部门要强化指导和监管，规范运行，总结经验，争取2017年在各乡镇全面推开，加快农村脱贫攻坚和改革发展步伐。（桑俊杰）

【第56次常务会议】 2016年5月17日，县长赵宏钟主持召开县政府第56次常务会议。会议专题听取省道319左权县过境段改造、汽贸物流园、阳泉至左权高速公路左权连接线、左权至涉县公路左权县城至黎城下清泉段（晋冀界）新建工程以及“十三五”左权交通规划编制等进展情况汇报。会议认为，近年来左权县大力实施交通三年提升行动计划，有力保障高速公路建设，加快实施公路改造项目，道路等级明显提升，长期制约老区经济发展的交通瓶颈已打破。会议要求，把交通项目作为稳住经济增长、推动开放发展的重要抓手，加大对接沟通力度，强化项目服务保障，切实解决存在困难，确保交通重点工程按既定时间节点高标准、高质量推进；要加紧推进省道319左权县过境段改造等工程，抓紧办理和完善前期手续，加强施工管理，争取11月建成通车；要把左权至涉县公路左权县城至黎城下清泉段（晋冀界）新建工程作为全县头号交通工程，运用BOT融资模式，做好前期工作，争取项目尽快落地建设；要进一步完善“十三五”交通规划，广泛征求各方意见建议，提高规划的科学性、合理性。（桑俊杰）

【第57次常务会议】 2016年5月23日，县长赵宏钟主持召开县政府第57次常务会议。会议听取全县安全生产月安排部署情况，以及新建中医院、新建左权中学、辽西路等PPP项目推进情况汇报，研究讨论并原则通过了《左权县2016年“安全生产月”活动方案》等。会议要求，进一步树立安全红线意识，紧紧围绕“强化安全发展观念、提升全民安全素质”主题，强化安全宣传教育，深入开展安全文化进家庭、进机关、进企业、进社区、进校园活动，提升全民安全素质，营造良好的安全氛围。要严格落实安全生产责任，完善重点部门单位、重点行业领域活动方案，突出抓好安全隐患排查治理，促进全县安全生产形势持续稳定好转；要把坚定不移推行PPP模式作为完善市政基础设施、加快民生领域项目建设的重要抓手，明确专人负责，潜

心研究政策，建立全县PPP项目库和投资主体企业备案库，为项目建设创造良好条件。（桑俊杰）

【第58次常务会议】 2016年5月30日，县长赵宏钟主持召开县政府第58次常务会议。会议听取了全县招商引资、重点工程及固定资产投资、工业经济主要指标、产业扶贫“八普及一创建”、安全生产等工作情况汇报，并就做好当前经济运行工作进行了安排部署。会议认为，2016年以来全县经济运行开局良好，主要经济指标平稳增长，但总体上面临较大下行压力，经济稳定运行的基础还不牢固。会议强调，要按照年初确定的经济工作任务，找准差距，细化指标，强化措施，力保实现时间任务“双过半”目标。（桑俊杰）

【第59次常务会议】 2016年7月4日，县长赵宏钟主持召开县政府第59次常务会议。会议防汛工作、创建省级环保模范县城情况汇报，通报了政府常务会和专题会议定事项、上半年主要经济指标完成情况，讨论并原则通过了《左权县环境大检查专项行动实施方案》《左权县脱贫攻坚挂图作战实施意见》《辽西路工程政府和社会资本合作（PPP）模式实施方案》等。会议强调，要科学把握当前防汛形势，严密监控雨情和水情，科学调度水库水量，完善防汛预案和措施，进一步明确防汛隐患清单、预警责任清单、应急队伍清单，确保全县安全度汛；要以冲刺省级环保模范县城创建活动为抓手，扎实开展环境保护大检查专项行动，强化组织领导，突出工作重点，细化时间节点，努力建设天蓝、地绿、水净的美好家园；要深入贯彻落实全省建档立卡精准扶贫太原现场推进会精神，扎实开展精准扶贫挂图作战工作，建好平台，分类推进，做到精准识贫、精准帮扶、精准退出，推动脱贫攻坚工作扎实有效开展。（桑俊杰）

【第60次常务会议】 2016年7月28日，县长赵宏钟主持召开县政府第60次常务会议。会议听取县政府班子（党组）成员带队督查调研4个重灾乡镇情况汇报，研究讨论了急需解决的困难和问题，安排部署了全县防汛抗洪抢险救灾和恢复重建工作。会议提出，政府系统干部要把思想和行动统一到县委、县政府对当前工作的决策部署上来，牢固树立一切为了灾区群众的思想，明确责任、坚定信心，防汛与救灾并举，恢复与扶贫并举，确保群众生活有保障，确保脱贫攻坚不掉队，确保经济发展不迟滞。会议要求，要扎实做好生活必需品、油料等市场供应，积极妥善地安置受灾群众，因地制宜，一村一策，通过搭建简易桥梁等办法，想方设法方便群众出行；要坚定脱贫攻坚目标不动摇，按照时间不拖、任务不减、标准不降、决心不变的要求，全力恢复重建水毁工程，倾心发展扶贫致富产业，千方百计增加农民收入；要狠抓发展第一要务，加大招商引资和项目建设力度，举全县之力实施水利、道路交通、通讯设施、城乡基础、生产恢复等五方面工程。（桑俊杰）

【第61次常务会议】 2016年9月18日，县长赵宏钟主持召开县政府第61次常务会议。会议讨论并原则通过了《左权县国民经济和社会发展第十三个五年规划纲要（讨论稿）》《政府工作报告（讨论稿）》《关于左权县2015年国民经济和社会发展计划执行情况与2016年国民经济和社会发展计划草案的报告（讨论稿）》《关于左权县2015年财政预算执行情况和2016年财政预算草案的报告（讨论稿）》《关于新增30辆纯电动公交车及2条公交支线的请示》《关于精准扶贫工作融资担保实施方案》等。会议要求，认真学习领会骆惠宁书记重要讲话精神，理直气壮抓发展，廉洁为民抓发展，深入开展“万名干部入企服务活动”“各类项目受理大起底活动”，大力开展招商引资，统筹谋划各类项目，推动经济稳步向好。（桑俊杰）

第十六届人民政府常务会议

【第1次常务会议】 2016年10月8日，县长赵宏钟主持召开县政府第1次常务会议。会议讨论并原则通过《外出招商工作组名单》和《关于支持左权县域经济发展的建议》。会后，按照县委安排，县政府主要领导与班子成员进行了廉政约谈，县委常委、县纪委书记李学文一同参加。（桑俊杰）

【第2次常务会议】 2016年11月22日，县长赵宏钟主持召开县政府第2次常务会议。会议听取安全工作东山供水安全监管情况汇报，讨论并原则通过了《关于落实“13710”工作制度的通知》《左权县幸福社区“五覆盖”实施方案》《左权县脱贫攻坚工程建设项目招投标暂行办法》等。会议要求，加大政策宣传力度，积极引导党员干部勇于创新、担当干事，为全县经济社会持续健康发展注入活力。要全面梳理检点各项任务，尤其是完成难度较大的主要经济指标、应完未完事项，要查漏补缺、倒排工期、全力攻坚，确保圆满完成既定目标；要高度重视安全生产工作，严格落实监管主体责任，扎实开展隐患排查整治行动，特别是道路交通安全，要深刻汲取京昆高速特大交通事故教训，坚持问题导向，注重举一反三，狠抓事故防范，切实整改存在隐患，推动安全生产形势持续稳定向好；要带头抓好“13710”工作制度落实，积极宣传解读，尽快全面推进，努力形成科学、规范、高效的运行机制，有效提升政府执行力和行政效能；要坚持面子里子一起抓，高起点、高标准实施幸福社区“五覆盖”工程，推动公共服务水平提档升级；要进一步完善《左权县脱贫攻坚工程建设项目招投标暂行办法》，简化审批流程，规范施工程序，加快建设进度，确保项目产业的收益与贫困户直接对接。（桑俊杰）

政府信息公开

【严格考核监督】 2016年，左权县印发《左权县2016年政务公开工作要点实施方案》，并在县政府门户网站公开发布，明确了重点任务的具体内容及牵头单位；将信息公开工作纳入绩效考核体系，采取自查与抽查相结合、常规检查与重点检查相结合、定期检查与突击检查相结合等方式进行考评，并通报检查情况。（岂海霞）

【突出公开重点】 左权县围绕深化改革、促进经济发展、民生改善、政府建设等重点，推进“放管服”、就业创业、市场监管、减税降费、扶贫、棚户区改造、环保、政府和社会资本合作项目(PPP)、重大决策预公开等领域信息公开。

（岂海霞）

【设立解读专栏】 2016年，县政府门户网站发布政策解读68条（包括图解说明42条），电视台播报政策解读130余条。同时，通过县政府常务会和县长办公会等会议学习传达上级最新政策规定和文件精神20余次。（岂海霞）

【办理来信来访】 2016年，左权县政府共办理省长信箱4件，市政府便民热线44件，县长信箱33件，接待信访420批次5900人次。（岂海霞）

政务督查

【督查“三三三工作法”】 2016年，左权县继续实施督查“三三三工作法”，即始终盯紧政务督查的三项主要内容（国务院和省、市交办的事项，县委、县政府决策部署事项，群众关心关注的热点难点问题），准确把握督查推进的三个时间节点（半年节点，年终节点，督办事项应完成时限），充分发挥督查工作的三种结果运用（正向激励，负向惩处，向县委报告）。（王炯雅）

【落实省政府“13710”工作机制】 2016年，左权县根据省政府办公厅《关于落实“13710”工作制度的通知》精神，结合实际，制定出台《中共左权县委办公室左权县人民政府办公室关于落实“13710”工作制度的通知》。（王炯雅）

【落实县政府重大决策部署事项】 2016年，左权县共列入台账督办的任务2176项，下发《督查通知》12期，《督查情况通报》18期。围绕县政府重大决策部署开展督查11次。完成县长批示件办理2060件。组织召开政府系统年中和全年述职会议。（王炯雅）

【创新人大代表建议 政协委员提案办理方式】 2016年，左权县改变过去集中开会交办的做法，将代表建议、委员提案承办责任分解做为县长办公会的一项重要议程，要求各分管副县长在两周之内分别组织承办单位，进行交办，使交办工作更有针对性。办复县人大代表建议126件（重点建议10件）、县政协提案109件（重点提案10件），市政协提案1件，代表和委员满意率和基本满意率均为100%。（王炯雅）

【办理群众关心的热点难点问题】 2016年，办理省长信箱2期，市政府12345便民热线44期，县长信箱31期，均在办理期限内答复反映人，并对多次反映或答复不满意的事项列入督查重点进行跟踪督办。 （王炯雅）

应急管理

【应急预案体系和应急演练工作】 2016年，左权县印发《左权县人民政府办公室关于认真做好应急预案编制（修订）和应急演练工作的通知》，开展5项专项预案和9项部门预案修订工作。此外，按照“专项应急预案、部门应急预案每3年至少组织一次应急演练”的规定和市政府要求，下发《2016年左权县县直专项应急预案和部门应急预案演练计划》，安排县直专项应急预案演练9项，县直部门应急预案演练19项，各乡镇、各部门有计划地开展应急演练工作。至年底，县政府先后开展综合性演练9次，各部门有针对性地进行了各类应急演练。 （陈春雨）

【应急保障体系和应急队伍建设】 2016年，左权县应急管理硬件配备方面，在配备了传真机、复印机、打印机、电脑、专用文件柜等设备的基础上，按照市应急办要求，购置应急卫星电话2部。全县10个乡镇、1个城区管委会、203个行政村及县直43个单位全部成立应急工作领导组，行政一把手任组长，建立起覆盖县、乡、村三级的应急工作网络。县政府加强森林防火应急分队和各乡镇应急分队建设，集中配备了运兵车、灭火器。由人武部牵头，抽调机关干部组成应急分队，每年春秋季节进行军事拉练和应急演练。 （陈春雨）

【应急值守和信息报告工作】 2016年，左权县落实各项应急制度。严格执行24小时值班、领导带班、节假日双人值班、重要敏感时段零报告、值班检查督查通报、值班记录归档备案等工作制度，要求各乡镇、部门一把手保持24小时通信畅通，各乡镇、部门坚持24小时值班和假日值班制度。县政府对各乡镇和重点部门值班情况进行不定期抽查，节假日和森林防火、汛期等特殊时期，抽调县委办、县政府办、县监察局、督查办等部门工作人员组建督查组深入各乡镇、部门检查值班情况，及时通报。突发事件信息及时报送。强化首报意识，坚持即发即报、边核边报，做到重大、特大、较大突发事件力争在事发后30分钟内向县政府值班室报告、1小时内书面报告。定期对值班室电脑、电话、传真机、打印机等必备设备进行检点维护，保障值班工作的顺利开展。完善应急网络制度。建立健全各乡镇、城区、重点单位应急管理工作联络制度和信息互通制度，及时更换完善单位一把手、分管副职和具体承办人联系方式，做到应急信息专人负责报送。 （陈春雨）

【应急宣传和培训】 2016年，在应急知识宣传上，县政府充分利用“5·12”汶川地震纪念日及安全生产宣传月活动时机，开展应急宣传活动。开展媒体宣传咨询活动，在政府网站开设安全专栏，各单位以“强化安全发展观念，提升全民安全素质”为主题，宣传安全知识；县公安、住建、教科、消防、旅游、市场等部门通过左权电视台播放安全警示片、安全公益广告、专家讲解安全知识或屏幕滚动安全信息等，及时向广大群众宣传安全知识；开展微信传播安全知识活动，各单位引导广大群众和企业从业人员用手机微信添加各类关于安全生产知识的公众号，通过微信平台，及时了解发布的安全知识，并参与互动交流；开展短信宣传安全知识活动，住建（燃气）、消防、旅游、交警、供电、市场（食品）等部门，通过移动、联通、电信平台，将一些安全小常识通过短信发送至广大手机用户，特别是6月16日全国安全生产宣传咨询日当天，全县组织开展了安全文化“进校园、进社区、进企业、进机关、进家庭”活动，各单位携带宣传资料、宣传版面、安全标语深入一线，向职工、群众宣传；同时，及时向市政府应急办报送了工作动态信息26期。在应急管理培训上，按照《应急管理培训工作制度》，组织各乡镇、城区管委会、县直单位分管领导于6月28日对《山西省突发事件应急预案管理办法》进行专题培训，县电视台播出专题新闻，左权政府网站设立专题专栏；借助清华大学远程教育培训、县安监局组织的各类安全讲座等培训机会，采取以会代培等方式，对全县公务员和事业单位干部进行突发事件知识培训。各应急成员单位结合实际组织了各具特色的应急培训。同时参加省市组织的应急知识培训，11月9日—11日、23日—25日辽阳镇、寒王乡分管领导分别到山西行政学院参加了应急知识培训；11月25日应急办专职副主任参加了市政府举办的如何做好政府系统应急值班工作培训。（陈春雨）

【应急物资储备】 2016年，左权县财政拿出专款对提供物资储备的超市和物流单位进行补贴。为有效预防对县域影响较大的洪灾、森林火灾等灾害发生，是年，购买了沙袋、对讲机、风力灭火机、防烟眼镜、防烟口罩、迷彩服、棉大衣、翻毛皮鞋、带灯头盔等设备和物资。（陈春雨）

政府法制

【深入推进“六权治本”】 2016年，左权县建立权力清单制度，制定《左权县政府部门权责清单动态管理办法》，1月，在县政府门户网站公布县级45个单位的权力清单和责任清单、职权运行流程图、廉政风险防控图，6月，对运行情况进行了全面检查，促进“六权治本”成果转化。（岂海霞）

【加强规范性文件管理监督】 2016年，严格执行《左权县规范性文件管理办法》，实行统一登记、统一编号、统一公布的“三统一”制度，制定并向市政府、县人大常委会报备规范性文件1件。根据法律、法规、规章和国家方针、政策的调整以及实际情况的变化，定期清理规范性文件，11月，组织对全县现行有效的12件规范性文件进行清理，确认废止3件，继续有效9件，并通过县政府门户网站向社会公布清理结果。（岂海霞）

【推进行政决策科学化、民主化、法治化】 2016年，健全完善了县政府重大行政决策合法性审查办法、县政府法律顾问管理办法及“三重一大”依法决策、政务公开、绩效考评和投诉举报办理等制度，把公众参与、专家论证、风险评估、合法性审查、集体讨论决定作为重大行政决策法定程序，坚持重大政策制定、法律文书审核、重要合同签订、涉法涉诉案件处理等事项提前征求法律顾问意见，坚持发展规划、重点工程项目、国有资产处置等重大事项事先听取专家意见、集体研究决定。（岂海霞）

【规范公正文明执法】 2016年，左权县落实行政执法责任制。健全完善行政执法制度，规范行政处罚自由裁量权，32个行政执法单位对本单位的行政处罚自由裁量权进行细化、量化，建立行政处罚自由裁量权基准制度及量化标准。加强行政执法人员管理。配合省、市完成了360名行政执法人员执法证件审核注册工作（注册234人，注销72人），建立606人组成的随机抽查行政执法人员名录库。强化行政执法监督检查。通过年度检查考评、组织案卷评查、审理行政复议案件、参加行政诉讼、受理群众投诉举报等途径，对执法单位的执法活动进行监督，及时发现和解决依法行政工作中存在的薄弱环节和问题。（岂海霞）

【法治宣传培训】 2016年，左权县开展依法行政宣传月活动，8月，组织以“贯彻落实《实施纲要》，深入推进依法行政，加快建设法治政府”为主题的依法行政宣传月活动，8月24日，举办了依法行政专题讲座，53个行政执法单位的分管领导及具体承办人聆听了晋中市司法局司法鉴定科薛晋平科长的专题讲座。各乡镇、各部门按要求开展了丰富多彩、形式多样的宣传培训。（岂海霞）

【自觉接受司法监督】 2016年，制定了《左权县行政机关行政应诉办法》，细化明确了应诉责任主体、工作程序、责任追究等事项。2016年，共参与行政诉讼案件4件。（岂海霞）

脱贫攻坚

【概述】 2016年，是脱贫攻坚的首战之年，贯彻精准扶贫、精准脱贫基本方略，落实全省“廉洁发展、转型发展、创新发展、绿色发展、安全发展、统筹发展”六大发展，“科技创新上实现新突破、民营经济上实现新突破、金融振兴上实现新突破”三个突破战略，整合扶贫资金资源，加大扶贫力量力度，协调专项扶贫、行业扶贫和社会扶贫，统筹推进“扶贫对象精准、项目安排精准、资金使用精准、措施到户精准、因村派人精准、脱贫成效精准”六个精准，倾力实施“发展生产脱贫一批、易地扶贫搬迁脱贫一批、生态补偿脱贫一批、发展教育脱贫一批、社会保障兜底一批”五个一批，全力实施“特色产业增收、易地扶贫搬迁、生态建设补偿、教育培训增技、社会兜底保障、结对帮扶共建、基础能力改善”十大工程，开展“特色农业扶贫行动、新型经营主体扶贫行动、光伏扶贫行动、旅游扶贫行动、电商扶贫行动、易地扶贫搬迁行动、改善人居环境扶贫行动、生态建设扶贫行动、教育扶贫行动、培训就业扶贫行动、农村社保扶贫兜底行动、特殊群体关爱扶贫行动、干部驻村帮扶扶贫行动、企业产业扶贫行动、社会扶贫行动、交通扶贫行动、水利扶贫行动、电力和清洁能源扶贫行动、文化和信息扶贫行动、健康扶贫行动、科技扶贫行动”二十一项专项行动，有效增加全县贫困人口收入，打赢脱贫攻坚战。2016 年，省市下达左权县脱贫任务为贫困村退出任务数 23 个村、贫困人口 7200 人，实现稳定脱贫，确保脱贫人口实现“两不愁、三保障”。截至年底，全县 23 个贫困村有序退出。辽阳镇 3 个、龙泉乡 6 个、桐峪镇 2 个、麻田镇 2 个、粟城乡 1 个、芹泉镇 2 个、羊角乡 3 个、拐儿镇 4 个。全县已减贫 8147 贫困人口，完成任务数的 113.2%。其中：寒王乡减贫 205 户 566 人；辽阳镇减贫 145 户，428 人；石匣乡减贫 339 户，887 人；龙泉乡减贫 195 户，487 人；桐峪镇减贫 470 户，1277 人；麻田镇减贫 388 户，1048 人；粟城乡减贫 196 户，406 人；芹泉镇减贫 315 户，848 人；羊角乡减贫 342 户，909 人；拐儿镇减贫 489 户，1291 人。（张慧君）

【特色农业扶贫】 核桃产业：2016 年，左权县综合管理良种核桃挂果树 0.27 万公顷，新栽植 733.33 公顷，总面积达 2.40 万公顷，总产量达 1000 万千克，全县农民人均核桃增收 1730 元。设施蔬菜产业。是年，新增设施蔬菜 67.34 公顷，总面积达 0.09 万公顷，带动全县农民人均增收 738 元。杂粮产业：新增种植面积 266.68 公顷，总面积达 0.50 万公顷，平均亩产 367.7 千克，全县农民人均增收 350 元。中药材：与山西振东道地药材开发有限公司签订战略合作框架协议，新发展 0.20 万公顷，桐峪酸枣种植基地完成 66.67 公顷，全县农民人均增收 87.9 元。畜牧业：全县饲养生猪 4.76 万头、牛 6600 头、羊 23.02 万只、鸡 103.15 万只，牧业总收入 7500 万元，全县农民人均增收 577 元。（张慧君）

【新型经营主体扶贫】 生态庄园扶贫，总数达 257 个，2016 年，完成投资 2.65 亿元。农民专业合作社扶贫，从 2016 年 10 月起，将“吸收建档立卡贫困户”列入示范社申报考核目录，其中：省级示范社吸收贫困人口不低于 40%、市级示范社不低于 30%、县级示范社不低于 25%。通过示范社，2016 年，带动贫困人口 340 人，人均增收 300 元。家庭农场扶贫，推行“家庭农场＋贫困人口劳动力”增收模式，2016 年，解决 35 个贫困劳动力就业；推行“家庭农场＋1”增收模式，选取有能力（重点是劳动力充足、有耕地）、有进取意识、有意向成立家庭农场的贫困户为帮扶对象，挂靠现有家庭农场，通过 1 年～2 年帮扶，推动贫困户向家庭农场孵化，带动贫困人口实现脱贫；推行“家庭农场＋贫困户农家乐”增收模式，鼓励在开展采摘经营家庭农场所在地的贫困户发展“农家乐”，通过“农家乐”帮助贫困户脱贫。（张慧君）

【光伏扶贫】 左权县利用贫困村闲置土地建设村级电站，农户住宅屋顶建设户用电站，荒山荒坡建设企业地面集中电站，养殖园区和设施蔬菜大棚等建设农光互补电站。2016 年，红土垴 24.9 兆瓦大型地面集中式光伏扶贫电站，前期手续全部完成；35 个村级光伏扶贫电站，19 个主体完工，16 个正在建设；农户屋顶光伏扶贫电站覆盖全县 68 个贫困村，年底备案 1802 户，安装 800 余户，并网发电 400 余户。并向县农行注入 1000 万元、农商行注入 160 万元风险补偿金，农行累计发放 234 户 468 万元光伏贷款。（张慧君）

【旅游扶贫】 2016 年，左权县围绕“突出山区特色，培育支柱产业，建设和谐秀美乡村”的工作思路，以“农村发展、农民增收”为主线，牢固树立“特色化、集约化、规模化”的大旅游、大品牌、大发展意识，以促进农民就业、拓宽农民增收渠道为目的，以新农村建设和景区（点）为发展重点，发展全县乡村旅游建设项目。（一）国家级乡村旅游扶贫试点村建设。西安村主要完成了游客接待中心场地平整及基础挖掘，完成投资约 15 万元；南会村旅游厕所建设完工，游客接待中心一层主体完工，完成投资 50 万元；老井村主要完成村庄整体环境整治及游客接待中心护坡、根基建设，完成投资 15 万元。（二）其他乡村旅游建设项目。大南庄村横岭自然村主要完成村庄整体环境整治、河道整治、景区停车场、接待中心等基础设施建设，完成投资 50 万元。上武村主要完成村庄整体环境整治、广场至采摘园道路硬化绿化、风景种植工程等完成投资约 30 万元。西瑶村、龙则村完成了环境整治工作。旅游项目带动 392 户贫困户脱贫，旅游从业人员贫困人口 890 人。（张慧君）

【电子商务扶贫】 2016 年，左权县 125 个贫困村基本普及电子商务应用，实现“三有一能”目标，即县有电子商务服务中心，乡有电子商务服务站，村有电子商务服务点，贫困户能通过电子商务销售自产产品、购买生产生活资料，以电子商务助力贫困地区脱贫。打造电子商务产业园（孵化器）。以源泰商贸等公司为主体，着力抓好电商创业孵化园和物流园建设，为贫困农民提供就业渠道。建设农村电商服务体系。依托山西田农宝网络科技有限公司及“农芯乐”和“供销 e 家”平台，建设县、乡、村三级电子商务服务体系。完善农村物流网点建设。加快贫困乡村宽带网络建设，扩大网络覆盖面。（张慧君）

【易地扶贫搬迁】 2016 年，左权县坚持“群众自愿、政府指导、定位精准、保障基本、科学规划、稳步实施”的项目建设原则，采取新建移民搬迁安置小区、城中村改造项目配套建设、商品房住宅小区协调供给等三种方式，对居住在“一方水土养不起一方人”地方的建档立卡贫困人口和确需同步搬迁农户实施易地搬迁，稳妥推进村庄撤并。全年搬迁 1800 人，贫困人口 1500 人，同步搬迁 300 人。建档立卡贫困人口集中安置建房人均补助 2.5 万元；配套基础设施户均补助 2.1 万元；配套公共服务设施户均补助 1.77 万元，配套设施资金统筹集中使用，确保搬得出、稳得住、能脱贫。建档立卡贫困人口分散安置建房人均补助 2 万元。自然村整村搬迁中确需同步搬迁的农户，可与贫困人口一并享受统筹规划安置区基础设施、公共服务设施建设。同步搬迁人口给予人均补助 1.2 万元。

（张慧君）

【改善人居环境扶贫】 2016 年，左权县人居环境在完善提质上，进一步完善贫困村路电水气等基础设施，提升农村文化教育、医疗卫生、社会保障等公共服务水平。在环境整治上，以贫困村垃圾处理、污水治理为重点，推进农村污染治理，开展新一轮环境整治。在农民安居上，统筹政策资源，优先安排贫困村农民实施安居工程。在宜居示范上，在全面改善农村人居环境的基础上，按照分类示范、分层推进、分批实施的原则，逐批安排有条件的贫困村开展美丽宜居示范乡村创建。

改善农村人居环境工作作为全县 2016 年重点工程之一，县改善农村人居环境协调推进领导小组办公室（简称农居办）主动与市农居办协调，确定落实 2016 年全县的具体目标任务，并印发《左权县改善农村人居环境 2016 年行动计划》，2016 年，全县创建省级宜居示范村 1 个、市级宜居示范村 4 个、县级宜居示范村 10 个，“四大工程”共涉及责任部门 17 个，涉及工程项目 21 大项 33 小项，已累计完成投资 1.9 亿元。在全县选择 10 个村继续组织实施农村人居环境“八普及一创建”工程，推行的“民生第一、规划第一、群众第一、质量第一、管理第一、责任第一”的“六个第一”工作法，得到各级领导肯定，8 月 23 日—24 日，全省农村人居环境改善现场会在左权县召开。（张慧君）

【生态建设扶贫】 实施林业生态治理扶贫。2016 年，左权县扶持发展造林专业合作社（专业队）112 支，合作社成员达 20 户以上，其中建档立卡有劳动能力贫困户占 60%以上，优先承揽政府主导投资的林业生态建设工程，入社成员中的贫困劳力常年劳务天数占总工程量的80%以上，人社贫困人员人均收入达3000元以上，按造林亩投资总额的45%支付贫困劳力劳务费用。实施退耕还林助推扶贫。执行上一轮退耕还林再延长5年的补助政策，确保全县总面积每年每亩补助90元按期兑现，保障退耕户收入不减。实施新一轮退耕还林工程，在全县25度以上坡耕地实施1333.33公顷退耕还林工程，涉及5300余户16000余人，其中贫困户1500余户4300余人。实施森林生态保护扶贫。新选聘640名生态护林员，全部为建档立卡贫困人口，年人均管护收入在0.5万元～1万元，带动1300名左右贫困人口脱贫。（张慧君）

【教育扶贫】 2016年，左权县共发放学前教育资助95.2万元，义务教育“两免一补”（免杂费、免书本费，补助寄宿生生活费）资助1023.13万元，普通高中资助319万元，中职教育资助379.5万元。对考入大学本科（二本B类及以上）高等院校的建档立卡贫困大学生一次性资助5000元，应助尽助全覆盖。雨露计划对中等职业学校一、二年级在校贫困学生给予每生每年2000元的助学金补助，应助尽助全覆盖。（张慧君）

【培训就业扶贫】 2016年，左权县累计培训电子商务、中式烹调师、保姆等技能培训6217人，帮助324名大中专毕业生、煤企下岗工人签订了劳务合同，新增公益性岗位76人、见习岗位44人，向天津、江苏等地输出劳务用工385人，新增就业岗位1275个。千村万人就业培训550人，新型职业农民培育300人。（张慧君）

【农村社保扶贫】 2016年，左权县基本实现低保、扶贫“两线合一”。全年累计发放低保金237.1万元、医疗救助金260万元、生活困难临时救助金25万元、急难救助金15.5万元、低保高龄老人生活补贴1.31万元、失能老人生活补贴8820元、残疾人生活补贴16.89万元、重度残疾人护理补贴95.48万元。是年，全县参加新农合人数为12.26万人，参合率99.63%。（张慧君）

【特殊群体关爱扶贫】 2016年，左权县以贫困村为重点，对农村留守儿童、留守妇女、留守老人及残疾人等特殊群体进行全面摸底排查，建立详尽、动态的信息管理系统，引导社会力量参与特殊群体关爱服务。加强社会福利、养老机构设施建设。提高乡镇敬老院供养水平，提高五保对象入住率。对贫困残疾人家庭在读高中、大学子女及贫困残疾高中生、大学生实行生活补贴和学费补贴。对持有第二代残疾证，残疾等级为一、二级且需长期照护的重度残疾人每人每月发放50元护理补贴。2016年，全县持证残疾人截至12月12日为5759人，其中1、2级重度2057人，符合条件申报发放1779人，累计发放95.48万元，未发放278人。其中不符合条件五保212人，失能4人，康复降级9人，失踪、失联、离休、丢证、持证康复放弃申领、死亡未申领53人。（张慧君）

【干部驻村帮扶】 2016年，左权县10个乡镇配齐分管扶贫副职，成立扶贫工作站。省、市、县共派出153个单位、7255名党员干部、105名工作队长、119名“第一书记”，帮扶全县53645名贫困人口，实现帮扶全覆盖。对各乡镇书记、乡镇长、村“两委”干部、“第一书记”等共计460余人进行培训，对督查排名靠后的6个帮扶单位“一把手”进行约谈，对9名考核“基本称职”以下的支部书记进行帮教整改，对空缺的4名支书、49名支委、9名村委全部配齐。全年共实施省市县驻村帮扶增收项目286个，累计投入资金6209.52万元。（张慧君）

【企业产业扶贫】 2016年，左权县打造潞安、阳煤、华能、山煤运销、汾西瑞泰、山煤进出口、北京金隅7大集团企业成为左权县龙头扶贫企业，辐射带动周边贫困乡村发展。其中，潞安集团对接麻田镇精准扶贫，阳煤集团对接芹泉镇精准扶贫。选取盘城、潞安佳瑞、阳煤石港等10个规模以上工业企业（简称规上）企业，莲鑫源、丰盛谷等10个中小微企业，鲜森、华联等5个商贸流通企业，精准对接全县25个贫困村、1000个贫困户、2600口贫困人口进行精准帮扶。建立企农结对帮扶利益联结机制。鼓励支持涉农企业采取“公司＋基地＋合作社＋农户”的方式，与贫困村、贫困户对接帮扶。鼓励支持贫困村、贫困户以土地、林地等入股产业扶贫企业，采取“资产入股＋股

金”模式，让贫困村和贫困人口通过资源开发和经营性资产收益实现增收。（张慧君）

【社会扶贫】 2016年，左权县组织团委、妇联开展“双心双实”“三晋巾帼”等形式多样的精准帮扶活动；组织县老促会、扶贫开发协会、扶贫基金会等社会组织深度参与脱贫攻坚；组织工商联系统开展“千企帮千村”精准扶贫行动。发挥“10·17”全国扶贫日社会动员作用，鼓励和支持社会各界人士多形式、多渠道参与脱贫攻坚。（张慧君）

【交通扶贫】 2016年，左权县完成农村公路建设94.1千米，300名贫困劳动力参与交通建设，人均工资性收入5000元。新增公路养护岗位60%以上要使用贫困劳动力，总人数达到300人，人均工资性收入达到5000元，道路建养两项惠及贫困人口600人，人均增收5000元。（张慧君）

【水利扶贫】 2016年，左权县改善和恢复灌溉面积0.22万公顷。扶持农建水保专业服务队吸纳当地贫困劳动力参与农田水利和水土保持工程建设，50支农建水保专业队吸纳贫困劳动力2315人，实现工资性收入1.5万元，带动1.2万贫困人口年人均增收5000元。同时，推动贫困村小型水利工程产权制度改革。（张慧君）

【电力和清洁能源扶贫】 2016年，左权县实施9个中心村（马厩、桐峪、上口、泽城、西安、梁峪、松树坪、故驿、芹泉）配电网改造工程，新改造10千伏配变台区20个，改造10千伏线路7.6千米、0.4千伏线路9.2千米，满足1000个贫困户安装屋顶式光伏电站项目。投资248万元实施贫困村电力不足改造工程，新改造10千伏配变台区9个，改造10千伏线路5.7千米和0.4千伏线路7.9千米，彻底解决贫困地区动力电不足问题。

（张慧君）

【文化和信息扶贫】 2016年，左权县70%贫困村建成综合文化服务中心，16个行政村危旧戏台进行了维修，建立非遗传习所8个。（张慧君）

【健康扶贫】 2016年，左权县完成龙泉乡、石匣乡2个乡镇卫生院周转宿舍建设，10个村800平方米卫生室投入使用，对“因病致贫、因病返贫”的1622户1912人建立档案。门诊统筹覆盖所有贫困村，补偿比例100%，年度内最高补偿60元/人。新农合住院分娩补助由500元提高到每人800元，妇幼补助300元。是年，县域内分娩的农村孕产妇747人，由住院分娩的县级医疗机构直补，每人300元，补助金额22.31万元；县域外分娩的农村孕产妇321人，持有效证件到妇幼保健计划生育服务中心办理，每人300元，分批拨付。住院分娩补助做到应补尽补，补助率99%。正常分娩实行县内分娩全免费。对全县建档立卡贫困户中45周岁以上且参加基本医保和大病保险的贫困人员缴纳相应保险，每人每年保险费48元，已缴纳18320人，缴纳金额87.94万元。（张慧君）

【科技扶贫】 引进科技人才服务队伍。2016年，左权县与山西农大、省农科院、市林业局、市农业局25名专家教授签订协议，实地指导服务，开展培训。利用本土人才优势开展技术服务。筛选文化水平较高、种养能力较强、群众认可的农民作为重点培养人对象，针对性开展技术培训，逐步成为贫困村种养示范户、农业科技脱贫带头人。以科技项目开展产业扶贫。省级科技扶贫项目2个～3个，市级科技扶贫项目3个～5个；充分利用县科技特别流转金，对贫困村产业进行扶持，实施流转金60万元。依托农业科技企业示范带动扶贫。带动30户贫困户脱贫。（张慧君）

县政务大厅

【办理行政事项】 2016年，左权县县、乡、村三级政务服务机构共受理行政许可、非行政许可、配套服务事项30709件，办结30709件，办结率100%。县政务大厅受理27517件，办结27517件，办结率100%。（樊春燕　李淑珍）

【建设项目联审】 2016年，县政务大厅共为17个部门的重大事项提供了全程代理服务。县发改局、政务中心召集国土、住建、环保、畜牧、消防等联审部门的首席代表，召开联审会议18次，精简审批环节，提高审批效率，加快项目进度。

（樊春燕　李淑珍）

【精简行政审批】 2016年，按照晋中市人民政府《关于取消、承接、下放和调整一批行政审批事项的决定》文件精神，左权县人民政府决定取消、承接和调整行政审批事项共19项。其中：承接市政府下放审批事项1项，取消政府内部审批事项4项，取消和调整非行政许可审批事项14项。清理中介服务事项工作按市政府文件要求，起草《左权县人民政府关于落实市政府文件对应清理规范26项县政府部门行政审批中介服务事项的通知》并上报县政府办。（樊春燕　李淑珍）

【优化审批程序】 2016年，县政务大厅开展优化审批程序、固化审批流程工作，结合“六权治本”工作，对进驻大厅各部门窗口的审批项目、法定时限进行了明确，对承诺时限进行了固化。办理指南将每个审批项目固化为“受理、审核、审批、办结”四个环节，受理环节时限为“即收即办”，办结环节时限为“一个工作日”，使各部门的项目明确，办理环节明确，办理时限明确，优化审批流程，提高办事效率。（樊春燕　李淑珍）

机关事务管理工作

【管理服务对象】 2016年，县机关事务管理局共服务单位65个。服务区域：县委、县政府机关大院、行政便民服务中心和住建局、国土局、进修校、民政局、职中办公楼、农业局、交通局等单位原办公楼。其中，县政府机关大院占地18600平方米，建筑面积18590平方米，绿化面积8610平方米，硬化面积5740平方米，地下车库2176平方米。行政便民服务中心占地5250平方米，建筑面积12957平方米，绿化面积2100平方米，硬化面积6000平方米，地下车库1200平方米。住建局原办公楼建筑面积1798.2平方米，硬化面积3600平方米。国土局原办公楼建筑面积920平方米，硬化面积3200平方米。（崔素珍　王倩）

【公务车辆拍卖】 2016年，县机关事务管理局牵头负责参改单位取消车辆的处置工作。县车改领导组文件下达指标公车改制实际封存车辆221辆，实际收回227辆。平台车辆启用31辆，三次共拍卖车辆85辆，两次报废车辆81辆，启用车辆19辆，暂不接收车辆11辆。聘请具有相应资质的社会中介机构，对拟拍卖车辆进行评估作价，评估公司在规定时间内完成车辆评估工作。委托山西金凯拍卖有限公司对经审核评估具体过户条件的公车进行公开竞价拍卖，拍卖会分三场进行，第一次拍卖会于6月8日在东都丽园国际酒店举行。拍卖27辆公车全部成交，成交总价为76.39万元。第二次拍卖会于9月6日下午在东都丽园国际酒店举行，拍卖58辆公车，52辆全部成交，流拍6辆，成交金额为126.79万元。第三场拍卖会于9月29日上午在太原公共资源拍卖中心对流拍的6辆车进行拍卖，成交金额为6.10万元。三次拍卖的85辆车起拍价为110.54万元，成交总价为132.89万元，总溢价额为22.35万元，溢价率为20.21%，实现了国有资产的保值、增值和参与拍卖各方当事人的认可。（崔素珍　王倩）

【车辆平台管理模式】 2016年1月1日，左权县车辆平台管理模式开始运行。在年初的过渡性管理中，先接受11名司机担任平台司机，7月按照公开、公正、透明的原则，通过车辆综合调度平台的实施方案，在各参改单位中选聘9名驾驶人员，选聘后所有司机集中参加了车辆驾驶安全教育培训，服务39个车改单位。截至年底，调度车辆5000余次，行驶总里程达27万千米；定期不定期组织机关驾驶员进行安全学习和警示教育片观看，不断完善、规范各项管理。11月，2名司机被评选为“晋中好司机”。（崔素珍　王倩）

中国人民政治协商会议左权县委员会

重要会议

【概述】 2016年，县政协召开各类政协重要会议16次，其中主席会议5次，常委会议4次，全委会议1次，专题会议1次，其他会议6次。

（张玉德）

【主席会议】 2016年3月23日，县政协召开第八届左权县委员会第四十八次主席会议，讨论2016年度常委会工作重点。9月13日，召开政协第八届左权县委员会第四十九次主席会议，讨论政协第九届左权县委员会第一次会议召开时间；讨论政协第九届左权县委员会参加单位、界别设置、委员名额；讨论政协第九届左权县委员会委员；研究决定召开政协第八届左权县委员会第二十八次常委会议相关事宜。9月26日，召开政协第九届左权县委员会第一次主席会议，研究决定召开政协第九届左权县委员会常务委员会第一次会议相关事宜。10月14日，召开政协第九届左权县委员会第二次主席会议，县政协主席高儒林安排常委会近期工作；研究创建文明单位事宜；县政协副主席邵锦绒传达市政协四届一次会议精神。10月26日，召开政协第九届左权县委员会第三次主席会议，研究通过《县政协2016－2017年度重点工作一览表》，并安排召开政协第九届左权县委员会第二次常委会议事宜。县政协主席高儒林主持，副主席程俊斌、邵锦绒、王向东以及秘书长石湘涛参加会议。（张玉德）

【常委会议】 2016年1月7日，召开政协第八届左权县委员会第二十七次常委会议，重点学习《中国共产党统一战线工作条例（试行）》。县政协副主席王向东主持会议，县政协主席高儒林、副主席崔凤珍、刘二梅、秘书长石湘涛出席会议，政协各工委主任列席会议。9月14日，召开政协第八届左权县委员会常务委员会第二十八次议，听取和讨论了《政府工作报告（征求意见稿）》；审议通过了《政协第八左权县委员会常务委员会工作报告》《政协第八届左权县委员会常务委员会提案工作报告》，并推举了报告人；审议通过政协第九届左权县委员会参加单位、界别设置、委员名额；审议通过政协第九届左权县委员会委员。审议通过关于召开政协第九届左权县委员会第一次会议的决定，将会议时间确定于2016年9月22日至25日，并审议通过政协第九届左权县委员会第一次会议建议议程和日程（草案）；通过免去赵淑萍等8人乡镇政协联络组长职务的决定。9月27日，召开政协第九届左权县委员会常务委员会第一次会议，协商通过政协第九届左权县委员会主席、副主席临时分工的决定；安排九届政协常委会五年工作，县政协主席高儒林主持会议。10月27日，召开政协第九届左权县委员会常务委员会第二次会议，安排布置政协常委会2016－2017年度重点工作。县政协主席高儒林主持会议。（张玉德）

【全委会议】 2016年9月22日—25日，政协第九届左权县委员会第一次会议在县城召开，会议听取和审议政协第八届左权县委员会常务委员会工作报告；听取和审议政协第八届左权县委员会常务委员会提案工作报告；列席左权县第十六届人民代表大会第一次会议，听取、讨论《政府工作报告》和其他报告；会议通过政协第九届左权县委员会第一次会议的各项决议；选举政协第九届左权县委员会主席、副主席、秘书长、常务委员。其间，20名委员结合所在界别普遍关注的难点、热点和焦点问题，进行了大会发言；围绕当前工作的重中之重扶贫攻坚课题，18名委员进行了专题议政发言。（张玉德）

【专题会议】 2016年9月24日，政协第九届左权县委员会第一次会议举行第三次会议，也即脱贫攻坚专题会议，县委副书记王宏昌、县政府副县长张世华应邀出席，县委办、政府办、农委、下乡办、林业局、畜牧兽医局、水利局、扶贫办、农经中心、旅游局等部门负责人参加。期间，进行专题议政发言的共18名委员。其中重点发言选题为《发展连翘产业，助推精准扶贫》（高骁勇）、《建设核桃产业强县的建议》（王媛）、《精准扶贫政策制定落实的几点认识和建议》（刘立斌）、《推进易地搬迁脱贫工作应先谋后动精准施策》（路俊华）、《脱贫攻坚当务之急应把好精准识别关》（李守忠）、《加快贫困妇女脱贫步伐的建议》（刘立波）、《对易地扶贫搬迁农民进城的几点建议》（李保忠）、《扶贫工作应从解决农民的卖粮难做起》（程远）、《发展有机杂粮特色产业的建议》（张国忠）、《精准扶贫要有精准培训方式相匹配》（靳玉峰）、《开发乡村旅游，促进脱贫攻坚》（张国强）、《脱贫攻坚需要解答六个选择题》（石湘涛）等12个，提出相关建议和意见共56条。（张玉德）

【其他会议】 2016年1月12日，县政协主席赴榆次列席市政协三届三十七次常委会议。1月25日—29日，县政协主席高儒林列席省政协第十一届四次会议。5月20日，县政协主席高儒林列席市政协第三届第三十八次常委会议。8月26日，县政协主席高儒林列席市政协三届三十九次常委会议，听取专题协商“推进精准扶贫、打赢脱贫攻坚战”工作的市政协常委，会上结合左权县扶贫攻坚实际，发表了自己的看法。10月8日—13日，县委副书记王宏昌、县政协主席高儒林、副主席邵锦绒、市政协委员李建强、宋瑞峰、段彩萍、程珍珍、樊朝霞出席政协第四届晋中市委员会第一次会议。12月22日—23日，县政协主席高儒林列席市政协四届二次常委会会议。（张玉德）

主要工作

【概述】 2016年，县政协重点开展培训学习、履职建言、提案办理、信息反映、文史征编、联谊交流、专委活动、机关建设等工作，委员参与率达100%。其中，撰写和提交反映社情民意的调研、视察报告、专题研讨会报告和大会发言45篇，“直通车”信息118篇，提出各类有针对性和前瞻性的建议和意见700余条，被上级政协及县委、县政府采用200余条。（张玉德）

【培训学习】 2016年，县政协全年通过多种形式共培训委员530余人次。其中整体培训1次，走出去轮训3次。9月14日，县政协对九届政协委员进行集中培训，参训委员121人，围绕做好提案和信息工作两个专题，县政协提案委主任赵林芳、县政协民族宗教与社会法制外事委员会主任李飞，先后分别作了《如何撰写提案》和《如何撰写社情民意信息》专题讲座；围绕努力建设高素质的政协队伍的目标，县政协原副主席李连旭和县政协主席高儒林先后作了《如何做一名合格的政协委员》和《当好政协委员必备的要素综述》宣讲。11月中旬，县政协副主席邵锦绒、王向东以及秘书长石湘涛带领部分政协常委、10个乡镇副书记（政协委员）赴全国政协培训中心青岛基地参加全国政协第93期地方政协干部（委员）为时一周的培训班学习。11月下旬，县政协主席高儒林赴天津南开大学参加市政协组织的市政协委员为期一周的专题培训班学习。11月27日—12月3日，县政协委员程远、王国英、李振宏、高树新赴清华大学参加县域干部领导能力提升专题培训班学习。（张玉德）

【履职建言】 协商议政：九届一次会议期间，县政协全体委员围绕政府工作报告、“十三五”发展规划、县发展计划报告、县财政预算报告等重要文件和重大事项，广泛开展整体协商讨论和建言。其中，九届一次会议前，县政协主席、副主席、秘书长、政协常委和各工委主任，围绕《政府工作报告》（征求意见稿）和县政府展开事前协商，县人民政府县长赵宏钟参加座谈协商，共提出意见和建议30余条，体现于报告的修改和完善中。陈晓丽、赵静、高树新、马红丽、李亚军、李向阳等20名委员围绕推进左权县煤炭企业转型发展、做大做强旅游产业、建设和谐金融发展环境、推进电子商务发展、做好返乡农民工就业创业、加快左权县保险业发展等议题作大会发言和书面发言，提出具有针对性、建设性和前瞻性的意见建议60余条，受到了县委、县政府领导的肯定和有关部门的重视。

视察监督：全年常委会组织主席、副主席、常委和部分委员，围绕县委、县政府重大决策部署的实施推进，进行了全县重点工程视察、提案推进情况视察和重点提案督办视察9次。其中年底深入左权县社会福利中心、省道319线改线工程、东长义保障性住房建设工程、晋煤核桃深加工及示范种植基地、思源实验学校等重点工程建设现场进行视察，就重点工程建设中存在的问题同有关部门进行讨论交流，从加快重点工程配套设施建设、加强重点工程后续管理、拓展重点工程投资渠道等方面提出建议和意见，并向县委、县政府进行了反映。期间，组织高迎斌、李红艳等委员参加县政府多部门2015年度述职会议，组织李红艳、陈海珍、李飞、赵永军、侯俊伟、郭世荣、郭峰、孟振先、张艳芳、范志强等委员参加全县综合考核大会，对全县和晋中市直部门进行民主测评。（张玉德）

【专题调研】 重点调研：2016年，分别由县政协各工作委员会牵头，组成5个调研工作组，开展民营企业发展、企业人才建设、连翘产业开发、保障性住房建设、古村落保护、宗教活动情况等专题调研10余次，形成调研报告10余篇，提出富有针对性的意见建议50余条。在推进民营企业发展调研中，针对当前困扰全县民营企业发展的突出问题，深入昌鑫矿山公司、龙鑫农民专业合作社、通宝煤化公司等企业进行座谈了解和研究分析，从破解企业融资难题、推动产业转型、做好民营企业家培养、创优发展环境、鼓励外出企业家回乡二次创业等方面提出8条具体建议，向县委、县政府汇报，还通过政协“直通车”渠道，向省、市有关部门反映一些带有普遍性、宏观性的问题。在古村落保护调研中，年底深入蛤蟆滩、羊角、下庄、禅房等古村进行实地查看，完成了系列调研的室外工作。

联动调研：全年与市政协展开互动调研三次。3月，县政协协同市政协副主席李非忠带领市政协的煤炭企业生存和发展状况专题调研组在左权县召开调研座谈会，县政府相关部门、煤炭企业负责人参加座谈。8月，协同市政协副主席秦太明带领的市政协调研组，深入县鲜森葡萄酒庄、晋煤核桃深加工项目部、上会村大棚基地，就“推进精准扶贫、打赢脱贫攻坚战”情况进行实地调研并召开专题调研座谈会，县政协主席高儒林、副主席王向东、秘书长石湘涛陪同调研。11月中旬，协同市政协常委、农委主任王恩龙带领的关于发展电子商务促进农产品销售、农民增收调研组，深入县田农宝网络科技有限公司、左权县电子商务创业园、一麻袋电商公司进行实地调研，并进行座谈交流。县政协主席高儒林、县政协副主席程俊斌陪同调研，并提出相关建设性建议4条。（张玉德）

2016年12月20日，县政协对重点提案东长义公租房项目建设进展情况进行视察

【提案办理】 2016年，左权县全体政协委员共提出提案118件，经审查立案115件。县政协提案委将提案分类整理后向县委、县政府和有关部门交办。同时组织提案办理大型和小型视察活动11次，其中对重点提案实行跟踪督办3次。县委、县

政府对重点提案办理坚持高层批办推进或责成部门一把手督办，县委书记王兵、政府县长赵宏钟对提案办理提出限时办理要求，县委副书记王宏昌、常务副县长张海荣4次带领相关部门领导现场督办提案，针对部分承办单位在提案办理不到位的情况，召集相关8个单位负责人召开推进办理提案会，逐案提出重新答复要求。年内，115件提案得以解决和正在解决的77件，列入计划准备解决的31件，作为工作参考的7件。其中关于开通“大县城”城乡公交车方面的提案达4件，县交通局、运管所接案后，新开通了由县城分别至石匣乡蒿沟村、姜家庄村、寒王乡上丰垴村、太行龙泉风景区4条公交线路；发改、交通、水利、国土等部门联办的《关于做好灾后恢复重建工作的建议》提案，在县委县政府的协调下，两个月内恢复了灾区的水、电、路及通讯，同时向上级部门争取救灾资金，重点对灾区损毁的桥梁、道路、堤坝、耕地等重建项目进行整体规划设计，按轻重缓急逐步推进的原则实施，保障了灾区人民群众正常的生产生活。（张玉德）

【信息工作】 2016年，县政协办共编发反映社情民意的《政协之声》10余期，其中第一期刊登的《打击县城通道绿化工程内垦地种菜行为刻不容缓》的社情民意信息被县委副书记、县长赵宏钟做出批示，要求县林业局组织专题行动，维护通道绿化成果、城市形象，县政协社法委进行跟踪监督。同时搜集上报“直通车”信息100多条，其中“关于我省兼并重组煤矿生存发展的建议”“关于易地扶贫搬迁中存在问题及建议”“将辽州老城保护列入我省历史文化古城的建议”等信息被省市政协采用。为提高信息的实效性，6月24日，借市政协政策研究室主任邓庆旺一行到左权县指导社情民意信息工作进行调研机会，县政协主席高儒林、副主席王向东、秘书长石湘涛等就信息工作做了汇报交流，进一步完善和改进了信息的考核实施意见。2016年，县政协被评为“全市政协信息工作先进单位”。（张玉德）

【文史征编】 2016年，以征编“亲历、亲见、亲闻”的政协文史资料为重中之重，重点向县政协20余名文史研究员和重点作者征集资料，并于5月下旬赴河北省邢台市进行走访，征集有关文史资料，年内完成《左权文史》第11辑编印工作，收录“三亲”史料文章15篇约10万字，收集编写革命英烈史料多篇，其中《左权烈士传略》《何云传略》《巨贵如传略》等6篇文章被省政协《文史月刊》和《革命英烈》专辑采用。11月，县政协文史委举行文史征集座谈会，重点安排征集下年度文史资料工作，县政协副主席邵锦绒、秘书长石湘涛参加会议，县政协文史委主任张玉德做了具体征稿说明。（张玉德）

【联谊交流】 2016年9月3日—4日，省政协信息处处长卢成、副处长柳霞一行深入左权县麻田八路军总部纪念馆、左权将军烈士陵园、左权县抗日战争纪念馆开展“两学一做”党日活动，并对左权县社情民意信息工作进行指导。其间，陕西省渭南市政协机关党总支书记、副秘书长吉源一行，在左权县八路军总部纪念馆接受革命传统教育，并开展“两学一做”党日活动，县政协副主席刘二梅陪同学习参观。9月22日，县政协副主席王向东应邀参加县政协特聘委员王艾甫所创办的辽县抗战纪念馆向左权县政府捐赠抗战物品、藏品清点启动仪式。（张玉德）

政协委员

【委员构成】 2016年9月，中共左权县委组织部、中共左权县委统战部，按照省委、市委的统一部署和《左权县政协换届工作方案》精神，在各党委提出初步人选的基础上，根据推荐名单与各党委和有关人民团体多次协商沟通，并征求有关单位意见后，确定中国人民政治协商会议第九届左权县委员会委员建议名单，经八届县政协主席会议和常委会协商，确定新一届委员129名，与上届持平，分布在104个单位、21个界别。其中中共委员51名，占40%，非中共委员78名，占60%；妇女委员43名，占33%；继续提名委员54名，占42%，新提名委员75名，占58%；年龄在30岁以下15名，30岁～40岁32名，40岁～50岁53名，50岁以上29名；具有大专以上学历98名，中专、高中学历25名，初中以下学历6名；具有中级以上专业技术职称36名，其中高级5名。（张玉德）

中国共产党左权县纪律检查委员会

重要会议

【中国共产党左权县第十六届纪律检查委员会第六次全体会议】 2016年3月10日，中国共产党左权县第十六届纪律检查委员会第六次全体会议在县宣传文化中心举行。出席会议的县纪委委员13人，列席792人。会议由县纪委常委会主持。会议深入学习贯彻了十八届中央纪委六次全会、省纪委十届六次全会和市纪委三届六次全会精神，总结2015年纪律检查工作，部署2016年工作任务，审议通过了王宏昌代表县纪委常委会作的《聚焦主业，挺纪在前，主动担当，坚定不移推动全面从严治党落到实处》工作报告和《中国共产党左权县第十六届纪律检查委员会第六次全体会议决议》。会上，还组织与会人员集中观看警示教育片《贪腐警示录》。 （杨震武）

【中国共产党左权县第十七届纪律检查委员会第一次全体会议】 2016年9月7日，中国共产党左权县第十七届纪律检查委员会第一次全体会议在县政府前四楼会议室举行。会议应出席委员45人，实到45人，符合规定人数。会议由李学文主持。会议审议通过了《中国共产党左权县第十七届纪律检查委员会第一次全体会议选举办法》。会议选举并报县委十七届一次全会批准，以无记名投票的方式差额选举牛鸣、刘晋才、李学文、武美英、郭彦刚、常亮、曹英明7人为中共左权县第十七届纪律检查委员会常务委员会委员；选举李学文为中共左权县第十七届纪律检查委员会书记；选举刘晋才、常亮为中共左权县第十七届纪律检查委员会副书记。会议审议通过了《中国共产党左权县第十七届纪律检查委员会第一次全体会议决议》。 （杨震武）

主要工作

【概述】 2016年，左权县纪律检查委员会、监察局深入贯彻党的十八大和十八届三中、四中、五中、六中全会精神和习近平总书记系列重要讲话精神，根据中央纪委十八届六次全会、省纪委十届六次全会、市纪委三届六次全会部署，围绕全县“十三五”规划和县十七次党代会的战略目标，坚持全面从严治党、依规治党，忠诚履行党章赋予的职责，强化监督执纪问责，驰而不息纠“四风”（形式主义、官僚主义、享乐主义和奢靡之风），保持惩治腐败高压态势，推进标本兼治，推动全面从严治党向纵深发展，发挥巡察利剑作用，深入解决群众身边的不正之风和腐败问题，强化内部监督，持续提升纪检监察干部监督执纪问责能力，党风廉政建设和反腐败斗争取得新进展新成效。（杨震武）

【两个责任】 2016年，县纪委充分利用联动、联考、联督形式，联合县委下发14份联动卡，合力推动各监督主体担当起党内监督责任。组织3名新任乡镇党委书记和2名县直单位“一把手”向县纪委全会述纪述廉述作风述主体责任。督促全县10个乡镇和59个县直单位层层开展“四述”活动，切实推动全面从严治党向基层延伸。从严问责不落实或不积极落实的单位和个人，先后集体约谈落实“两个责任”不力的基层乡镇单位领导班子7个，约谈基层乡镇单位主要领导4人，约谈基层纪委书记（纪检组长）13人；组织处理主要领导23人、分管领导7人、纪委书记（纪检组长）5人，党政纪处分主要领导1人、分管领导8人、纪检组长1人。

（杨震武）

【作风建设】 2016年，县纪委组织各级党员领导干部到廉政教育基地接受教育，举办“缅怀革命先烈、重温入党誓词”主题活动。深入整治基层干部不作为、乱作为问题，查处失职类问题4个，党政纪处分13人。出台《关于加强联动协作全面监督“四风”问题的工作方案》，构建起与财政、税务、审计等部门协同配合的立体监督机制。紧盯重要时间节点，盯住公款吃喝、公款送礼、公车私用、私车公养、大操大办等问题进行监督检查和明察暗访，不定期在全县组织开展专项监督检查活动，发现违反中央八项规定精神及“四风”问题线索52件，办结44件；党政纪处分7人，诫勉谈话4人，书面检查13人，约谈3人，通报批评2人；挽回经济损失32796元。

（杨震武）

【执纪审查】 2016年，左权县各级纪检监察机关综合运用“四种形态”，以强有力的告诫提醒、约谈警示、谈话函询，促使87名问题干部主动讲清问题，涉及金额179.88万元，主动上缴80.62万元。全年共受理信访举报66件次，其中检举控告类59件；处置问题线索193件，立案75件；结案68件；组织处理186人，党政纪处分63人。其中，党纪处分56人，政纪处分9人，党纪政纪双重处分2人；党纪轻处分45人，撤职以上重处分18人；涉及乡科级干部18人；涉嫌犯罪被移送司法机关处理2人，挽回经济损失共计83.99万元。

提升审查质效。改造升级谈话点，制定完善《纪律审查安全工作制度》《办案人员工作纪律》《涉纪问题线索受理和处置工作制度》《纪律审查案卷管理工作制度》《关于加强受处分党员教育回访工作的实施办法》等制度。建立“两帮三谈四必访”工作机制（“两帮”是指明确受处分党员所在党组织负责人作为第一帮扶责任人，党支部另确定1人作为两名帮联责任人，帮助受处分党员加强学习、改正错误；“三谈”是指在处分宣布前、处分影响期内、处分结束后，同受处分党员及时谈话以增强对受处分党员思想教育；“四必访”是作出处分决定的党委或纪委在受处分党员处分影响期满前，必须安排回访受处分党员本人、所在单位党组织负责人、一定数量的党员和群众），对163名受处分党员教育回访对象开展建档工作。全面清点和落实历年来纪律检查建议、监察建议到位情况，建立健全处分执行到位自查自纠和整改通报制度。严格执行检查反馈制度，特别是对组织、人事部门及各乡镇、各相关单位处分决定执行情况进行重点检查，坚决杜绝受处分人员在工资调整、年度考核、晋升职务级别时，与处分相脱节现象的发生。

（杨震武）

【加强换届纪律监督】 2016年，县纪委开通电话、信访、网络和短信“四位一体”综合举报受理平台，对换届新增问题线索实行“即收即批即办”。抽调9人组建3个换届风气督查组，对县乡换届工作坚持全程监督检查。先后印制《关于严肃换届纪律的公告》、换届纪律提醒卡、县乡换届选举总体要求、党代表大会代表条件等宣传彩页2300余份，印发换届纪律函2400余份。组织领导干部集中观看换届专题警示教育片《镜鉴》，签订《严格遵守换届纪律承诺书》778份，集体或个别廉政提醒约谈312人。严把“两代表一委员”和提拔重用对象党风廉政建设“回复关”，先后廉政审查836人次，发现有问题线索和处分记录的共计91人次。

（杨震武）

【强化脱贫攻坚监督】 2016年，县纪委排查了2013年以来的扶贫领域问题线索13件，并充分运用建立台账、上下对账、严格查账、依规销账、集中交账“五账工作法”进行处置。选取近年来比较有代表性的7起典型案件，按照看主体责任落实情况，看排查到位情况，看问责震慑到位情况，看堵塞监管漏洞情况的“四看”要求进行逐案会诊，共发现处理不彻底问题2个、管理漏洞3个，全部完成整改完善。设立专门举报电话、开通网站举报平台，进一步拓宽发现问题渠道。创新开展了“九查九问”“三到三访”精准监督模式，紧盯近年来问题易发多发的群众反映强烈重点资金项目开展全方位监督检查，先后发现问题线索47件，办结35件，党政纪处分33人，组织处理27人。（杨震武）

【开展“三抓三促”专项活动】 2016年，县纪委通过对问题干部和有问题线索党员干部的谈话函询，促进了“四种形态”的全面实践。加大谈话函询力度，将谈话函询处置问题线索的比例提升到42.24%，促使有问题的87名干部主动讲清问题。活动期间共处置问题线索56件，立查案件16件，涉及科级以上干部5人；结案17件；党纪轻处分11人，组织处理81人，党纪重处分6人；主动上缴金额67.39万元。先后对群众反映强烈、问题易发多发的“一事一议”财政奖补资金、惠农扶农建设集水窖资金和农村科技创新特别流转金等资金的分配、拨付、管理、使用情况进行全面监督检查，发现问题线索25个，全部按要求进行了处置，组织处理21人，其中诫勉谈话2人，批评教育3人，书面检查16人，促使18名有问题干部主动讲清问题，退缴违纪资金38.67万元。通过对涉纪重复访、越级访的有效化解，促进了“两个责任”的有效落实。通过采取“一个问题、一个方案、一套人马”的化解办法，因事而异，因人而异，因案施策，有效化解6件越级访和10件重复访问题。

（杨震武）

【巡察工作】 2016年，左权县按照市委、市纪委要求，成立县委巡察工作领导小组，组建县委巡察办和2个巡察组。先后召开动员会，组织专题培训，制定印发《中共左权县委巡察工作实施办法（试行）》等制度，并对麻田镇、县农机局和石匣乡、县水利局开展首轮巡察，共确认问题线索33件，全部建账登记。其中，进一步了解各类问题线索3件，建议关注各类问题线索30件；交被巡察单位整改落实26件，移送县纪委3件，移交乡镇纪委初核4件。

（杨震武）

【反腐倡廉宣传教育和廉政文化建设】 2016年，县纪委探索建立“以案说纪、以案施教”重要案件通报会工作机制，以“现身说法”的方式开展教育警示。对新任干部进行任前廉政谈话，定期组织全县副科以上领导干部观看廉政教育片。制定出台《关于教育引导问题干部主动向组织讲清楚问题全面实践“四种形态”的实施方案》，创新制定《致问题党员干部的告诫书》，并印发给全县各乡镇、各单位。组织召开全县正风肃纪大会，通报发生在身边的典型案例。以新修订党内法规为重点，深入开展纪律宣传教育，联合县委组织部、宣传部开展党章党规党纪知识竞赛。依托左权纪检监察网打造“宣传阵地”，及时发布执纪审查信息，转载中央省市关于党风廉政建设和反腐败重大决策和政策法规，及时更新各级纪检机关工作信息。每逢端午、中秋等重要节点，向全县各单位“一把手”发送廉政短信共计1215条。

（杨震武）

【队伍建设】 2016年，县纪委严格按照省市要求推进深化监察体制改革试点工作，完成领导机构组建、基础情况摸底、涉改人员思想引导等工作。协助县委制定下发《乡（镇）纪委书记、副书记提名考察办法（试行）》和《县纪委派驻纪检组组长提名考察办法（试行）》。以县乡纪委换届为契机，分别从系统外、基层纪委书记中和机关中各选拔1名优秀年轻干部进入县纪委班子。每个乡镇配备1名纪委书记、1名专职纪委副书记，3名兼职纪委委员，乡镇纪委人数均增加到5名。高标准开展学习讨论调研活动、“两学一做”学习教育和十八届六中全会精神示范带动工作，率先在全市编纂出版《左权县纪检监察志》，县纪委机关被评为市级文明单位标兵单位。全体机关干部深入到拐儿镇寺坪村、石匣乡小岭底村开展结对帮扶。（杨震武）

群众团体

左权县总工会

【概述】 2016年，左权县总工会以省总确立的“素质提升年”为统领，围绕全县工作大局，以“五小”（小发明、小创造、小革新、小设计、小建议）竞赛活动为重点，以推动基层工会全面建成“六有工会”（有依法选举的工会主席、有独立健全的组织机构、有服务职工的活动载体、有健全完善的制度机制、有自主管理的工会经费、有会员满意的工作绩效）为目标，着力改革创新，团结动员广大职工为“全力晋位上台阶，全面脱贫奔小康”目标凝聚共识和力量。（王泉）

【“五小”竞赛活动提质扩面】 2016年，县总工会在工业企业不断引深竞赛活动的同时，将“五小”竞赛活动延伸到教育、卫生系统。全县参赛企事业单位96个，参赛职工11980余人，其中教育系统参赛单位13个，参赛职工1200余人，卫生系统参赛单位8个，参赛职工760余人。共设立职工创新工作室5个，劳模创新工作室1个，成立各类技术攻关小组66个，累计取得职工创新成果70项，征集合理化建议58条，已应用到生产实践中的成果42项，覆盖了改造工具装备，改进工艺技术，改善管理流程等多个领域，为企业创造经济效益1374万元，节约生产成本价值513万元。在全省2016年度“五小”竞赛成果评选活动中，获得二等奖2个，三等奖2个。（王泉）

【职工技能比武】 2016年5月12日，县总工会和县医院联合举办了纪念“5·12”国际护士节医护技能比武活动。共有15支城乡医院代表队、45名医护人员参加总决赛。比赛内容包括政策法规、医护专业知识及操作技能三大块。此次竞赛活动对进一步激发全县广大基层医疗卫生专业技术人员“学技术、当能手、创一流”的积极性、主动性与创造性，进一步规范服务流程、强化服务理念、优化服务模式、提升服务技能，展现医疗卫生专业技术人员勤于学习、积极向上、无私奉献的精神风貌和社会形象，促进全县医疗卫生社会事业的快速发展起到了重要作用。（王泉）

【十一届五次全委（扩大）会议召开】 2016年3月30日，县总工会召开十一届五次全委（扩大）会议，县委常委、副书记郭午生出席会议，县工会常委、委员、经审委员、女工委员及乡镇社区、企业、直属基层工会主席等参加会议。共计140余人。县总工会主席巨瑞青全面总结2015年工会工作，安排部署2016年重点工作。县委常委、副书记郭午生强调：推动新常态下工会改革创新工作，一要认真贯彻习总书记系列重要讲话精神，坚定理想信念，严守政治纪律和政治规矩，发挥政治优势，努力锻造听党话跟党走的工会干部队伍，扬起“工”字号旗帜；二要紧贴县委中心工作、结合自身职能、突出社会影响打造工作品牌，着力加强工会组织建设，筑牢“工”字号阵地；三要深化自身改革，夯实基层基础，建好干部队伍，充分发挥工人阶级主力军作用，切实履行组织职工、引导职工、服务职工和维护职工权益的职能。会上对评选出的2015年度基层工会工作情况举行了通报。

（王泉）

【“安康杯”竞赛成效显著】 2016年，县总工会深入推进“安康杯”竞赛和群众性安全生产隐患排查治理活动，借助“安全生产月”，组织开展了一系列“安康杯”竞赛活动。其中包括观看警示教育片、“送温暖、嘱安全”井口慰问活动、“安全生产咨询日”活动、“安全在我身边”主题演讲比赛、“安康杯”安全知识竞赛、安全演练、安全大检查等，使“安康杯”竞赛深入基层。通过活动，进一步树立了广大职工的安全生产意识，调动全体职工参与“安康杯”竞赛的自觉性，推进了重点领域的安全文化建设，从而在全县上下形成“人人关心安全、人人重视安全”的浓厚氛围，为全县的安全生产提供了有力的思想保证和精神动力。是年，山西煤炭进出口集团左权宏远煤业有限公司被评为山西省2015—2016年度“安康杯”竞赛优胜单位。推荐评选连壁村党支部书记郭应林为“山西省五一劳动奖章”，李祖能职工创新工作室为“全国工人先锋号”。

（王泉）

【开展“晋中工匠”评选活动】 2016年，县总工会经综合考评，精准验证，推选技艺精湛、具有地方特色、又有时代气息并对推动左权特色旅游产业开发及县域经济发展做出贡献的剪纸传承人赵兰芳、国家注册工艺美术大师李爱萍、野生绿色有机茶生产技师高骁勇三名工匠参加市级评选。其中，传统剪纸传承人赵兰芳带着她的剪纸作品，于5月6日参加了晋中市劳动竞赛委员会举行的“晋中工匠”座谈会，在会上进行了现场剪纸表演，高超娴熟的剪纸手法和精美作品，受到与会领导及同仁的高度赞赏。

（王泉）

【开展“最美劳动者”评选活动】 “五一”国际劳动节期间，县总工会在全县范围内开展了2016年“最美劳动者”评选活动。经过各乡镇社区、企业、机关事业单位、新经济社会组织等基层工会组织的层层推荐及“最美劳动者”评选组委会的评定审核，最终盘城岭煤业有限公司机运区皮带运输班长邢海忠、左权县恒达利牧业有限公司负责人赵军、环卫工人杨青花、二中教师崔鸣凤、麻田镇岭南村农民程刘顺、龙泉乡西寨村乡村医生张海霞、公安局巡逻防暴大队队长兼辽阳派出所副所长赵刚、寒王村农业种植大户安庆云、开花调艺术团《太行奶娘》主演王建英、金隅水泥公司技术员李祖能等10人，被授予“最美劳动者”荣誉称号。4月28日晚，由左权县劳动竞赛委员会、左权县总工会主办的“中国梦·劳动美”庆祝“五一”国际劳动节“最美劳动者”颁奖晚会在县宣传文化中心举行。

（王泉）

【落实劳模政策】 2016年，县总工会为47名历届省、市劳模进行了全面健康体检，为全国劳模发放补助金31060元、为省劳模发放春节慰问金及困难补助金29400元。

（王泉）

【开展“工会组建月”活动】 2016年，为扩大工会组织覆盖面，最大限度地把包括农民工在内的广大职工组织到工会中来。县总工会成立了由主席牵头、分管副主席挂帅、组织部门负责、相关部门配合的组建领导机构。严格按照“三告知、两报告、一宣誓”的建会程序，“六有”（有依法选举的工会主席、有独立健全的组织机构、有服务职工的活动载体、有健全完善的制度机制、有自主管理的工会经费、有会员满意的工作绩效）工会的建会标准，以乡镇（社区）为重点区域，以劳务派遣公司、大型在建项目、物流（快递）企业、家庭服务企业、农业专业合作社为建会重点，以农民工、劳务派遣工和青年职工为发展会员重点对象，推进建会工作再扩面。全年共新建工会组织6个，发展会员1800人，全县工会组织总数达到275个，会员数35077人，涵盖法人单位1050个。

（王泉）

【教育培训活动】 2016年2月16日—18日，开展了返乡农民工技能提升集中培训，参训学员达230余人，收到了培训一人、带动一批、辐射一片、振兴一方的效果。2016年，县总工会全年共派出20人次，参加了全总及省、市总在北京、西安、太原、乌鲁木齐等地举办的特色工会干部培训班，通过各种培训、开拓了视野，创新了理念，使县总机关干部整体素质有了新提高。

（王泉）

【基层工会规范化建设】 2016年，县总工会以建设“六有”工会为目标，以创建“职工之家”为载体，全面加强基层工会规范化建设，工会组织活力更加强大，使基层工会“建起来、转起来、活起来”。经考核验收，全县“六有”工会达到235个，占到工会总数的85.5%，与2015年同期相比，增加了12.2%。打造“职工之家”示范点5个。（王泉）

【引深“有困难找工会，拿不到工资找工会”专项行动】 2016年，县总工会针对农民工讨薪难的问题，通过成立领导工作组，创新宣传方式，设立专人专线，强化部门协作，规范建章立制，形成日常讨薪与集中讨薪机制相结合、首接负责机制和工作督查机制相结合、欠薪报告机制与信息通报机制相结合、依法维权机制与应急救助机制相结合的常态化、长效化的农民工工资维权工作大格局。是年，共协调办结农民工讨薪案件7件，涉及农民工207人，涉案金额472.6万元。（王泉）

【创业就业】 2016年3月9日，县总工会举办了2016年“春风行动”促就业专场招聘会。招聘会共吸引30余家县内外用人单位，提供就业岗位2000余个，涉及电子、网络、餐饮、家政、快递、保险、教育等多个行业。通过双向选择，见面洽谈，现场签订招聘合同的有400余人，达成用工意向1300余人。为进一步满足各类群体的求职需要和企业用工需求，充分发挥“互联网+”的优势，利用左权在线、左权门户网、辽洲快讯、县总工会微信公众等平台，持续发布招聘信息，提供就业指导服务，实现线上线下智能招聘，以“春风行动”为引擎，切实推动“大众就业、万众创新”在左权大地开花结果。是年，共有965名就业困难人员通过网络平台找到工作，解决了就业问题。（王泉）

2016年3月9日，左权县总工会举办“春风行动”促就业专场招聘会

【工资集体协商活动】 2016年，县总工会常态化召开集体协商工作例会，突出区域性、行业性工资集体协商重点，加强协商指导、规范协商程序、联动开展履约检查暨满意度调查。全年共发出要约书78份，行业、区域要约书12份、满意度调查问卷400份，履约检查企业25个，工资集体协商活动月以来，共续签工资集体协议19份，续签集体合同7份，续签女职工专项集体合同4份。（王泉）

【民主管理】 2016年，县总工会制定出台《左权县企事业单位民主管理办法》，将厂务公开民主管理工作纳入2016年县委、政府党风廉政建设责任制，企业领导干部和工会工作目标考核。厂务公开工作逐步走向制度化、规范化和常态化。2016年全县公有制企业（事业）101个，全部建立了厂务公开、职代会制度，建制率100%；已建工会的非公有制企业163个，已建厂务公开、职代会157个，建制率96.3%。11月，国网山西省电力公司左权县供电公司被评为“山西省厂务公开民主管理先进单位”。（王泉）

【开展职工转岗分流活动】 2016年，县总工会面对县域停产停工煤矿、铁矿增多，放假企业职工转岗分流压力较大的形势，紧扣“一年一县一主题，一年解决一问题”帮扶新思路，确立了“加强职业教育，开展技能培训，帮助1000名停产放假企业职工实现转岗分流”的活动主题。经统计，结合冬季行动，全县共培训停产停工企业放假职工和返乡农民工近1500人，通过政策指导，网络发布招工信息及举办专场招聘会，共帮助正行煤业、石港煤业、鑫顺煤业、五里堠煤业、正明煤业、鑫瑞冶金矿山等6个企业的1359名待岗职工实现了转岗分流。其中，煤矿内部异矿异地安置412人，经牵线搭桥劳务输出284人，酒店餐饮等服务业招录221人，一多便利连锁超市录用139人，物业管理

聘用108人，供热供气公司招收运行维护工52人，转岗其他行业143人。（王泉）

【帮扶工作】 2016年，县总工会在“两节”（元旦、春节）期间，共慰问困难职工、劳动模范、下岗职工、退休人员及困难工会干部共702户，发放慰问金49.74万元。深入环卫、交警、抗洪抢险一线、金隅水泥工地等一线，开展夏季送清凉“六送”（送关爱、送安全、送健康、送文化、送政策、送法律）活动，将冰糖、桔子粉、毛巾、香皂、茶等消暑物品和安全生产及农民工维权知识问答口袋书送到职工手中。共投入资金10万元，慰问野外一线高温作业职工1000余人。“金秋助学”活动中，共资助困难学子13人，发放慰问金3.9万元。2016年，在停产放假企业增多、征缴难度加大的情况下，第九期职工大病医疗互助金的征收，变坐等上门缴费为入企入户逐人收费，保证了重点行业、重点企业的应保尽保，参加互助人数仍达到9699人，收缴互助金35.40万元。第八期职工大病医疗互助活动目前共救助113人，赔付金额达到56.31万元。（王泉）

【举办赛事】 2016年4月25日，县总工会与㟳山社区工会联合会联合举办了左权县㟳山社区迎“五一”首届职工羽毛球比赛，㟳山社区8个小组，40余名职工参加比赛。9月29日—30日，与城区总工会举办了左权县城区职工2016年“迎国庆”中国象棋大赛。来自全县各机关企事业单位、社区等8支46名象棋爱好者参加了团体赛和个人赛。皇母圣社区工会联合会会荣获团体赛冠军，8名棋手荣获个人赛奖项。10月11日，第三届职工乒乓球赛在县体育馆举行。来自县直机关、厂矿企业、乡镇（社区）等19支参赛队伍，共120名选手参加了比赛。比赛参照国家审定的最新乒乓球比赛的规则，设立男子团体、男子单打、女子单打三项。12月25日，与㟳山小区业主委员会联合举办了“和谐杯”首届职工运动会，共设置了羽毛球、乒乓球、象棋、踢毽子、扑克等5个项目。职工200余人参加比赛。（王泉）

【组织建设】 2016年，左权县有基层工会组织275个，涵盖单位1050个，会员35077人，其中女会员9154人，农民工18952人，职工入会率100%。兼职工会干部557人；建立女职工组织221个；本级工会女职工干部兼职281人。县总工会行政在编人员4人，其中：主席1人，副主席2人，经审委主任1人；下设困难职工帮扶中心有全额事业编制3人，有在编人员3人。（王泉）

共青团左权县委员会

【概述】 2016年，团县委开展多种主题宣讲活动，通过网络共享，扩大宣传模式；围绕中心服务帮助青年就业、创业，开展青少年维权行动和爱心帮扶活动；同时加强了团县委的组织建设和作风建设。（常新）

【青少年思想政治教育】 2016年，青年团通过青年课堂、道德讲堂、“奋斗的青春最美丽”青年汇、“青少年才艺大赛”“描绘金色梦想”书信大赛等主题活动。开展宣讲习总书记系列讲话精神、社会主义核心价值观宣传教育12场次，参与青少年2000余人。同时，结合左权特有的红色革命遗址教育、金色民俗保护传承、绿色生态环保实践3个青少年思想道德教育基地，先后开展交流、学习、实践活动28次，参与青少年5300多人。为延伸思想政治引领工作的广度和深度，推进新媒体工作体系建设，加大“晋中左权青年”微信、微博宣传，构筑起县、乡两级联动的工作格局，基层团组织普遍依托QQ群、微信群建立起小型化、社区化、分众化新媒体联络平台。同时，共有1339人注册成为青年网络文明志愿者。（常新）

【就业创业】 2016年，面对经济下滑的严峻形势，团县委整合社会资源，采取多种形式服务青年就业创业，2015年左权县被确立为全省8个电子商务进农村综合示范工作县之一，为配合此项工作，团县委举办了青年电子商务培训班、青年创业培训班，为120名青年作了系统化培训。并通过政策帮助及贷款帮扶培树起养羊大户赵军、蘑菇种植户马宏伟等青年创业典型。（常新）

【青少年维权行动】 2016年，对全县范围内不在学、无职业的闲散青少年、有不良行为或者严重不良行为的五类重点青少年进行全面摸底排查，建立了数据库。在全县中小学开展有针对性、有特色的心理健康教育、法律知识讲座30余场。有效开展“共青团与人大代表、政协委员面对面”活动，并使其形成常态化工作机制。（常新）

【爱心助学】 2016年，团县委开展“关爱农民工子女”“关爱留守儿童”等爱心帮扶活动10余次，江苏江阴萤火虫爱心社的爱心人士资助芹泉镇贫困学子21人，资助现金12800元，书籍、桌凳价值2200元；平安山西公司为羊角乡28名贫困优秀学子发放16500元奖学金；福能源山西分公司向拐儿小学捐赠4万元的物品。（常新）

【乡村两级换届】 2016年，团县委坚持党建带团建，按照上级下发的三级团组织换届要求，完成乡、村两级换届，换届后全县乡村两级团书记年龄均28岁，乡镇团委书记均为公务员身份，完善了基层团组织班子，提升团组织的凝聚力。（常新）

【少先队活动】 2016年，团县委以推进少先队活动体系建设为重点，在所有县直小学课表和教学实践中落实了每周1课时少先队活动课程；落实辅导员待遇，在建队节期间联合教科局对学校推荐的大队辅导员做了考察，向新任辅导员颁发聘书，明确了辅导员按学校中层正职配置和团工作计入教育系统绩效考核。（常新）

【组织建设】 2016年，左权县有基层团委22个，其中乡镇团委10个，城区团委1个，系统团委5个，非公团工委1个，学校团委5个。团总支35个，团支部314个，团干部514名。其中乡镇团委书记平均年龄28岁，均为大学本科以上学历，公务员身份。全县共有青年69386人，14周岁～28周岁青年29745人，28周岁～35周岁青年39641人，团员13257人。（常新）

左权县妇女联合会

【概述】 2016年，县妇联贯彻落实党的群众团体工作会议部署要求，推动妇女工作创新发展；动员全县广大妇女在参与全县经济社会发展、实现十三五良好开局的实践中贡献巾帼力量，深入实施“创业创新巾帼行动”；围绕精准扶贫、精准脱贫整体安排，扎实推进“巾帼脱贫行动”；实施巾帼和谐促进行动，引导妇女儿童践行社会主义核心价值观；实施巾帼维权行动，以宣传反家庭暴力法为重点，开展法律知识、防邪教知识进家庭、进社区活动，依法维护妇女儿童合法权益。（李敏）

【三八主题活动】 2016年3月8日，县妇联举办“庆三八立新功奔小康”主题展演，动员全县广大妇女在参与全县经济社会发展、实现十三五良好开局的实践中贡献巾帼力量，活动中，来自全县各行业的妇女代表400余人以她们自编自演的文艺节目展现巾帼之美、巾帼之志。（李敏）

【巾帼创业就业】 2016年3月9日，县妇联联合县人社、总工会、扶贫办等单位共同举办了左权县2016年“春风行动”促就业专场招聘会，其中妇女参与500余人，达成就业意向妇女40余人，达到总人数的40%。是年，推荐8名妇女参加全国、省妇联组织的手工艺培训班，其中“巧凤绣屋”和辽艺巧手手传统手工艺合作社的作品参加了展览；推选39件作品参加市妇联手工艺作品展览。开展妇女创业及就业技能培训6期，其中手工技艺2期，家政服务1期，电子商务培训3期，参与培训500人次。组织6名家政服务员参加晋中市妇联组织的家政服务大赛，其中3名参赛者分获一、二等奖。推荐7名女企业家加入市女企业家协会。（李文芳）

【妇女小额贷款】 2016年，县妇联持续推动妇女创业小额贷款工作，帮助更多妇女实现创业梦想。截至2016年底，累计发放贷款618.5万元，贴息35万元。（李素红）

【巾帼脱贫行动】 2016年，县妇联制定巾帼脱贫工作实施方案，向全县广大妇女发出致力脱贫攻坚倡议，并推荐脱贫致富优秀妇女典型，形成人人参与、人人共享的浓厚氛围。推荐粟城乡苏亭村白美琴评选省致富能手。推动健康脱贫工作，联合县妇幼院开展农村妇女“宫颈癌”免费检查500例；组织各乡镇、城区妇联做好城乡“两癌”妇女建档工作，并及时上报全国妇联“两癌”妇女信息库；为羊角乡智何叶、城区李华发放贫困母亲“两癌”救助金每人1万元。为26名贫困乳腺癌妇女发放义乳文胸爱心卡；发放爱心纸尿裤170人。“幸福启航三晋光明行”走进左权，33人参加了眼病筛查。推动爱心脱贫工作，2016年，向社会各界爱心人士募集捐款39182元；“冬季行动”中，为6名贫困妇女、两癌妇女每人发放救助金3000元；为10名贫困儿童每人发放救助金500元；为辽阳镇东沟小学71名贫困儿童赠送家规家训挂历、安全教育图书、棉袜等各1份；爱心企业家张彦青出资8000元资助4名贫困大学生每人2000元；爱心人士常成霞通过县妇联牵线搭桥为拐儿镇寺坪小学捐赠2000元文体用品。（李敏）

【住村帮扶工作】 2016年，县妇联成立了由王丽琴主席任组长、第一书记李文芳任副组长的扶贫工作队，将拐儿镇玉心沟村31户92人的贫困人口全部分解到机关工作人员，确定帮扶责任人，结合玉心沟村的实际情况制定了年度帮扶工作计划和三年帮扶规划。为身患乳腺癌的建档立卡贫困户刘爱珍申请了1万元的“两癌”救助金。筹资7.8万元帮助改善了村级活动场所，争取交通局43万元修整了1千米进村道路，争取财政局农业综合开发项目资金，铺设了7.8千米的田间道路，建成2个200平方米的蓄水池，铺设水管3000米。年内按照县委县政府安排，帮扶村调整到了寒王乡清河店村，共帮扶4户贫困户，班子成员带头积极与帮扶对象进行了对接，制定帮扶计划，对4户贫困户全部进行节前慰问，为他们送去了米、面、油、挂历等生活必需品。（李文芳）

【家庭文明建设】 2016年，县妇联坚持把家庭作为社会主义核心价值观建设落细落小落实的重要载体，创新活动主题，拓宽活动覆盖面，开展“寻找最美家庭”活动，王巧凤、崔世伟、尹金鱼3户家庭被评为市级最美家庭，并在县直一幼举办最美家庭巡讲活动；开展“好家风好家训”宣传展示活动，三八节期间，召开“话家规家训讲家风故事”座谈会，并为30户家庭书写、悬挂家规家训；推动在全县机关单位广泛开展廉洁家庭建设，以良好家风影响党风政风、滋养社风民风；做好家庭教育工作，提升家庭文明素养，成立左权县家庭教育领导机构，举办家庭教育讲座15场；开展“我爱我家·同悦书香”亲子阅读活动；推荐家庭教育典型4人，优秀家长学校5所，家庭教育先进工作者4人；儿童幸福家园项目常态化开展，聘请教师、巾帼志愿者在园内举办故事会、手工、绘画、舞蹈等各种活动。（刘立波）

【妇儿阵地建设】 2016年3月4日，左权县妇女儿童活动中心正式运行。内部配置了宣传版面，多媒体教室配置了桌椅、投影仪、笔记本电脑，图书室配置了阅览桌、图书、档案柜等。3月4日，县教科局副科郝志栋为50名家长代表讲授了“争做合格父母共享幸福生活”家庭教育讲座。5月—10月，开设小花戏公益培训班，县妇联聘请具有小花戏丰富教学经验的韩永清老师现场教学，731名来自全县各行业妇女参加。7月12日，举办家庭教育骨干培训和家庭教育专题讲座，邀请榆次逸夫小学副校长范妞萍授课。10月25日，举办家庭教育专题讲座，邀请县教育局副局长宋修青授课。与青少年儿童活动中心联合组织了手工艺、沙盘、航模等课程。（李素红）

【妇女维权工作】 2016年3月8日，县妇联联合县司法、人社、妇幼等部门，在县体育馆集中开展维权咨询活动。发放《妇女权益保障法》《婚姻法》《反家庭暴力法》《劳动者权益保护法》以及法律援助相关内容的法制宣传资料1200份，解答法律咨询300人次。3月—5月，开展婚姻家庭矛盾纠纷排查调解工作，及时疏导化解各类矛盾纠纷，切实把安全隐患消除在萌芽状态，共排查9000户，其中存在纠纷70户。5月，开展安全知识进家庭活动，巾帼志愿者进村入户发放宣传资料5000余份。配合民政部门开展了留守妇女、留守儿童、留守老人摸底建档工作。（李文芳）

【推进基层妇联组织改革】 2016年，县妇联按照省、市妇联关于开展村（社区）妇代会改建妇联工作的要求，左权县在深入开展调研的基础上，确定11个村作为试点先行先试，截至12月底，全县村（社区）妇代会改建妇联工作全部完成。12月召开左权县妇联十届四次执委会议，选举产生6名兼职副主席。创新工作载体，开通县妇联微信公众号（左权女性E家）、今日头条号，建立县乡妇联干部微信群，拓宽联系服务妇女渠道，及时了解基层妇女需求。（刘立波）

【基层妇联组织阵地建设不断完善】 2016年，左权县203个行政村、8个社区实现“妇女之家”建设全覆盖，其中15个被评为省级“妇女之家”示范点，8个被评为市级“妇女之家”示范点。（李敏）

【组织建设】 2016年，左权县妇女联合会属参照公务员管理单位，核定编制数为4人，实有人员4人，其中：在岗人员4人，离退休人员3人。左权县人民政府妇女儿童工作委员会办公室属全额事业单位，核定编制数为2人，实有人员1人，其中：在岗人员1人。县妇联设党支部，支部书记刘立波。2016年县妇联设立党组，党组书记王丽琴，党组成员李文芳、刘立波。全县共有10个乡镇妇联，1个城区妇联，5个系统妇委会，1个非公工委妇委会，203个行政村妇联，8个社区妇联，非公经济组织组建4个妇委会，机关事业单位妇委会正逐步覆盖，全县已初步形成纵横交错，充满生机和活力的妇女组织网络。（李敏）

左权县残疾人联合会

【概述】 2016年，县残联以加快推进残疾人社会保障体系和服务体系建设为目标，以加强基层残疾人工作、改善残疾人基本生活状况为重点，扎实开展推进残疾人康复、教育就业、扶贫、宣传文体教育、办证、维权等业务工作，使残疾人得到更多实惠。（李腾飞）

【康复工作稳步推进】 2016年，县残联完成贫困残疾人成人助听器免费验配10人；共发放单拐、双拐、轮椅、坐便器等各类辅具500余件；申报“阳光伴我行”儿童轮椅项目，6月14日，完成7辆儿童轮椅的捐赠；申报脑瘫儿童康复训练项目，完成智力康复训练1人，脑瘫训练3人；为5名肢体残疾人免费安装了大、小腿假肢；完成6名精神病患者住院补助任务。（李腾飞）

【教育就业培训】 2016年，县残联开展助学项目。完成省级彩票公益金大学生助学2人，每人发放助学金3000元；市级彩票公益金高中助学30人，每人800元。完成对79名适龄三类（视力、听力、智力）残疾儿童少年（6周岁～14周岁）入学信息的摸底和登记，三类残疾儿童入学率达到92.4%。

对贫困残疾人开展就业培训工作。2016年，输送8名残疾人到省、市参加电子商务、盲人按摩、创业培训、盲人按摩人员继续教育培训等培训；依托县里具备培训资质的企业及机构，开展核桃树管护培训活动以及残疾人妇女刺绣培训活动，两项活动共培训200人，促进了残疾人精准扶贫工作深入开展。

开展“一店三基地”（盲人按摩示范店、残疾人就业创业基地、残疾人扶贫基地、残疾人实训基地）申报工作。2016年，申报了爱民农业专业合作社为残疾人就业创业基地，申报了左权县鑫泰种猪养殖农民专业合作社为残疾人扶贫基地。（李腾飞）

【扶贫及社会保障工作】 2015年底，县残联开展非贫困村贫困残疾人精准识别工作，2016年1月初，对各乡镇报回的非贫困村贫困残疾人识别情况进行了汇总，识别贫困残疾人416人，全部纳入建档立卡数据库。是年，左权县基层党组织助残扶贫工程落实30户贫困残疾人家庭，每户3000元帮助其发展产业脱贫。是年，开展重度残疾人护理补贴发放工作，县政府出台《左权县人民政府关于印发左权县困难残疾人生活补贴和重度残疾人护理补贴实施办法的通知》。年底，重度残疾人护理补贴全部发放完毕，人数为1776人，累计发放95.3万元。是年，县残联定点扶贫村设在粟城乡原庄村，1月，任惠静从县残联脱岗赴原庄村担任“第一书记”。全年，全体领导、干部与原庄村贫困户实行了结对帮扶，明确了帮扶责任人，填写了《左权县精准脱贫手册》《精准脱贫明细表》《精准脱贫台账》，完成对78户贫困户的建档立卡工作。在扶贫村开展核桃树秋冬季管理培训、手工艺刺绣培训以及光伏发电项目以培训促脱贫。（李腾飞）

【宣传文化体育活动】 2016年8月10日—12

日，县残联女子篮球代表队参加在寿阳县举办的“晋中市2016年聋人三对三篮球赛”中获得女子第三名的优异成绩。9月21日—22日，县残联声乐器乐代表队参加在介休市举办的“晋中市第二届残疾人声乐（戏曲）器乐表演展示赛”中获得优秀组织奖。盲宣队参加沁州书会和太行盲艺人联欢会第三届代表大会；参加中央电视台举办的中国民歌会；宣传长征胜利80周年，获得优秀队伍奖；到广东、辽宁卫视录制节目；在左权成立了刘红权民间音乐传习所。（李腾飞）

左权县工商业联合会

【概述】 县工商业联合会人员编制5人，2016年，围绕全县经济社会发展，履行统一战线人民团体和民间商会的职能，对广大会员进行团结、服务、引导、教育，坚定理想信念，实现强势转型，促进非公有制经济健康发展，促进非公经济人士健康成长，在光彩事业中谱写更加光彩的篇章，在经济社会各项事业健康发展中建功立业。12月，左权县工商业联合会（总商会）第九次会员代表大会选举产生新的领导班子。（石建光）

【换届选举】 2016年12月14日，左权县工商联（总商会）第九次会员代表大会召开。应到代表117人，实到94人。大会选举左权县通宝煤化有限公司董事长高树新为工商联主席兼总商会会长，左权县委统战部常务副部长、工商联党组书记曹卫锋为工商联常务副主席兼总商会常务副会长，巨世峰、李亚军、刘跃峰、曹立军、国薛伟、原红芳为兼职副主席，高乃文、赵保明、张国忠、左海军、赵翠萍、张彦青、马红丽为总商会兼职副会长，曹志忠为工商联专职副主席（总商会专职副会长）兼秘书长。（曹志忠）

2016年12月14日，工商业联合会暨总商会第二届会员代表大会在县城召开

【结对帮扶】 县工商联积极团结、动员、引导广大非公经济人士发挥自身资金、技术、市场等优势，投身结对帮扶、精准扶贫的攻坚战中，帮助农民增收致富。左权县通宝煤化有限公司等17户非公有制企业与石港口村等17个贫困村进行了结对帮扶，为贫困村安置剩余劳动力320余人，开展各种技术培训28期，提供各种服务180余次，有效地加快了贫困村脱贫致富奔小康的步伐。

（曹志忠）

【“双引双赛”活动】 县工商联将2016年作为招商引资重点年，开展“双引双赛”（引导非公有制经济健康发展，引导非公有制经济人士健康成长；非公企业转型跨越竞赛，非公经济人士致富思源和回馈社会竞赛）活动。5月，组织部分民营企业家先后赴河北省武安市、涉县、沙河市、邢台市高新技术开发区及太原武安商会进行走访，同当地工商联及企业家就左权县招商引资项目进行了对接洽谈；6月，组织2名企业家参加晋中市重点产业项目推介北京对接会，达成签约项目2个，总投资达15亿元。4月28日，由工商联牵头在深圳召开左权县在外企业家“回归工程”座谈会，县委书记王兵及政府、政协有关领导出席，左权县驻深圳、北京、太原等地20余名企业家参会。通过座谈，让这些常年身处外地的企业家们了解和感受到家乡的发展新貌和优越的投资环境，联络了感情，拉近了距离，坚定了他们回乡投资的信心，营造了良好的归乡二次创业氛围。为引导动员广大非公经济人士投身光彩事业，致富思源、回馈社会，工商联会同县委统战部每年在非公经济人士中开展了资助百名贫困大学生活动。贫困大学生每生每年一次性受助5000元。活动中，非公经济人士踊跃捐款，向全社会树立和展示了他们扶贫济困、奉献爱心的良好形象。（石建光）

左权县文学艺术界联合会

【文艺创作】 2016年4月25日，张玉德的《一个山寨里的中国天空》获全国首届浩然文学奖、散文三等奖。5月，晋中市第四届“晋中文学奖”揭晓，左权县三人榜上有名：张玉德的《村标》获短篇小说奖，乔叶的《一盏心茶》获散文奖，孟振先获优秀编辑奖。12月，张玉德的《太行山里的兵妈妈》获中国散文学会、江苏作家协会第八届华人华文“母爱、爱母”主题散文诗歌大赛优秀奖；是月，其诗歌《科学中国歌》获中国科学报社、中科院文联、《人民文学》杂志社、浙江教育出版社联合主办的“中国精神 科学精神”诗歌大赛二等奖。是年，左权盲宣队队长刘红权策划并投入制作的《春寒北寺巷》，晋中电视台、左权广播电视台联合出品纪录片《那些老红军的故事》在县内公演。出版《银龄风采》（程文华著）、《左权民俗》（宋保明）等书籍。至年底，县文联和县作协联合主办的《左权文学》如期完成了全年出版任务，共计40余万字。（李婷婷）

【协会活动】 2016年1月22日，县摄影家协会在鑫源电力集团召开工作年会。县人大常委会主任、县委常委、宣传部部长郑春华，县委宣传部副部长李岩，县文联主席孟振先等领导参加会议。会上，县摄影家协会秘书长呼彦波代表协会主席团作工作报告，并对在劳模摄影大赛、中国科普摄影大赛、太行女神摄影展上获奖的摄影爱好者颁奖。是日，2016年首届摄影艺术展在鑫源电力集团开幕，展出摄影作品80幅。2月3日，“送文化下乡”活动在辽阳镇东沟村举行。县文联组织县书画协会会员入村现场为村民写春联。2月22日—24日，由县委宣传部、县文联、县摄影家协会联合举办的“晒晒幸福——说出你的故事”摄影展在县政府广场开展。2月23日—24日，左权县第五届辽州板话传承晚会在县王艾甫抗战纪念馆举行，《反乱建》《重在教育下一代》《辽县人民永远怀念左权将军》等板话节目受到群众欢迎。5月27日，石匣乡长城村举办首届长城醋文化节，县文联组织县作家协会、书画协会、摄影家协会会员赴长城村采风。6月6日，县作协组织会员赴莲花岩参加刘红权《唱起山歌想起你——致我的导盲犬多多》新书首发式座谈会。县作协顾问邢晓寿、部分会员等各界人士数十人参加。6月12日，县摄影家协会在峻极关采风。7月16日，县文德学堂尊师重教礼拜仪式在县文庙举行，县书画协会会员主动参与，弘扬和传承传统文化。7月28日下午，电影《没眼人》剧组十年相聚太行暨《没眼人》书左权首发式在县盲宣队举行，县文联组织十多名作协会员参加。9月10日，县第一幼儿园举办建园45周年纪念活动，县书画协会提供作品70余幅，县作家协会部分会员创作了多篇文学作品。10月19日，组织20余名县各文艺家协会会员到龙泉国家森林公园、韩旭峰酒器博物馆采风。10月20日，魏李军参加晋中市影视家协会第二届换届大会，并当选为常务理事。

（李婷婷）

【乔叶《一盏心茶》发行研讨会召开】 2016年4月8日下午，左权县作家乔叶新作《一盏心茶》发行研讨会在县城召开。会议由县文联、县作协主持召开，来自全县的近40名文友参加研讨会，县委宣传部领导作讲话。在京城的左权籍《人民日报》高级记者段存章发来贺电。会上，乔叶和大家交流了《一盏心茶》的创作过程及写作体会，各位文友也畅所欲言，就贯彻落实习近平总书记在全国文艺座谈会上的讲话精神、文学创作的主题、题材及创作技巧等进行了研讨。乔叶新作《一盏心茶》由山西人民出版社出版发行，是作者继《我的左手扶住你的右手》之后的一部散文集，全书27万字，共收集了作者历年来52篇散文精品，思想与诗意同在，意境与哲理并存，实为心灵之作，真善美之作，正能量之作。

（李婷婷）

【张基祥家庭荣获“全国书香之家”称号】 2016年4月22日，县作协主席张基祥作为山西省荣获“全国书香之家”八名特邀代表之一，出席了山西省“书香三晋、文化山西”全民阅读系列活动启动仪式，并领取了国家新闻出版广电总局颁发的“全国书香之家”荣誉证书和书籍奖励。（李婷婷）

法 治

公 安

【概述】 2016年，左权县公安局全面强化反恐怖工作和反邪教斗争。通过搜集研判各类预警性、行动性、内幕性情报信息，查破邪教案件，有效打击了邪教活动。围绕中心工作，加大服务的广度、深度。组织开展为期50天的“利剑专项整治”和交通秩序百日整治行动。全警参与抗洪抢险，确保了洪灾期间全县未发生人员伤亡事故和财物被盗抢案件。开展社会治安风险隐患大排查大整治，排查各类风险隐患323条，列为重点风险隐患27条，一般隐患和重点隐患整改率达81%、93%。继续推进社会稳定风险评估和信访秩序整治，对49个项目全部做出稳评报告，2016年，全县未发生集体非访和个人极端访。

2016年，全县刑事案件共发349件破230件，发案同比下降12%，抓获各类犯罪嫌疑人126人，逃犯81名，打掉各类团伙11个49人。受理治安案件1243件，查处1118件，行政处罚违法人员536人，行政拘留422人。开展“三大战役”（打黑除恶、打击黄赌毒、缉枪治爆）行动，坚持对群众反映强烈的侵财犯罪实行破案攻坚，遏制了侵财案件的高发。

2016年，巡逻防暴大队和各派出所在巡逻中抓获犯罪嫌疑人55人，破获案件60件；各派出所警务室民警采集信息29万余条，查办各类案件71件，化解各类矛盾174件。对内部单位、旅店业、寄递物流等重点行业场所实行分级分类管理。推进区域警务协作机制，联破案件29件，抓获嫌疑人13人逃犯8人。开展打击整治网络谣言专项行动，删除不良信息121条，落地查证28人，办理涉网刑事案件1件，涉网行政案件21件。新增公共视频监控探头140余个，社会视频监控探头1200余个，联网整合4个单位视频监控探头112个。

推进公共安全管理工作。先后7次启动出省治安检查站和长途汽车站勤务检查，共抽调警力793人次，检查车辆1958辆，人员4883名。推进危爆物品管理办法，销毁过期炸药7240公斤，导爆管2700发，电雷管300发，侦破涉枪刑事案件1件，全县连续五年未发生涉危涉爆事故。开展冬春火灾防控、夏季消防检查等专项行动，共整改火灾隐患392处。全县连续五年未发生人员伤亡火灾事故。开展交通秩序专项整治工作，全县连续五年未发生人员一次死亡3人以上的交通事故。

（李彦林　赵瑞宏）

【机构设置】 2016年，县公安局设指挥中心（办公室）、政工监督室、法制室、警务保障室、国内安全保卫大队、刑事侦查大队、治安管理大队、经济犯罪侦查大队、禁毒大队、反恐防暴大队、食品药品犯罪侦查大队、网络安全保卫大队、交通警察大队、消防大队（现役）、武警中队（现役）、看守所、拘留所，以及辽阳、寒王、桐峪、麻田、拐儿、石匣、龙泉、芹泉、粟城、羊角10个派出所

和森林派出所。由左权县人民政府副县长张圣担任县公安局党委书记、局长。　（李彦林　赵瑞宏）

【110指挥中心】　2016年，县公安局为进一步规范警情反馈，推行了网络派警和网络反馈，110报警服务台全年共接入电话59427个，其中警情20467件（刑事类163件，治安类556件，交通类19426件，求助类191件，火警39件，社会联动类92件）。一线处警单位现场反馈率95％，结果反馈率98％。开展了群众求助举报事项社会联动工作，县人民政府组织26个单位组成联动队伍，明确职责，制度运行，绩效考核。通过互联网发布预警信息和警方提示，向群众宣传安全防范知识和典型案例，增强群众自我保护意识。办公室完成、回复、办结90余个转办函件，组织会议300个，发布通知100条，接收处理文件2000个，完成对上对下的数据统计和文件起草、信息简报、材料整理汇报，办事、办会、办文任务完成效果明显。

（李彦林　赵瑞宏）

【维稳反恐】　2016年，县公安局先后搜集研判各类预警性、行动性、内幕性情报信息461条，消除涉恐隐患32处，组织开展反恐演练2次。加大邪教活动的打击力度，查破邪教案件4件，抓获违法犯罪嫌疑人7人。组织开展为期50天的“利剑专项整治”，共排查化解各类矛盾隐患38件，整改各类安全隐患270余处，特别是部分村民，阻碍省道319改线工程正常施工半年之久，为此县公安局抽调精干警力200余人，通过耐心细致感化群众和实施法律震慑，使工程顺利完工。成功解决了文苑二期供热站施工，左黎高速左权南出口，思源学校建设、龙泉公园建设等工程施行工问题10余项。

（李彦林　赵瑞宏）

【刑事侦查】　2016年，左权县刑事案件共发349件，破230件，发案同比下降12％，抓获各类犯罪嫌疑人126人，逃犯81名，打掉各类团伙11个49人。坚持领导带头一岗双责机制、全警参战、科技导侦、合理布警，先后侦破10件八类严重刑事案件。刑侦大队坚持命案必破方向。快速侦破发生在县城北大街、万寿街、蛤蟆滩村的3件命案，并通过电视台、微信公众号发布消息，消除了辖区群众的恐慌心理。11月16日，县公安局110指挥中心接到县城北大街复兴巷有人持刀入室的报案：局党委立即启动命案侦破机制，采取设卡拦截、嫌疑人关系分析研判，充分发挥刑事技术和现场勘查实验专业技能，利用视频监控和警犬基地各种警犬追踪鉴别等措施，经四个多小时全力追捕，将杀死1人、刺伤1人的犯罪嫌疑人董某抓获归案。刑侦大队利用银行协作联席机制和反诈骗平台，成功堵截电信网络诈骗案件23件，涉案价值80余万元。刑侦大队通过线索摸排和深挖犯罪，打掉以张某为首的恶势力团伙1个6人，破获案件5件。对群众反映强烈的侵财犯罪实行破案攻坚，遏制了侵财案件的高发势头。2016年，侵财刑事案件立227件、破116件，追赃210余万元，侵财刑事案件发案同比下降31％。刑侦大队先后成功侦破郝某团伙盗抢山羊案件8件，涉案价值7万余元；侦破乔某团伙盗窃高速工地、鑫瑞矿山电缆线案件11件，涉案价值20余万元；侦破省督办案件——牛某团伙系列流窜信用卡诈骗案（涉及3省22个县市区）26件，涉案价值达30余万元。　（李彦林　赵瑞宏）

【治安防控】　2016年，县公安局组织开展为期50天的“利剑专项整治”，发放宣传资料50000多份，查处黄赌毒枪爆案件355件，抓获425人，排查化解各类矛盾隐患38次，整改各类安全隐患270余处。开展项目护航，与服务对象召开座谈会和分析研判会114次，各派出所警务室民警采集信息29万余条，化解各类矛盾174件。强化对内部

2016年5月18日，县公安局举行社会治安秩序专项整治百日行动启动仪式

单位、旅店业、寄递物流等重点行业场所实行分级分类管理；推进区域警务协作机制，开展校园安全整治，加强公务用枪监督检查，对铁路、公路、大型园区、重大活动、实行全方位警卫管控，确保全县社会治安稳定。加强视频监控建设和联网工作，投资400余万元新增公共视频监控探头140余个，社会视频监控探头1200余个，联网整合便民中心、政府大院、县医院、桐峪村四个单位视频监控探头112路，为80%的各类案件侦破提供了有价值的线索。加强治安检查，先后7次启动出省治安检查站和长途汽车站勤务检查，共抽调警力793人次，检查车辆1958辆，人员4883名，为全国两会和十八届六中全会的圆满召开提供了稳定的社会治安环境。探索建立“四个一”（每年选择一个涉危涉爆企业召开一次危爆物品管理现场会，每季组织开展一次危爆物品集中清查收缴行动，每月开展一次危爆物品安全检查和安全宣传，每周进行一次危爆物品申领环节核对工作）危爆物品管理办法，全年与各涉爆企业签订安全生产责任书270份，消除安全隐患45处，对210名涉爆人员培训审证，收缴销毁过期炸药7240公斤，导爆索1151米，导爆管2700枚，电雷管300枚，侦破涉枪刑事案件1起，收缴或群众上交气枪、土枪17支，各种子弹561发，炮弹1枚，实现了不流失、不炸响的工作目标，全县连续5年未发生涉枪涉爆事故。侦破药品犯罪案件2起，配合其他职能部门查处查扣非法烟草112条，假冒酒类20余件，假冒注册商标汾酒系列249瓶。加强社区警务建设，推广民警、综治、民调、网格四位一体和警长、片长、区长、楼栋长、单元长“五长”联动工作法。人口管理工作，2016年，共办理出生上户1875人，死亡注销657人，迁出650人，迁入549人，变更更正数据1352条。加强了申办护照和港、澳、台通行证审核制度，共办理出国出境1819人次，接待外国人87人次，侦办一起越南人非法入境案。在治安防控工作中，全年共出动警力2285人次，完成社火节、文化月等活动保卫27次，各项警卫活动23次。为金融单位、学校、党政机关、厂矿企业配备保安397人，确保了五管要害单位的安全。

（李彦林　赵瑞宏）

【经济保卫】　2016年，县公安局经济犯罪侦查大队侦破郝某传销案件1件，涉案人员达160余人，至此，全省关注的郝某涉嫌组织领导传销团伙被打掉。全年共破获经济犯罪案件56件，其中侦破李某妨害信用卡管理17件，抓获犯罪嫌疑人18人，化解积案8件，配合外地办理经济案件28件，注重经济犯罪预防教育，提高全民防范意识和法律观念，利用“5·15”等活动，发放宣传资料5000余份，接受群众法律咨询200余人次，防范经济犯罪案件发生，为群众挽回经济损失24万元。加强对内部单位的监管力度，开展护校安园专项行动，保证了2016年的高考、中考安全顺利进行。

（李彦林　赵瑞宏）

【监所管理】　2016年，左权县新建看守所工程尚未竣工，在押人员全部在外地关押，看守干警克服困难，坚持在外地值班备勤，保证左权县公安局、检察院、法院办理案件的安全、顺利，保证被监管人员伙食实物量标准，伙食费标准、食谱、卫生、疾病防控、监所安全等规范化要求。推进感化教育和深挖犯罪工作。12月27日，新建看守所通过验收。12月28日，在晋中市公安局监管支队和武警晋中支队的指导配合下，安全顺利地将在异地关押的人员全部回迁。

（李彦林　赵瑞宏）

【禁毒戒毒】　2016年，县公安局办理涉毒行政案件352件，办理涉毒刑事案件30起，缴获毒品303.1克，刑事拘留31人，行政拘留310人，强制戒毒40人，罚款处罚50人，社区戒毒85人，并百分之百地完成了信息采集。“三大战役”中，禁毒工作在晋中市排名前列。4月下旬，禁毒大队在掌握犯罪嫌疑人李某的犯罪事实后，通过大量工作和长达两个月的案件调查，6月30日，快速收网，一举将贩卖毒品的李某抓获，并相继将其下线的11名吸毒人员全部抓获，之后又相继侦破王某贩毒案件，收缴毒品达60余克。

（李彦林　赵瑞宏）

【法制建设】　2016年，县公安局设立案管中心，健全《案管中心职责》《受案立案监督岗职责》等规章制度，统一审核、统一出口，法制室共核查警情1963起，审核行政案件1168件，行政拘留420人。审核刑事案件429件，刑事拘留120人，取保候审52人，提请逮捕87人，移送起诉102案134人。加强执法规范化建设，以提高办案干警法律素质为目的，举办法制讲座6次，实行网上办案考核机制，规范民警执法行为，提高民警执法水平，2016年，县公安局执法质量考评工作在晋中市排名前列。信访工作以解决问题、纠正违法、服务群众、调处矛盾为目的，开展重点信访案件专项治理活动，全年接待上访群众35人，息诉罢访案件2件。 （李彦林　赵瑞宏）

【网络安全】 2016年，县公安局开展打击整治网络谣言专项行动，网安大队24小时监控网上动态，稳控各类重点人员255人次，编发舆情动态12期，及时发现负面舆情603条，删除不良信息121条，落地查证28人，办理涉网刑事案件1起，刑事拘留1人；行政案件21起，行政拘留2人，罚款14人，净化了全县网络环境；11月，网安大队侦破一起巨某网络诈骗案件，受害人员达40余人，涉案价值3万余元。对全县15家党政机关互联网网站签订责任书并实行随机检查监督，对存在隐患网站下发整改通知书9次，对网吧检查56次，下发整改通知书21次。 （李彦林　赵瑞宏）

【派出所】 2016年，左权县10个派出所共受理各种求助案件10225件，抓获违法犯罪人员536名，办理服务群众事项3685件，为民办实事好事185件，收集整理维稳信息29万条，办理人口身份证事项8297项，管理特行单位615家，管理内部单位316家，组织治保防范工作整顿基层治保单位67个，侦破刑事案件171件，查办治安案件1310件，防范各种事故隐患36处，为民服务办好事1980件，循序推进民生警务，提高管理水平，维护了全县的社会政治稳定。 （李彦林　赵瑞宏）

【全警参与完成抗洪抢险任务】 2016年，县公安局针对7月19日夜突发的洪灾，为确保受灾区域群众生命财产安全，维护社会治安秩序，先后3次召开局务会和专题会议，研究部署防汛抢险工作，启动8个工作组，实行全警参与，共投入救援警力500余人次，车辆240余次，疏散转移群众3700余人，解救危险地段群众14人，疏散车辆300余台，对哄抢财物且不听劝阻的2名违反治安管理行为人给予行政拘留处罚，对网上散布虚假灾情谣言的违法嫌疑人进行处罚，确保洪灾期间全县未发生人员伤亡事故和财物被盗抢案件。拐儿派出所所长李骏冒着生命危险，第一时间冲到洪灾第一线，有序撤离、安置临近河流的住户、商客、赶集人员2000余人。当他再次冲进洪水施救群众返回时，被突如其来的又一次洪峰围困在一棵树上长达5个多小时。群众含着热泪说："是李所长不顾个人安危救了我们，他却险些被洪水冲走，李所长真是人民的好警察。"

（李彦林　赵瑞宏）

【重点工程】 作为左权县重点工程之一的新建看守所，2012年选址立项，同年12月开工建设。该工程占地面积1.54公顷，建筑面积7203平方米，2016年12月28日投入使用。是年10月，新建拘留所开工建设。 （李彦林　赵瑞宏）

消防工作

【部队正规化建设】 2016年，消防大队借鉴现役公安消防部队正规化建设的经验，开展各种实战化练兵比武活动。一年共接处警27起，其中火灾5起，无人员伤亡，出动消防车31辆次，消防人员212人次，抢救被困人员25人，疏散人员160人，抢救财产价值157万元，火灾较2015年增加1起，组织官兵开展对人员密集、易燃易爆等重点单位和场所的熟悉演练61次，其中由安监、公安、消防、住建、交警、医院等多部门联合开展的高速公路、加气站、建筑工地等大型综合应急救援演练8次，做到了对重点单位场所的"六熟悉"（即熟悉消防队责任区的交通道路、水源情况；熟悉责任区内重点单位的分类、数量及分布情况；熟悉责任区内主要灾害事故处置的对策及基本程序；熟悉责任区内重点单位建筑物使用及重点部位情况；熟悉重点单位内部的消防设施情况；熟悉重点单位的消防组织及其灭火救援任务分工情况），切实提升大队的综合灭火救援能力。 （王鑫）

【官兵工作生活条件得到改善】 2016年，消防大队投入专项资金，建起淋浴间、书报亭，安装净水系统，为官兵统一购置凉席、拖鞋、水杯等日用生活用品，组织全体人员观看公安题材电影《湄公河行动》，官兵的生活娱乐设施进一步完善。组织官兵进行了健康体检，粉刷后院墙面，喷涂车库门，美化营区环境，基本实现了“绿化、美化、硬化、亮化、文化”的要求。（王鑫）

【落实消防安全责任】 2016年，消防大队定期提请政府召开消防工作联席会议，分析评估辖区消防安全形势，协调各消安委成员单位合力解决存在的问题；全面推进消防安全“网格化”管理和“户籍化建设”，各网格全部配置专兼职消防管理人员，并纳入社会综治平台，开展消防“网格化”排查整治，对重点单位人员进行户籍化管理系统培训，特别是对新增重点单位人员上门指导，确保户籍化系统正常安全运行。（王鑫）

【开展基层基础工作】 2016年，消防大队主动提请县政府召开部署会议，和各乡镇、行业部门签订责任书，全面推进微型消防站建设及独立感烟推广工作，同时邀请各重点单位和社区召开微型消防站建设现场观摩会，参观示范消防站和区域联防演练。是年，大队共完成24个重点单位及2个社区微型消防站建设任务，并建成1个区域联防组织，安装230个独立感烟报警器。（王鑫）

【开展消防安全专项治理活动】 2016年，消防大队开展冬春火灾防控、夏季消防安全大检查、旅游景区、消防产品等专项整治行动，加大对包保单位的检查熟悉演练力度，严格落实每日一查制度，始终保持整治火灾隐患的高压态势。共检查各类场所1092个次，发现火灾隐患1414处，督促整改火灾隐患1392处，下发《责令改正通知书》525份，下发《行政处罚决定书》43份，临时查封11个，责令“三停”（停止施工、停止使用、停产停业）单位21个，罚款25.67万元。（王鑫）

【消防安全宣传】 2016年，消防大队借助“3·15”、安全生产月、119消防宣传月等重要时间节点，设立咨询点，悬挂条幅，组织消防志愿者开展消防宣传教育活动，发放宣传资料2万余份；通过微博、微信等新兴媒体向政府、行业系统、群众发布应急避险知识、消防安全常识、消防安全温馨提示、消防官兵灭火救援等工作信息5000余条，微信关注人群达5949人；开展消防宣传“八进”（进机关、进学校、进社区、进企业、进农村、进家庭、进网站、进文物古建筑）工作，深入寒王中学校、华能电厂、金隅水泥厂、麻田八路军总部等场所宣传基本的防灭火常识，为社会单位员工免费提供消防培训教育2500多人次。（王鑫）

交通安全管理

【车辆和驾驶人管理】 根据晋公交管〔2016〕3号文件精神，从2016年1月起，凡购买新能源汽车的车主，可以到当地车管所进行免费注册登记。3月2日，县羊角村董伟岗购置的车牌号为晋K7222X的新能源燃气半挂汽车在大队车管所免费注册登记，成为左权县享受该政策的第一人。4月，左权恒益公共交通有限责任公司购入96辆纯电动公交车，4月25日，大队车管所为该公司办理了免费注册登记手续，晋K7001X号车成为纯电动汽车被免费注册登记的第一车。按照公安部《关于修改〈机动车驾驶证申领和使用规定〉的规定》《机动车驾驶证业务工作规范》和《机动车驾驶人考试工作规范》，可以通过互联网交通安全综合服务平台，办理机动车驾驶证。至年底，共受理综合平台身份验证面签2316人。11月开始，大队车管所对全县所有机动车和驾驶员开始实行电子档案管理。

2016年，左权县共新注册机动车1385辆，机动车年检6207辆，注销登记45辆，办理驾驶证补换证3301人，审验1460人，满分学习250人。淘汰黄标车及老旧车任务318辆，实际完成617辆，完成率194%。至年底，全县已注册的机动车保有量21345辆。其中汽车20997辆（大型载客车151辆，中型载客车36辆，小型载客车17630辆，微型载客车635辆，小计18452辆；重型载货车664辆，中型载货车45辆，轻型载货车1614辆，微型载货车11辆，小计2334辆；其他类型车辆211辆，其中三轮汽车31辆，低速载货车103辆），摩托车135辆，挂车213辆。全县共有机动车驾驶员41028人。其中，男性驾驶员31150人，女性驾驶员 9878 人。在所有的驾驶员中，不满一年驾龄的 4619 人，超过 20 年驾龄的 1483 人。在所有的驾驶员中，准驾车型为 A1 类 267 人，A2 类 4025 人，B1 类 218 人，B2 类 5388 人，C1 类 31336 人。

（赵乃江）

【道路交通事故处理】 2016 年，县交警大队共接报警道路交通事故 1902 起，简易程序处理交通事故 696 起，一般程序受理 30 起，死亡 24 人，受伤 24 人，直接财产损失 176510 元，发生交通肇事逃逸案 3 起，侦破率 100%，连续五年全县未发生 1 起一次死亡 3 人以上重大道路交通事故。为有效缓解辖区"小事故，大堵车"的顽疾，简化轻微交通事故处理程序。2016 年 10 月，集事故处理、民事调解、保险理赔为一体的左权县道路交通事故快处快赔综合服务中心建成投入使用。（赵乃江）

2016 年 10 月，左权县道路交通事故处理综合服务中心成立

【道路交通秩序管理】 2016 年，县交警大队不间断在县城区和国省道开展交通秩序集中整治专项行动，圆满完成春运、清明节、端午节、中秋节、国庆等重要节假日、G20 杭州峰会、省市领导到左权县调研期间的道路交通安全保卫工作。年内"7·19"洪灾发生后，大队领导及时带领民警赶赴水毁路段抢险救援，疏导被困车辆 2000 余台次，救助被困群众和外地司机 500 余人，指挥救援车辆有序通行。全年共查处各类交通违法行为 154372 起，其中重点违法行为 233 起（饮酒 78 起，无证驾驶 103 起，超员 2 起，超载 26 起，假牌假证 3 起，其他 21 起），乱停乱放 4689 起。（赵乃江）

【道路交通智能化建设】 2016 年 5 月 16 日，县交警大队委托晋中路桥建设集团有限公司，对左权县城区标线、停车泊位进行施划。工程标线面积数量 16865 平方米，停车泊位 2386 个，增设隔离护栏 1.4 千米，总体投资 320032 元。6 月 16 日经工程招标，大队委托晋中路桥建设集团有限公司，对左权县宏远街进行规划施工。在宏远街安装交通隔离 510 组，护栏标志 106 块，以及标志立柱、人行隔离柱、暴闪灯交通设施。工程总投资 349606 元。10 月，左权县公安局与太原学宇科技有限公司签订了《左权县公共安全高清视频监控扩容系统（智能交通卡口系统和城区安防系统）》合同书。该项工程按照 2015 年左权县智能交通管理系统工程建设标准，为交警大队增建 8 套公路卡口和 4 套城区逆行多功能违法抓拍系统。石阳线长城村卡口，辽阳镇七里店村卡口，滨河南街东卡口，滨河南街西卡口，S322 线武军寺卡口，S319 线下庄卡口，松店线中店村卡口，松店线路家庄卡口，城区王家巷北口，城区王家巷南口，祝融街西口，康宁路南口。2016 年 10 月，省道 319 线改线（滨河南街）工程竣工，为最大限度地缓解滨河大街交通压力，大队委托山西万里交通实业有限公司在滨河南街添设交通安全设施。工程增设禁令标志 10 套，提示标志 9 套，警示灯 21 套，总投资 278595 元。根据人民群众反映强烈的部分路段出行拥堵问题，在充分征求民意的基础上，在城内王家巷、祝融街、康宁路安装抓拍逆行监控设施，实行单向通行微循环，提高路网通行效率。全年，指挥中心运用电子监控系统共查处各类交通违法行为 37924 起。其中，闯红灯 4534 起，不按导向车道行驶 4309 起，逆行 3157 起，闯禁行 174 起，不系安全带 21509 起，超速 9449 起。

（赵乃江）

【交通安全宣传教育】 2016 年，县交警大队与左权电视台联合开办的专题节目《红绿灯下》共播出 24 期。编印《左权交警》报纸 12 期。宣教民警定期深入全县农村、企业、学校、社区、驾校进行交通安全宣传 60 次，发放交通安全宣传资料 26000 份，通过新浪、腾讯微博、微信、左权交警对外门户网站及时发布辖区路况信息、交通管制信

息、安全出行提示、城区和国省道交通监控卡口启用公告，让广大市民在第一时间知悉交警部门的工作状况。此外，利用《人民公安报》交通安全专版、《山西法制报》交通安全专版、《晋中晚报》交通安全专版三个专门平台，宣传报道左权公安交警的各类工作动态和交警的精神风貌。全年在市级以上新闻媒体发稿65篇，其中中央级媒体8篇。

（赵乃江）

检　察

【概述】 2016年，左权县检察院围绕中央监察体制改革、司法改革的重大决策部署，践行“强化法律监督，维护公平正义”的检察工作主题，以打击刑事犯罪活动、维护社会稳定、加强队伍建设为重点，推动各项工作取得新进展。2016年，在县委县政府年度目标责任考核中荣获优秀等次；在全市检察机关业务考核中位列前茅，综合考核荣获优秀等次；在省院组织的为期一个月的基层院“八化建设”（执法规范化标准化、队伍专业化职业化、管理科学化信息化、保障现代化实用化）抽样评估中，各项工作均居于领先地位；被中共左权县委表彰为“先进基层党组织”；被最高人民检察院、最高人民法院、民政部、司法部等多家单位共同表彰为“全国老年法律维权工作先进集体”；在全国检察机关争先创优活动中，被评为“全国先进基层检察院”。

（张海明）

【贯彻中央重大改革部署】 2016年，县检察院把贯彻落实中央重大改革作为首要任务，根据全国人大常委会《关于在北京市、山西省、浙江省开展国家监察体制改革试点工作的决定》，完成职务犯罪侦查局7人的转隶工作，将反贪、反渎、预防职务犯罪等职能划转至监察委员会；同时紧抓司法改革的重大任务，坚持严格政策、严格标准、严格条件、严格程序、严格监督的“五严要求”，通过业绩考核、民主推荐、遴选考试等程序，共有13名检察官通过遴选入额，为进一步推进人员分类管理、司法责任制、内设机构整合等改革奠定了基础。（张海明）

【打击刑事犯罪活动】 2016年，县检察院把维护社会稳定作为重要任务，把严厉打击各种刑事犯罪活动贯穿于批捕、起诉、监督等各个环节，特别是对黑恶势力犯罪，杀人、抢劫、绑架、强奸等严重暴力犯罪；盗窃、抢夺等多发性犯罪实现重点打击、快捕快诉、快审快结。是年，共批准逮捕各类犯罪嫌疑人96人，提起公诉105件136人。在办案中正确运用宽严相济的刑事政策，对未成年人犯罪、老年人犯罪、偶犯、过失犯等轻微刑事案件4人做出不批捕决定，对1人作出不起诉决定，减少对立因素，有效促进社会和谐。（张海明）

【查办和预防职务犯罪】 2016年，县检察院继续加大反腐败力度，查办案件的同时，优化案件结构，将办案重点向权力集中部门和关键岗位倾斜。是年，查办各类犯罪案件9件9人，其中，贪污类案件3件3人，受贿案件4件4人，行贿案件1件1人，渎职侵权类犯罪案件1件1人。在立案侦查的案件中，影响较大的案件有：中国工商银行山西省分行信贷管理部资深经理刘某（企业正处级）受贿案，太原美恒装饰制作工程有限公司法定代表人孟某行贿案，晋中市国家税务局车辆购置税征收管理分局局长杨某受贿案等。坚持“惩防并举，注重预防”的方针，深入到党政机关，国有企事业等单位，以报告、讲座、图片展览等多种形式开展警示教育活动，针对农村两委干部及农村征地拆迁补偿款职务犯罪案件提出检察建议2份，受理行贿犯罪档案查询700余次。是年，检察院的职务犯罪侦查和预防工作共为国家和集体挽回经济损失260余万元。

（张海明）

【侦查活动监督 审判监督和刑罚执行监督】 2016年，县检察院加大侦查监督力度，增强监督实效。对侦查机关应当立案而未立案，依法监督立案3件；对不应当立案而立案的1起案件，依法提出监督意见，督促侦查机关纠正；对应当逮捕而未移送批捕的，依法追捕1人；对应当起诉而未起诉的，依法追诉7人；书面纠正侦查活动违法17件。审判监督中，严格执行非法证据排除规则，完善出庭指控犯罪工作机制，公诉案件有罪判决率达100%。强化刑事审判监督，对认为确有错误的刑事裁判提出抗诉5件12人，依法提出量刑建议113件，采纳率达96%。刑罚执行监督中，开展社区矫正、财产刑执行、判处实刑未执行专项检察活动，依法纠正违法情形27件次，将判处实刑未执行刑罚的罪犯李某予以收监，有效维护了刑罚执行活动的公平公正。（张海明）

【民事行政检察】 2016年，县检察院共办理各类民事行政案件47件，其中审判程序违法行为监督4件，执行监督17件，支持起诉16件，行政机关不当履行职责监督7件，生效判决、裁定、调解书监督3件。延伸监督触角，在县法院设立民事行政检察工作室。同步开展执行案款集中清理、虚假诉讼专项监督活动。在金融系统开展督促起诉试点，为邮政储蓄左权支行挽回经济损失67万元，在试点的基础上进一步向环保、土地等部门延伸。（张海明）

【控告申诉检察】 2016年，县检察院的控告申诉检察工作以落实首办责任制为主线，以解决群众最关心、最直接、最现实的利益问题为重点，妥善处理群众合法合理的诉求，力争把问题解决在首办环节，防止涉检上访案件的发生。是年，共受理各类控告申诉案件36件，其中控告类案件33件，举报类案件3件，经审查后，转至本院民行部门22件，公诉部门1件，县纪检部门1件，县公安局2件，举报存查1件，由控申部门直接答复的7件，国家司法救助案件2件。（张海明）

【检察队伍建设】 2016年，县检察院把建设一支政治坚定、业务精通、作风优良、执法公正的检察队伍作为重要任务来完成。扎实开展“两学一做”学习教育活动，以集中讲学、干部领学、个人自学等形式组织全体检察人员特别是党员干部认真学习近平总书记系列重要讲话精神，在思想上、政治上、行动上和以习近平总书记为核心的党中央保持高度一致，始终确保检察工作正确政治方向。将职业道德、职业信仰、职业精神纳入经常性思想教育，引导广大检察人员在司法体制改革中深入践行检察官职业道德准则、职业行为基本规范，切实增强职业责任感和荣誉感。以职业化、专业化为方向，以执法办案一线人员为重点，针对公诉、侦查监督、职务犯罪侦查、案件管理等不同部门的特点，通过专家授课、研讨交流、网络培训、知识竞赛等多种形式，加强人才的深度培养。全年累计参加网络培训、专业技能培训等各类培训100余人次。是年，检察院共有4名干警通过国家司法考试；一名干警考入太原铁路检察院工作；职务犯罪侦查局被晋中市检察院表彰为“先进集体”，青婷婷、原利霞被表彰为“先进个人”。（张海明）

【其他检察工作】 2016年，县检察院技术服务中心积极发挥技术保障优势，配合自侦部门开展同步录音录像100余次。法警部门参与搜查、保护现场20余次，执行传唤、拘传等20人次，提押、看管犯罪嫌疑人40人次。纪检监察部门全面落实党风廉政建设监督责任各项措施，在重要时间节点、重要工作部署中开展专项督查，严防“四风”问题反弹，严防违规违纪行为发生，全年进行集体约谈6次，提醒谈话14次，函询谈话2次。办公室工作质量与效率并重，完成涉密系统分级保护、新旧机要通道在线切割，编发简报、信息49期，起草基层院“八化建设”“十六届人代会报告”等典型材料50余篇40万字，在《山西法制报》《山西青年报·检察周刊》《山西预防职务犯罪》《晋中日报·检察之窗》等刊物发表文章30余篇，其中《让标杆领方向》《用权不任性》被多家媒体转载。新媒体建设中，微博微信累计编发信息3000余条，发展粉丝2600余人，“微关注”“微主语”已成为检察院形象展示的重要平台。计财设备及后勤部门采取多项措施，如期推进5700平方米新建办案技术用房建设，全面完成国有资产清查工作，保证经费标准严格落实，加强机关保障和服务工作。（张海明）

法　　院

【概述】 2016年，左权县人民法院共受理各类案件2170件，其中，新收各类案件1585件，2015年度旧存585件。审执结1934件，审限内结案率95.9%，收案数同比上升21.1%，结案数同比上升37.3%。（刘彪）

【机构设置】 2016年，左权县人民法院设有办公室、政治处、纪检（监察）组、立案庭、刑事审判庭、民事审判一庭、民事审判二庭、行政庭、审监庭、执行庭、法警队及麻田、芹泉两个派出法庭，共13个部门。另下属司法技术辅助中心（全额）和后勤保障中心（自收自支）两个事业单位。

（刘彪）

【刑事审判】 2016年，左权县人民法院受理刑事案件审结刑事案件137件，同比增长15.1%，判处罪犯174人。严格落实罪刑法定、罪刑相适应原则，实行量刑规范化，确保罚当其罪。依法审理了抢劫、盗窃、贩卖毒品、故意伤害、非法拘禁、敲诈勒索、诈骗等严重危害社会稳定和影响群众安全感的犯罪，盗窃、故意伤害、交通肇事仍然是案件的主要类型，毒品犯罪数量急剧增加，全年共判处10年以上有期徒刑1人，3年～10年有期徒刑35人，3年以下有期徒刑或拘役120人。坚持打击犯罪与保障人权并重，准确把握宽严相济的刑事政策，宣告适用缓刑38人，单处罚金7人，免予刑事处罚4人。最大限度保护被害人合法权益、消弭仇恨，促进14件刑事附带民事诉讼案件达成调解。依法严厉惩治腐败，审结贪污、贿赂、渎职犯罪12案12人，科级以上干部6案6人。（刘彪）

【民商事审判】 2016年，左权县人民法院审结民商事案件902件，与2015年基本持平。及时审结涉及人身损害、民间借贷、劳动争议、医疗纠纷、婚姻家庭等案件，妥善审理劳动用工系列纠纷案、建设工程施工合同纠纷案等群体性、敏感民商事案件。加强巡回审判，稳妥化解了东南五乡镇上百件婚姻家庭、邻里、土地等民事纠纷。坚持"调解优先、调判结合"原则，全年调解和经过调解而撤诉499案，调撤率55.3%，在全市法院系统名列前茅。

（刘彪）

【行政审判】 2016年，左权县人民法院审结的15件行政案件中，判决撤销被诉行政行为1件、确认被诉行政行为违法2件，占20%；协调处理6件，驳回原告诉讼请求6件。（刘彪）

【执行工作】 2016年，左权县人民法院执结各类执行案件857件，全市排名第三，执结数同比增长177%。在全市率先完成"执行案暂存款专项清理工作"，清理案件49件，发放暂存款15.6万元。坚持"严管理、强责任、上手段"，运用法定强制措施，落实失信被执行人名单公布制度，曝光失信"老赖"，严厉打击逃避执行行为，全年共实施强制执行措施1270次，纳入征信黑名单444人，司法拘留3人，移送公安机关立案侦查1人。12月初，开展"树诚信、立公信"专项活动，在车站、广场、社区等人口密集地区张贴公告，广泛征集执行线索，21天执结87件涉民生案件，执行到位资金200余万元。

（刘彪）

【审判内部监督】 2016年，左权县人民法院制定了《审限监督实施方案》和《案件评查暂行办法》，确定由审监庭专职负责审限监督和案件质量评查工作，定期通报各庭室收结案情况和超审限预警。建立审判流程网上跟踪管理，从立案、分案、送达、开庭、判决、报结、评查、归档等审判流程节点进行实时监督，全年对8件即将超审限案件给予红牌预警。审判委员会侧重典型案例指引、法律适用把关，全年共讨论决定案件69件，同比减少42%。

（刘彪）

【审判外部监督】 2016年，左权县人民法院认真执行县人大及其常委会的决议，坚持向县人大常委会专题报告刑事审判工作开展情况，密切与人大代表的联络，办理代表建议2件，就建议涉及的婚姻家庭和刑事强制措施适用两方面内容，指派常务副院长、审委会专职委员、多名业务庭长专程走访代表，悉心听取意见，专门研究讨论后给予答复。认真向政协通报工作情况，加强与人民团体的日常联络。重视检察建议的办理回复，邀请检察机关监督执行案款发放。利用微博、微信发布司法信息，广泛接受社会监督。（刘彪）

【方便群众诉讼】 2016年，左权县人民法院落实"立案接待首办责任制""一次性告知"与"诉讼权利义务和风险提示"等制度，实行立案、咨询、答疑等"一站式"服务。擦亮"文明执法窗口"，合理设置安检通道，安装同步录音录像设备，规范干警着装，规范文明用语。严格执行立案登记制，杜绝有案不立，当场登记立案率达

94%。加强司法救助，依法为符合条件的困难群众缓、减、免交诉讼费1.4万余元。坚持源头治理，以化解信访积案为重点，对涉诉信访案件做到"清仓见底、一抓到底"。明确信访案件的领导责任，做到台账明晰、责任到人。集中梳理涉诉信访苗头线索，及时掌握动态，做好接访维稳工作，全年共接待群众来访150余人次，处理来信转办函件14件。（刘彪）

【司法公开】 2016年，左权县人民法院着力加强司法公开"三大平台"（审判流程公开、裁判文书公开、执行信息公开）建设，在诉讼服务中心公布立案、审判相关信息，群众持有效身份证件即可旁听案件审理。实行电子点击结案制度，推动实现案件纸质卷宗与电子卷宗同步生成。依法公开案件信息，全年上网公开生效裁判文书1403份。开通"左权县人民法院"微信公众号和微博，及时发布司法信息和工作动态。启动司法公开第四大平台建设，建成院内首个数字化法庭，与新浪网签约开通网络庭审直播。发挥人民陪审员在专业知识、社会阅历、乡土人情等方面优势，全年陪审案件960件，参审率达到78.6%，增强了案件审理的透明度。（刘彪）

【机关队伍建设】 2016年，左权县人民法院注重抓思想政治、抓责任担当、抓能力素质，实现自身建设全面提高。民一庭杨春光被省高院授予"全省法院调解能手"称号，刑庭赵德华所办案件被市政法委评定为"精品案件"，民二庭李慧同志被市中院荣记个人三等功。加强思想教育。开展"两学一做"学习教育，深入学习贯彻《党章》《党规》和习近平总书记系列重要讲话精神，组织开展党建知识问答竞赛、党员重温入党誓词、"感党恩、颂党情"文艺表演和参观"红色西沟"等主题活动。中心组学习形成制度化，召开"讲奉献、有作为"专题民主生活会，讲授"争做合格党员、法官"专题党课。加强作风建设。落实全面从严治党"两个责任"，履行党风廉政建设"一岗双责"，查找廉政风险点，制定相应措施，在部门设置廉政监察员，进一步加强廉政风险防控。组织召开党风廉政建设专题院务会，运用"四种形态"，就责任落实情况对13个部门负责人进行约谈。召开年终"述责、述纪、述廉、述主体责任"四述大会。加强学习培训。以创建学习型法院为载体，组织法官到最高院、省高院、市中院参加业务培训26人次，参训人员就学习内容撰写培训报告，并向全院干警转授先进审判理念和处理疑难案件的指导性意见。年初，组织20名陪审员进行为期5天的法学理论培训。11月，对15名在岗临用书记员进行为期30天的速录技能培训。坚持周五下午集中学习制度，由业务骨干对审务实践、办案技能进行讲解交流，促进提高业务水平，提高案件质量。（刘彪）

【司法改革】 2016年，左权县人民法院按照省高院关于推进司法体制改革的部署要求，制定贴合实际的法官入额遴选工作方案。坚持公平、公正、公开原则，从工作绩效、学术成果、民意认可度、岗位适配度等多个方面对申请入额的法官进行综合考核和考试，按额定比例报请省法官检察官遴选委员会审议确认，13名法官全部获批，其中有院领导3人，35岁以下的年轻法官3人，平均年龄42岁。首批法官入额遴选工作初步完成。（刘彪）

司法行政

【概述】 2016年，县司法局深入开展"法润左权""项目护航""维稳攻坚"三项行动，普法依法治理、基层管理、社区矫正安置帮教各项工作保持良好发展态势。左权县被评为全国法治宣传教育先进县。（贾宛洁）

【启动"七五"普法】 2016年，是"七五"普法开局之年，左权县科学起草"七五"普法规划。印发《关于在全县开展法治宣传教育的第七个五年规划（2016—2020年）》。12月4日宪法宣传日举行"七五"普法启动仪式，县四套班子领导、县五大党委领导及依法治县领导组成员单位领导、宣传人员共计120余人参加活动，发放资料10000余份，宣传用品1000余份。（贾宛洁）

【实施法治工程】 2016年，县司法局实施"法润左权"六大工程："法治思维"引领工程：制定出台“谁执法谁普法”实施意见，开办“法治大讲堂”和“依法治县培训班”，培训全县重点村书记、主任和行政执法单位中层以上干部。“法治阵地”覆盖工程：结合全县“六权治本”向乡村拓展试点工作和“农村治理法治化”工作，以辽阳镇、寒王乡为试点，以捐献法治书籍、制作法治宣传版面等形式为手段，充实完善法治宣传阵地。“法律六进”示范工程：抓住全县“冬季行动”、桐峪镇农民科技节等契机，将法治文化、法律知识引入农村、社区。法治宣传创新工程：租用县恒益公交公司公交车进行车体普法宣传，使法治宣传覆盖公交车沿线。普法读本编创工程：重点编印了一套简洁实用的“七五”普法读本，并印制6500册发放至学法对象手中。“法育未来”关爱工程：开展中小学校“开学第一课”活动，落实法治教育课时制度，对全县所有中小学校师生进行法治教育。

（贾宛洁）

【人民调解】 2016年，县司法局组织人民调解员专项培训2次；开展“筑防线、防风险、解矛盾纠纷排查化解”活动。全年全县各级各类人民调解组织共受理矛盾纠纷1487件，接待来访群众3500余人次，调解成功1427件，涉及金额1100余万元，调处率达95%，兑现率达96%。（贾宛洁）

【社区矫正】 2016年，县司法局开展社区矫正“规范化建设提升年”活动和社区服刑人员“脱管漏管虚管”专项整治活动。对全县社区服刑人员进行手机定位监督，基层司法所全部配备人脸识别仪和指纹签到仪，防止社区服刑人员漏管脱管虚管问题，实现全县电子信息监督管理全覆盖。全年全县累计接收社区矫正人员358人，累计解除287人，年底在册71人（其中缓刑69人，暂予监外执行2人）。全年共进行拟适用社区矫正人员调查评估28起。

（贾宛洁）

【安置帮教】 2016年，县司法局开展安置帮教“除隐患、强基础、保稳定”专项行动，加强刑满释放人员信息核查工作，服刑人员基本信息核查率达到95%，信息核实成功率达到90%，预释放人员回执率达到95%。全年全县共接收刑满释放人员304人。

（贾宛洁）

【法律援助】 2016年，县司法局开展法律援助信息化建设，打造法律援助网上咨询平台，为辽阳、麻田、拐儿法律援助站配备安装法律援助远程视频服务系统，使法律援助服务更加便民。加大“12348”法律服务热线电话宣传力度，把“12348”法律服务热线电话打造成群众身边的法律顾问。全县法律援助中心办理援助案件60件，其中刑事诉讼4件，民事诉讼45件，民事非诉讼11件，接待咨询690余人次。

（贾宛洁）

【律师管理】 2016年，严格律师收费管理，执行晋中市物价局、市司法局《关于律师事务所收费管理暂行办法及律师服务指导性收费标准的通知》，把收费标准公示上墙，并要求律师事务所收费必须开具正式发票，接受社会的监督，增强收费透明度。全年办理各类律师服务案件135件，其中法律援助案件20件，担任企事业单位常年法律顾问48家，义务解答法律咨询500余次。（贾宛洁）

【公证建设】 2016年，进一步推进公证标准化规范化信息化建设，为县公证处配备身份证识别仪、摄像机等电子设备。全年共受理公证案件128件，办结出证124件，保全送达文书公证2件，接待咨询520余人次，公证收费75000余元。

（贾宛洁）

左权县人民武装部

【思想政治建设】 2016年，县武装部扎实推进创新理论武装，以深入学习贯彻习主席系列重要讲话精神为导向和统领，先后落实习主席最新讲话精神、军委国防动员部首长讲话、全国“两会”、和省军区、军分区两级党委扩大会、县委经济工作会、十八届六中全会精神六个专题的集中学习，班子和队伍“看齐”意识、维护“核心”意识不断巩固。深入开展“两学一做”和“坚定改革强军意志、投身改革强军实践”两项专题教育实践活动，教育中，以纪念建党95周年和红军长征胜利80周年活动为抓手，始终把“弘扬老区抗战精神，争当左权将军传人”实践活动突出出来，确保《传承红色基因实施纲要》的贯彻落实。 （张鑫）

【核心军事能力建设】 2016年，县武装部始终突出战备训练这个“中心”，以改革战备训练模式为抓手，抓实实战化练兵，先后3次修订完善战备方案，2次集中整治战备值班秩序，4次机关带实兵紧急出动演练，及时配全各类防暴、处突等装备物资器材，战备秩序进一步规范。突出战斗力这个根本，坚持任务需求牵引，坚持平时训练、课题演练与实践锻炼相结合，集中现役、专武、民兵骨干和重点分队共200余人在人武部训练基地进行以军事理论、3公里跑、体能训练、拳术、警棍盾牌术、防暴队型和各项应急演练为内容的集训，有效提升了民兵队伍素质。在民兵整组工作中，坚持民兵“编、训、装，教、管、用”一体化建设标准，按照“建在身边、抓在手中、用在关键”的思路，采取有编无兵的撤销建制、有编兵少的缩小建制、有编兵多的扩大建制的办法，改善兵员结构。按规定比例调整建成应急队伍9支398人，支援队伍8支313人，储备队伍8支289人。以寒王乡应急分队为示范标杆，投入3万余元完善战备器材，进一步规范应急分队建设标准。另外，高标准承办了分区参加省军区比武考核民兵组的专业集训。 （常卓鹏）

民兵分队拳术训练

【干部队伍作风建设】 2016年，县武装部以行业风气整治为抓手，持续深入改进作风。廉洁征兵上，坚持秉公用权，在严格落实廉洁征兵各项规定基础上，实行军地纪委联合督察执纪，县纪委全程跟踪督导。落实中央八项规定精神和军委十项规定上，坚持勤俭节约，2016年行政消耗性实际支出在2015年降低的基础上减少6%。党委理财上，坚持“四个不能通过”：没有经费来源的不能通过，与本事业无关的不能通过，不符合开支规定的不能通过，不符合实报实销规定的不能通过。（张鑫）

【征兵工作】 2016年，县武装部坚持把宣传发动贯穿于征兵工作全过程，不断创新方法手段，加大宣传力度，增强宣传效果。跟踪重点对象，做好高中毕业生的宣传发动，5月，根据学校教学工作进度，及时协调教育、宣传部门，联合学校进行专项研究和全面部署，对高三学生进行兵役宣传并组织兵役登记，阐释国家相关入伍政策、山西省新调整的优抚金政策。另一方面针对左权无高校的实际，做好在外就读的在校大学生和大学毕业生回原籍入伍的宣传发动；创新宣传手段，是年，摘选了征兵政策要点、体检标准、咨询电话、报名方式等信息，制作了手提袋、鼠标垫和小扇子等使用率较高的日常用品4000件，利用征兵宣传日、平时设立咨询站和下乡宣传时机发放，起到较好的宣传效果。7月18日，在县将军广场组织开展征兵宣传日活动，县主要领导及征兵工作领导组成员，带头进行宣传发动。人武部组织人员在两个人员较多的广场进行设点宣传20余次，征兵宣传车下乡宣传30余次，指派干部分片包干深入到11个乡（镇、城区管委会）、203个行政村进行面对面宣传、一对一发动。运用网络媒体进行深入宣传，设立左权县征兵办公室微信公众平台，适时将各种征兵政策、信息及时进行发布；人武部部长史泽生在县电视台进行了征兵政策访谈，对征兵新政策进行了解读；制作悬挂宣传条幅150余条，散发宣传材料5000多份，利用广场LED电子屏、公交车身发布征兵公告，街道、社区遍布宣传信息。充分利用左权县是全国双拥模范县七连冠的优势，按照一季征兵、四季准备的思路，除征兵期间外，还利用民兵整组、“八一”军事日、学生军训及各类纪念庆典活动时节，适时组织《国防法》《兵役法》及征兵政策的宣传，制订《征兵宣传工作办法》，深入理解宣传内容、宣传方法、宣传手段等。2016年，左权县批准入伍人员全部为高中以上学历，大学生比例达到71.67%，整体素质好于往年，完成上级赋予的征兵任务。（常卓鹏）

征兵宣传

【安全稳定工作】 2016年，县武装部先后召开安全形势分析会4次，开展谈心谈话活动3次，组织节日战备教育5次；结合敏感时节、重要时段，组织开展“人车枪弹密”和防范政治性问题排查整治；严格落实“百日安全评比”活动，营造人人讲安全、抓安全、保安全的浓厚氛围。（常卓鹏）

【军民融合式发展】 2016年，县武装部在民兵整组中，按照“普通民兵编好、基干民兵编实、重点分队编强”的思路，将民兵组织由传统煤矿企业逐步向新企业、移民社区和行业系统拓展，全县乡镇、行政村共183个民兵营连阵地实现全覆盖。从2014年冬至2016年，先后出动兵力2600余人次，车辆110余台次，参加山林灭火、维稳执勤20余次，发挥了生力军和突击队作用。在打好精准扶贫攻坚中，协助分区完成首长包村项目的落实（配合分区召开精准帮扶启动仪式、成立扶贫养殖合作社、协助落实20万元帮扶资金）。先后为帮扶村修整进田道路1条，引进富硒地玉米种植产业1项，安排资金扶持蓝莓种植产业1项，多次开展种植技术进地头、医疗服务进家庭、党建帮扶进“两委”，为帮助农民分批脱贫打下基础。（张鑫）

【全民国防教育工作】 2016年，县武装部以开展纪念建党95周年和长征胜利80周年宣传教育活动为内容，大力营造国防文化氛围，开展国防文化主题活动。新增国防街1条，悬挂标语30幅，发放宣传单1000余份，及时更换主题广告，重新布置了国防文化主题广场。深入学校、机关、企业、社区、乡村举办“传承红色基因、赓续红色血脉”图片展、书画展20余次。组织知识竞赛、红色文化月活动，直接参与人数达3万余人次。“八一”期间，高标准召开了党管武装述职会议，组织县四大班子领导过军事日活动，激发了军地爱国拥军和为实现老区“进位崛起”奋发图强的精神力量。（张鑫）

人民防空

【人防工程建设】 2016年，左权县共出具工程设计文件3份，批准书7份。批建面积3661.81平方米，收缴易地建设费310.35万元。（樊立波）

【监督管理】 2016年，左权县加强人防工程质量监察，对开工建设的项目，及时办理质监手续，下达报监通知书；紧抓工程关键节点检查，协调市质监站对2个在建项目检查3次，单独检查8次，人防工程质监覆盖率达100%。对已挂牌人防工程资料进行备案规范，加强对已挂牌人防工程安全检查，确保人防工程的安全运行。（樊立波）

【通信警报战备训练】 2016年，左权县按时开展“九一八”警报试鸣活动，检验警报统控性能；开展“春夏秋冬”通讯训练；购置4G图传设备，提升应急通信能力。（樊立波）

【宣传教育】 2016年，左权县人防教育以“五进”（进企业、进学校、进机关、进社区、进网络）为途径，开展宣传活动。全年发放人防知识读本2000余册、人防宣传袋1000个；及时更新政府网站人防网页，订阅《中国人民防空》杂志让大家了解人防、重视人防、支持人防。在学生军训期间播放人防教育光盘，激发其爱国热情和国防意识。（樊立波）

2016年9月13日，左权县开展人防教育进校园活动

农 业

农业综述

【概述】 2016年，左权县粮食总产量完成0.57亿公斤；农产品加工销售收入完成3.8亿元；新型职业农民培育960人，认定100人；全年农产品质量安全事故为零，控制在指标范围内；农村常住居民人均可支配收入4745元，增幅7.1%。（吴志鸿）

【设施蔬菜产业】 2016年，左权县蔬菜种植总面积2万亩，总产值2.48亿元。设施蔬菜总面积1.39万亩，新增设施拱棚面积1010亩，其中：日光温室种植2250亩，设施拱棚种植2770亩，食用菌1080亩，节水莲菜7800亩，总产量完成5.48万吨，总产值1.6亿元。蔬菜主要种植种类为西红柿、食用菌、双孢菇、香菇为主。（王红凯）

【中药材产业】 左权县地处太行山中段，独特的区域性小气候，适宜中药材生长，全县野生中药材28万亩，从事中药材种植的农民专业合作社19户。2016年，全县发展中药材3万亩，完成油用牡丹种植500亩。6月16日，左权县人民政府与山西振东道地药材开发有限公司签订战略合作框架协议，双方开展深入长期合作，每年扶持种植不少于1万亩，有力推进中药材产业快速发展。

（王红凯）

泽城村中药材基地

【产业扶贫“八普及一创建”】 2016年，按照“建起载体扶贫产业就落到了实处、稳住千人村就稳住左权扶贫大头”的思路，在全县29个千人以上村开展产业扶贫“八普及一创建”工作。即普及农业科技示范基地、电子商务、光伏发电、造地整地、农机大户、家庭农场（生态庄园）、劳务服务网点、金融网点，创建产业扶贫新型经营主体加贫困户利益联结机制的左权模式。至年底，农业科技示范基地、电子商务、农机大户、劳务网点、金融网点工作已完成。（吴志鸿）

【农村人居环境改善工程】 2016年，左权县创建省级宜居示范村2个、市级宜居示范村4个、县级宜居示范村10个，农村人居环境改善“四大工程”涉及17个责任部门，涉及工程项目21大项33小项，截至年底，累计完成投资1.9亿元。选择10个村继续组织实施农村人居环境“八普及一创建”工程，左权县的人居环境改善工程得到省市部门的高度关注，推行的“民生第一、规划第一、群众第一、质量第一、管理第一、责任第一”的“六

个第一”工作法，得到各级领导的广泛肯定，8月23日—24日，全省农村人居环境改善现场会在左权召开。（王红凯）

【农产品质量安全】 2016年，左权县农产品送检10个批次，速测300个批次，合格率100%，未发现农药残留超标情况。开展假劣农资、农药专项整治行动，出动执法车辆95台次，检查人员797人次，检查蔬菜生产基地124个次、“三品一标”（无公害农产品、绿色食品、有机农产品和农产品地理标志）认证企业12个次，果园15个次、农业投入品经营店105个次，立案6件，结案6件，罚没款7609元。全县“三品一标”认证企业8个。建设左权县沃丰农资经销有限公司、田科农业科技责任有限公司、鑫森葡萄开发专业合作社3个农产品质量安全示范点。（王红凯）

种植业

【概述】 2016年，左权县种植业围绕农业产业结构调整，不断增加农业投入，本着提高粮食总产，确保农民增收、农业增效的原则，狠抓春耕备耕和各项科技措施的落实，严格执行各项强农惠农政策。农作物播种面积为19.8万亩，其中粮食作物播种面积17.6万亩，占总播种面积的88.89%，经济作物2.2万亩。发放农业支持保护补贴资金1024万元，涉及农户35833户。全县100亩以上种粮大户发展到17户，总面积达5210亩。调整充实科技示范户700户，培训农技人员1368人次。

（吴志鸿）

【新品种试验示范】 2016年，试验示范新品种17个，其中谷子5个（晋谷5、张杂谷9号、11号、12号、13号），豆类2个（辽豆35、红芸豆），玉米9个（利明33、联创808、中地88、隆平207、龙生16、华美368、太玉811、北玉509、忻试9898），藜麦1个。新品种示范推广先玉987、京科968、奥利66、吉农大688、晋谷29、晋谷36、晋谷40、长农35等表现性状好适宜左权县种植的玉米、谷子优良品种。新技术试验示范谷子宽幅渗水地膜覆盖穴播技术120亩，玉米地膜覆盖宽窄行一穴双株技术，立体种植等技术。（王红凯）

【粮食高产创建】 2016年，在芹泉镇的下庄、上庄、大南庄、小南庄四个村实施玉米高产创建1万亩，在寒王乡寒王村、简会村实施谷子高产创建400亩。按照统一要求设立一块标牌（注明创建单位、工作责任人、生产目标、品种名称、技术要点等内容，方便农民学习，接受社会监督）。同时建立了高产创建档案，做好相关生产数据和工作记录。通过开展高产创建活动，新品种、新技术得到集成推广。（王红凯）

寒王村谷子高产创建基地

【测土配方施肥技术】 2016年，左权县测土配方施肥推广面积15万亩，配方肥施面积8万亩，涉及10个乡镇204个行政村，完成土样采集350个，测试有机质和大量元素350个，化验分析2100项次，整建制推进5个村，为1万余农户提供测土配方施肥服务，建立示范方21个面积787亩，200个村施肥方案上墙公示，举办各种类型的培训班2期，培训农民5000人次，发放施肥建议卡1万份，建议卡入户率达到99%，建立较为完善的配方施肥技术服务体系，经济效益、生态效益和社会效益显著。玉米配方施肥使用面积5万亩，平均亩产462.76公斤，比常规施肥田435公斤增产27.76公斤，亩增收44.42元，共增收222.08万元，总增产222.1万公斤，每亩节约肥料（纯养分）1.8公斤，亩节约肥料成本5.04元，共节约肥料成本25.2万元。（王红凯）

【病虫害防治】 2016年，受气候影响，左权县大田作物部分病虫害明显高于2015年，蔬菜病虫害以病毒病、疫病偏重发生，小菜蛾、菜青虫、蔬菜棉铃虫等中等发生，病虫害发生整体来说属中等程度。全年病虫草鼠害发生面积共计42.41万亩次，防治34.29万亩次，其中病害发生10.52万亩次，防治7.02万亩次；虫害发生8.15万亩次，防治6.9万亩次；草害发生10.1万亩次，防治9.5万亩次；鼠害发生7.1万亩次，防治6.3万亩次。（王红凯）

林　业

【概述】 2016年，面对少有的严峻复杂经济形势和百年不遇的洪涝灾害，左权县林业系统全体干部职工围绕“生态文明建设”这一核心，瞄准“全国造林绿化模范县和山西核桃产业重点县”两大目标，努力构建更加完善的生态体系、更加发达的产业体系、更加繁荣的文化体系，着力推进“生态文明立县、核桃产业强县、庄园经济活县、资源管护稳县”四大建设，自加压力、狠抓落实，全年完成造林任务3万亩，是省、市下达任务的138%。（李雁）

【石佛寺城郊森林公园启动建设】 2016年10月16日，石佛寺城郊森林公园（亚行项目区）建设正式启动。石佛寺城郊森林公园是城乡水源保护和环境改善示范项目（亚行项目）的重要关联项目之一，也是左权县一大惠民工程。总规划面积1000余亩，总投资9263.88万元，是年完成可研性报告、总体规划、环评报告等手续。（张建伟）

2016年10月16日，石佛寺城郊森林公园建设启动仪式

【山西左权清漳河国家湿地公园通过评审】 山西左权清漳河国家湿地公园建设总投资8531.42万元，总占地面积737.31公顷，2016年12月22日正式通过国家林业局评审。（赵金光）

2016年9月27日，山西左权清漳河国家湿地公园试点专家考察座谈会在县城召开

【林业扶贫】 2016年，县林业部门出台了生态绿化增收脱贫一批、林下经济拉动脱贫一批、退耕还林补助脱贫一批、核桃产业增效脱贫一批、资源管护保障脱贫一批、庄园经济带动脱贫一批的“六个一批”扶贫规划。

争取到每亩800元的4.73万亩生态造林工程、每亩200元的1万亩连翘种植项目、每亩2300元的2.8万亩退耕还林工程和每亩200元的4.5万亩低产低效林改造项目等6大工程的林业扶贫攻坚项目。组建了45个造林专业合作社来承担项目的实施，工程总投资的45%资金向农户支付劳务费。出台了《生态护林员选聘实施方案》《低产林改造方案》《造林专业合作社实施方案》等五个惠及民生的增收项目实施方案。（关晓东）

【造林绿化工程】 2016年，县林业部门主要在三方面进行造林：（1）国家重点防护林工程，总面积4000亩，主要涉及羊角、辽阳、石匣、拐儿4个乡镇，总投资210万元；（2）林下经济种植工程，在羊角、拐儿、粟城3个乡镇共规划落实林下经济1万亩；（3）一般造林工程6000亩，总投资300万元。（关晓东）

【核桃产业发展】 2016年，左权县新发展核桃栽植任务1.06万亩，重点安排在山地、二坡地、荒地等闲置的土地资源上，主要集中在芹泉、羊角、拐儿、粟城等6个主产区乡镇；安排综合管理良种核桃挂果树（6年以上）4万亩，主要涉及8个乡镇、70个重点村；利用课堂教学、实地操作等形式实施科技培训，共组织各类培训人次达6000余人。 （崔树恩）

【林业生态文化建设】 2016年，科普教育展馆楼房主体及周边绿化全面完成，该工程总投资200万元，完成“辽东育苗基地”（市级重点林业工程）200亩扩建任务，完成投资55万元，栽植各类苗木275万株。 （张建伟）

【林权改革全面深化】 截至2016年，左权县集体林权制度改革确权面积210万亩，发证面积186万亩，占确权面积的88%以上；继续全力推动生态公益林森林保险，会同人寿财险对2016年受洪涝灾害的1055.62亩林地进行勘查，理赔金额达到63.372万元；金融系统对5家发放林权抵押贷款703万元。 （杨岳峰）

【森林防火】 2016年，左权县共发生森林火情1起，未发生1起森林火灾，为近三年来最好纪录；采购补充146万元森林防火物资以备不时之需，投资12万元修建森林消防专业队伍训练场地一处。 （刘文斌）

【林政管理】 2016年，左权县在林政管理上共接处警25件，受理各类林业行政案件9件，罚款2.84万元，责令补种树木580株，没收树木7.24立方米。 （药文生）

2016年8月25日，国家林业局在左权县召开晋冀豫陕蒙重大林业有害生物联防联治工作会议

【森林病虫害防治】 2016年，左权县建设13个监测点，对美国白蛾严密监控，检测面积141万亩，检测覆盖率达到98.83%。8月24日，国家林业局在左权县召开了山西、陕西、河南、河北、内蒙古5省美国白蛾疫情监控联席会议。 （张建伟）

【生态庄园经济】 2016年，左权县新发展庄园5个，全县生态庄园达到257个，重点扶持的50户规模庄园建设项目共涉及184个，完成投资5.13亿元；争取到小二黑、日月星、鲜森为市级专项扶持庄园，扶持资金50万元；32个庄园贷款共计923万元。 （杨岳峰）

【村庄绿化工程】 2016年，左权县投资40万元，在新庄、七里店、小会、突堤、马厩、三家村6个村开展以栽植环村林、街道树、庭院果，推广特色品种栽培。 （赵金光）

【林业专业合作社】 2016年，左权县组建林业专业合作社45个。省财政支持农民林业专业合作社5个，即左权县茂丰生态经济开发专业合作社、左权县拐儿镇石林庄园经济农民专业合作社、左权县麻田镇菁茂园农民专业合作社、左权县四里庄林茂种植农民专业合作社、左权县日月星生态庄园农民专业合作社，每家可享受15万元的省级财政扶持。 （杨岳峰）

【退耕还林】 2016年，县林业局完成退耕还林政策补助兑现任务共计252.22万元。 （关晓东）

水利水保

【概述】 2016年，是左权县“7·19”特大洪灾恢复之年。全年，县水利部门坚持按照“稳中求进”的总方略，共完成各类水利投资9863.41万元，其中争取中央省级财政补助资金3848.08万元，县级配套及社会资金6015.33万元。完成实际灌溉面积11.17万亩；完成新增有效灌溉面积0.17万亩；完成水土流失治理面积8.001万亩；改善提高农村饮水标准2.3万人；完成地下水压采量10万立

方米；完成征收水资源费 310.17 万元；完成征收水保“两费”680 万元；完成河道维护管理费征收 50 万元；左权县获“2016 年度山西省农田水利基本建设‘禹王杯’红旗县”荣誉称号。（杨超波）

【水保生态治理工程】 2016 年，左权县水保生态治理工程主要有羊角岭东和西安小流域综合治理工程。羊角岭东小流域综合治理工程总投资 1143 万元，水土流失综合治理面积 27.5 平方千米。该工程于 2016 年 1 月开工，6 月底全部完工；西安小流域综合治理工程总投资 614 万元，综合治理面积 12.28 平方千米，涉及西安、东安、西崖底、泽城、九腰会 5 个村，该工程于 2016 年 11 月开工，完成工程量的 50%以上。（杨超波）

【农村饮水安全巩固提升项目】 左权县总投资 555 万元，实施 2015 年第四批农村饮水安全提质攻坚项目、2016 年农村饮水安全巩固提升中央和市级资金项目。可以提高和改善全县 8 个乡镇，20 个村和 4 个集中供水站、1.74 万人饮水安全标准，重点向饮水困难的建档立卡贫困乡镇、村庄、人口倾斜。至 12 月底，完成投资 500 万元。（杨超波）

【寺仙灌溉水源截潜流工程】 2016 年 5 月，工程投资 656 万元，在石匣乡寺仙建设水源截潜流工程 1 处，铺设各类输、配水管道 5.1 千米。12 月，进入扫尾阶段。项目建设后可增加灌溉面积 1700 亩，年可增加供水量为 75 万立方米。

（杨超波）

【农田灌溉工程】 2016 年，左权县投资 269.6 万元，全年实施农田水利和庄园经济灌溉 8 处。

（杨超波）

【河道治理工程】 2016 年，左权县投资 260 万元，实施柏峪、西崖底、小南庄河道治理工程 3 处。（杨超波）

【东山供水工程】 2016 年，东山供水工程是全省大水网骨干重点工程，东山供水工程左权县二期管线工程线路总长 40 千米，涉及 4 个乡镇 25 个村，征地 1936 亩，工程管线长 33.6 千米。

（杨超波）

【防汛抢险】 2016 年 6 月 29 日，在拐儿镇阪上村开展的山洪灾害防御应急演练，提升干部群众自救应急处置能力。水利部门严格执行 24 小时领导带班制度，进行了汛前排查，发现隐患 28 处，明确职责，限期整改，对全县 199 处简易雨量站、29 处自动监测雨量站、96 处无线预警广播和县级预警平台进行全面维护。县政府在汛期中调拨 50 万元用于物资储备和隐患治理。在山洪灾害防治非工程措施一、二期的基础上，是年又投资 67 万元，实施了山洪灾害非工程措施视频会议县级平台延伸到乡镇工程。全县启动防汛三级应急响应前，水利部门每日与气象和水文部门保持沟通联系，研判雨情汛情，实时对洪水削峰调度；“7·19”防汛三级响应启动后，加强监测预警，有情况及时上报。县防指先后发布各类预警信号 83 期，通知 35 次，会商通报 30 余次，防汛救灾发布 10 期，进行联调联控。“7·19”洪灾中，水利部门出动机关干部和业务骨干 57 人次，协助县防指领导做好综合协调、信息研判、后勤保障、抢险支援、宣传报道等工作，指导处置各类险情 39 处。乡镇水管站水利员及时处置各类险情 190 余处。（杨超波）

【精准扶贫】 2016 年，县水利局精准帮扶拐儿镇阪上村，投资 21 万元，在阪上村实施灌溉渠道工程；投资 5.3 万元，实施护村护地坝建设工程。通过对该村产业扶贫，实施水利项目促进贫困人口增收。12 月，县委调整精准帮扶村为麻田镇下麻田村组，该村共有 322 户，963 口人，其中建档立卡的贫困户 85 户，215 口人，采取一对多的方式，全局 38 名帮扶人员分配到户，并一一找准“穷根”，分类结对帮扶并签订精准帮扶责任状和责任书，真正将扶贫政策宣传到建档立卡贫困人口家中。县水投公司组建 1 支农建水保专业队，吸纳本村建档立卡的贫困户 31 名，增加贫困人口的收入。在实施各类水利工程过程中提供的就业岗位向贫困劳动力倾斜，通过鼓励水利施工企业来吸收贫困劳动力务工，增加贫困户的收入。（杨超波）

【农建水保专业队】 2016 年 10 月，乡镇和城区管委会牵头负责，组建农建水保专业队 34 支，参与人数 1908 人，建档立卡贫困人口 1280 人。截至 12 月，全县 10 个乡镇和城区管委会完成注册专业队 33 支；水投农建水保专业队正在注册中。针对“7·19”灾后重建工程，水利部门安排由农建水保专业队实施的工程共33处，总投资900.2万元，保证了每个农建水保专业有1处工程，确保每名贫困人员能够从项目建设中获得3000元以上的劳务收入。

（杨超波）

水资源管理

【建立和落实水资源管理责任制度】 2016年，县政府出台《左权县人民政府关于实行最严格水资源管理制度实施意见》，确立水资源管理“三条红线”即：水资源开发利用控制红线、用水效率控制红线、水功能区限制纳污红线。《左权县人民政府办公室关于印发左权县实行最严格水资源管理制度工作方案的通知》，成立以政府分管副县长为组长的实行最严格水资源管理制度领导小组，部门间上下联动，形成合力。是年，全县用水总量为3100万立方米，万元工业增加值用水量为48.5立方米，比2015年下降8.1%，平均农田灌溉水有效利用系数为0.543，水功能区全年期水质达标率为100%。

（药权生）

【规范取水许可审批管理】 2016年5月，根据晋中市水利局《关于开展整治重要水源地内违法违规生产建设煤矿的通知》，县水资办对全县所有煤矿的水环境报告审批、水资源论证报告审批、取水许可审批、水资源费征收进行了排查；6月，进行采煤沉陷区调查，形成一份翔实的调查报告；8月，根据晋中市水利局《关于在全市开展取水许可清理工作的通知》，对全县2002年以后新发取水许可证中，应按规定进行建设项目水资源论证，而未进行水资源论证的取水户进行全面摸底，彻底清理。对取水许可证到期需换发的，必须完成水资源论证报告后方可进行。年底，全县保有取水许可证达207户。取水许可台账建设工作与水利部登记系统对接完成。年底，全县累计录入取水许可证207份，水量4049.73万亿立方米（含水力发电）。

（药权生）

【水资源有偿使用】 2016年，县水资办对新建、扩建、改建项目全部安装计量设施远程监控，与新建企业签订《规范取用水单位取用水行为协议书》，并收取每户保证金2万元，待企业按要求安装运行，验收合格后给予全款退还；每月的25日—28日按时到企业抄表、下达抄表通知单，开具水资源费专用票据，要求7日之内缴纳水资源费，逾期不缴纳的下达《限期缴纳水资源费通知书》。全年完成水资源费310.17万元（其中自备水源281.98万元，自来水公司28.19万元），并录入水资源费征收系统和征收台账。水资源费收缴入国库专户后，按比例分解，分别为中央36.03万元，省级174.08万元，市级50.06万元，县级100.11万元。

（药权生）

【地下水管理和保护】 2016年，实行地下水用水总量和水位双控制度。充分利用拐儿镇骆驼村、羊角乡四里庄村、粟城乡故驿村、辽阳镇小会村、辽阳镇河南村、县城东河滩深井、石匣乡道佛沟村7处地下水水位在线监控系统，实时掌握地下水动态变化。完成《左权县“十三五”关井压采实施方案》。对左权县鑫源热电有限责任公司实施关井压采5万立方米的指标。滨河地下水水源地周边环境不利于对水源地的保护，已撤销滨河水源地，省水利厅撤销其取水许可证。岩溶水区域取用水总量接近控制指标的龙泉乡和寒王乡沿线限制审批新增取水。通过采取措施，2016年水位上升1.22米。

（药权生）

【强化水资源统一调度】 2016年，为进一步强化水资源统一调度与管理，左权县全面启动实施了大水网建设，组建左权县水务投资公司，编制完成《左权县水网建设规划》和《左权水源保护和城乡环境改善示范项目（供水工程农村生活部分）水资源论证报告》。开辟新水源工程，解决城乡用水矛盾，利用亚行项目完成城乡供水配套工程。

（药权生）

【饮用水水源保护加强】 2016年，加大环境监测能力建设。在石匣水库水质监测方面，拓宽了每月对石匣水库的水质监测指标数额，由过去监测10项指标拓展为35项指标，达标率100%。在马厩水厂的水质监测方面，县级监测每月一次，市级监测每季度一次。监测109项数据全部符合饮用水水质要求。为确实保障用水安全，编制了水源地突发水环境污染事故应急预案，成立专门应急工作领导组。加大饮用水水源保护力度。马厩水厂建立多层次的水质监测系统，形成“化验指导生产”的管理模式。严格控制饮用水水源地项目建设，明确对饮用水水源地二级保护区内排放污染物的建设项目一律不予审批，要求严格入河、入库排污口监管，从源头上减少污染源。编制《左权县2016年农村饮水安全巩固提升工程实施方案》，解决实施30处工程，涉及37个自然村2.738万人。（药权生）

【健全水资源监控体系】 2016年，左权县建成全县地下水位监测体系，共安装实时监测设备7套。加强监测网络的维护与管理，确保监测设备在线率达95%以上。至年底，共安装取用水计量远程监控设备30套，工业用水计量普及率95%以上。按照水利部国控点建设的相关要求，完成2个国控点的建设任务。石匣水库管理处、永兴煤化有限公司等7个用水大户进入市级重点监控用水单位名录。华能左权煤电有限责任公司、石匣水库供水枢纽和污水处理厂列入水资源能力建设国控范围。

（药权生）

【水功能区水质监测】 左权县地表水水功能区共有五类：清漳西源和顺左权源头水保护区（左权段），清漳河晋冀缓冲区，清漳东源和顺左权农业工业（左权段），清漳西源左权农业用水区，清漳河左权工业用水区。《晋中市2016年水质年报》显示，五类地表水水功能区水质状况全部为达标。

（药权生）

畜牧养殖

【概述】 2016年，左权县畜牧兽医局按照“保供给、保安全、保生态、保增收”的总体要求，围绕畜牧业现代化建设，以调结构、转方式为主线，以提质增效为核心，以培育规模养殖和家庭畜牧场为着力点，保证了全县畜牧兽医工作任务的完成。全县生猪饲养量47600头，比2015年同期44900头增长6%；牛饲养量6600头，比2015年同期6500头增长1.5%；羊饲养量230200只，比2015年同期221300只增长4%；鸡饲养量1031500只，比2015年同期964100只增长7%；肉蛋奶产量9800吨，比2015年同期9200吨增长6.5%。全年牧业收入完成7500万元，人均577元，比2015年增加70元。（申美琴）

【疫病防控】 2016年初，县防治动物重大疫病指挥部与乡镇政府、县畜牧局与乡镇兽医站、乡镇兽医站与村级防疫员层层签订防治重大动物疫病目标责任书。按照“地方各级政府对防疫工作负总责，政府主要领导是第一责任人，分管领导是主要负责人”的防疫工作责任制要求，推进防控重大动物疫病县包乡、乡包村、村包场户的“三包”责任制和防疫人员包质量的“行政、技术双承包”责任制。落实春秋集中免疫和常年补针的工作措施，县、乡、村主抓疫情报告和疫苗储存、供应和使用管理，采取边免疫、边排查、边督查、边指导的方式，提升免疫质量。完成共完成口蹄疫免疫猪2.7万头，牛6632头，羊281050只，高致病性禽流感免疫101.2万只，新城疫101.2万只，高致病性蓝耳病2.7万头，猪瘟2.7万头，小反刍兽疫116515只，羊布病148046只，免疫密度均达到应免数的100%。发放散养户免疫卡7000余份，散养户免疫档案7000余份，户口本200本，更新换发规模免疫档案50余本。实行集中监测和月月监测相结合的工作机制，监测血清3187份，其中：口蹄疫864份，猪瘟305份，猪蓝耳病200份，禽流感674份，新城疫674份，布病270份，小反刍兽疫200份。抗体合格率达到农业部监测方案的规定免疫抗体合格率≥70%的标准要求。（申美琴）

【安全监管】 2016年，县畜牧兽医局重点围绕“饲料、兽药、瘦肉精、生鲜乳、畜禽屠宰”和病死畜禽无害化处理工作积极开展畜产品质量安全监管。制定了《2016年畜牧业安全生产和畜产品安全监管计划》，县局与各基层畜牧兽医站签订“动物重大疫病防控”“畜产品安全”“饲料安全监管”“动物卫生监督”四个年度目标责任书。加强对投入品使用环节的监管。督促养殖户严格执行养殖档案、兽药管理、疫情报告、消毒免疫、无害化处理、封闭管理、检疫申报、休药期制度等八类十二项制度，倡导企业自律、守信经营。坚持日常巡查。坚持对县重点监控对象和乡重点监控对象，每月巡查一次，普通规模户每季度巡查一次，散养户每半年一次的检查。（申美琴）

【动物检疫】 2016年，县畜牧兽医局做到养殖环节、屠宰环节、调运环节，环环监管到点、责任到位、痕迹管理、程序规范，确保检疫申报受理100%，规模养殖场监管率100%。开展以“瘦肉精”为重点的常规抽检，按抽检比例不少于3%的要求，全年屠宰环节抽检600余头，养殖环节出栏抽检1050头，动物检疫猪、牛、羊、鸡20万头（只）。严格病死畜禽无害化处理监管制度，无害化处理畜禽500头（只），提高收集处理率，严厉打击随意丢弃和违规处置病死动物行为。（申美琴）

【规模养殖】 2016年，县畜牧兽医局着力推进标准化规模养殖示范场和家庭牧场建设，加快畜牧产业结构调整步伐，推进畜牧产业发展。是年，发展1000头猪、10头牛、200只羊、1000只鸡的各类养殖户292个（猪28个、牛17个、羊198个、鸡49个），规模化比重57.8%，其中猪、鸡达82%；建设家庭牧场32个。完成现代畜牧业标准化规模养殖场20个，其中猪8户、牛4户、羊5户、禽2户、驴1户，总投入投资5882万元。（申美琴）

【招商引资】 2016年，县畜牧兽医局加大畜牧业招商引资力度，引进外地资本为本县畜牧业发展注入新能量。龙泉松树坪农家食品有限公司，引入涉县水溢河猪业集团扩建改造原有的猪场，扩建规模年出栏肥猪5万头，饲养种猪2500头，总投资0.8亿元，建猪舍20栋2万平方米（产房6栋、保育6栋、后备母猪圈4栋、公猪圈2栋、定位圈2栋），至年底，全部开工建设并引入种猪300头。（申美琴）

【人工种草】 2016年，左权县全年累计完成人工种植牧草1.77万亩，其中人工种草9000亩，其中退耕还草完成2000亩，牧坡改良8700亩。全年完成秸秆加工利用5.31万吨。全年抽检饲料35批次，出产使用自配料9668吨。（霍先明）

农业机械

【概述】 2016年，左权县农业机械管理局（简称左权县农机局）是全额财政预算事业单位，参照公务员法管理，归口左权县农业委员会。主要负担农机具购置补贴；农机社会化服务体系建设；农机安全生产管理；农机作业补贴；农机化新技术、新机具的引进、示范、推广；玉米丰产方机收秸秆还田、土地深松、保护性耕作等项目的实施及管理；新型职业农民（农机操作手）培训；农机化宣传；农机维修网点的监督与管理等工作。局机关内设办公室、推广鉴定股、生产服务股、监理装备股、项目财务股5个股室，下设左权县农业机械安全生产站。全局在职职工19人、退休职工18人，其中副科级以上干部5人。全年，全县农机总动力11.04万千瓦，农机经营总收入1.39亿元，落实国家农机购置补贴资金60.91万元。（张瑞旭）

【农机发展】 2016年，左权县农机总动力达11.04万千瓦；拖拉机保有量达7705台，其中大中型拖拉机379台，小型拖拉机7326台；拖拉机配套农具达6818部；联合收割机达49台，其中稻麦联合收割机3台，玉米联合收获机46台。设施农业总面积达205万平方米。是年，左权县小麦机耕、机播、机收面积均为12.5公顷，机耕、机播、机收率均达96.154%；小麦综合机械化水平达96.154%。2016年左权县玉米机耕、机播、机收面积分别达7464公顷，6327公顷和1900公顷，机耕、机播、机收率分别达97.57%、79.24%和23.79%；玉米综合机械化水平达69.94%。全县农机经营总收入达1.39亿元。（张瑞旭）

【农机购置补贴】 2016年，左权县农机局共落实国家农机购置补贴资金60.91万元，受益户数133户，购买台数310台（套）。享受补贴大中型拖拉机27台、手扶拖拉机139台、旋耕机93台、微耕机及田园管理机37台、玉米收获机械4台、薯类收获机1台、畜牧水产养殖机械11台、播种机1台、秸秆粉碎还田机2台，补贴资金全部兑付完毕，党的惠农强农政策严格按要求落实到位。（张瑞旭）

【农机安全监理】 2016年，左权县农机局建立健全“党政同责、一岗双责、齐抓共管”的安全生产责任体系，为全县农业机械化提供良好的安全生产环境。年内农机事故千台死亡率控制在0.2‰之内；千台重伤率控制在0.3‰之内；没有发生一次重特大农机责任事故。农机安全监管工作常抓不懈。是年，县局分别与各乡镇农机服务组织、农机驾驶员签订安全责任书180余份。不同形式进行农机安全知识宣传，发放宣传资料1000余份。全年安全检查30天，出勤80人次。进行全县性的大排查7次，排查安全隐患3个，并全部整改。依法检查各类农业机械5台，纠正违章3起。全年新注册大中型拖拉机31台、手扶拖拉机132台，联合收割机4台，检验130台，办理驾驶证27个。实现了平安农机县目标。（张瑞旭）

【农机新技术推广】 2016年，在全县范围内重点试验、示范、推广3个农机作业项目。(1) 玉米丰产方机收秸秆还田项目。在全县范围内实施玉米丰产方机收秸秆还田试验示范1万亩，申请省级资金30万元，县级资金20万元，每亩补贴50元，其中：省级30元/亩、县级20元/亩。(2) 农机深松整地项目。全县深松整地作业面积1万亩（其中作业补贴项目面积0.5万亩，辐射推广面积0.5万亩），落实项目资金17.5万元（其中省级项目资金12.5万元，市级项目资金5万元）。实施地点涉及寒王乡、羊角等8个乡镇。(3) 机械化保护性耕作建设工程项目。严格按照项目建设的任务目标、实施内容和推进措施，申请省级资金10万元，通过创新工作方式，完成高标准保护性耕作示范面积0.5万亩，辐射推广面积0.7万亩。通过项目示范区联合作业，降低了作业成本，提高了作业效率、生态效益和社会效益。（张瑞旭）

【丘陵山区农机化技术推广】 2016年，左权县农机局在龙泉乡龙鑫农民种植专业合作社推广实施“左权县丘陵山区农机化技术示范创建项目”，以连壁村为核心，投入资金20万元，创建谷子农机化技术推广示范区1000亩，通过购置谷子生产配套中小型动力机械及耕整地、播种、管护、收获农机具，对谷子生产实行农机配套作业，机耕、机播率达100%，机械化锄草和机收率达90%以上，为探索适合当地谷子种植农机化装备配备模式，走谷子农机化技术生产现代农业发展道路提供了科学依据及基础。（张瑞旭）

【农机服务体系建设】 2016年，左权县农机合作社新增2个，共计17个；农机大户新增13个，共计56个：维修网点新增1个，共计15个；农机家庭农场新增1个，共计2个；创建省级示范户2个。结合左权县地形、气候和种植特点，在全县核桃、中药材、莲菜等种植集中的区域摸底调研，筛选出一批新型特色农机大户，在各乡镇交通沿线摸底调研筛选出农机经销、维修，农产品加工等网点共计21户，给予县级扶持资金30万元，壮大了农机服务体系建设队伍。（张瑞旭）

【农机操作手培训】 2016年3月，左权县农机局结合市、县两级冬季行动，农忙抓生产，农闲搞培训，申请省级资金10万元，对全县100名新型职业农民（农机操作手）进行为期7天的培训。培训重点为农机操作技术和安全知识等，理论结合实践，课程安排形式多样，特邀请山西省农业机械化学校资深教授2名为学员讲授理论知识。9月26日，左权县农机局组织100余名农机操作人员开展电动农机演示培训会，开阔视野，倡导大家环保作业，节约成本，提高农机收入。是日，对左权县农机维修和操作人员60人进行了农机理论、农机实际操作及农机维修培训，并进行了资格证考试，通过考试，办理农机维修资格证23个（高级1个）、农机操作资格证28个。（张瑞旭）

新型职业农民（农机操作手）土地深松技术现场演示

工 业

工业综述

【概述】 2016年，左权县工业经济实现了稳中有增，累计完成工业增加值14.40亿元，累计增速3%。全年五种主要产品产量实现三增二降，洗精煤、水泥、铁精粉增幅分别为56.2%、25.1%、77.6%，原煤、发电量降幅38.6%、0.4%。1月—12月规模以上工业总产值完成33.27亿元，其中煤炭产值17.33亿元，占规模以上工业总产值的52.08%，非煤产值15.94亿元，占规模以上工业总产值的47.92%，煤与非煤产值比为1.09∶1，基本持平。重点骨干企业——华能左权煤电公司全年完成工业总产值11.40亿元，占非煤产值的71.52%，占全部规模以上产值的34.27%。

（于丽）

【项目建设】 2016年，左权县能源工业强区项目A类20项，B类9项，共29项，项目总投资244亿元。是年，计划投资60.6亿元。至年底，开工10项（分别为山西太行低热值煤发电项目、山煤物流中心选煤厂项目、中晋太行焦化项目、中晋太行还原铁项目、大唐风电项目、晋煤蓝焰煤层气抽采项目、盘城岭瓦斯发电项目、惠保蓝肥料制剂项目、天阳太阳能光伏发电项目、粉硅石玻璃原料项目），开工率34%；其余19项重点工程项目均存在不同问题，制约项目推进，导致其未开工，较突出的为土地、资金及手续办理问题。（陈旭波）

【招商引资】 2016年初，县经济和商务粮食局参加省、市、县组织的在北京、上海、深圳、重庆等地召开的各种招商引资活动。全年签约项目5项，总额31亿元。其中：上海浦江热能建设集团计划投资建设的4×12兆瓦的生物质和垃圾混合发电项目，总投资5亿元；安徽圣宝新能源科技有限公司计划投资建设的改性新醇基燃料项目，总投资6亿元；深圳市圣力圣磁业有限公司计划投资建设的手机膜项目，总投资5亿元；北京扬德环境科技有限公司瓦斯发电项目，总投资5亿元；浙江颐高智慧科技发展有限公司和山西兴福地房地产开发有限公司合作建设电子商务产业园项目，总投资10亿元。

（于丽）

【两化融合】 2016年，县经济和商务粮食局深入开展两化（工业化和信息化）融合管理体系贯标试点工作。金隅水泥公司被评为山西省两化融合贯标试点企业和山西省“互联网＋工业”示范企业。

（于丽）

煤炭工业

【概述】 2016年，左权县共12座煤矿，属地监管3座煤矿，全年原煤产量330.2万吨，原煤销量275万吨，煤炭企业工业总产值33.2亿元。宏远煤业、盘城岭煤业达到一级安全质量标准化，分别通过国家行业一级和二级安全高效矿井验收。

（李玲）

【煤炭供给侧结构性改革】 2016年，宏远煤矿核定产量76万吨/年，实际产量64.74万吨，盘城岭煤业核定产量76万吨/年，实际产量58.58万吨，均未超核定产量；降成本，推进精细化管理。是年，宏远煤业降低成本1388.3万元，盘城岭煤业降低成本1758万元；补短板，加强煤层配采管理。合理开采，调整开采顺序，优先开采价格高、市场好、利润高的煤层，总产量不变的情况下，提高4＃煤的产量，减少15＃煤的产量，盘城岭煤业正在做初步设计、编制、审批工作。（李玲）

【安全生产管理创新】 2016年，盘城岭煤业与重庆煤科院合作，宏远煤业与沈阳煤科院进行合作，鑫顺煤业与陕西煤田地质物探测绘院合作，对煤矿瓦斯、水、火等灾害进行治理，提供防突指标测定、系统优化技术等服务；组织监管煤矿矿长、总工、瓦斯专技人员及县局业务骨干实地到安徽淮南瓦斯治理中心、辛集煤矿进行学习考察，提高煤矿企业瓦斯治理理念和技术能力，同时出台“煤矿安全生产管理红线二十条”；互学互补、互查互比，深化企业管理模式。在“五人小组”每周一次、联合专家组每年两次会诊的基础上，抽调煤矿企业通风、瓦斯、防治水、机电运输、安全管理的副矿长、副总工程师和科长组成检查组，每季度一个主题，开展4次企业互查，共提出53条意见建议，提升了煤矿的安全。（李玲）

电力工业

【概述】 国网左权县供电公司位于左权县城滨河路11号，是山西省电力公司下属的直供直管供电企业。公司担负着全县10个乡镇和城区52185户的供电任务。全县总人口16.3万人，供电营业面积2028平方千米。2016年，公司被山西省精神文明建设指导委员会授予文明和谐单位称号，被山西省工会授予厂务公开先进单位称号，被国网山西省电力公司党组授予电网先锋党支部，被国网晋中公司授予先进单位。是年，全年累计电网建设投资3369万元，完成售电量27363.88万千瓦时，平均电价完成689.41元/千千瓦时，线损率完成5.74%，电费回收率100%，同业对标排名全市第四。至年底，左权电网共有220千伏变电站1座，110千伏变电站4座，35千伏变电站4座，发电企业2个。（刘坚　李斌）

【变电站】 至2016年底，左权电网共有220千伏变电站1座，主变容量24万千伏安，归晋中供电公司管辖。110千伏变电站4座，主变容量共计32.3万千伏安/8台（上武站2×31500千伏安，左权站2×40000千伏安，漳河站2×40000千伏安，晴岚站2×50000千伏安）。35千伏变电站4座，主变容量共计5.56万千伏安/7台（石港口站2×6300千伏安，粟城站2×10000千伏安，堡则站8000＋5000千伏安，桐峪站2×5000千伏安）；35千伏线路20条，长度216.8千米，其中公用线路9条、用个专线11条；10千伏线路47条，长度1104.74千米，其中公用线路21条、用户专线26条；0.4千伏线路长度946.34千米，低压台区1112/121042个/千伏安，其中公用台区491/44215个/千伏安，专用621/76827个/千伏安。

（刘坚　李斌）

【发电企业】 至2016年底，左权县共有发电企业2个，其中：华能左权煤电有限责任公司，高压输电线路2条，总长度90.4千米，发电机组为2×600兆瓦，是国家电网公司晋电南送的重点项目之一。华能左权二期工程处于启动状态，设计发电机组为2×600兆瓦。左权鑫源热电有限责任公司，发电机组2×2.5万千瓦，2×1.2万千瓦和0.6万千瓦4台发电机组处于停产状态，冶炼厂和电石厂用电负荷2.5万千瓦，电能为自发自供。

左权泽城西安水电站处于建设周期中，开始尝试蓄水，发电设备暂时未安装投运。（刘坚　李斌）

【电网建设】 2016年，县供电公司不断推进电网多层级改造，以配网综合治理为切入点，全面推进新一轮农网升级改造工程的实施，年内累计完成电网投资3369万元，完成5项较大工程，分别是10千伏麻田线68.1千米线路改造、粟城台区34

个村54台区改造、9个中心村20个台区改造、16个低电压台区治理、康宁Ⅰ和Ⅱ回线新建。全面加强规划引领和项目落地，申报了光伏、风能等新能源系统接入项目，为电网发展提供了保障。

（刘坚　李斌）

【安全生产】　2016年，县供电公司将安全管控落实到生产管理的全过程。全面加强作业现场安全管控，以安全家园微信平台为依托，对每个作业现场进行有效管控和督察，强化外包施工安全审核和管控。严格落实省公司配网可靠性管理办法，加强安监与调控、运检、建设等部门的沟通协调，实行一停多用和状态检修，供电可靠率得到提高。结合状态检修、特殊巡视等，对发现的隐患和缺陷形成“一患一档”，并根据轻重缓急合理安排消缺工作，全年消除各类隐患和缺陷2583处，实现安全管理的无缝隙覆盖。不断完善应急抢修和保电机制，累计完成重大保电任务16项，在“7·19”特大暴雨供电抢险中，公司全体干部员工，在4天时间里恢复14300户供电，得到省、市公司和县委、县政府的高度赞誉。

（刘坚　李斌）

【经营管理】　至2016年底，县供电公司共管辖用电营业户52395户。其中大宗工业用户45户，一般工商业4371户（非普工业1022户、非居民923户、商业2426户），农业生产697户（农排247户），居民生活47082户（城镇8575户，农村38507户）。全年营业外收入完成31.59万元，追补电量21855千瓦时，高损台区治理率达到17.2%，合格台区占比达到64.07%。持续巩固和拓展售电市场，加快业扩报装流程，开通绿色审批渠道，净增业扩报装容量80540千伏安，多措并举、责任倒逼，打开合表用户13600余户，完成“零合表县”创建工作。防范电费风险，充分发扬“三千”（千言万语、千方百计、千辛万苦）精神，电费回收和上缴实现100%，预付费率达到80%。全面加强人财物的集约化管理，加强成本管控，合理调配人力资源，完成了财卡物的专项治理。

（刘坚　李斌）

【优质服务】　2016年，县供电公司始终践行“你用电、我用心”服务理念，推广“台区经理制”，使各项服务举措实现终端落实。全面加强优质服务分析管控，每周定期对客户投诉、报修、咨询等业务进行深度分析，及时发现和消除服务“盲点”。深入开展“零投诉”班组创建，奖优罚劣，调动全员优质服务的积极性和主动性。充分利用微信等社交媒体对外发布停电信息及公司优质服务举措。履行社会责任，深入推进精准扶贫，受理分布式光伏项目2010户，完成扶贫帮扶村麻田村150个贫困户的建档调查和产业扶贫前期工作，对全村319户村民开展了节前慰问。推动“互联网+”营销服务，网上营业厅注册694户，微信受理165户。

（刘坚　李斌）

【推进“信息化”企业建设】　2016年，县供电公司依托协同办公、安全监督、ERP、生产PMS、营销业务系统的应用，提高业务应用率和上线率，提升公司信息化管理水平。同时开始智能开关应用工作，利用智能开关远程操作功能，强化电网灵活管理。在晋中公司合理化建议征集活动中，获得三等奖2个。开始启动小发明、小革新、小改造、小设计、小建议“五小”创新工作。

（刘坚　李斌）

【机构队伍】　2016年，县供电公司下设综合管理部、财资部、安质部、发展建设部、供电所管理部、调控分中心、运检部、客个服务中心8个部门，10个乡镇供电所，7个班组（调度分控制中心下设自动化运维班、调控运行班；运检部下设输电运检班、配电抢修班；营销部下设市场班、营业班、用电检查班）。原隶属于公司管理的多经企业左权县烨隆电力实业有限责任公司，统一划归晋通公司管理，更名为晋通电建左权县分公司，公司负监督责任。

2016年底，县供电公司在职主业职工人数为88人，其中男职工63人，女职工25人；中共党员53人，共青团员23人；大学本科学历46人，专科学历32人，高（中）专、中技学历9人，初中及以下学历1人；高级工程师3人，工程师9人、助理工程师43人、技师27人；离退休职工36人，其中离休干部1人，退休职工35人。晋通电建左权分公司有集体职工9人。属业务外包性质的众辉公司147人。

（刘坚　李斌）

工业企业简介

【概述】 2016年，左权县规模以上工业企业共17个，其中，规模以上非煤企业共7个，其中电力企业2个：华能左权煤电公司、鑫源电力公司；建材企业1个：金隅左权水泥公司；采矿采选企业为3个：鑫瑞冶金公司、昌鑫矿山公司、华联冶金公司；金属冶炼企业1个：鑫兴冶炼公司。规模以上煤炭企业共10个，分别是通宝煤化公司、鑫宏源煤化公司、飞宇煤化公司、阳煤集团石港煤业、山煤集团宏远煤业、山煤集团鑫顺煤业、煤销集团盘城岭煤业、潞安集团阜生煤业、潞安集团佳瑞煤业、汾西瑞泰正珠煤业。（陈旭波）

【华能左权煤电有限公司】 华能左权煤电有限责任公司位于左权县城南，华能左权电厂为煤电一体化项目，规划容量为4×600兆瓦级机组，一期建设两台600兆瓦级超临界间接空冷燃煤机组，由华能国际电力股份有限公司与山西国际电力集团有限公司按照8∶2的股权比例共同投资建设。

左权工程是华能集团的“红色”项目，是集团公司首台投产的60万等级超临界间接空冷机组，是股份公司第一个自主建设的煤电一体项目，是国网公司1000千伏特高压北电南送的重要支撑。

左权电厂一期工程于2010年3月28日开工建设，一号机组于2012年1月13日投产，二号机组于2012年1月21日投产。至2016年6月，电厂有运行机组2台，总装机容量1200千瓦。2016年该企业发电56.77亿千瓦时，完成工业总产值11.4亿元。（陈旭波）

【左权金隅水泥有限公司】 左权金隅水泥有限公司位于在左权县城南，距离县城约3公里。新型干法水泥生产线是左权县政府招商引资项目。重点推进北京金隅集团（股份）公司与辽州水泥有限公司合作，通过淘汰落后产能，新建一条综合利用废渣2500吨/天水泥熟料生产线。项目建设自2011年5月开始筹建，同年9月完成“三通一平”，2012年12月建成投产。

左权金隅水泥有限公司水泥熟料生产线具有设计理念新、高效节能、装备先进等特点。总体设计由中材国际天津设计院负责，熟料煅烧采用一台Φ4.4×52米两档支撑回转窑，窑尾带双系列五级旋风预热器和TTF型分解炉，熟料冷却采用第四代篦冷机，原料粉磨采用一台TRP180×170辊压终粉磨系统，水泥磨系统为TRP180×170辊压机、v型送粉机、Φ4.2×13.5米球磨机、高效选粉机组成的联合粉磨系统。包装机为智能全自动装袋设备。生料入磨装有进口在线分析仪，质量检测配有进口荧光分析仪。同步建有一条6兆瓦纯低温余热发电站，年发电量为5000万千瓦时，是一条集节能环保为一体的综合利用循环经济生产线。年可消纳工业废渣40万～60万吨。

左权金隅水泥主打产品为P052.5、P042.5和PF32.5，产品质量按照ISO 9000产品质量认证标准和环境认证标准生产检测。通过原材料进厂、检测管控、半成品、成品质量控制标准生产，全部产品均为低碱产品。公司年产100万吨熟料，150万吨水泥。2016年，企业生产水泥118.3万吨，生产熟料90.77万吨，完成工业总产值1.76亿元。

（陈旭波）

【左权县鑫瑞冶金矿山有限公司】 公司前身为成立于1976年、1985年的左权县铁矿和左权县后南冶铁矿。1998年5月首次改制联合组建为左权冶金矿山有限公司。2004年10月更名为左权县鑫瑞冶金矿山有限公司。2007年11月公司与香港俊安公司——深圳满孚实业有限公司股权重组，成为国有参股的多元化股份制企业。公司股份，左权县国有资产经营公司12.78%，控股股东深圳满孚实业有限公司54.42%，天津凯特美贸易有限公司22.8%，自然人股10%。重组后注册资本3.1亿元，总占地面积29.64万平方米。

公司下属一矿、二矿及两个选矿厂。2008年，山西省非煤矿山资源整合中，二矿被定为单独保留矿山，一矿被定为参与整合矿山，2011年5月、11月二矿、一矿分别领取了新的采矿许可证。重组后，投资1.5亿元（概算）集中实施了大规模矿井改造、选矿改扩建、尾矿库治理、安全标准化达标、环境整治等工程，尾矿干排及尾矿水处理新工艺处于国内同行业领先水平。新建的路村沟、武家峧两个废石堆积场是淘汰尾矿湿库的重大创新举措。开采系统设计生产能力52万吨（其中一矿38万吨、二矿14万吨）；选矿厂设计能力30万吨（其中一矿选矿厂24万吨、二矿选矿厂6万吨）。产品主要产铁精粉。2016年，企业生产铁精粉18.48万吨，完成工业总产值9342万元。

（陈旭波）

【左权鑫兴煤电化集团公司】 山西鑫兴煤电化集团于2007年12月组建成立，是一个民营股份制企业。以母公司山西鑫兴煤电化集团有限责任公司发起，下设四个子公司：左权鑫源热电有限责任公司、左权佳磊电石有限公司、左权鑫兴冶炼有限责任公司、山西中豪镍业有限公司；参股山煤集团左权鑫顺煤业有限公司。公司拥有固定资产26亿元，现有员工1008人，是一集生产发电、供热、电石、硅铁于一体的联动综合性企业。公司有规模以上工业企业2个（左权鑫源热电有限责任公司、左权鑫兴冶炼有限责任公司）。2016年，左权鑫源热电有限责任公司发电1.6亿千瓦时，完成工业总产值6904万元；是年，左权鑫兴冶炼有限责任公司生产硅铁1.15万吨，生产电石0.76万吨，完成工业总产值6154万元。

（陈旭波）

【左权县昌鑫矿山有限责任公司】 左权县昌鑫矿山有限责任公司位于山西省左权县城南35公里处的桐峪镇桐峪村，其前身是左权县桐峪选矿厂，始建于1984年，设计生产能力为年处理原矿10万吨、年产铁精矿粉5万吨的小型采选矿山企业。原属桐峪镇办集体企业，2001年改制为股份制企业，占地3万平方米，总资产10423万元。主导产品铁精矿粉，低硫、低磷，品质优良，市场畅销，是我国优质球墨铸铁的理想原料，2006年8月通过ISO 9001：2000质量管理体系认证；企业环保达标，2012年10月通过ISO 14001：2004环保认证。产品销售到河北等地。2016年，公司生产铁精粉6.05万吨，完成工业总产值2746万元。

（陈旭波）

【左权县华联冶金矿山有限责任公司】 左权县华联冶金矿山有限责任公司位于桐峪镇碾草渠村500米处。是2003年左权县委、县政府经过资源整合，由原来零星分散在桐峪镇周围的6个小型选矿厂组建而成的。2005年10月正式建成投产，设计生产能力年处理原矿15万吨，生产铁精粉5万吨。2010年为左权县规模以上民营企业之一。公司注册资金180万元，拥有固定资产1667万元，年产值4000万元。2016年，公司生产铁精粉5.09万吨，完成工业总产值2648万元。

（陈旭波）

【左权县通宝煤化有限公司】 左权县通宝煤化有限公司位于寒王乡后寨村，始建于2005年，占地2万平方米，现有固定资产8200万元，高级管理技术人员28人，是全县规模以上工业企业之一。2007年以来，公司多次被县委、县政府授予“工商企业先进集体”“纳税增幅达标企业”等奖项。2014年，在年入洗原煤60万吨生产规模的基础上，投资6000万元实施120万吨洗煤技改项目。引进先进跳汰＋浮选洗煤工艺，运用国际、国内先进计算机监控技术；废水、污水处理循环利用的环保技术（利用河水、污水、废水经过净化系统处理转换，洗煤排出的污水自动收集经过净化处理，精煤、中煤、矸石采用脱水系统回收利用，成为洗煤用水。在生产过程中既节能又环保，更降低了生产成本）；实行信息化、自动化、智能化的管理模式（采用全数字控制监控系统，根据工艺信号提供运行、计算、分析和控制信号转换为自动调节运行）。根据产品要求实行智能化管理，生产过程全部采用节能电器和节能照明。2016年，公司生产洗煤99.07万吨，完成工业总产值3.70亿元。

（陈旭波）

【左权县鑫宏源煤化有限公司】 左权县鑫宏源煤化有限公司位于寒王乡石港村太阳坡。2012年3月成立，公司年入洗原煤120万吨、年产1.2亿块煤矸石烧结砖项目，总投资1.1亿元。公司洗煤生产设备采用目前世界先进生产工艺ZDH-1型16平方全数控洗煤机选加浮选、浓缩、压滤技术，该技术节能、环保，各项技术达到国家标准。

煤矸石烧结砖年综合利用煤矸石约40余万吨，折合约28万立方米，每年可减少煤矸石占地约3.9万平方米，综合节约土地5.45万平方米（约合5.47公顷）。由于烧结砖本身还具有保温、隔热、轻便、高强和施工高效等特点，该产品将广泛用于各类建筑。该项目于2012年4月开工建设，2013年10月完工，2014年10月建成投产，2015年1月份入规。2016年，公司生产洗煤66.4万吨，完成工业总产值3.19亿元。（陈旭波）

【左权县飞宇煤化有限公司】 左权县飞宇煤化有限公司位于县龙泉乡高庄村，2009年成立，有职工60余人。公司占地4万平方米，注册资金500万元。固定资产4000万元，有职工60人，其中高级技术人员3人，中级技术人员20人，公司年均产值9000万元，是县规模以上工业企业之一。公司采用重介＋浮选洗煤工艺，拥有先进的生产及检测设备。公司生产能力：年入洗原煤60万吨。2016年，公司生产洗煤46.4万吨，完成工业总产值22498万元。（陈旭波）

【山西石港煤业有限责任公司】 山西石港煤业有限责任公司位于左权县寒王乡石港村，石港公司前身属左权县国营企业，始建于1958年，2001年改制为有限责任公司。2004年7月，阳煤集团对其实施并购重组，与左权县国有资产经营公司共同出资设立山西石港煤业有限责任公司。公司注册资本金共计1.10亿元，其中：阳煤集团公司出资1.08亿元，股比为98%，左权县国资公司出资220万元，股比为2%。石港公司所属煤田为沁水煤田，属左权武乡矿区。公司矿井井田面积7.8平方千米，主要开采煤层为15#煤，保有储量5154.5万吨，可采储量3176.1万吨，煤层厚6.75米～8.22米，平均7.4米。煤种为贫煤，煤层灰分15.78%，挥发分12.33%，硫分1.10%，发热量6600大卡以上。矿井设计生产能力90万吨/年，服务年限26.7年。2016年3月，井下工作面发生一起火灾事故，3月17日公司停产。是年，公司生产原煤29.9万吨，完成工业总产值0.47亿元。（陈旭波）

【山西煤炭进出口集团左权宏远煤业有限公司】 山西煤炭进出口集团左权宏远煤业有限公司由山西左权宏远冀能煤业有限公司（现更名为山西左权宏远新能源投资有限公司）、山西左权寒旺煤业有限公司（已关闭）2座矿井重组整合而成。公司成立于2012年9月28日，是具有独立法人的股份制企业，山煤集团控股65%，山西左权宏远新能源投资有限公司参股35%。

矿井位于左权县寒王乡平王村，占地13.47平方米。煤种为动力煤，水文地质类型为中等，批准开采煤层为15号煤层，15号煤层均厚4.2米，15号煤尘具有爆炸性，属Ⅲ类不易自燃煤层，资源保有储量4991万吨，设计可采储量为2665万吨，生产能力为120万吨/年，设计服务年限15.8年。2013年转为生产矿井，2016年4月底，一采区采掘活动全部结束，5月10日，封闭综采工作面，设备升井检修，出现采掘失调。进入二采区布置工作面超出安全生产许可证划定范围。经与省煤监局沟通，允许在二采区布置工作面，待验收合格后换发安全生产许可证。2016年，公司生产原煤64.74万吨，完成工业总产值1.81亿元。（陈旭波）

【山西省煤炭进出口集团左权鑫顺煤业有限公司】 山西省煤炭进出口集团左权鑫顺煤业有限公司由原山西左权鑫顺煤业有限公司和原山西左权突堤煤业有限公司组合而成的兼并重组煤矿。重组后矿区面积5.36平方千米，批准开采4#、15#煤层。矿井工业资源储量349.69万吨，设计可采储量258.36万吨，基建设计能力为180万吨/年，属高瓦斯矿井。服务年限10.25年，批准建设工期为25个月。矿井为斜立混合开拓，走向长壁式布置采煤工作面。4#煤层一个薄煤层综采工作面，15#煤层一个放顶煤综采工作面，两煤层同时生产满足设计能力。2012年8月27日，公司办理了工商注册登记，注册资本1亿元，为股份有限责任公司，股东分别为：山煤国际能源集团股份有限公司，出资0.65亿元，持股65%，山西鑫兴煤电化集团有限责任公司，出资0.35亿元，持股35%。山煤鑫顺煤业自开工到2015年底累计完成投资10.15亿元。因资金不到位，所有款项均未支付，至2016年底，矿井仍未复工。（陈旭波）

【山西煤炭运销集团左权盘城岭煤业】 山西煤炭运销集团左权盘城岭煤业位于左权县辽阳镇，2009年由原山西左权盘城岭煤业有限责任公司和山西左权平兴煤业有限责任公司整合重组。股权结构为：山西煤炭运销集团晋中有限公司持股51%，自然人股东谢晨光持股34%，左权县国有资产经营公司持股15%。公司注册资金1亿元，总资产17亿元，员工490人。矿井整合能力为90万吨/年，井田面积8.03平方千米，保有资源储量6771万吨，设计可采储量2929.7万吨，服务年限23.3年，批准开采4#、15#煤层。2011年4月，开始开工建设。2016年7月，转为正常生产矿井。是年，公司生产原煤58.58万吨，完成工业总产值11246万元。（陈旭波）

【山西潞安集团左权阜生煤业有限公司】 潞安集团左权阜生煤业有限公司由山西潞安集团司马煤业有限公司做为主体，整合原山西左权阜生煤业有限公司和原山西左权鑫森煤业有限公司而成的股份制企业。公司位于左权县寒王乡刘家庄村南，西南距左权县城约10千米，井田位于沁水煤田东部边缘，批准井田面积5.82千米，开采15#煤层，井田构造简单，煤层平均厚度6.01米，煤质为易选的贫煤，可作为动力用煤及民用煤，可采储量2324万吨，核定生产能力为120万吨/年，服务年限13.8年。2015年4月，进入联合试运转，2016年初，根据上级主管部门精神，进入联合试运转状态但未办理竣工验收手续的矿井不准再次申请延期，至年底，阜生煤业处于停产办证状态，公司除必要的井下安全、调度人员、办理手续人员、部分后勤人员外，其余队组、科室人员全部放假。

（陈旭波）

【山西潞安集团左权佳瑞煤业有限公司】 潞安集团佳瑞煤业有限公司位于左权县寒王乡后寨村西北，2009年11月6日，佳瑞煤业公司与梅园突堤、辽阳、兴瑞四矿形成一个整合包。2010年3月，梅园矿经省里批准，与兴瑞、辽阳三矿形成一个整合包，并单独保留，佳瑞煤业公司也作为单独保留矿井。井田面积4.72平方千米，保有储量3300万吨，可采储量1950万吨，可采煤层4#、15#煤层，主采15#煤层，批准开采井田内15号煤层，矿井设计生产能力90万吨/年，生产年限22年。2011年4月22日，开工建设，2015年2月4日，累计完成投资17.85亿元，进入联合试运转。2016年，处于停产状态。（陈旭波）

【山西汾西瑞泰井矿正珠煤业有限公司】 2009年11月6日，山西汾西瑞泰井矿正珠煤业有限公司由原山西左权恒隆煤业有限公司和原山西左权天达煤业有限责任公司重组，可开采煤层2#、3#、4#、8#、11#、15#煤层，井田面积5.19平方千米，煤层保有储量0.54亿吨，可采储量1.60亿吨，可采煤层4#、11#、15#煤层，矿井设计生产能力90万吨/年，生产年限17.8年，为证件齐全合法生产矿井。2016年，公司生产原煤59.98万吨，完成工业总产值1.34亿元。（陈旭波）

民营经济

【概述】 2016年，左权县中小企业服务中心从解决中小微企业融资难、用地难、用人难等实际问题入手，推进大众创业、万众创新工程，规范化管理提升工程，银企对接和融资上市工程。在煤铁主导产业市场低迷、效益下滑的背景下，打造了一批产业前景好，发展潜力大的农副产品深加工、现代物流、新型服务、生态旅游、电子商务等新型产业，运行质量和经济效益良好。是年，全县中小微企业发展到499个，比2015年增加68个；安排从业人员24007个，比2015年增加694人；民营经济营业收入完成25.92亿元，比2015年增长1.13%；上缴税金完成2.89亿元，比2015年增长0.91%；固定资产投资完成6亿元。（吕三怀）

【政策支持中小微企业发展】 2016年3月8日，县政府出台《关于进一步加快发展的意见》（简称《意见》），《意见》分10个方面40条，围绕资金、土地、技术、人才等焦点难点，提出对中小微企业的具体支持措施，鼓励民营经济创业发展。

（吕三怀）

【新型产业发展】 农副产品加工。2016年7月，山西鲜淼酒庄有限责任公司观光酒窖、游客接待中心、游客停车场、房车露营等观光旅游综合项目开始实施，至年底，完成停车场场地平整工程。

左权县万安实业有限公司大青山羊养殖项目，完成投资500万元，完成现代化养殖圈所300平方米，与18户养羊大户签订养殖合作协议，从技术、销售、效益保证农户增收。12月，左权县被国家质检总局认定为供港澳活羊出口基地。2016年，左权县一麻袋电子商务有限公司投资500万元，引进全自动核桃仁设备，在左权县辽阳镇刘家窑村附近建设了核桃仁加工项目，并于当年完工投产。其产品黑芝麻核桃仁、白芝麻核桃仁、枣夹核桃仁、奶油核桃仁、五香核桃仁已上市销售。是年，左权县莲鑫源农副产品有限公司在其石碾、石磨杂粮加工的基础上，投资260万元，实施“左权县丘陵山区农机化技术示范创建项目”，至年底，改良基地2600亩，购买8台套谷子生产农机具，有效提高了现代化农业机械化水平和农业生产效率。是年，太行野山果饮品有限公司与晋中福英商贸有限公司（榆次）、太谷万通商贸有限公司（康丽汇商标）签订贴牌加工合约3万件，发运3万件，提高了产品产量和销售量。

左权县莲鑫源农副产品有限公司石碾加工车间

光伏发电产业。2016年7月18日，左权县政府成立光伏产业管理领导小组和光伏产业管理办公室，8月1日，县政府出台《左权县精准扶贫村级光伏电站建设实施方案》。由江苏迪盛四联集团承建的左权县苏家坡24.9兆瓦大型地面集中式电站完成项目可研、项目规划、项目建设及前期申报资料。至2016年底，规划实施的35个100千瓦村级光伏扶贫电站10个村完成主体建设，25个村完成工程进度的60%。贫困户屋顶式光伏电站已备案1082户，完成安装并网450户。

现代物流。2016年，源泰商贸有限公司投资1500万元在左权县石匣乡县政府规划的左权县生态湖农业园区内建成占地231.53公顷的农村农业产品物流仓储商贸中心，并在全县10个乡镇、社区建设了基层物流配送网点200多个，成为全县首屈一指的物流仓储商贸中心及配送中心。

石材加工业。左权县东瑞石业有限公司2015年注册成案例立，2016年，正式形成生产规模。其主要产品石英砂，年产量约15万吨，是玻璃生产的优质原料，也是室内室外装潢的首选产品。是年，该公司创营业收入300余万元，利税50万元。

民俗文化产业。2016年，山西将军虎民俗文化传播有限公司在开发其专利产品将军虎、布狮、鱼帽、狮头帽的基础上，特推出中式儿童服饰信息化、智能化扩产项目，进一步整合中式儿童服饰的研发设计、加工制作、展示销售等环节，形成集体验、研发、生产制作、展示、销售为一体的大数据网络新模式。该项目及产品既突出了中国元素的文化内涵，又拉动了老区妇女的就业。

（吕三怀　李旭燕）

【中小企业规范化管理】 2016年，左权县中小企业规范化管理提升行动按照市委市政府的工作要求，完成8个企业的规范化管理自评及综评工作。其中，鲜森葡萄酒庄被市政府规范化管理办公室评定为全市规范化管理优秀企业，奖励10万元；左权县三星制衣有限公司、左权县建筑工程有限公司、左权县源泰商贸有限公司、左权县馨源丰商贸有限公司被评定为全市规范化管理先进企业，各奖励5万元；左权县宏远科技有限公司、左权县世纪先锋科技有限公司、左权县岗田农机有限公司被评定为全市规范化管理达标企业，在全市评定的21个优秀及先进企业中，左权县占到23.8%。

（吕三怀　常晶琰）

【中小企业融资上市】 2016年，左权县中小企业积极拓展融资渠道，与建设银行左权支行合作开展“助保贷”业务，发挥县财政注入建行的500万元风险抵押金及省财政奖励的400万元资金的杠杆作用，撬动银行以1：10的比例为小微企业提供贷款，企业只需提供40%的抵押物即可取得贷款。全年为左权县源泰商贸有限公司、龙华大酒店、八八酒业有限公司、恒达利牧业有限公司、宏源粮贸有限公司、丰盛谷农业科技有限公司、岗田农机有限公司、麻田顺康天然农产品有限公司等11个企业发放贷款4440万元。与上海股权交易所、山西股权交易所及山西启达汇金资产有限公司合作，推动中小企业融资上市，拓展资本市场。馨源丰商贸有限公司、恒达利牧业有限公司、茂丰生态科技有限公司等12个企业分别在上海股权交易所及山西股权交易所举行了Q板上市挂牌仪式。

（吕三怀　田娟）

【招商引资】　2016年，县财政拿出1.98万元用于支持左权县中小微企业驻浙江杭州“投融界”平台，左权县13个优势企业入驻该融资平台，并与浙江企业进行对接，寻求合作空间。其中，位于石匣乡姚家沟村的禄缘建乐养老服务有限公司与四川成都凯恒发实业有限公司成功签订了5000万元的养老院建设合作协议。9月28日，天津商会在左权县成立招商办事处。江苏南京迪盛四联集团在左权县石匣乡投资建设24.9兆瓦地面集中式光伏电站，项目总投资近10亿元。12月，项目勘测、土地租赁、企业注册、项目部搭建等前期工作全部完成。引进甘肃国华电力工程有限公司及北京汉能新能源有限公司合作建设35个贫困村100千瓦村级电站，每个电站投资80万元。　（吕三怀　李瑞）

【公共服务平台建设】　2016年5月8日，县中小微企业公共服务平台正式挂牌运营，中小微企业服务平台设立了融资、贷款、人才培训、法律援助、创业辅导、规范化管理等多种服务项目，吸纳了县内外近50个中介机构，为全县中小企业提供一站式、零距离、全方位的优质服务。

（吕三怀　张晋华）

工业园区

【园区规划情况】　左权县循环经济工业园区通过调查研究，经县政府批准，于2013年11月7日由县政府采购中心进行公开招标，由上海经纬建筑规划设计研究院对园区进行科学、具体、合理的规划，编制园区总体规划、控制性详细规划、产业发展规划，规划面积分别为50平方千米、25平方千米、50平方千米，范围为沿207国道北起寒王乡寒王村，南至龙泉乡大节村，涉及四个乡镇（寒王乡、辽阳镇、龙泉乡和桐峪镇），由两部分组成：一部分为沿现状G207国道两侧布置，北起左权县界，南至龙泉乡松树坪村，南北长约30千米；另一部分为桐峪镇苇则村东侧。　（王丽敏）

【园区基础设施建设】　2016年，在园区新建一幢标准厂房，促进左权农副产品加工与生产行业的集聚发展，重点扶持中小微企业和电子商务。至2016年底，完成标准厂房的全部前期手续工作。具体办理情况为：2015年8月，通过县发改局进行项目审批立项，同时组织相关单位对项目设计及勘探单位进行议标，其中项目设计由山西中创建筑设计有限公司以9.9万元中标，勘探由山西远通地质工程有限公司以6.6万元中标，于当年完成地质勘探工作并出具勘探报告。2016年3月—7月，由政府拨付177万元购得土地局挂牌出让的3604.86平方米土地一宗，用于厂房建设，并通过县环保局环境影响备案，县政府规委会和园林局园林绿化的审批。年底，完成厂房设计初步方案，并取得建设局建设用地规划许可证。　（王丽敏）

【企业入驻情况】　2016年，在工业园区中小企业孵化园建设农副产品生产、加工、包装、物流配送基地及农产品电子商务运营中心，形成规模化的生产和集群化的管理。园区的5套商铺共计12间房屋以及部分办公室、大厂房等，全部用于电子商务商家入驻。园区对现有和即将进驻孵化园的企业进行经营种类规范管理，规定进驻的企业必须以农副产品生产和加工为主要发展重心。园区入驻的企业有：左权县馨源丰商贸有限公司（原保留企业）、晋中田农宝有限公司、山西大侠电子商务有限公司；左权县物流分拨中心。至年底，有部分厂房未能出租。　（王丽敏）

建设 环保

住房和城乡建设

【概述】 左权县住房保障和城乡建设管理局主要担负着全县城乡规划、建设和管理等工作，为正科级建制，有职工 45 人。局内设 10 个职能股室，分别为：局办公室、住房保障办、规划村镇管理股、行政审批服务科、工程管理股、城市建设管理股、燃气管理股、科技设计股、安全股、物业办；隶属单位有：市政管理局、园林局、供暖供气总公司、自来水公司、污水处理厂、房管所、建筑设计室、工程质量监督站、开发公司、金达质检和监理公司等 11 个企事业单位。2016 年，新建、改造供水管网 8.6 千米，新建、改建供气管网 4.733 千米，新建污水处理配套管网 8.5 千米，新建改造城市道路 16 千米，新增城市绿化面积 10 万平方米，建成区绿化覆盖率达 40.03%，城市主要街道机扫率达 86%，生活无害化处理率达 95%，完成房地产开发投资 2.1 亿元。（刘宏飞）

【城乡规划】 2016 年，左权县完成县城总体规划的报批和备案；完成城市控制性详细规划的评审和报批；完成城市排水防涝规划的编制和评审，正在报批；完成龙泉风景名胜区总体规划的编制、评审和报批；完成麻田镇总体规划、保护规划的评审，正在报批；完成东沟村、蛤蟆滩村、上武村 3 个村庄的规划编制工作，正在评审；启动上会村、连壁村两个村庄的实用性村庄规划编制工作。（刘宏飞）

【城乡建设管理】 2016 年，左权县新建、改造供水管网 8.6 千米，完成率 107.5%；新建、改建供气管网 4.73 千米，完成率 115%；新建污水处理配套管网 8.5 千米，完成率 121%；新建改造城市道路 16 千米，完成率 133%；用水普及率达 100%，燃气普及率 68.68%，供热普及率 98.5%，污水处理率 95.5%，再生水利用率 21%；数字化城市管理平台已启动运行；城市管理综合执法体制改革工作稳步推进，权责清单已梳理完毕并公示。（刘宏飞）

【村镇建设】 2016 年，左权县农村危房改造 350 户任务已全部完工；完成人居环境调查信息系统录入和“十三五”规划改造贫困户标注工作；创建绿色村庄示范村工程已启动。（刘宏飞）

【安全生产】 2016 年，左权县开展燃气安全整治、市政运营安全生产大检查活动和超重机械脚手架支撑体系倒塌专项整治，严格执行“两书一牌一档”（签订《质量终身负责制承诺书》和《法定代表人授权书》、制定永久性质量责任标牌、建立质量责任信息档案）制度，执行率 100%。市政公用行业安全事故为零。（刘宏飞）

【建筑房地产业】 2016 年，左权县建筑行业运行监管、企业管理、市场监管、招投标监管、诚信体系建设等指标均达到 100%。工程质量监督、竣工验收、分户验收等备案率目前均达 100%。房地产业消化库存商品房 780 套，完成房地产开发投资 2.1 亿元。（刘宏飞）

【住房保障】 2016 年，东长义保障房正在实

施主体建设，盘城安居小区棚户区安置项目立项，完成“三通一平”（通水、通电、通路和场地平整）工作。（刘宏飞）

【公积金管理】 2016年，左权县公积金归集7429万元，个人住房公积金贷款发放2212万元，完成年度目标任务的160%。（刘宏飞）

【城建重点工程】 2016年，左权县实施城建交通重点项目共30项，其中城建重点工程项目26项，交通重点工程项目4项。城建重点项目26项，包括A类17项、B类9项，总投资20.91亿元，当年计划完成投资12.13亿元。至年底，A类项目开工14项，B类项目开工2项，累计完成投资10.8亿元。（刘宏飞）

【“城中村”改造工程】 2016年，左权县编制完成《左权县关于城中村改造的指导意见》《左权县城中村改造行动方案》。七里店、小会、西河头“城中村”改造工程率先推开。（刘宏飞）

【宜居小区建设工程】 2016年，盛世、滨河嘉园、绿洲、㟍山、宏达花园、银鑫嘉园6个小区成立业主委员会，完成桃树湾、滨峰苑、米兰、盘城岭、七里河5个小区的物业招标工作。房地产去库存工程消化商品房库存750套，合计10.5万平方米。（刘宏飞）

【供热工程】 2016年，左权县改造供热站及配套管网建设，完成㟍山供热站工艺、电气、自控设备安装改造工程，设计供热面积15万平方米；完成国税局供热站改迁，一、二次管网及站房设备安装，设计供热面积24万平方米，管网长度100米；完成祝融街、二中操场、沙河公园、派出所二次管网改造2.5千米。（刘宏飞）

【供水工程】 2016年，左权县完成东长义至公园路主干供水管网建设3.1千米，新建管理井13座；完成七里店、西长义、小会三个“城中村”管网设计及城西新城管网配套设计等前期准备工作；完成旧城区21条小街小巷支管网建设1万米；完成城区管网普查及绘制工作，32条街道58千米主干管网汇编成册；完成管网监测系统建设，将水损控制在1%以内（约4万立方米），并建立水损登记册；建立安全防控体系，实现常态化管理，抢险应急率达到100%。（刘宏飞）

【水费征收】 2016年，左权县完成水表改造7000户。至年底，水表改造达到1.35万户，城区水表改造率达到98%。完成征费任务750万元，比2015年增收73万元。（刘宏飞）

园林绿化

【机构概况】 左权县园林局前身为左权县园林处，成立于2002年；为创建省级园林县城，推动县城绿化建设，2007年，将左权县园林处更名为左权县园林局，升格为副科级建制；2012年，左权县园林局升格为正科级建制；在编人员16人，内设机构6个，分别为办公室、绿化管理股、规划与工程建设管理股、安全股、监察股、财务股。主要负责指导、监督规划区园林绿化规划设计、园林绿地建设、竣工验收、绿地养护管理等工作。2016年，左权县被住建部命名为“国家园林县城”，左权县园林局被晋中市人民政府评为“园林绿化优秀单位”，被左权县劳动竞赛委员会记集体一等功。（杨先珍）

【城市绿化建设】 2012年，左权县开工建设鳌峰公园、㟍山公园和林荫停车场；2013年，对市政广场、北大街、陵园街、万寿西街进行绿化改造；2014年，沙河公园和国宾园、兴业园等6处城市街头游园开工建设；2015年，完成示范西路绿化工程；2016年，对2012年—2015年绿化工程进行验收、移交，同时完成滨峰苑、府东庭院、盘城小区3个新建小区配套绿化面积0.99万平方米，中豪镍业厂区绿化面积6.8万平方米，滨河南岸路测绿化面积2.2万平方米，卫生监督所庭院绿化面积0.04万平方米，学苑路道路绿化面积0.25万平方米，共完成绿化面积10.28万平方米。至2016年底，建成区绿化覆盖率达到40.03%，绿化覆盖率提高0.83个百分点。（杨先珍）

【园林绿化管理】 2016年年底，左权县建成区绿化面积为220.9万平方米，其中由园林局管理绿化面积为133万平方米（公园绿化80.4万平方米，道路绿化等附属绿地21.7万平方米，防护绿地30.9平方米）。同年，根据政府要求，对祝融公园、峯山公园、沙河公园实行了政府购买服务试点工作，并制定了相关管理办法。（杨先珍）

【园林绿化企业】 2016年年底，左权县有三级园林绿化资质企业2个，分别为成立于2002年9月的左权县绿龙园林有限公司和成立于2014年3月的左权县御璟园林绿化有限公司。（杨先珍）

市容环卫

【概述】 2016年，左权县市政管理局以推进四城联创、迎接创卫复检为契机，开展环境集中整治，提升县城环卫标准，实施乡村清洁工程。完成所辖县域农村垃圾治理专项规划编制，建立项目储备库，申报市级保洁示范街和容貌示范街道2条，创建省级达标村92个，建成农村垃圾中转站2座，城市主要街道机械化清扫率达86%，生活垃圾无害化处理率达95.1%，对10条小街巷硬化、5条主干道人行路进行改造，推进综合管廊建设。（杨韶凯）

【机构设置】 2016年，县市政管理局下辖城镇环境卫生管理站、生活垃圾处理厂、综合执法大队、市政工程公司、晨宇路灯维护中心5个部门，内设5个管理组，即广告管理组、垃圾清运组、非机动车辆管理组、广场管理组、水系管理组，共计500余人，其中党员35人。主要承担城乡环境卫生管理、城市秩序管理、市政设施维修维护及垃圾清运处理等工作。（杨韶凯）

【数字化城市管理平台建成】 2016年，县市政管理局投资60余万元建成数字化城市管理平台，并率先与晋中市城乡市容市貌和环境卫生管理考评系统对接，配备12部移动数据采集终端和8名专职信息采集员，对县城、乡镇进行全方位全天候信息采集，同时，抽调市政、爱卫、财政、水利等部门有关人员组建县级第三方考评队伍，进行年终县级考评。平台运行后，共采集数据413条，整改412条，不整改申请1条，整改率达99.7%。在2016年终考评中，龙泉乡、石匣乡为红旗乡镇，住建局物业办、城镇环境卫生管理站为先进单位。（杨韶凯）

【县域农村垃圾治理专项规划编制】 2016年，由山西省城乡规划设计研究院编制完成《左权县县域农村生活垃圾治理专项规划》（2016ZXG-16），规划内容主要为农村生活垃圾治理。其近期目标（2020年）：基本消除农村垃圾的污染，100%的村庄实现垃圾定点存放清运，90%的村庄生活垃圾得到有效治理，实现有齐全的设施设备、有成熟的治理技术、有稳定的保洁队伍、有长效的资金保障、有完善的监督制度的“五有”目标；远期目标（2030年）：实现长效的制度建设、成熟的市场运作，健全的政府监管、完善的保障机制，农村生活垃圾基本全部得到无害化处理。并于2016年11月3日，通过市环卫局组织专家评审。（杨韶凯）

【农村垃圾中转站】 2016年，左权县根据晋中市城乡建设目标责任市容环卫要求，建成2座农村垃圾中转站：辽阳镇七里店中转站、龙泉乡堡则中转站。（杨韶凯）

【综合管廊建设】 2016年，左权县完成小街巷硬化和主干道人行路改造13911.04平方米。其中，小街巷硬化13条：王家巷、钞库巷、经新一巷、朝阳街一排、康乐街、康宁路、马鞍桥、电厂旧宿舍、寺塔北路、东外环、物资局宿舍、万寿街交警队宿舍、万寿西街营盘社区。主干道人行路改造5条：宏远街、将军路、东河路、崇圣路、红军南路。（杨韶凯）

【沙河公园实现社会化服务管理】 为做好左权县沙河公园管理实行政府购买试点工作，提高财政资金使用效益，实现公园管理市场化运作、社会化管理，2016年1月，县市政管理局与山西晋洁清运服务有限公司签订合同，1月8日，开始运行，运行期间管理服务到位，严格履行合同事项，每月考核达95分以上，运行安全、效果良好。（杨韶凯）

【市容秩序整治】 2016年，县综合执法大队秩序管理组分两个中队对城区沿街商铺店外经营、马路市场、流动摊贩等乱象进行集中整治。至年底，共清理店外店517户，清理“四乱”（乱搭乱建、乱堆乱放、乱泼乱倒、乱写乱画）279处，下达整改通知书135家，取缔游商小贩400余户，并增加了早、中、晚管理组，达到了管理无缝隙。

（杨韶凯）

【户外广告及违规小广告管理】 2016年，左权县先后清理违规广告9680余条，更换沿街商铺破损门头广告139块，清理破旧对联、乱贴乱画538处，喷涂墙体立面2.40万平方米，使县城商铺门头广告整齐规范，墙体立面干净整洁。（杨韶凯）

【流动摊贩安置】 2016年，左权县投资20余万元对三元阁市场进行升级改造，划分4个区域，安置商贩80余家，设置了万寿街南区口和陵园东街商贸街两个临时市场，安置流动摊贩52家，解决了流动摊贩沿街叫卖、占道经营等乱象。（杨韶凯）

【市政设施】 2016年，左权县更换井篦井盖163套，硬化小街巷11条8948.92平方米，5条街道人行道进行了降台阶改造，共计7181.1平方米，修补破损路面4244平方米，疏通下水管、检查井1262处，沙河公园处置污水外溢2处，更换维修景观灯、路灯440余盏，城市市政设施完好率达95%以上。

（杨韶凯）

【环卫设施】 2016年，县市政管理局合理支配运用各级专项资金、配套资金574.44万元，更新添置环卫设施设备。投资80余万元，在原有3吨清扫车基础上，新采购1辆8吨洗扫车并添置环卫勾臂车1辆，主街道机扫达到全覆盖；另外，更新更换垃圾桶300个、果皮箱150个；发放环卫工作服450套；同时，城镇环境卫生管理站加强对城区20座公厕的日常监管和维护。（杨韶凯）

市政洒水车

【农村生活垃圾专项治理】 2016年，左权县共开展农村积存垃圾专项治理行动4次，清理农村积存生活垃圾5893吨，建筑垃圾8358吨，至年底，基本无积存垃圾。（杨韶凯）

【整治 规范农村“四堆”】 2016年，左权县共投资360余万元，出动机具386台次，重点清理、整治、规范农村“四堆”（柴堆、粪堆、煤堆、料堆）950处，清理垃圾死角603处。其中粟城乡投资40余万元，出动人力4000余人次，机具300辆次进行集中整治，共垒围墙2100米，安装护栏900余米，清理河渠3000米，整治垃圾死角50余处，并为1名保洁员配备手推垃圾收纳车1辆，龙泉乡重点整治公路铁路沿线27千米，清理农村卫生死角310处，清运积存垃圾500余吨，拆除违建30处；公路部门清扫保洁延伸到国省道两侧绿化带，清理省道319线和国道207线道路两侧垃圾180余吨，达到村容村貌干净整洁，国、省道两侧无垃圾、无杂物。

（杨韶凯）

【河道集中整治】 2016年，多元筹资，全民参与，特别是“7·19”洪灾后，共集中整治河道43处、19.3万平方米，清理垃圾3783吨，造地70余亩；安装河道、游园、公路等防护网7869.8米，其中，羊角、拐儿、芹泉、麻田清理河道沟渠4600余米，投资300余万元。全县专项治理累计总投资2400余万元。

（杨韶凯）

环境保护

【概述】 2016年，县环境保护局对餐饮业污染、机动车污染、工业大气污染等进行了综合整治，并对重点行业水污染进行了治理。全年全县二级以上天气249天。清漳河麻田出境口断面水质稳定在三类。

（王琪　刘俊德）

【宣传教育】 2016年“6·5”世界环境日，左权县开展创建省级环保模范城再动员宣传教育活动，县环保局围绕“改善环境质量　推动绿色发展”这一主题，以提高全民环境意识和弘扬生态文明主线，宣传低碳经济、绿色生活、节能减排为重点，在将军广场组织开展一系列宣传活动，活动现场发放了纪念品和传单，左权县美利达自行车协会助兴参加活动，自带标语环城骑行，宣传左权县创建省级环保模范城、建设生态文明县城的方针、政策、措施，普及创模知识。（曹引红）

2016年6月5日，左权县开展创建省级环保模范城再动员宣传教育活动

【排污费征收】 2016年，左权县排污费征收437万元，排污费核定与征收工作中严格使用排污费管理系统软件，杜绝手工出单，做到合理准确无误。同时完成2016年《排污申报核定工作季报表》，受到市局肯定。（张强）

【环境监管执法】 2016年，在7个专项行动和市人大环保执法检查活动以及开展的“铁腕治污”行动中，查处环境违法行为23件，立案21件，其中设施不正常使用3件，未批先建2件，超标排污1件，违法排污10件，土小企业3件，按照环保法律法规进行了分类处置：移送公安部门案件2件，查封1个企业，停产整改1个企业，取缔“土小”企业3个，处罚4个企业（天然气公司罚款5万元、山煤宏远罚款5万元、鑫瑞公司罚款5万元、丰泰石料罚款1万元），下达《责令改正环境违法行为决定书》16份。（王永华）

【环境审批】 2016年，审批建设项目环境影响评价文件19个，其中报告书3个，报告表16个。备案建设项目31个，完成环保验收建设项目8个。同时对于未批先建4个违法项目进行整改，正行煤业有限公司每年300万吨矿井兼并重组整合及配套选煤厂新建项目、左权县中豪镍业有限公司年处理30万吨红土镍矿2个违法项目完成整改；左权鑫源热电有限责任公司25兆瓦机组发电项目、左权县万景旅游开发有限公司新建太行龙泉旅游区一期2个违法项目完成整改。（王勇峰）

【空气质量】 2016年，左权县空气质量县城区优良天数249天，优良天数比例69%，颗粒物PM10和PM2.5平均浓度分别为103微克立方米和62微克立方米，受气候影响，与2015年同期相比下降1%和下降8%，未完成分别下降6.7%和13.3%的任务，分别差5.7和5.3个百分点，2016年11月24日—12月31日先后发布6次重污染天气预警信息通知。其中三级预警3次、二级预警2次、一级预警1次。（刘俊德）

【水污染防治】 重点行业水污染防治设施治理：2016年，县昌鑫、荣贸等7个选矿企业和盘城岭、佳瑞等5个煤矿企业的废水提标升级，飞宇、通宝2个洗煤企业、山西宏远科技有限公司和华能左权煤电有限责任公司的废水处理设施建设任务，全部完工，投入运行。城镇污水处理厂提标扩容：2016年，县污水处理中心完成提标升级改造，运行正常，出水水质达一级A排放标准。农村水污染防治：2016年，四里堠村和东沟移民村两村的农村生活污水处理设施建设完工。县畜禽养殖污染防治方面完成了宏丰、顺隆、惠民等7个养殖场的粪便池建设工程。（王琪）

【环境整治】 锅炉综合整治：2016年，淘汰左权三晋宾馆、三鑫宾馆2台2吨燃煤锅炉和左权宏远学校1台4吨燃煤锅炉。左权县汾西集团正珠、正明和通宝洗煤、宏远科技股份有限公司4个企业的燃煤锅炉脱硫除尘改造，主体完成并投入运行。餐饮业污染整治：2016年，帝君宾馆、左权宾馆、左权中学、左权三中和左权职中5个单位的油烟治理全部完成，投入运行。机动车污染整治：2016年，黄标车、老旧车323辆，全年更新和推广电瓶公交车50辆，完成任务160%，更新出租车任务25辆，完成任务250%。工业大气污染综合治理：华能左权煤电有限责任公司2#机组的脱硫除尘超低排放改造任务已完成，并于2016年3月14日通过了省环保厅验收，运行正常，烟气排放浓度达到超低排放标准。1#机组的脱硫除尘超低排放改造工程于2016年12月20日完工。（巨如生）

【精准扶贫】　2016年，环保局从农村实际情况出发，以羊角乡磨沟村农业增产、农民增收为中心，开展帮扶工作，力求促进当地经济发展。在扶贫工作中，进行了党员与磨沟村贫困户一对一结对活动，由局19名党员包扶村里72户贫困户。5月，局党员分三批下到村里贫困户家进行走访。根据磨沟村各家各户实际情况，帮助磨沟村修缮了村委办公室。7月19日洪灾后，环保局为磨沟村修复水毁田间道路5100米，党员捐款并解决了人畜吃水问题。至年底，完成11户脱贫任务。进行有目的的劳务输出，主要采取外出打工形式。帮助4户村民联系相关业务单位，帮助找到适合他们特点的工作。家里有劳动力且有外出条件的，就鼓励出去打工；有2户有特殊手艺，让他们发挥优势，把自己优势利用起来做小买卖；有5户在其他方面有长处的，推荐到相关业务单位工作。（王爱珍）

节能减排

【概述】　2016年，全县单位GDP能耗下降3.35%。全县实现二氧化硫削减920吨，完成全年任务的643%。氮氧化物削减480吨，完成全年任务的470%。化学需氧量削减57.4吨，完成全年任务的101%。氨氮削减7.4吨，完成全年任务的101%。烟尘削减140吨。粉尘削减4吨。（牛少华）

【企业节能】　2016年，左权金隅水泥有限公司市级企业技术中心申报成功，为发展工业废弃物处理、污水处理厂污泥处置、危险废弃物处置、水泥窑纯低温余热发电等节能循环经济提供了技术支撑。（牛少华）

【节能宣传】　2016年6月15日，左权县开展了以“节能领跑，绿色发展”和“绿色发展，低碳创新”为主题的大型宣传活动，动员社会各界参与节能低碳行动，推动形成绿色化生产生活方式，营造崇尚节约节能、绿色消费与低碳环保的社会风尚。（牛少华）

【农村节能】　2016年，左权县全面建成农村太阳灶1607台，完成10个农产品产地灌溉水质监测点摸底，对5处大中型沼气站进行了安全排查，确保以沼气为主的农村生态能源工作安全正常使用，促进农村生态能源健康发展。（牛少华）

【公共机构节能】　2016年，左权县公共机构人均综合能耗、人均水耗同比分别下降3.3%、5.8%，单位建筑面积能耗同比下降4.5%，较好地完成2016年公共机构年度节能目标，公共机构节能工作取得成效。（牛少华）

【建筑节能】　2016年，左权县新建节能建筑工程6项，建筑面积9.04万平方米，其中居住建筑2项，建筑面积5.53万平方米，公共建筑4项，建筑面积3.51万平方米。建筑领域节能工作扎实推进。（牛少华）

【交通节能】　2016年，左权县开展营运类黄标车淘汰工作，淘汰营运类黄标车230辆，购置新能源纯电动双开门公交专用客车50辆，交通节能工作开展良好。（牛少华）

【污染源约束性减排】　2016年，通过实施华能左权煤电有限责任公司发电机组的超低排放改造、左权污水厂提标升级改造和左权县芹泉镇段瑞兵养猪场、大南庄冯献东养猪场、四里堠张志明养牛场等7户畜禽养殖污染治理等项目，共计实现二氧化硫削减920吨、氮氧化物削减480吨、化学需氧量削减57.4吨、氨氮削减7.4吨，分别完成全年任务的643%、470%、101%、101%。（王琪）

交通　邮电

交　通

地方公路建设

【概述】　2016年，左权县农村公路共计建设里程94.10千米，累计完成建设投资4130.5万元，分别涉及7大项34个工程，遍布全县的10个乡镇34个建制村，全县34个农村公路项目工程验收合格率达到100%，优良率达到90%以上，并实现了安全“零”事故。2016年底全县公路通车总里程达到1556.24千米，其中高速公路2条130.85千米（和榆高速左权境内76千米，阳黎高速左权境内54.85千米），国道1条57.90千米（国道207线57.90千米），省道2条105.93千米（省道319线84.68千米，S322线21.25千米），县道10条226.37千米，乡道74条683.57千米，旅游专道1条10.84千米，村道232条340.78千米，公路密度达到76.73千米/百平方千米。（周红波）

【农村公路建设】　2016年，左权县农村公路建设里程94.10千米，累计完成投资5354.07万元。其中，完成县乡道改造续建项目1个，县道梁峪至北台公路改造工程一期全长9.531千米，按三级公路标准设计，由红旗渠建设集团有限公司中标承建，累计完成投资1897.84万元。

完成撤并建制村村通水泥路项目11个，分别为：突堤至龙桥3千米，完成投资162.37万元；军泽线至连家峪1.66千米，完成投资104.58万元；上丰堠至秋树港1千米，完成投资59.1万元；石阳线至后沟6.85千米，完成投资272.34万元；泽上线至西崖底1千米，完成投资45万元；中店至松店线1千米，完成投资48.43万元；芹泉镇下庄村通村道路0.96千米，完成投资45.13万元；麻田镇东峪村通村道路0.61千米，完成投资28.26万元；桐峪镇桐滩村通村道路0.36千米，完成投资22.9万元；水横至下凹6.1千米，完成投资289.53万元；东寨至羊毛垴4.23千米，完成投资199.59万元。

完成完善提质项目12个，分别为：粟城乡故驿至庄园2.5千米，完成投资101.32万元；麻田镇乡道至北艾铺1.6千米，完成投资57.32万元；姜家庄至祁家岩1.7千米，完成投资63.27万元；寒王乡竹丰线至大红背1.8千米，完成投资79.64万元；芹泉镇小南庄通村公路2千米，完成投资86.86万元；大炉至方谷连3千米，完成投资134.62万元；粟城乡柏峪至庄园4千米，完成投资164.19万元；粟城乡王家峪庄园4.6千米，完成投资177.59万元；鑫淼葡萄庄园4千米，完成投资188.59万元；国道207线至段峪1.5千米，完成投资68.57万元；拐儿至玉心沟1千米，完成投资37.29万元；碾草渠至活岩1.4千米，完成投资55.13万元。

完成大中修项目5个全部完工，分别为：石匣乡盘小线至上会村0.29千米，完成投资38.23万元；石匣乡大林村通村公路1.27千米，完成投资

63.55 万元；麻田镇云头底通村公路 1.96 千米，完成投资 80.75 万元；石匣乡狮岩村至葡萄庄园 1.12 千米，完成投资 5 万元；辽阳镇沐梁线至前龙村 0.32 千米，完成投资 9.78 万元。

安全生命防护项目 1 个，全部完成，系县道军泽线泽城至羊林段和盘小线姜家庄至小梁峪段全长 6.96 千米，完成投资 138 万元。

以工代赈项目 2 个，分别为：龙泉乡连壁村至核桃杂粮基地 4 千米，完成投资 140 万元；麻田镇郭家峪村进村道路 2.79 千米，完成投资 149.35 万元。

窄路基路面拓宽改造项目 2 个，系寒王乡国道 207 线至东沟全长 2 千米，完成投资 75.95 万元；石北线至白垢村公路 8 千米，完成投资 264 万元。

（周红波）

【续建 S319 左权县城过境改线工程】 2016 年 10 月，S319 左权县城过境改线工程主体完工，16 日试运行，全长 13.352 千米，按二级公路标准设计，路面宽 12.0 米，由晋中路桥建设集团有限公司中标承建，其中仅控制性工程就完成新建高架桥 1 座，大桥 1 座，中桥 1 座，开挖砌筑涵洞 44 道，累计完成投资 1.71 亿元。该工程建设历时 2 年零 3 个月。（周红波）

【续建县道梁峪至北台公路改造（一期）工程】 2016 年 12 月，县道梁峪至北台公路改造（一期）工程主体完工，全长 9.531 千米，按三级公路标准设计，由红旗渠建设集团有限公司中标承建，其中仅控制性工程就完成新建小桥 2 座，开挖砌筑涵洞 34 道，累计完成投资 1897 万元。该工程建设历时 1 年零 7 个月。（周红波）

【新建阳泉至左权高速公路左权连接线】 全长 7.2 公里，全线按一级公路标准设计，经省发改委批复立项，估算总投资 1.60 亿元，法人为阳左高速公路建管处，2016 年 7 月，委托左权县人民政府负责该项目法人建设工程管理工作，至年底，完成立项、环评、水保、施工图评审、招标代理公司比选等工作。（周红波）

【汽配物流园区建设项目】 2016 年，新建汽配物流园区位于左权县城东出口，总占地 13.98 万平方米，估算总投资 1.2 亿元，全部由左权县远洋商贸有限责任公司筹资建设，11 月中旬，完成土地招拍挂，至年底，完成立项、环评等工作。

（周红波）

【县乡农村公路管养】 2016 年，左权县加强县乡公路养护队伍建设，先后召开了全县农村公路养护工作培训暨动员会议，与 90 余名县乡公路养护人员签订了养护承包协议与桥梁监管合同，办理个人意外伤害险；开展路面病害调查，对管养路段存在的坑槽、车辙、裂缝等病害进行排查摸底，并聘请有资质的桥梁检测机构对“7·19”受灾的 16 座安全隐患突出的危桥进行了质量鉴定，为公路养护灾后恢复重建施工提供第一手资料；加强基础培护工作，修复路基边坡 20 千米，疏通县级公路涵洞 420 道，排水沟 363 千米；加大路面整治力度，挖掘翻浆路基、换填碎石砂砾 1560 平方米，修补破损坑槽 2110 平方米，确保全县农村公路好路率的稳中提升。（周红波）

【路政管理】 2016 年，左权县交通运输管理局先后分三期组织 25 名行政执法人员参加全省举办的综合执法转岗培训；开展路政宣传月活动，先后出动宣传车辆 20 台次，综合执法人员 80 余人次，发放宣传资料 5000 余份；加大全县城乡路域环境整治，先后依法清除乱堆乱放 10 起，共计 90 余立方米，下达责令改正通知书 3 份，制止在公路建筑控制区违章建筑 1 起，平交道口 2 起，查处各类损坏公路案件 5 起，收取赔补偿费 3.41 万元，结案率 100%，其中柴油污染 5 平方米，收取赔偿费 1000 元，损坏限高架两处，收取赔偿费 1.23 万元，损坏反光标志收取赔偿费 800 元，私自架设杆线跨越公路案件 2 起，收取赔偿费 2 万元，依法行政处罚 2 起，收取罚没收入 2000 元。（周红波）

【运输管理】 2016 年，左权县交通运输管理局对全县客运企业、客运站和危货企业负责人、各类从业人员共计 300 余人进行行业技能与安全管理培训；推进企业信誉标准化建设，继客运企业全部达标之后，上半年有 13 个货运企业通过信誉质量考核体系，占到全县货运企业的 92%，其中 AAA 企业 4 个，AA 企业 9 个；加强道路运输车辆动态监管，对全县“两客一危”（从事旅游的包车、三类以上班线客车和运输危险化学品、烟花爆竹、民用爆炸物品的道路专用车辆）企业的GPS动态监控情况开展专项检查，重点检查车辆GPS或北斗动态监控设备，专职监控人员配备及监控日志和台账，督促企业加大车辆的GPS或北斗动态实时监管力度，确保车辆入网率达到100%，基础数据完整有效性100%；开展安全生产承诺活动，各客运公司通过集中安全承诺宣誓、驾驶员向乘客“面对面”安全承诺、播放安全宣誓承诺视频影像等方式，提升驾驶员的安全行车意识；加强多部门联合执法力度，年初与政府公示的60个源头企业签订了《源头治超目标责任书》和《源头企业治理超限超载承诺书》，采取例行巡查、集中明查、突击检查等方式，与多部门联动，开展联合检查，共查处源头超载货车27辆，累计扣除驾驶员从业资格270分，全部录入全省超限超载源头治理“黑名单”档案；同时，从严整顿客运市场秩序，依法查处非法营运12起，收取罚没收入8万元。（周红波）

【安全生产】 2016年，县交通运输管理局加强机制建设，坚持每月安全例会，及时分析研判新动态，解决新问题；对涉及交通行业工商注册的483个企业按要求进行分级分类管理，逐一建立健全安全责任台账；做好宣传教育，聘请县电视台制作“左权交通平安创建见功力”专题微视频，由专业策划公司制作“平安交通”安全教育宣传面板，集中参加在全市交通运输系统安全生产月巡展；组织干部职工观看了一场安全警示教育片，组织系统各部门进行了一次“隐患排查治理”大检查，协调多部门在汽车站开展一次安全生产应急演练，聘请县安监局专家进行一次安全知识培训；将隐患排查治理形成常态化，是年，对客运、货运、危险化学品、维修、驾培、检测等企业，下达安全生产监督检查记录单35份，下达整改指令60条，整改消除一般隐患60条；对在建工程、养护管理单位，下达安全生产监督检查记录单12份，下达整改指令16条，整改消除一般隐患18条。（周红波）

【高速路网实现左权全境贯通】 2016年7月12日，阳（泉）黎（城）高速左权至黎城段左权境内40.1千米正式通车运营，标志着过境高速公路与国省干线重组的“双十字”骨架顺利完成。

（周红波）

国道 省道建设

【概述】 左权公路管理段承担着G207线57.896千米，S319线85.53千米，S322线21.245千米，三条干线公路共计164.67千米的管养任务，其中薄弱路段占52%，好路率13%。至2016年底，有职工98名，其中正式职工44名，合同用工54名，在职党员20名。公路管理体制改革后，重新设置段内管理和生产机构为综合办公室、生产技术股、财务资产股、路政大队，下设路面养护中心、后勤服务中心、六个道班、质检试验股、物业中心、工程股、安全资产股等直管部门。（王强）

【工程建设标准化管理】 2016年，左权公路管理段在工程建设中，重点抓“人、材料、技术设备、设计（前期工程质量）、外部环境（气候和环境）、组织管理”等影响工程质量的六个主要因素。推进工程建设标准化管理，制定新改建工程标准化施工工艺，开展工程建设科技创新，推广新技术、新材料、新工艺在工程建设中的应用，依靠科技降成本，提质量。结合养护管理“八比八看”，深入开展以“程序、进度、投资、现场、质量、环境、廉政、安全”为载体的工程建设管理“八比八看”活动，提高工程建设标准化、规范化管理水平。是年，完成省道319左权县城过境改线工程，全长34.72千米，完成投资2.68亿元，工程质量合格率100%。同时特别注重道路绿化美化工作，所辖三条国省干线共计种植紫穗槐20万株，路肩种植榆叶梅200株，连翘球400株，上边坡种植爬山虎3000株。（王强）

【创新工程建设筹融资机制】 2016年，为应对新改建工程面临的“项目荒”问题，左权公路管理段按照实施一批、运作一批、储备一批、梯次推进的工作思路，推进部门、政府与市场的深度融合。创新工程建设筹融资机制，采用BOT、PPP模式，破解项目建设的土地和资金瓶颈，加快推进项目前期储备。列入省局突破性项目的207线左权县城至黎城下清泉段一级公路改建工程（投资27.9

亿元，全长61.5千米），正在采取BOT模式加快推进，是年，土地规划指标基本落实，完成投资人招标工作。（王强）

【公路养护管理】 2016年，左权公路管理段按照交通运输部提出的“改革攻坚，养护转型，管理升级，服务提质”的16字方针和省局提出的建设“六个公路”的要求，全面推进养护决策科学化、养护方案精准化、养护管理工程化、养护作业机械化、养护队伍专业化、公共服务多样化的“六化建设”。在全面开展养护管理“八比八看”（比路容路貌整洁，看干净整齐环境；比路面养护精准，看平整舒适路况；比路基养护稳定，看坚实达标排水；比桥涵隧道完好，看安全耐久保养；比沿线设施完善，看齐全标准有效；比养护工程管理，看程序规范质量；比安全生产防范，看制度健全落实；比创新绿色廉洁，看特色亮点效果）活动中，树立精准养护理念，按照高、严、细、实以及“一段一特色、一路一亮点”的标准和要求，以“路容美、路面畅、路基稳、桥隧好、设施全、工程精、安全实、创新亮”为创建目标，围绕八个方面28个项目开展养护管理“八比八看”。全年完成路面病害处治修补坑槽5.71万平方米，处治翻浆5.19万平方米，处理沉陷283平方米，处治严重龟网裂25.44万平方米，薄弱路填补砂砾及水稳碎石9730平方米，局部罩面19.46万平方米，同步碎石封层11.74万平方米。干线公路优良路率大幅提高，公路技术状况指数（MQI值）73.9。（王强）

2016年“7·19”洪灾后，道路养护人员在省道319线沐池段抢修冲毁的路段

【路政管理】 2016年，左权公路管理段深入开展“三基三化”（基层执法队伍职业化、基层执法站所标准化、基层管理制度规范化）建设和“六开展六提高”（开展文书制作比武，提高业务能力；开展危险化学品应急演练，提高应急处治能力；开展规范化管理现场观摩，提高规范管理能力；开展班子建设观摩，提高基础建设能力；开展公路红线控制区登记录入更新，提高精细化管理能力；开展纪律作风建设专题研讨会，提高廉洁自律能力）活动，全面加强路政执法队伍的培训、教育监督管理。继续深化路政共管机制，加大路域环境整治工作，严格执行路政、养护联合巡查，重点对穿越、跨越公路、架设、埋设输油、输气管线以及公路两侧非法设置加油站、加气站等各种涉路违法行为进行集中整治。全年共发现和查处各类路政赔偿案件71件，收取各项赔（补）偿款共计44万元，案件发现率为98%，案件查处率为98%、案件结案率为100%，执法过错率保持为零。（王强）

【安全生产责任体系建成】 2016年，左权公路管理段狠抓安全生产大检查和隐患大排查，完成27处道路安全隐患处治。应用科技手段，提升道路的安全应急能力，经常性地对所辖三条国省干线公路交通流量大、急弯陡坡路段进行路况监测。全面开展“安全生产月”活动和“平安文明工地”“平安交通”创建活动。全面加强安全生产应急管理，规范应急物资的储备，加强和完善应急制度和应急体系建设，制定了应急管理的各项流程，7月8日，在国道207线K1058+700处进行了防汛应急演练，共出动装载机、运输车、执法车等7辆，人员40余人，全面提高了应急保障能力。（王强）

【党员先锋行主题实践活动】 2016年，左权公路管理段把“两学一做”学习教育作为党建工作的龙头任务融入重点工作之中，作为推动重点工作的有力抓手。全面推进晋中公路分局建立的党委、党支部、党小组和党员“四位一体”的组织保证体系。坚持重点工作推进到哪里，“四位一体”合力就发挥到哪里。设立党员先锋岗，开展以“三诺五比一争优”（亮诺、践诺、评诺，比学习、比廉洁、比作风、比服务、比实绩，争做优秀共产党员）为

主要内容的党员先锋行主题实践活动，推动和促进分局重点工作。特别是在“7·19”干线公路水毁抢复过程中，公路管理段所管养的三条国省干线公路水毁损失达到3360万元。在接到灾情的第一时间，党支部向全体党员干部和职工发出了《防汛抢险倡议书》，并立即成立党员抢险突击队，设立党员先锋岗，充分发挥党员干部在危急关头的党员先锋作用，挺身而出，迎难而上，全力投入防汛抢险。经过40多个小时昼夜连续奋战，受灾路段全部恢复交通，赢得县委政府、社会群众的赞誉和肯定，展现了公路部门讲政治、负责任、顾大局的形象。（王强）

交通运输

【概述】 左权汽车站隶属于山西汽运集团阳泉汽车运输有限公司，是国家二级客运站。主要从事旅客运输、小件快递等业务。2016年，共有职工40人，进站营运车辆100部、营运线路38条（省际线路7条、市际线路6条、县际线路6条、县内城乡线路19条），日均发送班次85车次，日均输送旅客700人次。主要发往北京、石家庄、郑州、安阳、邢台、邯郸、武安、太原、榆次、阳泉、长治、武乡、平遥、寿阳、介休等省市县。同时也发往麻田、泽城、羊角、拐儿等县内各村镇。

2016年，随着整体大环境经济下行，左权县厂矿企业停产，建筑行业消退，流动人口严重减少；随着私家车的普遍拥有，大量网约车、黑出租等非法营运车辆参与运输，对客运市场造成严重冲击，尤其是对中短途线路正规营运客车影响极为严重，如太原、晋中、长治等班线客车。这些因素导致左权汽车站经营业绩直线下降，是年，营运收入906万元。（牛清华 郝晓敏）

【设备配置】 2016年，左权汽车站按照国家二级站的标准，行包安全检查设备、电子监控设备、LED电子显示设备、微机售票系统设备、广播通讯设备、旅客候车设备、安全消防设备、无障碍通道设施和重点旅客候车室等配套服务设施设备配置齐全。（牛清华）

【进站营运车辆】 2016年，左权汽车站进站营运车辆主要为县四家运输公司和返程对发运输公司车辆。有山西汽运集团阳泉汽车运输有限公司左权分公司发往北京、石家庄、武安、邯郸、安阳、邢台、长治、太原、晋中、临汾、平遥的16部客车；晋中榆次联通道路运输服务有限公司左权分公司发往郑州、太原、阳泉、榆社的15部客车；左权县亚通城乡客运有限责任公司发往介休、麻田、泽城、拐儿、羊角、骆驼、东山等左权县境内的27部客车；左权县恒益城乡客运有限责任公司发往桥上、故驿、温城、寒王的9部客车；以及返程对发有北京银建集团、石家庄运输集团等运输公司的33部客车。（牛清华）

【绿色公共交通全省率先覆盖】 2016年，左权县累计新增及更新新能源纯电动公交车97辆，到期更换新能源混合动力出租车25辆，并及时调整公交线路2条（1路、2路），整合公交线路3条（5路、6路、7路），新开公交线路6条（702路、603路、12路、13路、15路、16路），有效提高了县城公交出行分担率，推动全县城乡公交一体化建设的进程，成为全省率先实现县城绿色公共交通出行全覆盖。（周红波）

铁　路

【概述】 左权站区位于左权县辽阳镇蛤蟆滩村，是阳涉铁路有限责任公司下属的基层生产单位之一。管辖寒王、石港口、左权、原庄站的铁路运输和生产生活水电设备维修。寒王、左权站在业务性质上为货运站。在技术业务上管内各站均为中间站，采用牵出线推送调车，除寒王站为6502电气集中连锁外，均采用计算机连锁。墨左线与阳涉线在左权站相结，左权站为太原铁路局和北京铁路局分界站。管内有3个装车点，3条煤专线，为北京铁路局战略性装车单位。左权站区行政管理设置站长1名，副站长2名，站长兼支部书记，一名副站长兼工会主席。站区有职工76人（女职工10人），其中共产党员31人，共青团员8人。（路明）

【运输生产】 2016年5月，左权站区配合阳涉公司货运营销部在左权区域进行货源调研，宣传铁路运价优惠政策，开展市场营销，实现“一口价项目一个”（左权鸿泰发运装史口），新增运户4个，开辟新的增长点（石港口站卸电煤）。7月运量明显提升，站区一方面紧盯货源组织，另一方面加强运输组织，提高运输效率，确保全年增运增收。2016 年，左权站区共完成装车 36759 车 247.49 万吨，卸车 8282 车 55.66 万吨，运输收入合计 4831 万元，运输收入比 2015 年增长 12%。（路明）

【职工教育】 2016 年，左权站区充分发挥三级教育网络作用，强化业务知识学习，突出技能培训，适时调整日常业务学习内容，解决培训知识同职工实际作业脱节的情况，查漏补缺，做好必知必会、岗位标准、常用规章规范的日常培训；加强对新职人员的培训力度，制定阶段计划，确定培训主题，贴近现场，把现场作为开展教育培训的第一课堂，提高新职人员的基本业务素质；针对季节、设备、作业组织等变化，现场作业中可能出现的突发情况，站区需求进行适应性培训，组织开展防洪安全教育及防寒过冬安全知识教育等专题教育活动，提高职工应急处置能力；完善考核机制，对业务考试成绩优秀、技术业务强、标准化程度高的职工给予表彰奖励，对不合格职工按规定考核。站区全年以人身安全、岗位职责安全操作规程、岗位技能专业知识、必知必会等为主要内容，共组织集中培训 12 期，参加培训 300 余人次，参加公司相关部室专业培训 4 期，120 余人次，合格率 100%。（路明）

【岗位练兵技术比武】 2016 年 6 月 17 日，左权站区进行了一年一度的起复实做演练活动。演练以培训新职员工为重点，通过开展此次演练活动，

2016 年 6 月 17 日，左权站区开展一年一度的技术比武竞赛活动

达到巩固和提高站区事故救援小组成员的应急作业水平和能力。6 月 22 日，站区举办了 2016 年度调车业务实做技能比赛。（路明）

【设施改造】 2016 年，左权站区为提高作业效率，加快货物周转，由山东莱芜三江经贸有限公司申请并投资，经阳涉公司批准，三江专用线（左权站 1 道）轨道衡于 5 月 19 日开通使用。该轨道衡由山东莱芜三江经贸有限公司、左权站区联合管理，车站负责微机操作，过衡数据由车站指定人员打印。（路明）

【安全综治工作】 2016 年 5 月 10 日—20 日，左权站区配合特勤中队对所辖铁路沿线两侧的“维稳环节、涉路矛盾纠纷、沿线治安隐患、沿线环境问题和新建线路问题”五个方面进行深入排查，对存在安全隐患和危及行车安全的问题进行详细登记并上报县护路办和阳涉铁路有限责任公司，对铁路沿线的重点单位和重点人员进行全面梳理，实现底清底明有效管控的目标。是年，对管辖范围防溜设施进行彻底排查，在所有安全线、尽头线均按要求及标准设置、配置防溜枕木。站区分别在各条专用线距土档前 30 米处设置带有反光漆停车标志，为调车作业提供有效安全保障。（路明）

【职工生活】 2016 年，左权站区更换办公楼饮水装置，并在办公楼三楼安装热水器，对寒王站供水供暖设备进行改造更新。4 月 14 日—22 日组织站区全体职工在左权县红十字健康体检中心完成体检。站区工会围绕“两节”对离退休人员、困难职工慰问，并进行“金秋助学”行动，在“三八”国际妇女节之日，组织了女工春游。（路明）

邮　　政

【概述】 2016 年，左权县邮政分公司内设综合办公室、市场部、综合营销组、金融业务组、投递部 5 个职能部室，下辖北大街营业所、滨河路营业所、粟城支局、芹泉支局、拐儿支局、寒王支局、龙泉支局、桐峪支局、麻田支局、石匣支局 10 个支局所，建成便民服务站 50 个。至年底，从业人员 125 人，其中，合同工 54 人（包括长期病休

人员10人），劳务工71人。1名劳务工转聘为B类合同用工，16名员工达到星级员工标准。全县共设置道段29条，其中县分公司投递部13条，分别为6条城市投递道段，大户段1条，速递小包投递道段2条，农村道段2条，县城城区包裹直投率达到100%；农村支局道段16条，分别为温城段、苇则段、隘口段、熟峪段、泽城段、苏亭段、黄漳段、羊角段、十字岭段、寺坪段、下庄段、南岔段、柳林段、川口段、管头段、马家庄段。是年，全县邮政各项业务总收入累计完成1132.62万元，列全市第九位，较2015年同期提高三位，增幅排全市11位，同比提高1位。 （高冉）

【代理金融业务】 2016年，左权县邮政分公司代理储蓄业务累计实现收入560.94万元，至12月底，储蓄总余额4.2亿元；代理保险业务实现保费4155.5万元，累计收入135.01万元；理财累计销量3396万元、基金1.93万元、国债168.3万元；个人网银新增有效客户1895户，手机银行新增有效客户1960户。 （高冉）

【寄递业务】 2016年，左权县邮政分公司实现收入63.5万元，完成市分年计划63万元的100.79%，同比增幅19.15%，完成进度和同比增幅两项指标均列全市第2位。 （高冉）

【函件业务】 2016年，左权县邮政分公司收入实绩13.3万元，完成市分年计划37万元的35.95%，完成计划进度列全市第11位。 （高冉）

【报刊发行】 2016年，左权县邮政分公司累计完成收入111.81万元，完成市分年计划的100.54%，位于全市第8位。是年，报刊一次性大收订实现流转额329万元。 （高冉）

【集邮专业】 2016年，左权县邮政分公司实现收入68.19万元，完成市分年计划90万元的75.77%，完成计划进度全市第7位。 （高冉）

【电子商务】 2016年，左权县邮政分公司实现收入85.11万元，绝对值较2015年增加11.83万元，完成市分年计划80万元的106.39%，同比增幅16.15%，完成计划进度列全市第6位，增幅列全市第7位，其中，代理车险收入完成5.94万元，完成全年计划4.6万元的129.13%，完成计划进度和增幅均列全市第1位。 （高冉）

【分销业务】 2016年，左权县邮政分公司实现收入81.21万元，完成市分年计划78万元的104.12%，同比增幅−2.36%，完成计划进度列全市第2位。 （高冉）

【渠道建设】 2016年，按照《山西邮政县以下投递网络建设指导意见》，从3月开始，左权邮政开始投递网综合改造工程，5月底，完成县局院内附属二层办公楼拆除及地面硬化工程，安装彩钢活动房用作分拣封发场地，扩大包裹作业平台。在人员配置上，新增转趟司机1名、揽投人员2名、乡邮员5名。在设备配置上，新增车辆2辆，三轮摩托车4辆。3月，拐儿支局完成网点装修工程，7月，寒王支局完成网点改造及搬迁工程。 （高冉）

【服务提升】 2016年，左权邮政分公司整合内部资源，优化人员结构和作业组织，服装、标识、智能化设施设备进行全面更新。在物流配送环节，形成一套更加成熟、完整、严密的关于邮件收寄、验视、分拣封发、投递等一系列制度和操作流程，解决了投递“最后一公里”的问题。9个金融网点进行VMD视觉打造和老年专区建设，所有营业窗口服务及现场管理均达到规范化、标准化水平。根据市分公司“千人理财师”队伍建设要求，对普通柜员、大堂经理开展技能培训，确立重点客户日常维护工作制度。围绕传统节日、时事热点和金融环境，组织开展“暖冬暖心”、一系列社区服务等社会公益活动。 （赵莉莉　高冉）

通　信

中国移动通信集团山西有限公司左权分公司

【概述】 2016年，左权移动公司通信服务收入完成6108万元，其中集团通信和信息化产品收入完成200万元，新增客户数1.5万户，净增客户数3100户，4G客户到达数5.7万户，宽带净增客户数1600户。是年，左权移动分公司获全省五四红旗团支部荣誉称号和晋中市2015—2016年度文

明单位荣誉称号。是年，左权移动分公司北大街营业厅获省级青年文明号荣誉称号。（卜亚宪）

【网络建设】 2016年，左权移动公司新发展宽带1600户，宽带端口到达8万户，宽带用户达6244户，是年，LAN改PON小区5个，改造450户，其中新建2个百兆精品小区。至年底，左权移动公司2G基站249个，3G基站48个，4G基站210个。是年，新建基站83个，全部为4G基站。（卜亚宪）

中国电信集团公司
山西省左权县电信分公司

【概述】 2016年，左权县电信分公司全年业务累计收入达760万元。全年移动业务累计发展2442户，宽带累计发展1297户。（李留峰）

【网络建设】 2016年，左权县电信分公司全面推进农村网络建设，农村乡镇覆盖：南—桐峪、麻田、下武、上麻田、下麻田、小树沟、云头底，东—粟城，北—寒王、平王、清河店等，FTTH端口共建845个。2016年，新增3G基站5个，4G基站8个，至年底，有3G基站83个，4G基站36个。（李留峰）

【灾后重建】 2016年7月19日，左权县出现大面积强降雨，造成拐儿、芹泉、羊角、麻田、下庄等村庄受到不同程度的灾情。电信杆路被冲毁14处，光缆毁坏17.9千米，影响基站23个。灾后，修复杆路14千米，新建8千米；重建光缆4.3千米。（李留峰）

中国联合网络通信有限公司
左权县分公司

【概述】 2016年，左权县分公司发展宽带用户4863户，宽带用户到达16621户。发展4G用户9498户，销售移动终端2999部，移动用户总数达到26081户。固定电话用户逐步减少，至年底，固话用户数为13165户。全年主营业务收入累计完成2391.44万元，较2015年同期增长0.90%。（赵霞）

【网络建设】 2016年，左权县分公司全面进行交换机拆除与机房整合。对全县29个接入网点设备进行了拆除、腾退。10月，对县局西门子、NEC交换机进行拆除，原程控机房整合为数据机房。（赵霞）

【宽带网络】 2016年，左权县分公司继续推进宽带网络光纤化，全年优化主局—后峪、文峰—惠安、营盘—学苑，滨河—鑫城等城域网主干光缆。新增宽带能力7424线。29个接入网点的ADSL等旧的宽带设备退网。FTTH端口数达到43106线。（赵霞）

【移动网络】 2016年，左权县分公司新增2G基站29个、3G基站2个、4G基站57个，物理基站总数达到148个。其中：2G基站103个、3G基站139个、4G基站103个。（赵霞）

【"7·19"洪灾损毁线路】 "7·19"洪灾对左权县线路损毁严重，冲毁固网杆路15处，17.9千米；倒伏杆路5.7千米，损失电杆400余根。冲毁各类光缆41.6皮长千米。共影响物理基站29个，汇聚交换机7个，OLT设备9套，FTTH网络62行政村、用户2589户。（赵霞）

【灾后线路重建】 "7·19"洪灾后，左权县分公司重建杆路17.9千米，整修杆路5.7千米，重建12芯光缆13千米、24芯光缆9.6千米、48芯光缆19千米。（赵霞）

贸易

商务

【概述】 2016年，左权县商务工作围绕加快经济发展方式转变这条主线，按照“稳中求进”的工作总基调，强化协调服务，突出工作重点，克难奋进，全县商务工作总体实现了稳中求进的发展势头。全县18个限上商贸流通企业全年共完成社会消费品零售总额14.35亿元，增幅7.2%。全县共备案登记酒类零售企业678个，酒类批发企业28个，散装白酒经营户4个。成品油零售企业25个，再生资源集散市场1个，再生资源回收站点61个。单用途商业预付卡发卡企业4个。（于丽）

【对外贸易】 2016年，左权县外贸工作实现新进展，左权县昊鹏石岩有限责任公司销售石材完成出口3万美元，实现了左权县外贸指标零突破。

（刘桐）

【电子商务服务体系】 2015年，左权县成功申报全国电子商务进农村综合示范县。2016年，左权县继续深入推进左权国家电子商务进农村综合示范县建设。1月22日，左权县电子商务创业园建设完工，正式启动。开通左权电商微信平台、建立了020线下展示厅，苏宁易购中华特色馆·左权馆。3月8日，全省电子商务进农村综合示范县现场推进会召开，在左权县创建的“粮易模式”得到了领导、专家和新闻媒体的高度关注，并在全市11个县市区全面推广运营。全年依托山西田农宝网络科技有限公司，建设县、乡、村三级电子商务服务体系，共建设县级电子商务运营中心1个，县级电子商务仓储中心1个，县级物流分拨中心1个，乡级电子商务服务站10个，村级电子商务服务店72个。

（刘桐）

【电子商务创业园运行】 2016年，左权县电子商务创业园区入驻企业21个（其中14个上行企业、1个下行企业、4个服务企业、1个培训企业、1个物流企业），主要为交易类企业和服务型企业。交易类企业主要从事农特产品、文化旅游、手工艺品等在网上销售，妈妈传西红柿酱、太行冰酒、一麻袋、将军虎等产品形成一定的品牌效应。3个自建平台型企业（一麻袋电子商务有限公司、象谷电子商务有限公司、左权县尚农电子商务有限公司）。开通“淘宝特色中国左权馆”和“苏宁易购中华特色左权馆”。左权晋汇达电子商务有限公司已孵化出园。创业园自运营开始，共实现电商交易1000余万元。同时，按照“走出去、请进来”的方式，是年，组织外出考察学习培训4次，开展电子商务培训15批次，培训人员达2700余人次。（刘桐）

【全省电子商务进农村综合示范县现场推进会在左权召开】 2016年3月8日，山西省电子商务进农村综合示范县现场推进会在左权县召开，省政协副主席、晋中市委书记张璞，省商务厅厅长孙跃进，晋中市副市长王建林，商务部市场建设司、中国邮政电子商务局有关领导出席。省直有关部门、省商务厅相关处室、全省11个市商务局负责人，各电子商务示范县县长、商务局局长，晋中各县（区、市）商务局局长，以及阿里巴巴、苏宁、京东等14个电商企业代表参加会议。会议期间，与会人员参观了左权县电商运营中心、仓储中心和村级服务站。（于丽）

【左权县一麻袋电子商务有限公司】 左权县一麻袋电子商务有限公司成立于2015年10月，注册资金2000万元，由百度、腾讯、阿里巴巴等知名互联网公司的在职员工参与创建。2016年，公司有生产车间1个，生产基地2个，是一家集研发、加工、销售各类左权土特产、农特产及农副产品为一体的综合性电子商务企业。主营类目：核桃仁、香菇酱、粗粮面条三大系列，核桃仁系列包括枣夹核桃、黑芝麻味核桃仁、白芝麻味核桃仁、奶味核桃仁和五香味核桃仁；香菇酱系列包括辣椒酱、原味香菇酱、麻辣味香菇酱、香辣味香菇酱、鱼香味香菇酱和孜然味香菇酱；粗粮面条系列包括莜麦面河捞面、荞麦面河捞面、玉米面河捞面和高粱面河捞面。（常婧）

【商贸市场监管工作】 2016年，左权县加强食品安全管理。全年组织食品安全街头宣传2次，发放宣传资料2000余份，组织召开食品安全培训会2次，出动执法人员214人次，检查单位128户次，全县共备案登记酒类零售678户，酒类批发企业28个，散装白酒经营户4户。抓好成品油市场管理。配合环保等部门开展了车用燃用专项整治和大气污染防治工作，检查成品油零售企业25个，整改各类隐患27条。规范废旧回收市场管理。城区范围内实行“零”站点。全县共有再生资源集散市场1个，再生资源回收站点61个。做好单用途商业预付卡发卡企业的备案登记和日常监管工作，全县共备案登记4个。（刘桐）

【鑫森酒庄有限公司葡萄酒获奖】 山西的鑫森酒庄有限公司“太行冰谷”在2016年中国优质葡萄酒挑战大赛中获金奖，在2016年国际领袖产区葡萄酒（中国）质量大赛中获金奖。（刘桐）

【安全生产】 2016年，经济和商务粮食局共监管13个行业954个企业，是年，对所监管的新型墙材、电商、火力发电、保险、信贷、典当寄卖、废旧回收、洗涤服务、摄影摄像、粮站、通信、二手车12个行业和9个商场进行摸底排查，建立台账，悬挂责任牌。开展安全生产宣传活动，举办一多便利杯“乒乓球、羽毛球”赛，悬挂安全宣传标语20余条，组织进企业安全生产知识培训1次，参加安全生产应急演练2次，组织企业进行安全生产演讲比赛1次；联合安监、消防、市场质量监督管理局、住建局等部门重点对华能、金隅、鲜森超市、宏远广场等人员密集场所进行安全检查，共发现安全隐患20余处，并全部整改。开展打非治违行动，查处黑加油点1处。市经信委领导与电力专家到金隅水泥公司进行专家会诊，对查出的问题进行整改。（曹凯）

供销合作商业

【概述】 2016年，左权县供销社被全省供销社列为25个综合改革试点县之一。县供销社以综合改革任务为主线，在经济下行的总趋势下，保持了较好的业绩，全年商品销售总额7.15亿元，占计划100.01%，农产品购销1.51亿元，占计划100.33%，农业生产资料销售4700.5万元，占计划100.01%，实现利润281万元，占计划100.36%。被省供销社评为农业社会化服务先进单位，电子商务建设先进单位，市供销社授予综合绩效考核一等奖，农村社会化服务先进单位，电子商务建设先进单位，农民专业合作社示范社等荣誉。（朱志毅）

【农资销售】 2016年，左权县供销社年销售各类化肥1.35万吨，销售农药38吨，地膜202吨，各类中小农机具2.45万件，农资销售占到全县80%销售份额，充分发挥了农资供应的主渠道作用。（朱志毅）

【农产品购销】 2016年，左权县供销社充分发挥农民经纪人和农产品购销便民店，电子商务的作用，销售各种粮食8500吨、中药材230吨、核桃3200吨，增加了百姓收入，解决了粮食滞销的问题，调动了老百姓耕种积极性。（朱志毅）

【专营商品市场管理】 2016年，左权县盐业公司销售食盐640吨，工业盐152吨，畜牧盐130吨，加工盐180吨，销售比2015年减少12%，主要原因：煤矿关停，外来人口减少。食盐需求量减少。盐业公司适应市场变化，确保各类营养盐销售，加强盐业市场监管，加大对劣质盐打击力度，确保了碘盐覆盖率达到100%。

2016年，随着人们环保和节约意识的增强，烟花爆竹公司全年实现销售82万元，比2015年减少30%。该公司配合工商、公安等部门加大对伪劣烟花爆竹打击力度，净化烟花爆竹市场。（朱志毅）

【农业社会化服务体系建设】 2016年，左权县供销社建设龙泉、羊角、寒王、石匣4个惠农服务中心，新建或改造新型庄稼医院4个，即羊角、寒王、龙泉、石匣庄稼医院，依托农资便民店完成惠农服务站建设35个。（朱志毅）

【改造基层站服务】 2016年，左权县供销社按照恢复重建基层社的要求，成立羊角供销社综合服务中心，并在羊角村口建起一栋二层180平方米的办公营业综合楼，同时按照社会与供销社共建的投资方式，组建芹泉供销社综合服务中心，并确定合作方，对租用的场所完成了改造。与芹泉村委对供销社办公营业综合楼的建设地址进行协商，签订了土地转让协议。（朱志毅）

【引领培育农民专业合作社】 2016年，在县供销社引领培育发展下，羊角爱民核桃专业社成立核桃专业管护队，指导全乡核桃树种植管护，盖起一栋由县供销社投资28万元的培训办公营业楼，县供销社在石匣乡管头村扶贫期间，按照当地产业特点，培育成立芋农土豆专业社，建起350立方米的土豆储藏窖，两层营业办公楼。按照对有发展前景，带动性强的专业合作社要予积极领办扶持的原则，县供销社选择对漳漕万众蔬菜种植专业社扶持，并与该村签订土地转让协议，建设集加工、办公于一体的综合型办公楼。庆云农机专业合作社是县供销社开放办社吸收的专业合作社，该专业社流转土地66.67公顷，实施大型机具耕种，真正破解了“谁来种地，怎么种地”的难题。（朱志毅）

【建设惠农服务中心】 左权县供销社在堡则实施惠农服务中心建设工程，总投资28万，以庄稼医院、农资直供，培训服务等方式推广新品种、新技术，服务于全乡农业生产。羊角惠农服务中心对全乡核桃实施无偿管护，提高了全乡核桃产量，增加了农民收入。寒王惠农服务中心，向农户推广优质种子28吨，销售农资化肥250吨，同时开展农机代售服务，2016年11月，县农机中心在该惠农中心举办全县农机示范现场会。石匣惠农服务中心以土豆产业服务为中心，逐步实施测土配肥，病虫害防治，种植技能培训，服务于该乡农业生产。

（朱志毅）

【创建城乡综合服务社】 左权县供销社依托鲜森、瑞兴、日用品配送中心，对乡镇人群聚集区的便民店，实施提升日用品便民店综合服务功能，开展了多项便民服务，代缴水电费、话费，开展保险业务，常规药品代售，图书报纸杂志发售等项便民服务。

（朱志毅）

【建立农村电子商务平台】 2016年3月，左权县供销社与社会自然人陈亮谕共同出资组建“左权县供销社电子商务有限责任公司”。注册资本300万元，建设电子商务商城平台“亲格呆”，并且实施与“农芯乐”“供销e家”的平台对接。平台主要分为两部分，一部分是网上商城，一部分是废旧物资回收。至年底，发展乡镇级服务站10个。

（朱志毅）

粮食购销

【概述】 2016年，左权县粮食收购完成2.33万吨，占目标2万吨的116.5%；粮食销售完成4.26万吨，占目标任务2.3万吨的185.2%；产销衔接完成1.92万吨，占目标任务1.75万吨的109.7%。

（白有堂）

【应急供应网点】 2016年，应急供应网点10个：宏源粮食公司放心粮油配送中心、麻田粮油应急供应点、粟城粮油应急供应点、芹泉粮油应急供应点、拐儿粮油应急供应点、羊角粮油应急供应点、石匣粮油应急供应点、桐峪智风粮油门市部应

急供应点、堡则鑫隆门市部应急供应点、寒王瑞琴粮油店应急供应点。（白有堂）

【基础设施】 左权县投入80万元，对宏源粮食有限公司2个库点（粟城、拐儿粮库）的“危仓老库”维修改造，2016年9月30日全部改造完成，并投入使用。改造中，重点对现有仓库地坪、屋顶、外墙以及场地进行改造，并添置通风和运输等机械设备，提升粮食储备科学水平，全面提高粮食储备能力。（白有堂）

【新建粮库】 宏源粮食公司新建粮库工程是县政府确立的重点工程。2016年，省、市粮食局对左权县新建粮库项目和危仓老库改造项目进行了实地考察，并下拨危仓老库改造资金60万元用于新粮库建设。新建粮库在县城北四里堠村，设计仓容规模为2.5万吨，占地2公顷，共投资3200万元。其中一期工程建设1.35万吨仓容仓库（2500吨仓容仓库五座、1000吨仓容仓库一座），60型小型面粉加工厂一座，一期投资1750万元。是年，新建粮库项目前期工程开工，土地手续办理完毕。

（白有堂）

【应急储备落实到位】 2016年，地方储备粮数量、品种全部落实到位，全年储存县级储备粮小麦4645吨。（白有堂）

【加强粮食执法检查】 2016年，左权县重点做好节日供应市场监管、收购市场秩序监督检查、收购资格核查、政策性粮油经营检查等工作。在夏秋两季粮食收购期间，与工商、物价等部门进行联合检查，组织开展不同时期、不同类型的监督检查，共出动检查人员65人次。进入检查对象场所进行检查和宣传达到16次以上。（白有堂）

【储粮管理】 2016年，左权县储粮管理“一符六无”（账实相符、无害虫、无变质、无鼠雀、无事故、无陈化、无污染）粮仓达标率99%，超过指标任务3个百分点；“三专四落实”（专仓储存、专人保管、专账记载、数量落实、质量落实、品种落实、地点落实）达到100%。加强对储备粮轮换和库存监管，确保了县级储备粮数量真实、质量良好、储存安全。（白有堂）

【服务民生】 农户科学储粮是国家粮食局的惠民工程，启动于2012年。经费配套为“34181”模式，中央30%、省级40%、市级10%、县级8%、农户12%，2016年全县共落实农户科学储粮装具1473套，已全部送到农户，2012年—2016年，累计向农户发放储粮装具3532套。（白有堂）

烟草专卖

【概述】 2016年，左权县烟草专卖局（营销部）下设专卖监督管理股、内管股、客服股、综合办公室、配送站，在职职工40人，离退休人员10人，其中共产党员18人。负责全县867户零售客户的管理和服务，开展品牌培育、专卖管理、基础管理、激励机制、基层建设五项工作。是年，左权市场累计销售6317箱，实现销售收入1.42亿元，实现毛利3500万元。全年中转站送货车辆累计行驶11.66万千米，累计配送量为54989.38件，平均单车装载量为13747件，累计服务客户57344户次，共送出卷烟54989件，全部送货到户，送货率达100%。（李海明）

【专项行动】 2016年，左权县烟草专卖局开展清理整顿烟草零售市场专项整治行动，共出动执法人员210人次，并在公安、工商的积极配合下，开展无证户专项清理活动，维护卷烟市场稳定。全县共查获涉烟违法案件40件，查扣违法卷烟1623条，涉案总值17.76亿元，其中假冒卷烟案件3件，假冒卷烟54条，标值3.78万元；真品卷烟案件37件，真品卷烟1569条，价值13.98万元；收缴罚没款2.77万元，始终保持市场净化率在97%以上。（梁巍）

【行政执法】 左权县烟草专卖局在行政审批中实行三日办结制，均按照有关规定及流程进行严格审查。2016年，全县共有卷烟零售户881户，其中有效户867户、停业14户。全年新办许可证99户，延续89户，停业14户，歇业45户，恢复营业2户，注销98户，修改3户。（毛串）

【法制宣传】 2016年，左权县烟草专卖局充分利用“3·15”“4·28”“6·29”“12·4”向全社会和广大卷烟零售户开展宣传，宣传方式多样，制作法律法规知识展板，设立法律宣传咨询台，散发法律宣传资料，开展上门宣传。利用机关电子屏等方式，宣传《中华人民共和国烟草专卖法》《中华人民共和国烟草专卖法实施条例》《烟草专卖许可证管理办法》《烟草专卖行政处罚程序规定》等烟草专卖法律法规和有关卖假烟的鉴别知识等内容。（张继军）

【规划现代零售终端】 2016年，左权县烟草专卖局按照市局现代卷烟零售终端客户占总客户的14%的要求，推进终端建设。在发展零售终端客户的基础上，主要提升现代零售终端客户的软实力，优化客户在卷烟市场的领军地位及社会形象，完善入网功能管理，不符合的该退则退，建立引退机制；店门、店铺、证件、价签、柜台陈列等做到布局合理到位。（李斌）

【内部监管】 2016年，左权县烟草专卖局以卷烟销售是否做到100%的落地、落户、入网销售；有无拆单分摊、假入网、组合销售、超许可范围销售等违规销售卷烟；有无违反特殊用烟的规定；有无超量供应卷烟；千条大户是否及时备案；有无违规向千条大户、弱势客户供应卷烟；有无通过代访、代订、代送违规销售卷烟；有无内部人员截留、套购卷烟等方面的内容为重点，开展对同级营销部的检查工作，以行业内管工作制度在县局（营销部）的贯彻落实情况、工作人员遵守内管工作纪律情况为重点，逐月进行了内管考核。依照《晋中市局内管备案备查制度》和《晋中市局内管报告制度》的要求，每月整理营销部门报送的自查工作资料，撰写内管动态、季度检查方案和月工作报告等，按时报送市局；同时在内管信息系统中将市场走访情况、协同监管月例会、会议记录、培训情况和监管工作日志等及时备案；确保内管各项工作的时效性。（宋斌）

【安全生产】 2016年，左权县烟草专卖局深入推进安全规范化、制度化、标准化建设。通过逐级签订安全责任书，下发各个股室安全生产作业指导书，分解任务，细化责任，明确安全管理一把手主体责任和全员安全生产责任。先后开展专卖店安全巡查、仓库区安全隐患排查、客户安全知识培训、消防安全知识培训、仓库加固工程等多项活动，做到全面排查、及时整改、定期复查，实现全年安全“零”事故。（梁巍）

石油购销

【概述】 2016年，是企业发展面临形势最为错综复杂，经营管理最为艰难的一年。至11月25日，左权县区成品油零售1.47万吨，完成年度任务的68.2%。全县区非油品经营实现销售172.95万元，其中重点商品销售9.52万元，综合毛利率16%。成品油直销累计销售2009.5吨，完成年度计划的67.0%。中国石化销售有限公司山西晋中左权石油分公司，全年经营总量完成1.60万吨，非油品营业额达到230.9万元。（王英）

【提升优质服务】 2016年，左权石油分公司立足于从“油品供应商”向“综合服务商”转变，开展以“质优量足，真诚服务，让您满意”为内容的“优质服务月”活动，进行“三查一比”，倡导“嘴说起来、腿跑起来、脸笑起来”的服务宗旨，推行“不爱微笑就是不爱岗，不会说话就是不敬业”的服务观念，在传统服务的基础上开启服务新模式，建立“微客服”，设置“微名片”，开展“微宣传”，运用新媒体延伸服务；开展“爱心加油站”青年志愿服务活动，开设“爱心服务台”，赠送爱心号码牌，免费提供热水、小药箱、应急维修工具等物品和服务项目。（王英）

【开展营销活动】 2016年，左权石油分公司先后开展了“百万巨惠·迎新春”“真情回馈购油有礼”“点对点”促销“加油送券”“加油送礼包”等油非互促营销活动；开展了“赢春送好礼惊喜数不尽”、积分回馈、春季促销等销售活动；与保险公司合作开展“买保险送充值卡”活动，与银企联手开展刷卡充值送积分活动等；建立大客户购油专享业务流程和提油绿色通道。通过网上营业厅和手机终端，为加油卡客户提供在线充值、查询、预分配等服务。在6座加油站安装自助圈存设备，方便客户加油站

网上充值，开展“网厅充值优惠”“全国充值卡销售”“开卡充值送好礼”等加油卡促销活动。（王英）

物资购销

【概述】　“工业炸药”誉称“能源工业之能源，基础工业之基础”，是左权城丰物资有限责任公司（下称物资公司）支柱产业。2016年，民用爆炸物品供销业务大幅下滑，为近十五年来最低值。全县年销售工业炸药686吨、工业雷管42万发，分别比上年减少51%、52%，为2014年历史最高值的22.4%、17.5%，经营亏损60万元。民爆物品安全管理是头等大事，不因效益好坏而放松。是年，物资公司大胆创新，提质增效，实行民用爆炸物品购进、销售、存储、配送、爆破一条龙服务，封闭式管理，保证民爆安全同时，延伸产业链，增加附加值，在晋中市各县率先迈进一步。

（宋富荣　邓雁云　刘莎莎）

【安全生产达标升级】　物资公司民爆专用库属Ⅳ级重大危险源，为全县之首。额定储量：工业炸药35吨，工业雷管20万发。该库投资650万元于2012年建成启用。物资公司依托标准化硬件，不断强化安全管理软件建设。2016年，投入10.88万元完善制度，改进措施，培训教育。企业负责人、安全管理人员、特种作业人员全部培训合格，持证上岗率100%。全年接受省、市、县各级各类安全检查36次，公司级安全检查52次，问题整改率100%，连续第四年通过山西省民爆局评估验收，成为安全生产标准化建设达标企业。

（宋富荣　邓雁云　刘莎莎）

【花苑宾馆开工建设】　2016年，筹备2年之久的花苑宾馆开工建设，这是物资公司依托民爆、转型发展的重要一步。同时被县政府列为2016年全县重点工程之一。花苑宾馆位于万寿街中心，建筑面积4542平方米，拥有标准客房42间，500平方米大餐厅，可同时容纳400多人就餐，总投资1200万元，是年，完成主体建设和部分装饰，配套项目，完成投资707.5万元。

（宋富荣　邓雁云　刘莎莎）

2016年正在建设中的花苑宾馆

财　　政

【概述】　2016年，左权县一般公共预算收入4.54亿元，为年度预算的100.10%，同比增长0.71%；同期转移性收入15.36亿元，收入总计为19.90亿元。全年一般公共预算支出13.73亿元，转移性支出5.92亿元（不含结余），支出总计19.05亿元，收支相抵，结余8487万元，实现了收支平衡。政府性基金和社会保险基金也实现收支平衡。在一般公共预算支出中，注重向民生支出倾斜，全县用于民生支出11.44亿元，占到一般公共预算支出的83.32%，比上年增长4.02%，增支4419万元。兑现各类民生项目提标9项。

“三公”经费支出884万元，比上年实际支出减少151万元，下降14.59%。建立涉农资金电子监管平台，使涉农资金的使用实现了“三公开一细化”，即公开政策、公开标准、公开结果，细化到个人（合作社）。创新扶贫投入方式，实施精准扶贫，拨付扶贫资金7439万元，同比增长46.55%。整合各项上级涉农专项资金7459万元，安排使用5169万元，用于发展现代农业园区、光伏发电扶贫开发、支持农村社会发展等，被省表彰为整合涉农专项资金示范县。教育社会保障的支出都有所增长。

转变财政支持方式，引导社会资金支持经济社会发展，推进PPP模式，规范内部控制，防控廉政风险等措施保证了财政工作的良性运行。

（薛瑞文　王月升　王永峰）

【财政收支】　财政收支包括一般公共预算收支、政府性基金收支与社会保险基金收支。

一般公共预算收支。2016年，左权县财政总收入完成6.87亿元，同比下降17.29%，减收1.44亿元。一般公共预算收入完成4.54亿元（税收收入1.48亿元、非税收入3.05亿元），为年度预算4.53亿元的100.10%，同比增长0.71%，增收321万元。

全县一般公共预算支出13.73亿元，为年度调整预算的109.12%，同比增长4.95%，增支6477万元。其中一般公共服务支出9233万元，同比增长3.23%，增支289万元；公共安全支出9912万元，同比增长44.1%，增支3033万元；教育支出2.79亿元，同比增长17.26%，增支4109万元；科学技术支出464万元，同比下降49.67%，减支458万元；文化体育与传媒支出3263万元，增长12.45%，增支362万元；社会保障和就业支出1.76亿元，同比增长12.68%，增支1981万元；医疗卫生支出1.33亿元，同比下降0.03%，减支354万元；节能环保支出4256万元，同比增长37.69%，增支1165万元；城乡社区事务支出4347万元，同比下降8.1%，减支383万元；农林水事务支出2.87亿元，同比增长32.58%，增支7050万元；交通运输支出5816万元，同比增长97.15%，增支2866万元；资源勘探信息等支出

1239万元，同比增长2.14%，增支26万元；商业服务业支出1200万元，同比增长55.44%，增支428万元；国土海洋气象支出1539万元，同比下降87.5%，减支1.08亿元；住房保障支出5684万元，同比下降24.53%，减支1847万元；粮油物资储备支出323万元，同比增长7.3%，增支22万元；其他支出647万元，同比下降71.95%，减支1660万元；债务付息支出1868万元，增长57.77%，增支684万元。

全县用于民生支出11.44亿万元（除一般公共服务、公共安全支出、资源勘探信息、其他支出、债务付息以外的各项支出），占一般公共预算支出的83.32%，比上年增长4.02%，增支4419万元。

全县一般公共预算收入4.54亿元，加上上级补助收入8.84亿元、上年结余收入7865万元、调入资金（从政府性基金调入）905万元、转贷地方债券收入5.12亿元、动用预算稳定调节基金5293万元，收入总计19.90亿元；一般公共预算支出执行13.73亿元，加上债务还本支出3.62亿元、安排预算稳定调节基金1.70亿元、债券发行费用专项上解支出33万元，支出总计19.05亿元；收支相抵，年终结余8487万元，其中净结余为零，实现了收支平衡。

政府性基金预算收支。2016年，政府性基金收入3100万元，加上上级补助收入4348万元、上年结余820万元，收入总计8268万元；本年基金支出5406万元，调出资金905万元，支出总计6311万元；收支相抵年终结余1957万元。

社会保险基金收支。2016年，社会保险基金预算收入2.44亿元，支出2.30亿元，当年收支结余1387万元，年末滚存结余9389万元。

（薛瑞文　王月升　王永峰）

【财政支农】　2016年，左权县财政加大支农投入，共投入资金2.87亿元，同比增长7.8%，净增1040万元。强农惠农富农力度进一步加大，发放各种补贴1426.3万元，有32943户农民受益；农业科技转化与推广463万元，发展现代农业园区；农村公益事业254万元；农村道路建设385万元；农村综合改革投入资金3362万元，其中村级一事一议补贴1565万元、村集体经济组织补贴1285万元、对村委和村党支部补助178万元，其他综合改革支出334万元；产业化经营支出125万元。

（薛瑞文　王月升　王永峰）

【建设涉农资金监管平台】　左权县财政局运用“互联网＋技术”，采取“制度＋科技”模式建成县级涉农资金电子监管平台，将农机具购置补贴、种粮补贴、蔬菜资金、新农村建设及农村集体资产、资源、资金等信息在“农民一点通”上公开，接受监督。农民在所在村的“农民一点通”监管平台界面上即可查询到本人应得，本人实得；他人应得、他人实得等各项涉农补贴，若有疑问，还可以随时咨询投诉。实现了“三公开一细化”，即公开政策、公开标准、公开结果，细化到个人（合作社）。年底，监管平台对全县所有行政村实行全覆盖。（薛瑞文　王月升　王永峰）

【支持教育事业发展】　2016年，左权县教育支出总计2.79亿元，同比增长17.26%，占一般公共预算支出的20.3%。完善教育经费保障机制，全年用于普通教育支出2.34亿元，其中学前教育651万元、小学教育1.07亿元、初中教育4878万元、高中教育4391万元、其他普通教育2737万元。全县12136名小学生、4574名中学生和2200名高中生享受到免费入学待遇；用于职业教育支出1949万元，有1670名职业高中生免费入学；拨付教师进修及培训资金234万元，培训教师1832人次。完善贫困学生财政资助体系，发放中小学贫困寄宿生生活补助159万元，有1441人次小学生和1397人次初中生受益；1502人次普通高中贫困生和382人次职业高中贫困生享受到助学金188万元；拨付农村义务教育阶段学生营养改善资金169.5万元，有4100余人次学生受益。支持改善学校办学条件，用于农村中小学校舍建设和中等职业学校教学设施资金1121万元。为提高左权教学水平提供了保障。

（薛瑞文　王月升　王永峰）

【支持社会保障事业】　2016年，左权县用于社会保障和就业支出达1.76亿元，同比增长12.68%，占一般公共预算支出的12.82%。当年，财政对社会保险基金的补助2790万元，其中财政对城乡居民基本养老金的补助2429万元、对基本养老基金补助178万元、对其他社会保险基金补助183万元，有80585名城乡居民和11295名企业职工参保。为22039名60周岁以上城乡居民和3655名企业退休人员发放了养老金；全年拨付最低生活保障金1550万元，有719名城镇居民和1664名农村居民受益；拨付行政事业单位离退休费8443万元，有1604名离退休人员按月足额领到养老金；拨付五保供养金447万元，有1194名农村五保对象受益；拨付优抚金和退役安置费1012万元，其中义务兵优待229万元，确保优抚对象和安置人员的待遇落实；拨付残疾人事业190万元，支持贫困残疾人康复和就业；拨付自然灾害生活救助310万元，确保受灾困难群众的基本生活；另外还拨付就业补助733万元；社会福利538万元；临时救助350万元；其他生活救助187万元；其他社会保障和就业49万元。（薛瑞文　王月升　王永峰）

【支持科技与交通事业】　2016年，左权县拨付科学技术资金464万元，除行政运行支出46万元外，用于技术研究与开发349万元，科学技术普及60万元，应用研究9万元。在交通运输上，拨付资金5816万元，其中公路运输4403万元，除财政运行和管理支出486万元外，用于公路新建和改造2739万元，公路养护186万元，其他992万元；成品油价格改革对交通运输补贴243万元，其中对城市公交补贴55万元，对农村道路客运补贴102万元，对出租车补贴64万元，其他22万元；车辆购置税用于农村公路建设1170万元。

（薛瑞文　王月升　王永峰）

【兑现民生项目提标】　2016年，左权县完善高中经费保障机制，普通高中经费保障标准由每生每年320元提高到450元；残疾学生公用经费标准由每生每年5000元提高到6000元。城乡居民医疗保险财政补助标准，由每人每年380元提高到420元。基本公共卫生服务财政补助标准，由每人每年40元提高到45元。提高农村“五保”供养标准，其中集中供养由每人每年4500元提高到4700元；分散供养由每人每年2930元提高到3130元。企业和机关事业单位退休人员养老金水平再提高6.5%左右。城市低保标准每人每月提高30元；农村低保标准每人每年提高300元；全面实施困难残疾人生活补助和重度残疾人护理补贴，补贴标准均为每人每月50元。（薛瑞文　王月升　王永峰）

【财政扶贫】　2016年，左权县制定《左权县统筹整合使用涉农资金实施精准扶贫实施方案》和《左权县统筹整合使用涉农资金实施精准扶贫暂行管理办法》，将10大类、88项上级专项资金列入整合范围，全年共整合资金7459万元，累计安排使用5169万元，被省表彰为示范县；制定《左权县精准扶贫工作融资担保实施方案》《左权县促进金融振兴2016年行动计划》《左权县农户小额光伏扶贫贷款管理办法》，推出富民贷、助保贷、光伏贷，移民贷等金融“产品”，撬动银行放大六至十倍贷款额度；财政出资3260万元（其中，晋信鼎融资担保公司2000万元，光伏贷1260万元）给晋信鼎融资担保公司注资，加大其注册资本金，为农业产业化及中小企业发展提供融资贷款担保，全年共为企业及贫困户提供各类担保业务资金9753万元，放贷5739万元，三农保险补贴338万元。全年，县财政投入扶贫资金7439万元，较上年5076万元增长46.55%，高于省市要求财政年均增长10%的36个百分点，绝对额增长2363万元。其中用于农村基础建设4199万元，用于生产发展848万元，拨付扶贫贷款奖补和贴息资金222万元。

（薛瑞文　王月升　王永峰）

【支持社会事业发展】　2016年，左权县财政加大文化事业投入，建立和完善公共文化服务供给长效机制，主要公共文化产品和服务项目，公益文化活动，如图书馆、红色旅游、文化馆等文化场所免费开放，农村文化活动、电影免费放映等均纳入公共财政经常性支出预算，农村体育设施建设也不断加大，当年投入文化体育与传媒资金3263万元，同比增长12.45%，其中文化事业755万元（包括行政运行和管理129万元，图书馆建设44万元，文化活动40万元，群众文化223万元，其他319万元）。文物保护1103万元（包括行政运行67万元，文物保护793万元，博物馆建设243万元），体育事业97万元，新闻出版和广播影视718万元，其他支出590万元（包括宣传文化发展专项176万元，文化产业发展专项120万元，其他支出294万元）。加大政府购买社会服务的力度和范围，对校园保安、公园管护（鳌峰公园、芸山公园、沙河公园）、文化服务、中介服务机构等项目纳入了政府购买公共服务范围。（薛瑞文　王月升　王永峰）

【支持城乡社区建设】 2016年，左权县增强城乡社区为居民提供公共服务能力，提高基层社区管理水平，财政投入资金4347万元，用于城乡社区公共设施建设1508万元，用于城乡社区环境卫生支出1628万元。用于城乡社区管理事务1114万元，其他97万元。增强了社区服务设施，信息化和综合服务平台建设。（薛瑞文　王月升　王永峰）

【支持医疗卫生事业发展】 2016年，左权县继续加大公立医院综合改革，支持乡镇卫生院建设，健全城乡基本公共卫生服务经费保障机制，促进城乡均等化，缓解群众看病难、看病贵问题。全年拨付资金1.33亿元，其中用于公立医院1354万元；基层医疗卫生机构1613万元；公共卫生1305万元；医疗保障6988万元（包括行政事业单位医疗保障980万元、优抚对象医疗补助95万元、新型农村合作医疗5244万元、城镇居民基本医疗保险34万元、城乡居民医疗救助428万元、其他医疗保障207万元）；用于中医药支出38万元；计划生育事务965万元。（薛瑞文　王月升　王永峰）

【支持保障性住房建设】 2016年，左权财政继续加大对保障性住房建设工程的支持力度，全年共落实到位各类政府性资金支出5684万元，其中保障性安居工程3703万元（包括农村危房改造220万元，公共租赁住房3402万元，保障性住房租金补贴81万元）。住房改革1981万元，资金来源涉及中央财政专项资金、省市县财政预算安排资金，地方政府债券资金、住房公积金增值净收益和土地出让净收益资金等多渠道、多层次资金，保证了全县棚户区改造和农村危房改造等工程的顺利建设，全年完成棚户区改造270套，建筑面积2.46万平方米，其中地上建筑面积2.32万平方米，地下建筑面积1340平方米，完成农村危房改造涉及113村280户。（薛瑞文　王月升　王永峰）

【科学理财】 2016年，左权县各单位专项业务经费和“三公经费”在2015年基础上统一压缩30%以上。全县“三公经费”支出884万元，同比下降14.59%，比2015年实际支出减少151万元。对各部门预决算和“三公经费”预决算进行集中公开。对139个事业单位及其所办的6家企业产权进行登记，登记资产总额5.65亿元，并对201个行政事业单位进行国有资产清查，规范单位资产处置行为，防止国有资产流失及其他违规现象。全年国库集中支付资金13.73亿元。财政投资评审项目79个，送审金额3.53亿元，较上年增加1.64亿元，审订金额3.10亿元，审减额4294万元，审减率为12.18%。政府采购接受采购人委托71次，执行政府集中采购预算1551万元，实际采购金额1383万元，节约资金168万元，资金节约率10.81%。

（薛瑞文　王月升　王永峰）

【推进供给侧结构性改革】 2016年，左权县将“营改增”改革范围扩大到建筑业、房地产业、金融业和生活服务业，继续暂免征收部分小微企业增值税，实施小型微利企业低税率并减半征收企业所得税优惠政策。将小微企业免征的18项行政事业性收费项目扩大到所有企业和个人。安排支持中小企业发展资金202万元，主要用于中小企业结构调整、产业升级、技术创新和市场开拓等方面。是年，积极推行PPP模式，创新投融资方式。坚持“高标准、规范化、多领域”推进政府与社会资本合作项目的实施。投资5400余万元的邢汾高速连接线（辽西路）项目实行政府与社会资本合作，已成功落地；左权中学搬迁和新建中医院项目也在按PPP模式推进。思源学校、民政福利大楼、政法大楼、职业中学校训楼、319省道改线、供水管网等重点建设项目都在有序推进。

（薛瑞文　王月升　王永峰）

【会计管理】 2016年，左权县财政局加大会计法律法规和《新预算法》的宣传力度，开展各类培训和考试：组织会计从业资格考试，累计报名88人，合格36人；会计专业技术考试参考57人，取得中级会计师资格职称2人，初级6人。出台《左权县关于行政事业单位基础性评价工作的实施方案》和《左权县财政局关于全面推进全县行政事业单位内部控制建设实施工作的意见》。对全县行政事业单位分管财务的领导和财会人员共332人进行以行政事业单位内部控制规范解读为内容的业务培训。开通网络教育平台，邀请晋中学院副教授任兆英对全县报名参加面授的466名会计从业人员进行继续教育培训。联合县农经办，分两批对乡镇农经员和村级财务会计316人进行财政支农政策、会计基础工作规范和农村“三资”（农村集体经济组织依法所有的资金、资产、资源）管理培训，使参训人员能熟练掌握软件基本操作流程，完成所负责核算单位的账套建立。组织晋中市第六届“晋商杯”左权分赛区少儿珠心算比赛，并组队参加晋中市第六届职工珠算比赛第31届珠心算技术比赛，均取得优异成绩。（薛瑞文　王月升　王永峰）

【政府性债务】　2016年，左权县转贷地方政府债券5.12亿元，其中置换债券3.62亿元、新增债券1.50亿元。当年在置换债券资金支出中，用于偿还2016年到期债务本金1.98亿元，包括集中供水工程贷款本金7500万元、沙河综合治理项目贷款6600万元、校安工程贷款3750万元、疾病预防项目计划免疫子项目国际金融组织贷款本金23万元、2013年转贷地方政府债券本金1900万元；支付保障性住房工程、北大街改造、沙河综合治理、皋山公园建设、道路工程建设等历年工程欠款1.64亿元。在新增债务资金支出中，主要用于保障性住房建设项目3400万元、思源学校项目1000万元、319省道改线项目1490万元、梁峪至北台公路改造项目610万元、新建看守所项目550万元、社会福利中心项目300万元、石佛寺森林公园项目200万元、太行山示范及阳黎高速通道绿化工程150万元，共计8235万元；结余6765万元，用于补充预算稳定调节基金。截至年底，左权县政府性债务余额9.79亿元。比2015年底增加1.50亿元（转贷地方政府新增债券），其中政府负有偿还责任的债务9.78亿元、政府承担一定救助责任的债务96万元。（薛瑞文　王月升　王永峰）

【干部教育】　2016年，左权县财政系统开展学党章党规、学习近平总书记系列讲话，做合格党员“两学一做”学习教育和“权力不可任性及工作纪律作风整顿”活动，重点学习《中国共产党问责条例》《中国共产党监督条例》《中国共产党地方委员会工作条例》，以及习近平总书记在中央纪委十八届六中全会上的讲话和十八届六中全会精神。通过“真学”“真做”，提高了财政干部政治理论素养，在全局营造出一个“马上就办，真抓实干”的良好氛围。建立起一套“清单式明责、台账式管理、链接式传导、倒逼式追责”的责任落实体系。结合党政干部纯洁性教育和财政廉政建设教育，局机关多次组织观看任性的审批、权与法的交易、“养老保险”的挥霍、“土地爷”的生财道，被立功的内幕，公考的猫腻等“权力不可任性”警示教育片，并组织全体职工学习李培斌——基层党员的好榜样，全体干部在正反两方面典型教育中增强了党性意识和廉洁从政意识，财政队伍建设进一步提高。（薛瑞文　王月升　王永峰）

【法制教育】　按照省、市、县关于“七五”普法和“12·4”国家宪法日法制宣传活动的通知，左权县财政局印发了《预算法》《政府采购法》《政府采购法实施条例》等相关法律法规，结合依法行政开展政风行风宣传，在市政广场和将军广场发放宣传资料开展咨询，并邀请市局采购办主任孔祥云在左权举办关于政府采购法规和业务培训两期，参训对象有全县各预算单位分管政府采购领导、具体承办人和财务会计200余人。局内还组织法制教育培训，开展“我的法治感悟”为主题的征文活动，提高财政干部依法理财和依法行政的自觉性。

（薛瑞文　王月升　王永峰）

【财政监督】　2016年，左权县财政局采取专项检查，部门检查和重点检查相结合，对2015年度残疾人“两补”（贫困残疾人生活补贴、重度残疾人护理补贴）资金、基本公共卫生服务资金、五保供养、乡村清洁工程等14项涉农、涉公、涉民财政专项资金管理和使用情况进行专项检查；对财政重点扶持的节能环保行业和扶贫资金重点投向的龙头企业等相关行业开展会计监督检查；对6户中小企业进行重点检查，整改问题13个，处罚3.6万元，并将一户僵死企业打入黑名单。制定《左权县财政局内部控制体系建设工作实施方案》。

（薛瑞文　王月升　王永峰）

【农业综合开发】　2016年，左权县继续完成2015年省立农业综合开发项目“拐儿镇玉心沟片生态综合治理”，实施生态综合治理266.67公顷（玉心沟村196.67公顷，东五指村70公顷）；新建小型蓄排水工程4座，埋设管道16.20千米，架设高压线1千米，水源工程1处；修筑砂石机耕路7.5千米；栽植核桃经济林26.67公顷（植树1.32万株），水保林油松40公顷（植树6.6万株）。总投资391.16万元，其中财政资金390万元（省财政资金300万元、市级财政配套资金27万元、县级财政配套资金63万元）、农民自筹1.16万元。年底工程完工并通过验收。同年，左权县申报成为国家农业综合开发县，同时申报“左权县石匣乡清漳西源流域赵家庄生态综合治理”与“左权县2017年精准脱贫麻田山庄村高标准农田建设”两个国家土地治理项目，获得批准。项目总投资900万元，其中中央资金600万元。

（薛瑞文　王月升　王永峰）

国家税务

【概述】　左权县国家税务局由晋中市国家税务局垂直管理，是在左权县行政区域内实施国家税收征收管理的行政管理机关。2016年，主要负责征收管理的税种有：增值税、消费税、中央企业所得税、外商投资企业所得税、金融企业所得税。县局机关设行政股室机构9个、事业单位1个、派出机构1个。内行政股室9个包括办公室、政策法规股、收入核算股、纳税服务股、征收管理股、人事教育股、监察室、税源管理一股、税源管理二股；1个事业单位为信息中心；1个派出机构为麻田税务分局。全局共有在职人员62人，离退休人员31人。2016年12月，被评为全国百佳国税地税合作县级示范区，被国家税务局总局评为“各省（区、市）税务局先进集体”。（郑广鹏）

【国税收入】　2016年，左权县国家税务局面对经济发展增速放缓、重点税源减收的双重压力，坚持组织收入原则不动摇，以组织收入工作为中心，强化分析结果运用成效，建立“事前分析—组织收入—税收分析—增加收入”的分析模式，及时发现疑点，为组织收入工作提供决策数据。同时，围绕“抓大、稳中、顾小”和分级分类的税源管理思路，以纳税评估为抓手，强化税种和行业管理，努力缩小税收差距。全年累计完成国税收入2.14亿元，同比减少27.44%，减收绝对额8078万元。其中地方公共财政收入8627万元，同比下降3.11%，减收绝对额277万元。分税种看，实现增值税1.51亿元，同比下降18.42%，减收绝对额3420万元；实现企业所得税5376万元，同比下降43.21%，减收绝对额4090万元。全年累计纳税评估入库税款782.76万元，加收滞纳金56.86万元。（郑广鹏）

【税收法治】　2016年，左权县国家税务局出台坚持依法治税、更好服务经济发展的7方面19项具体措施；推进行政审批制度改革，建立行政审批事项目录动态调整机制，公开7项行政许可事项，取消57项非行政许可审批事项，调整23项为其他权力；推行税收执法权力清单制度，发布第一批税务行政处罚权力清单公告，公开3类8项处罚权力事项。（郑广鹏）

【税收征管】　2016年，左权县国家税务局全面落实《全国税收征管规范》，制定工作方案，组织培训，召开动员大会，确保征管规范顺利运行；扎实推进“三证合一”登记改革制度，实现工商营业执照、组织机构代码、税务登记证“三证合一、一照一码”；深入开展国地税合作，按照《国地税工作合作规范（3.0版）》列明的51项合作事项，结合左权县经济税收实际情况，稳步实施、扎实推进。截至12月，除涉及稽查（左权县国税局已适销稽查局）、非居民企业及合作层级在省、市的18项合作事项外，已完成26项基本合作事项和7项创新合作事项，完成率100%；转变征管方式，推进税收风险管理，开展了以“辅评结合、重点防范”为主题的税收风险分析工作，即将纳税辅导和纳税评估工作相结合、以重点行业和重点企业为对象、有效控制和防范税收执法风险作为风险分析控

制工作的主线。（郑广鹏）

【纳税服务】 2016年，左权县国家税务局深入开展“便民办税春风行动”，按照省、市局“便民办税春风年”要求，持续抓好“首问负责制”“一窗通办”等个性化便民服务举措，简化办税流程，加强税法宣传，为依法征税营造氛围、凝聚共识，促进全民税法遵从。创新纳税服务方式，推进网上办税、“e税客”APP移动办税、自助办税，简化申报方式，精减涉税资料，全面推行免填单服务。至12月，全县3200余户纳税人全部实现网上申报、网上缴税，2580户纳税人使用“e税客”。拓展国地税联合办税，联合地税局着眼于税收现代化总体目标和纳税人实际需求，共建以信息共享为特征的智能化联合办税服务大厅，实现全县国、地两税涉税业务一厅办理，创新建立“一人两机双系统＋24小时自助办税”联合办税模式，引进智能服务综合管理系统，开展大企业“五通”个性化服务，即政策直通，对大企业送政策上门，及时协助企业办理各类涉税事宜；办税直通，在办税服务厅设立“绿色通道”，及时办理大企业涉税事宜；信息直通，通过建立大企业QQ群、微信群和电子邮箱等方式，实时传递各类报表报告信息；交流直通，县国税局班子成员及业务股室将大企业作为重点服务对象，通过定期调研、召开座谈会等方式现场解决大企业管理中遇到的重点、难点和个性化问题；网络直通，推行网上申报、远程认证和财税库银横向联网缴款服务，足不出户就能完成发票认证、纳税申报和税款缴纳事宜。成功构建出一个“网上办税为主、自助办税为辅、窗口办税兜底”的办税服务新格局，推进服务规范落地生根。按照纳税服务规范，对内制定到户辅导、到户调查、宣传咨询等六类纳服专岗规范，对外修订《纳税服务指南》，就20类63项常用事项具体操作标准进行优化升级。（郑广鹏）

税务人员服务上门给个体工商户讲解营改增后的减税效应

【队伍建设】 2016年，左权县国家税务局着力加强领导班子建设，多举措强化干部素质培养，全面推行“数字人事”“绩效管理”双向激励机制。深化绩效管理的考评和运用，充分发挥绩效管理的“指挥棒”作用；扎实推进数字人事试点工作有序开展，强化工作执行力和落实度，解决了序时考核、督查等问题；提高业务水平，主动开展各类岗位业务培训，全员年均集中培训时间超过200个小时，组织会计知识、纳税评估、“营改增”新政等多期业务集中培训，参训人数680人次，并在国税系统“业务大比武　岗位大练兵”活动中，4人被选为“岗位能手”，2人被选为“业务骨干”；加强党风廉政教育，坚持党组中心组廉政学习制度，开展廉政理论和廉政规定学习，夯实廉洁自律的思想基础。坚持把反腐倡廉教程列为干部学习的必修课，在学习培训中安排廉政教育内容，把培育廉洁从税价值理念贯穿于干部培养、使用和管理全过程。坚持将党风廉政及教育与“两学一做”学习教育结合起来，定期开展领导班子讲党课和专题讨论活动。（郑广鹏）

【精神文明建设】 2016年，左权县国税局通过2014—2016年度山西省文明单位标兵的验收，12月，被国家税务局总局评为“各省（区、市）税务局先进集体”。创建“忠诚”文化品牌，围绕“忠诚”主题，结合“两学一做”学习教育，开展一系列活动，如“忠诚”主题“道德讲堂”、学习《条例》《准则》知识竞赛和深化“两学一做”明服务强征管青春辩论赛等，并评选机关十大红星公务员，充分发挥典型带动引领作用。（郑广鹏）

地方税务

【概述】 2016年，左权县地方税务局以“两学一做”为要求，贯彻落实“1437”工作思路，围绕税收中心工作，狠抓税收收入任务，深化税收征管改革，加强执法效能建设、领导班子建设、干部队伍建设、党风廉洁建设、严格干部管理、优化纳税服务，各项工作圆满完成。是年，左权县地方税务局被国家税务总局列为全国百佳示范县，被省局列为全省3个典型示范县之一。（赵中铊）

【地方税费收入】 2016年，左权县地方税务局累计组织入库各项税收1.76亿元；完成省级以下公共预算收入1.49亿元；完成县以下公共预算收入9910万元；完成煤炭资源税1204万元；组织入库各项规费收入2235万元。（赵中铊）

【税收征管改革】 2016年，国地税加强合作，联合建设智能化办税服务厅，实现国地税“一窗式”通办，制定合作规范3.0版，明确工作目标、具体任务、合作流程等，同时联合进行纳税信誉等级评定、培训辅导合作等。10月8日，全县地税系统金三优化版全面顺利上线。10月，对税务所进行整合，将原先按行政区域设置的7个税务所，整合为按“经济性质+行业”管理为模块的4个税源管理单位，整合人力资源，简化了环节运作，机制运行更加效能化，理顺了管理机制，国地税合作更加深度化。（赵中铊）

【依法治税】 2016年初，左权县地方税务局成立依法治税工作领导组，制定实施方案，对县局确定的第一批18项权力清单和责任清单，按要求编制“两图两表”，在政府信息网站公布并严格执行。开展税收个案清理规范，共计清理县局制定的规范性文件39个。与国税联合开展4月1日街头宣传活动，12月4日，“法制宣传日”税收宣传活动，开展依法行政示范单位创建、“七五”普法、税收执法督察。开展纳税评估和风险控制管理，全年对涉及印花税、个人所得税、营业税、资源税、企业所得税5个税种12批次的风控任务进行风险排查，对25户次纳税人进行纳税评估，入库税款83.5万元。对市局征管质量考核的14项指标进行4次通报考核，对10户纳税人312万元的欠税进行公告，对欠税超过200万元以上的5户纳税人上报市局进行公告。是年，全局共查出2起不合规定使用发票的情况，涉及非法发票9份，涉及金额0.57万元，共罚款0.4万元。结案率和入库率均达100%。（赵中铊）

【税收政策管理】 2016年，左权县地方税务局共办理293个企业和个人的减免税手续，各项政策性优惠减免税款1123万元。加强税种管理，强化年所得12万元以上申报工作，要求企业在“易税门户”进行个人年收入12万元申报，截至3月31日，个人年收入12万元申报人数338人，年所得额6236.80万元，应纳税所得额4891.02万元；强化以地控税管理，房产税入库815万元，土地使用税入库261万元，已核查确认35宗土地，增加计税面积1.82万平方米，年增加税款5.82万元，滞纳金1349万元；继续加强房地产一体化管理，是年，完成全县10个乡镇、203个行政村、173个自然村的存量房评估，农村住房、城市商铺全部纳入评估系统；强化土地增值税清算，共入库税款187.63万元；强化高速公路工程营业税管理，入库1800万元；强化清缴欠税，共清欠煤炭资源整合欠税800万元。严格落实煤炭资源税从价计征政策，严格监管煤炭生产企业的生产销售情况，落实非煤企业从价计征改革。（赵中铊）

银　行

中国人民银行股份有限公司左权支行

【概述】 至2016年底，左权县金融机构各项存款余额为106.55亿元，较年初增加19.68亿元。各项贷款余额61.57亿元，较年初增加9.16亿元。其中：个人住户存款余额为15.06亿元，较年初减少3.72亿元。灵活运用扶贫再贷款工具，保证农户生产、生活方面的资金需求，结合区域优势，培育龙头信用企业群，支持金融机构加大农业投入。

（张晋华）

【金融稳定】 2016年，人行左权支行稳步推进金融风险监测工作，系统分析统计数据，利用监测系统分析功能向金融机构提示风险，促进分析评估和预警工作的有效开展。围绕“夯实金融稳定监测基础，提高金融稳定评估水平和金融稳定分析研究水平”开展工作。加强对国有商业银行、小额贷款公司和村镇银行的监测和指导，关注银行业金融机构整体风险状况，全面掌握金融机构运行和整体风险状况。树立风险监管意识，督促金融机构履行反洗钱义务。完善了金融机构“反洗钱”工作信息，强化“反洗钱”非现场监管。深入开展残损人民币回收及反假、“反宣”人民币工作。通过加大投放10元以下原封新券，提高流通中货币新钞比例，稀释市场残损券比重；加大对商业银行的现场检查频度和力度，促进商业银行履行残币回收的社会责任；协调银行间拼袋交款，减轻商业银行库存压力，加快残币回笼发行库速度。（张晋华）

【金融服务】 人行左权支行继续落实“两综合、两管理”工作。加强发行基金调拨和现金投放回笼工作。截至2016年底，调出发行基金（残币）2.68亿元，调入发行基金8.46亿元，累计投放9.50亿元，累计回笼8.64亿元。按照属地管理、上下联动、同步进行的要求，对左权县华丰村镇银行进行综合执法检查。10月26日，中心支行在左权县组织召开优化农村支付环境助推精准扶贫工作会议，参会各单位分别就农村支付环境建设及金融综合服务站建设的先进经验做了交流汇报。太原中支支付结算处郝惠泽副处长就山西省农村支付环境建设的整体情况做了简要介绍，并对支行在金融综合服务站建设中的做法给予高度认可。（张晋华）

【金融管理】 2016年，人行左权支行以“6·14”信用记录关爱日为契机，组织辖区金融机构通过制作版面、散发传单、播放宣传片等形式向群众宣传征信工作。根据《关于印发〈中国人民银行晋中市中心支行关于建立发行库片区辐射机制的意见（试行）〉的通知》精神，深挖内部管理潜力，广泛征求辖区金融机构意见，结合本行管理资源配置情况和邻县金融机构设置及需求实际情况，制定左权支行发行库辐射机制具体执行办法，发行库覆盖左权、榆社、和顺和昔阳4县。9月，开展“金融知识普及月”宣传活动，组织工作人员进社区、进学校，向社会民众普及有关存贷款、支付结算、征信、人民币、理财、存款保险、金融消费维权以及金融新业态与金融安全等相关知识。在内部管理方面，健全完善《工作人员考核办法》，对每位员工的工作质量、工作纪律及任务完成情况进行年度考评。7月1日，支行党支部与中支纪委监察室党支部开展了“两学一做”联合学习活动。加强领导班子建设，增强班子的履职能力，开展警示教育、廉政教育，提高班子成员及全体员工廉洁自律的自觉性。结合人民银行系统风险监督管理系统推广活动，把支行廉政风险和业务岗位风险防范作为双重点工作来抓，参加支行同级监督会议，对支行有关业务研究、重大决策事项、重要会议等进行有效监督。（张晋华）

中国农业银行股份有限公司左权县支行

【经营概况】 2016年，中国农业银行股份有限公司左权县支行有员工43人，下辖支行营业部一个物理网点和北大街、滨河两个离行自助网点。截至年底，农行左权县支行各项存款余额8.31亿元，各项贷款余额13.01亿元，稳步拓展各项金融业务的同时满足全县经济发展的资金需求。全行全年秉持“面向‘三农’，服务城乡，回报股东，成就员工”的使命，内修管理、外拓营销，全年安全无事故，保持平安、稳健的发展态势。（杜彦波）

【网点转型】 农行左权县支行面对近年来持续下滑的经济形势和异常激烈的市场竞争，为更好地拓展业务和服务客户，果断摒弃以往“等客户、等业务”老观念，培养员工“张开嘴、迈开腿，走出去、引进来”全行大营销氛围。是年，支行营业部进行劳动优化组合和6S网点标准化建设，划分现金与非现金区，设置个人客户经理与对公客户经理，合理配置贵宾室、安置各类自助机具，要求大堂经理有效分流客户，固化增效经营环境。年内，支行组织全行员工开展PK赛，在春节、中秋、圣诞等节日节点精心布置厅堂营销氛围，组织开展积分送好礼等各类营销活动，回馈老客户，吸引新客户，增强竞争意识，适应时代潮流。（杜彦波）

【服务三农】 2016年，农行左权县支行多次下乡开展金融知识科普活动，加快“惠农通”自助机具的投放工作和“惠农通”的升级、宣传工作，截至年底，共安装投放118台“惠农通”，成立农村金融服务站50个。参与脱贫攻坚工作任务，多次走访承包村——水横村，将全村53户贫困户分户到人，建档立卡，帮扶各户发展项目。特别是依托县政府主导的扶贫产业，县支行采取大规模、小额度、模式化、标准化批量发放模式，与政府、光伏设备企业联合创新多种担保合作模式，最大限度简化贷款流程，创新开办光伏扶贫贷，截至年底，共发放光伏扶贫贷款113户229万元。

（杜彦波）

【风险防控】　2016年，农行左权县支行在业务经营上：加大对信用卡不良客户的清收力度，行领导坚持带队清收，面对不同客户采取一户一策的灵活对策，联系县公安局经侦大队，逐个上门催收；加强对存量正常贷款的风险监管，持续增强信贷风险的防控能力，提高信贷管理水平和资产质量，预防不良贷款的生成。在内部管理上：开展员工行为排查工作，做到思想上高度重视、执行上坚定有力、方式上切实有效；全面落实安全保卫工作，推进和夯实安全保卫各项基础管理，每季度组织一次防抢、防盗、防诈骗实战演练，提高全员案件防范意识，同时进行消防培训和消防演练消除潜在安全隐患。（杜彦波）

【职工之家】　2016年，农行左权县支行开展职工之家建设，在基础建设上全面完善，食堂中午开设自助餐，健身房购置乒乓球台、跑步机等健身器材，建立电教室和洗澡间；在职工精神文明建设中均衡安排，全年全行安排各部门各层级员工数十次参与上级行安排的营销技能和业务知识培训，鼓励员工参与市分行组织的趣味运动会等比赛。

（杜彦波）

【党建工作】　2016年，农行左权县支行党委组织开展“两学一做”学习教育活动，贯彻落实“三会一课”基本制度，凝聚全行员工精神，团结一致拓展业务，协同配合研究新情况、解决新问题；引导支行党组织和全体党员干部深入学习贯彻党的十八届六中全会、全国国有企业党建工作会议精神和习近平系列讲话精神，全面落实从严治党，重点在服务三农、谨防风险、提升服务等工作中做文章；持续保持廉洁从业的高压态势，常抓常学党内各项规章制度，谨防“四风”反弹回巢，推动落实全面从严治党主体责任。（杜彦波）

中国工商银行左权城区支行

【概述】　截至2016年底，工行左权城区支行各项存款余额15.91亿元，较年初负增长1439.03万元。其中：储蓄存款，时点余额1.15亿元，较年初减少770.98万元；公司存款，时点余额2202.93万元，较年初减少368.7万元；机构存款时点余额1343.51万元，较年初减少258.34万元。各项贷款余额达4.54亿元，较年初净增2.03亿元，其中：公司贷款余额达3.50亿元，较年初净增2亿元；个人贷款余额1.04亿元，较年初净增334.49万元；票据贴现1530万元，完成全年任务的76.5%，全辖排名第五；中间业务收入115.29万元，较同期增加160.33万元；信用卡办理2880张；POS机办理35户；本外币个人理财产品销售3252.5万元；个人基金196万元；截至11月30日，融e联注册客户净增2587户；二维码商户新增71户。（刘宇）

【企业贷款】　2016年，工行左权城区支行重点贷款项目为华能二期和大唐风力发电项目。华能山西太行发电有限责任公司是专门为投资兴建2×66万千瓦超临界低热值煤发电机组而设立的项目公司。2016年9月下旬，左权城区支行取得10亿元项目贷款审批书。12月，取得8亿元项目前期贷款。是年，为其办理3年期项目前期贷款，以满足企业下浮10%的利率要求。大唐集团公司是国内五大发电企业集团之一，是中央直接管理的国有独资公司。是年，企业同意在左权城区支行开立一般存款账户。（刘宇）

【代发工资业务】　2016年，工行左权城区支行新增代发工资户数3户，新增代发工资人数100余人。代发工资户分别为左权县一多超市70人、晋中远福物业管理有限公司13人，中煤财产保险股份有限公司左权支公司23人。（刘宇）

【票据贴现业务】　2016年，工行左权城区支行营销人员通过走访当地企业，了解企业需求，高效快捷为企业办理票据的贴现，解决企业的燃眉之急，获得企业好评。截至年底，票据贴现 1530 万元，完成年计划的 76.5%。（刘宇）

【内控案防】 2016 年，工行左权城区支行分别从个金专业、运行专业、结算与现金等专业开展检查，并进行了自查。截至 12 月底，风险事件共发生 8 件，其中二类风险事件 1 件。在自查中发现的问题全部整改，并对责任人进行通报批评、学习教育，对部分问题依据《员工违规积分管理办法》对责任人进行相应积分处理。员工排查方面，支行从违规担保，参与经商办企业，组织和参与非法集资、民间融资，信用卡恶意透支，领导干部利用职务影响为配偶和子女经商办企业谋利等方面开展排查，通过日常观察、交流谈心、系统调查等方式进行排查。5 月，市行渠道部对支行进行服务帮扶检查，通过检查整改，改善了营业网点环境，服务工作细化、规范化。（刘宇）

中国建设银行股份有限公司左权支行

【概述】 截至 2016 年底，建行左权支行全口径存款余额达 12.35 亿元，年新增 3079 万元。其中：对公存款余额 5.79 亿元，年新增 4877 万元；个银存款余额 6.56 亿元，年新增－1798 万元。各项贷款余额为 4.55 亿元，其中个人贷款 1.49 亿元，企业贷款 3.06 亿元。代理保险 3175 万元，销售黄金 8053 克，金额 89.36 亿元，销售基金 1346 万元，销售国债 1325 万元，理财产品合计 2.50 亿元，高速 ETC 发放 650 台。社保卡累计发卡 3.76 万张，代发工资累计金额 9600 万元。信用卡累计发卡 1394 张，信用卡分期累计金额 550 万元。全年中收业务实现 368 万元。全年实现利润 1818 万元。（张军）

【开展旺季营销活动】 2016 年，建行左权支行制定《左权支行 2016 年旺季营销考核激励办法》，任务分解到人，激励措施到位，挖掘客户，储备资源，旺季营销活动期间行长、分管行长亲自开展客户回访活动，加强与高端客户的沟通与交流，深化客户关系，巩固了优质客户的基础，提高了客户忠诚度和贡献度的不断提高。（张军）

【信贷业务】 2016 年，建行左权支行选择符合产业政策和建行信贷投放政策的中小企业进行信贷投放支持。把贷款规模的扩大作为工作的重点。在支持国有大中型企业和中小企业发展过程中，左权建行与地方政府、财政局、中小企业服务中心和国地两税通力合作，及早介入，持续营销市县重点项目，为华能太行电力有限公司投放贷款 2.32 亿元，为解决中小企业贷款难问题，探索有效途径，以“助保贷”“善融贷”为切入点，与当地中小企业服务中心和税务部门联手对接，指导帮助企业完善基础资料，先后对符合条件的麻田顺康、龙华大酒店、福鑫废旧、新世纪科技等企业给予了支持，为 9 个县域小微企业发放贷款 7410 万元。同时为全面巩固和扩大个人住房贷款市场，不断介入新的房地产市场，共发放个人住房贷款余额 1.33 亿元，新增和余额占比均为当地第一。全年发放住房公积金贷款 2550 万元，市场份额达到 100%。（张军）

【维护对公结算账户和优质高端客户】 2016 年，建行左权支行制定对公账户营销考核实施方案，开展全员营销，全行联动、分组出击、信息共享，下企业、跑项目，加强银企关系。在对公账户营销中，加强领导、动员全行力量营销，成立以行长任组长、多个部室负责人为成员的对公结算账户营销领导团队。关注市场动态，找准市场定位，科学制定本行对公结算账户市场拓展措施。做好对公结算账户营销宣传活动，以安全、方便、快捷的结算产品为切入点，争取他行客户及新注册客户在建行开立对公结算账户。充分发挥网点员工的社会关系和营销潜力，完成目标客户的制定和营销工作。（张军）

中国银行股份有限公司左权支行

【概述】 至 2016 年底，左权支行人民币两项存款余额为 2.27 亿元，较年初净增 6840 万元。其中储蓄存款时点余额 1.51 亿元，较年初增加 3246 万元；公司存款时点余额为 7592 万元，较年初增长 3594 万元。各项贷款余额 3.52 亿元，较年初负

增长 8667 万元。（杨凯强）

【内控案防】 2016 年，左权支行响应市分行“学案例，防风险”的活动要求，组织“业务与案件学习同行，发展与风险防范并重”系列学习活动；对支行的各项业务以及操作规程进行自查，严格贯彻落实 50 条。配合当地人民银行和银监局组织的各项宣传活动。每季、每逢节假日组织员工进行防火、防盗、防抢演练外，坚持“以检查促整改，以整改促完善”的原则，重点关注省、市分行及公安等部门安全保卫检查所发现的问题，做到早发现、早整改、早预防。具体制定了日常行为管理办法，规范工作细节。举行风控合规月活动，加强全员内控合规意识。（杨凯强）

【内部管理】 2016 年，左权支行内部推行全员综合柜员制，提高柜台的服务能力和效率；狠抓文明优质服务建设，以服务吸引客户，在全行树立“以服务树品牌、以品牌赢市场”的理念，借助总行和省分行文明优质服非现场检查，倡导全员服务客户理念，提升左权支行一线员工的服务质量。

（杨凯强）

【队伍建设】 2016 年，左权支行相继修订、完善多项岗位职责和制度，使得管理制度化、规范化。始终将提升员工素质作为一切工作的基础来抓，以周四为支行业务学习日，由业务经理对员工进行相关培训，不断提升员工办理业务的能力。同时，开立党员活动室，提供报纸杂志等，为员工创造良好的学习条件。（杨凯强）

【捐赠活动】 2016 年 8 月 30 日，中国银行山西省分行在左权中学举办“爱心圆梦大学路”捐赠活动。中国银行山西省分行行长刘旭伟、省扶贫办副主任张晓红，县委书记王兵、副县长张世华出席捐赠活动。县委常委、县纪委书记王宏昌主持捐赠仪式。在本次捐赠活动中，中国银行山西省分行以教育扶贫“扶贫先扶志、扶贫必扶智”为出发点，筹资 40 万元专项资金，资助左权县 2016 年考入大学的 116 名贫困学生完成学业。（杨凯强）

山西左权农村商业银行股份有限公司

【概述】 山西左权农村商业银行股份有限公司（以下简称“左权农商银行”）由左权县农村信用合作联社改制而来，于 2016 年 12 月正式挂牌成立，注册资本 3.7 亿元，全行有在编职工 296 人，劳务派遣 112 人，总行设 16 个职能部室：综合办公室、财务会计部、金融市场部、信贷管理部、稽核审计部、科技信息部、“三农”微贷部、安全保卫部、后勤管理部、人力资源部、运营管理部、不良资产经营中心、企业文化发展部、电子银行部、纪检监察室、法律合规部。辖内服务网点设有 1 个营业部和 26 个支行，26 个支行分别为石匣支行、川口支行、寒王支行、城关支行、河南支行、堡则支行、桐峪支行、麻田支行、泽城支行、粟城支行、芹泉支行、羊角支行、拐儿支行、下庄支行、城关第二支行、南街支行、营盘支行、北大街支行、城南支行、花园支行、辽山支行、辽阳支行、滨河支行、牧童支行、东河路支行、石港口支行。另有 5 个分理处：便民分理处、苇则分理处、熟峪分理处、高家井分理处、突堤分理处。截至年底，各项存款余额 65.71 亿元，各项贷款余额 32.52 亿元，资产总额达 103.67 亿元，存、贷款市场份额均居左权县金融机构之首。

左权农商银行以中小微企业金融服务为重点，先后研发推出“脱贫贷、强农贷、富民贷”等一系列信贷产品，为促进当地中小微企业的健康发展提供优质的金融服务。同时，推动农村乡村非现金支付工具的使用，设立助农取款服务点 66 个，助农取款服务乡镇覆盖率达到 100%。从 2005 年起，连续 10 余年获得“支持县域经济先进单位”。

（赵书丽）

【农商行改制】 左权农商银行商行改制工作启动后，2016 年，左权农商银行筹建小组先后开展增资扩股、优化股权结构、消化历史包袱、清产核资、申请验收等系列工作。8 月 15 日，召开左权农商银行创立大会暨第一次股东大会，审议通过《章程》等 17 项议案，选举产生左权农商银行第一届董事会、监事会成员，并选举出董事长、监事长，聘任了行长及副行长。11 月 11 日，召开左权农商银行第二次股东大会。12 月 28 日，山西左权农村商业银行股份有限公司正式挂牌成立，完成左权联

社向左权农商银行转变的改制工作，走出从农信社到农商行的转型跨越式发展之路。（赵书丽）

【科技平台工程】 2016年，左权农商银行加大科技投入，推广科技平台工程建设。强化电子银行的推广，在全辖32个网点营业窗口张贴网上银行、微信银行、手机银行二维码，所有网点布设Wi-Fi，方便客户使用手机银行，开通微信银行；加大金融服务站建设，至年底，建设金融服务站5个，整体运行良好，平均每天业务发生笔数均在10笔以上，金额均在1000元以上，老百姓在家门口就可以存取款、汇款、领补贴；强化自助设备布放，科学选址，方便客户，至年底，全县布设ATM机15台，pos机148台，助农取款机66台，设立66个助农取款点服务点，覆盖面涉及10个乡镇，66个村。（赵书丽）

【支农助企工程】 2016年，左权农商银行按照绿色信贷原则，加大支农信贷调研，了解涉农信贷需求，掌握涉农信贷缺口，高效配置信贷资源，重点向具有资源优势、技术优势、品牌优势的农业产业化龙头企业和县域骨干企业倾斜，延长农业产业化链条，推动现代农业发展的步伐，从贷款投向来看，至年底，涉农贷款余额达32亿元。

（赵书丽）

左权农商行董事长带领党员干部深入农户精准帮扶

【安全发展工程】 2016年，左权农商银行注重防控风险，常抓重抓安全发展工程，增强案防理念，树立“全面防控、全程防控、全员防控”理念，不仅要防范信用、操作、市场等传统风险，还要注重防范科技、声誉、新业务等方面风险；更新硬件设备，对总行监控中心进行改造，对全辖营业网点的监控设备进行全面的更新和提升，监控覆盖面达到100%，高清摄像头全方位监控，110报警系统实现全辖全覆盖；强化安全消防等应急演练，覆盖全辖32个营业网点，具体包括消防演习、挟持抢劫事件处置、突发事件应急处置等。

（赵书丽）

晋中邮政储蓄银行左权县支行

【概述】 2016年，邮政储蓄银行左权县支行实现业务收入639万元，贷款总规模达2282万元，公司业务总规模达6676万元，储蓄余额总规模达1.82亿元，销售理财3354万元。全县共有12个物理网点，其中自营储蓄网点2个，代理储蓄网点9个，自助银行网点1个，有从业人员39人。

（郭婷婷）

【经营结构】 2016年，邮政储蓄银行左权县支行调整经营结构，实行转型发展，通过加快发展方式转变进行经营结构调整，根据重点业务发展中所出现的新情况、新问题，组织开展“人人做贡献”竞赛活动和“存款送积分，好礼送不停”活动，“百日清收”不良贷款活动，坚持抓重点，重点抓，通过一系列项目推进管理措施，各项业务呈现健康发展的态势。是年，信贷规模得到稳定增长，资产质量不断优化。信贷业务以规模提升、质量提升、管理提升的三个提升为重点，针对不同信贷产品的发展提出了小额贷款稳健发展，持续推动个商、小企业贷款规模发展和消费信贷快速发展的发展战略，进一步明确发展理念，坚持围绕以市场为主导，优质客户为主体，项目为抓手，进行群链式开发；坚持围绕以队伍素质提升为基础，加强学习培训，建立专业化队伍，进行精细化管理；坚持围绕以风险管控为根本，持续提高信贷管理效能、效率和资产质量，进行标准化管理。（郭婷婷）

【个人金融服务】 2016年，邮政储蓄银行左权县支行个金业务把“转变发展方式，提高综合竞争力”作为发展重点，在抓好结构调整的同时，加强个金业务经营管理转型，开展以结构调整为重点的银行卡结算业务专项营销活动，以优质单位为重要营销对象的信用卡团办活动，以推进储蓄存款业务稳健增长的“人人做贡献”活动，同时加强对大客户的产品维护，通过日日升、月月升、鑫鑫向荣等理财产品，提升大客户对理财产品的认知度，改善客户结构，加快个金业务转型发展。截至年底，全行储蓄存款业务余额达1.82亿元，累计销售理财产品3354万元，累计发放信用卡686张。

（郭婷婷）

【公司业务】　2016年，邮政储蓄银行左权县支行业务牢固树立“以客户为中心，以市场为导向，以风险防范为保障”的经营理念，突出“项目营销、新业务拓展、营销体系建设和客户覆盖面拓展”四个重点，不断加强市场开发力度。强化营销项目管理；强化网点柜面服务，加大新产品新业务的宣传拓展能力；盘活存量客户，降低低效账户率。（郭婷婷）

【风险管理】　2016年，邮政储蓄银行左权县支行风险合规管理工作以提升第二道防线能力为重点，深入开展风险合规“四管”工作。加强风险提示预警，开展全行性的风险提示征集活动和风险提示知识问答竞赛，通过“十个侧重”拓宽风险提示信息渠道；进一步规范合同审批流程，严格授权管理，加强法律文件审查，细化法律诉讼管理；完善资产保全“四个到位”工作，围绕“百日清收”活动，强化不良贷款的常态化清收。（郭婷婷）

【内控管理】　2016年，邮政储蓄银行左权县支行结合邮政金融资金安全管理特点，加强从业人员管理和内控责任体系建设，深化邮银合作。深化从业人员思想道德教育和检查工作。关键岗位和重要环节人员的轮岗；深化内控责任体系建设，层层签订安防目标责任书，细化责任内容，将案件防控工作与绩效考核挂钩，责任传导到人，深化邮银合作力度；针对存在的问题和隐患，邮银双方协调配合，及时沟通，齐抓共管。（郭婷婷）

【安全防范】　2016年，邮政储蓄银行左权县支行建立安防检查体系，实行每月所有网点全覆盖的非现场检查和每季全覆盖的现场检查，对检查发现的问题建立台账并及时督导修改，做到边检查、边整改、边提高；在做好加强新建、改建网点安防设施达标建设的同时，加强安防设施日常维护，确保了安防设施运行正常；加强员工安防教育培训，提高安全防范能力，组织员工深入学习资金安全生产法律法规及安全生产操作规程，开展各种安全预案的学习和演练，提高一线人员的安全防范和处置突发事件的应变能力。（郭婷婷）

【客户服务】　2016年，邮政储蓄银行左权县支行开展示范网点建设，规范网点服务流程，推行网点临柜八步区，服务十要素，晨夕会等服务规范；加强服务监督，采取调阅监控、现场抽查的方式，对服务工作进行事实监控，适时指导，逐月调研，奖优罚劣；同时重视神秘人检查结构，召开服务专题分析会深入剖析存在问题；完善服务管理机制，加强服务管理的过程控制，明确首问责任制、连带考核制。通过从上到下、层层连带考核的服务考核机制，提升执行力，实现服务提升持续推进。

（郭婷婷）

【渠道建设】　2016年，邮政储蓄银行左权县支行加强自助设备管理考核，并通过多项数据分析、合理布防自助机具，实现自助渠道管理动态化、科学化；加快电子银行业务发展，加强电子银行业务竞赛活动，按季考核，逐月奖励，调动员工营销积极性。是年，新增电子银行客户1512户，电子银行交易替代率达56.98％。（郭婷婷）

【营销体系】　2016年，邮政储蓄银行左权县支行继续完善和健全大客户管理体系，下发重点客户维护管理办法，收集整理大客户信息，细化客户维护管理，针对不同级别的大客户，将客户分配到客户经理，领导班子、部门主任、客户经理三层维护体系；初步建立核心业务项目管理和运行体系；组织百日营销之星系列竞赛活动，提高客户经理营销积极性。（郭婷婷）

【人力资源】　2016年，邮政储蓄银行左权县支行提升从业人员素质，分层次开展各级各类人员的培训，并通过练功比武、网络学习教育等方式持续提高从业人员的整体技能和素质；优化人力资源配置，引导优秀人才向一线倾斜；细化薪酬绩效考核，薪酬绩效与企业效益挂钩，实现多贡献多收入。（郭婷婷）

银行监督

【小微金融服务】 2016年，左权银监办采取多种措施优化小微企业融资结构，引导辖内银行业以普惠金融、减费让利等创新服务模式，推动金融供给侧结构性改革，确保实现小微、三农领域信贷投放持续增长。充分利用召开会议、深入机构和座谈约谈等形式，督导辖区各银行业继续执行好现有的各项小微企业金融服务政策。在有效提高贷款增量的基础上，努力实现小微企业贷款增速不低于各项贷款平均增速，小微企业贷款户数不低于上年同期户数，小微企业申贷获得率不低于上年同期水平。明确信贷计划单列，优化信贷结构。年中，调整信贷计划的银行，需及时向监管部门报告并说明调整原因。进一步强化网点建设，扩大网点覆盖面，丰富小微企业金融服务机构种类。截至年底，左权县各银行业金融机构小微企业贷款余额23.24亿元，较年初增加3.84亿元，增长19.82%。

（赵晋平）

【推动开展“银税互动”】 2016年3月23日、7月26日左权银监办分别组织召开“银税互动”推进会，会同左权县国家税务局、地方税务局以及辖区银行业金融机构建立“银税互动”联席会议。会议签订银税合作框架协议，税务部门定期向银行提供优质纳税企业信息，银行根据信息选择企业考察项目，发放贷款。至年底，左权建行发放1笔金额90万元“税易通”产品，左权农商行向6户纳税良好企业发放贷款665万元。（郑瑞香）

【金融扶贫】 2016年2月25日、5月10日，左权银监办分别组织召开全县银行业监管工作会议。会议重点就贯彻落实中央、省、市和银监部门关于金融扶贫工作一系列指示精神进行传达学习，并研究讨论通过《左权县金融扶贫工作实施方案》。多次协调县邮储银行、信用联社就农村人口贷款难、信用度低、无有效抵押、贷款限客度低等问题进行研究解决。左权联社制定《左权联社2016年金融扶贫工作实施方案》《金融扶贫工作三年规划》，计划三年内累计发放扶贫贷款4亿元，其中2016年发放扶贫贷款1.6亿元。共同研究制定《左权县精准扶贫工作融资担保实施方案》，由左权县财政局、扶贫办筹资作为信贷基金，由县农村信用社和邮储银行发放贷款，委托贷款重点解决全县建档立卡贫困户脱贫所需资金，采取优惠利率，并由县扶贫办进行一定的贴息。（赵晋平）

【金融服务“村村通”】 2016年，左权银监办工作重点由解决金融服务空白问题向扩大固定网点覆盖面、适度提高辖内乡镇网点规模转变，由解决基础金融服务覆盖向提高金融服务质量、增强金融服务功能转变。12月底，农村基础金融服务覆盖的行政村184个（农村中小金融机构146个，农业银行98个、邮政储蓄银行10个，建设银行60个），其中网点覆盖行政村21个（农村中小金融机构20个，邮政储蓄银行10个）、各类电子机具覆盖行政村145个（农村中小金融机构129个，农业银行98个，邮政储蓄银行7个，建行60个），建党农户83493个（农村中小金融机构3493个，农业银行80000个），授信农户11个（农村中小金融机构11个）。（郑瑞香）

【银行业金融知识宣传服务月活动】 2016年9月1日，由左权银监办组织的左权县银行业金融机构金融知识宣传服务月活动启动仪式，在左权县将军广场举行。左权银监办主任主持启动仪式，左权县金融办、县各银行业金融机构负责人、宣传人员及部分群众也参加启动仪式。左权县电视台等媒体对启动仪式进行现场采访、录像和报道。启动仪式结束后，各银行宣传人员，分别深入到商场、

2016年9月1日，银监办组织开展银行业金融知识进万家宣传活动

超市和工厂发放宣传手册、宣传金融知识，各银行营业网点设立了业务咨询台现场向群众提供金融业务知识咨询服务。　　（赵晋平）

保　　险

中国人寿保险股份有限公司左权县支公司

【概述】　2016 年，中国人寿左权县支公司全年保费收入达 6512 万元，比 2015 年增长了 8.58%，其中银保保费 924.7 万元，团险保费 184 万元，个险保费 5403.86 万元，互动完成 193.54 万元。理赔方面：短期险理赔共 337 件，理赔金额 98.19 万元；长期险理赔 16 件，理赔金额 24.96 万元，共计 353 件，123.15 万元。是年，中国人寿左权县支公司取得经营管理先进单位以及银保渠道先进单位荣誉称号。　　（赵刚）

中国人寿财产保险有限公司左权县支公司

【概述】　2016 年，中国人寿财产保险有限公司左权县支公司总保费收入 574.03 万元，同比 2015 年有所增长。其中车险保费加互动业务共收入 341.36 万元，占比 59.47%，农险保费收入 191.67 万元，占比 33.39%，非车险保费收入 41 万元，占比 7.14%。是年理赔情况：左权县支公司报案数量 690 件，赔款金额 278 万元，金额结案率 81%，件数结案率 96.5%。　　（赵刚）

中国人民财产保险股份有限公司左权支公司

【主要经营保险险种】　2016 年，中国人民财产保险股份有限公司左权支行主要经营保险险种有：机动车辆保险、企财保险、家财保险、意外保险、货运保险、工程机械保险、责任保险、农业保险、新农合大病医疗保险等。　　（刘彦明）

【保费收入】　2016 年，左权支公司全年累计实现保费收入 1309.85 万元，车险完成 1008.99 万元；非车险完成 300.86 万元，其中农业保险保费达 178 万元。是年，保费收入同比 2015 年增长 45.16 万元，增速 3.57%。　　（刘彦明）

中国人民财产保险股份有限公司左权支公司营业部大厅

【保险服务】　2016 年，左权支公司始终将保险服务放在各项工作的首位，从展业到理赔力争做到主动、迅速、准确、合理。先后推出了“承诺服务”“限时服务”“首接服务”。把服务贯穿于整个业务流程中，通过优质的服务，促进了业务的发展。特别是在服务“三农”方面，积极主动、上山下乡、入户宣传、上门理赔，得到农民兄弟的赞誉。　　（刘彦明）

【典型理赔案例】　机动车辆保险：2016 年 11 月 6 日，客户骞先生的营业货车因碰撞在邢台某高速出险，造成车辆、高速路产、人员轻伤等损失，合计赔款 19.19 万元。企财保险：2016 年 7 月 19 日，左权县羊角乡某石材加工厂因暴雨引发洪水出险，造成厂房及设备严重受损，合计赔款 8.36 万元。家财保险：2016 年 7 月 19 日，左权县辽阳镇某居民房屋因暴雨裂缝受损，合计赔款 2.96 万元。责任保险：校方责任险 2016 年度累计赔款合计 30.84 万元，未决赔款估损 10 万元，其中最大一笔赔款达 18.7 万元；道路客运承运人责任保险事故仅一起一笔赔款达 32 万元。意外保险：2016 年 6 月 19 日，李先生驾驶半挂牵引车辆在河北武安因多方车辆碰撞出险，造成车辆损坏，李先生左腿受伤的交通事故，仅机动车辆驾驶人员意外伤害保险一项赔款达11.2万元。农业保险：2016年6月13日的风灾与2016年7月19日的洪灾，造成全县核桃受损，合计赔款133.06万元；2016年期间公司承保的左权县石匣乡、拐儿镇等6个乡镇玉米种植保险，因冻灾、风灾、冰雹、洪灾、病害等原因造成县域部分乡镇种植的玉米受损减产，合计赔款88.09万元。（刘彦明）

中国太平洋财产保险股份有限公司左权支公司

【概述】 2016年，中国太平洋财产保险股份有限公司左权支公司以减员增效为出发点，对公司内员工和营销队伍进行精简，并加强培训，强化内部管理。1月—3月，全面落实国家税制改革“营改增”切换工作，通过门店发放、张贴公告、通知业务员传达给客户等线上线下多种方式将改制内容及时传达到现有客户和供应商。根据山西保监局《山西保险业深化商业车险条款费率制度改革工作实施方案》，确定山西省商业车险改革上线时间定为2016年5月31日，公司组织全员进行培训学习商改产品条款、百问百答等基础知识，一天一测试，

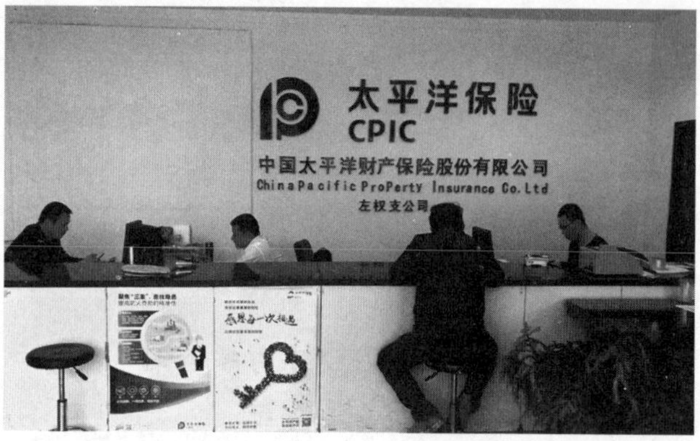

中国太平洋财产保险股份有限公司左权支公司营业厅

顺利通过考试、验收。年内，公司岗位内设机构经理岗、理赔经理岗、综合内勤岗和产寿交叉销售岗，营销人员25人，保费完成337.09万元，同比下降15%，其中车险保费完成287万元，非车险保费完成50万元；发生赔案495件，赔款支出103.95万元。主要销售渠道有直销、电网销、银行代理和产寿交叉销售渠道。险种开设在原有的机动车车辆交强险、商业险、个人、团体意外险、健康险、企业财产险、家庭财产险、建工意外险和第三者责任险外，又增加了农业保险和财产诉讼保全保险。（张俊娥）

综合经济管理与监督

经济发展和改革

【概述】 2016年，左权县地区生产总值完成44亿元，增幅4.2%，完成省政府下达目标任务；固定资产投资全年完成99.42亿元，增幅12.8%，差任务6个百分点；“六位一体”全年完成情况：项目储备完成1120亿元，完成任务的100%；项目签约完成160亿元，完成任务（150亿元）的107%；项目落地完成60亿元，完成任务（120亿元）的50%；项目开工完成101亿元，完成任务（101亿元）的100%；项目建设完成78亿元，完成任务（78亿元）的100%；项目投产完成56亿元，完成任务（97亿元）的57.7%。（郝晓勇　王彩霞）

【重点工程建设】 2016年，左权县重点工程项目建设围绕“农业、工业、旅游、交通城建、民生”五个重点建设目标，共确定90项重点工程，分A、B两类推进。其中，A类重点工程项目62项，总投资194.75亿元，当年计划投资94.41亿元，至年底，已开工49项，开工率79.03%，完成投资26.23亿元，完成率27.79%。B类重点工程项目28项，总投资202.74亿元。至年底，除兴业园小区开工外，其余27个项目在积极推进中。

加强2016年度乡镇重点工程建设。年初下发《关于进一步加强2016年度乡镇重点工程建设工作的通知》明确年度目标任务并将乡镇重点工程建设情况纳入年度目标责任制考核内容。树立大项目服务理念，在协调机制上，科学高效，服务到点。华能山西太行低热值煤发电项目，从前期手续办理到后期开工建设，进行点对点服务。基础设施灾后恢复重建工作。制定基础设施灾后恢复重建方案，确定基础设施灾后恢复重建项目199个（2016年165个，2017年34个），总投资3.11亿元。年底，151个项目已完工，完成投资4190万元。

（郝晓勇　王彩霞）

【转型综改工作】 2016年，左权县编制完成《左权县2016年综改行动计划》，提出2016年全县转型综改5610工作路径，即5项重大改革、6项重大事项、10个重大项目。

5项重大改革：（1）有效化解煤炭过剩产能。全县属地监管煤矿严格按照公告产能组织生产，严格执行276个工作日和节假日公休制度，严禁违法违规生产建设煤矿。一律不再审批新建、扩建煤矿项目、新增产能的技术改造项目和产能核增项目，优化存量产能，有序退出过剩产能。（2）有效化解房地产库存。加强房地产用地供应管控，稳定房地产市场。放宽住房公积金提取条件，提高住房公积金使用效率。研究拟定购房补贴政策，支持农业转移人口在城镇购房。加大棚户区改造货币化安置力度，将公租房保障范围由城镇户籍家庭扩大至城镇常住人口家庭。（3）深化煤炭管理体制改革。根据《晋中市煤炭供给侧结构性改革实施方案》及配套的《实施细则》，出台了《左权县煤炭供给侧结构性改革实施方案》以及配套的《实施细则》。建成煤炭综合监管平台，培育完善全市煤炭现代化交易综合服务体系，实现了省、市、县煤炭企业以及相关网络互联互通，信息共享，实现煤炭区域联合协同销售。（4）完善民营经济发展促进机制。积极落实上级政策，出台扶持措施，搭建政银企合作桥梁，解决企业资金难题，主动创造合作平台，促进项目对接。建立领导干部联系企业机制，着力破解发展难题，推动中小微企业挂牌上市，创新融资模式。成立公共服务平台，开展企业多项服务。推进管理提升，规范企业运营。（5）全面深化供销合作社综合改革。左权县确立恢复改造羊角、芹泉两个基层供销社。羊角供销社属重建，年底完成土建工程的70%；芹泉供销社为联合合作模式，年底全部竣工。亿元的核桃交易中心项目落地。鼓励企业结合产业扶贫、采空区治理等实施移民搬迁。发挥省、市领导住村辐射效应，组建联村产业发展支部，加快脱贫致富步伐。

6项重大事项：（1）实施煤矿瓦斯抽采全覆盖工程。左权县主要为高浓度液化，低浓度发电。全县12个煤矿，已运营的瓦斯发电项目有1个，为石港瓦斯发电项目；正在建设的瓦斯发电项目有1个，为盘城岭瓦斯发电项目；已取得路条的瓦斯发电项目共有9个，正在推进手续和规划设计。（2）重塑铁矿产业地位。在全国去产能的背景下，左权县抓住铁矿石品质优良的有利条件，重点围绕鑫瑞、神头、华联、华鑫、昌鑫五个企业，捋顺企业股权结构，推进企业技改扩大生产规模。（3）发展现代物流。依托区位及交通枢纽优势，依托两条东西、南北过境高速，规划建设物流经济带。华达煤炭物流园区配套和城东汽贸物流园区正在推进中。（4）完善投融资机制。实施金融机制创新，由左权县财政局、扶贫办筹资500万元作为信贷基金，依靠左权县晋信鼎担保有限公司承担贷款担保工作运营，可为贫困户融资3000余万元；充分进行水务技术的开发合作和咨询，加快水务一体化改革步伐，对全县供水、农田水利、防汛、排水基础设施的投融资和建设，积极争取组建水务建设投资有限责任公司；优化金融扶贫，为解决中小微企业生产发展中资金短缺问题，通过金融机构注入“助保贷”资金，截至年底，融资2240万元，缓解中小微企业融资难、融资贵问题；引进晋中银行入驻左权，争取年内挂牌营业。（5）培育煤层气。依托大集团先进技术，发展瓦斯发电、瓦斯提纯液化等产业，晋煤蓝焰煤层气抽采项目正在推进中，已建成的瓦斯发电项目为石港瓦斯发电项目，正在建设的瓦斯发电项目为盘城岭瓦斯发电项目，已取得路条的瓦斯发电项目共有9个，正在推进手续和规划设计。（6）推进光伏扶贫工作。制定《左权县光伏扶贫十三五规划》，至年底，江苏迪盛四联2.49万千瓦光伏发电、增波光伏2万千瓦光伏发电项目开始落实完善前期项目手续，已流转土地，准备开工建设。村级26个100千伏电站陆续招标，村民屋顶发电也在政策补贴2000元的倡导下进展顺利。

10个重大项目：（1）华能山西太行2×660兆瓦低热质煤发电项目。该项目总投资52.6亿元，2016年计划投资20亿元，于2015年8月15日正式开工。截至年底，累计完成投资15.3亿元。已实现通水、通电、通车，主厂区生产区域场平基本完成。烟囱区域和1号机锅炉区域的桩基工程已完成。正在开展厂区围墙、厂区次入口道路工程、厂区东侧防洪治理工程。（2）大唐左权辽阳镇观音垴风电场一期（48兆瓦）工程项目。该项目总投资4.5亿元，2016年计划投资2亿元。2016年10月完成升压站施工建设招标、厂内设备招标，截至年底完成投资3亿元。（3）江苏迪盛四联24.9兆瓦光伏扶贫项目。该项目总投资2.5亿元，2016年投资2.5亿元，项目装机规模为24.9兆瓦，截至年底，光伏发电指标还在争取。（4）左权县增波新能源科技开发有限公司2万千瓦光伏发电项目。该项目总投资2亿元，2016年投资1亿元，年底办理完成前期手续。（5）晋煤蓝焰煤层气抽采项目。该项目总投资10亿元，截至年底，已完成投资2.4亿元，项目已钻煤层气直井212口，投运53口。（6）晋煤核桃深加工项目。该项目为晋煤集团“百企千村”产业扶贫对接项目，总投资4.3亿元，截至年底，已完成核桃初加工车间的基础工程、80%钢结构工程，核桃初加工车间龙骨、天窗、檩条等钢构件安装基本完成；已完成30%砌体工程和A区基础、局部二层区域及三面外墙的砌筑工程。(7)武军山风景区建设项目。该项目总投资4.9亿元，截至年底，主要完成景区内部分道路及停车场等建设。(8)东沟移民二期工程项目。该项目总投资2.1亿元，总建筑面积77231.6平方米，至年底，办理完成前期手续。(9)左权县思源试验学校建设项目。该项目总投资6500万元，2016年投资6500万元。该项目总建筑面积24789.08平方米，截至年底，主体完工。(10)汽配物流园区项目。该项目计划总投资1.2亿元，总占地面积139792平方米，至年底，办理完成前期手续。

(郝晓勇　王彩霞)

【以工代赈工作】　2016年，上级共批复左权县实施以工代赈项目15项，其中：基本农田建设项目3项、乡村道路建设项目10项、小流域治理项目2项，项目总投资1247.7万元，其中申请上级资金1090万元，地方配套157.7万元。截至年底，已完工通过验收4项，已开工未完工11项，完成投资950万元。(郝晓勇　王彩霞)

【实施并联审批制度】　为了提高投资建设项目审批效率，促进投资建设项目落地，左权县按照创优发展环境、减少办事环节、简化审批程序、提高行政效率的原则，实行由一个窗口协调、各审批窗口同步审批办理的行政审批模式，做到"一窗受理、并联审批、限时办结"。全年共办理各类审批、核准、备案项目136宗，其中审批75宗，核准5宗，备案56宗。(郝晓勇　王彩霞)

【招商引资】　2016年，根据省、市政府"民企入晋"招商活动安排，结合左权县实际，确保一个10亿元以上民企签约项目落地，确保全年省外"民企入左"项目签约的总投资额达80亿元。成立县民营企业助推左权转型创新发展活动招商工作领导小组。组织宏远科技、中晋太行、鑫兴煤电、昌鑫矿山等县内重点企业和10多个中小企业参会招商。4月，左权县中小企业服务中心组织参加晋一京津冀产业协同发展推介对接会(天津)、晋中市新兴产业项目推介对接会(广州)；县工商联牵头组织参加"山西省新兴产业项目推介对接会(深圳)"；县发改局牵头组织参加山西引进技术专场对接会(上海)、晋中108廊带新兴技术产业项目推介对接会(上海)、山西省新兴产业项目推介对接会(深圳)。5月，县旅游局牵头组织参加山西省文化旅游项目推介对接会(西安)；县经商粮局牵头组织参加山西省重点项目推介对接会(重庆)；县农委牵头组织参加山西省食品医药推介对接会(济南)。6月，参加民营企业助推山西轻型创新发展大会(太原)。11月，发改局牵头组织参加了第十六届中国西部国际博览会。

为推进招商活动，印制左权县招商项目推介宣传册，以企招商，以项目招商，参与同京津冀、珠三角、长三角产业转移对接、企业投资对接和先进发展理念的对接，并组织考察上海协鑫集团、天津自贸区建设等。通过会议和其他方式，上海协鑫、南京金城、深圳麟德投资、金发科技、江苏建达集团等10多个民营企业进行产业投资对接，一部分已经达成合作意向并签约。全县"民企入晋"项目共12个，签约总投资61.9亿元。

(郝晓勇　王彩霞)

统计管理

【左权县第三次全国农业普查】　2016年1月14日，左权县人民政府召开了全县第三次全国农业普查(简称"三农普")动员会。会上，县政府印发了《关于成立左权县第三次全国农业普查领导小组的通知》文件，成立了以政府常务副县长张海荣为组长，16个成员单位负责人组成的领导小组，并与县直成员单位签订了农业普查工作目标责任书。2月18日，左权县三农普领导小组下发了《关于印发左权县第三次全国农业普查领导小组办公室内设机构工作职责的通知》，具体明确了县农业普查办公室(简称三农普办)组成人员名单、内设工作小组组成人员名单及工作职责，同时要求各工作小组加强内部协调，明确职责分工，具体落实好组织实施工作。8月中旬，左权县三农普办专门对"三员"(普查员、指导员、PDA操作员)的选调做了详细安排部署，分别从社会上、大学、村官队伍中抽调

100余名素质高的人员组建成三农普的骨干力量。并于11月1日—25日进行培训，培训旨在让全县农业普查业务骨干人员全面掌握普查方案、熟悉普查业务流程、熟练PDA操作普查设备，全面打好全县农业普查入户登记工作的业务技术基础。

2016年9月20日，统计局开展“中国统计开放日”暨三次农普宣传活动。把《统计法》《统计违法违纪处分规定》《全国农业普查条例》等重要内容编辑成传单共达1000余份，向过往行人进行宣传和发放，并悬挂横幅、摆放展板、张贴宣传口号，接受统计法律法规咨询达100人次，有效地提高了社会公众对三农普的认识。12月31日24时起，左权县第三次全国农业普查开始正式登记。左权县普查指导员和普查员统一佩戴普查员证，对11个乡镇（社区）、211个村委会和3.9万余户农民进行普查登记。本次普查通过应用遥感测量主要农作物播种面积、使用手持智能数据采集终端（PDA）采集数据、建立数据联网直报系统，实现普查数据联网直报，全面提升普查工作效率、数据质量和服务水平。（赵志燕）

【开展统计执法检查】 为贯彻落实国家、省、市统计局“数据造假、以数谋私”专项治理工作任务，2016年3月11日，左权县统计局组织法制、工业、劳资专业开展统计执法检查。检查过程中，统计专业人员针对报表中存在的问题与报表单位进行逐一核实，对基层统计人员出现的指标概念理解不清等问题进行了纠正，并对提高基层统计工作水平提出了相关意见和建议。（赵志燕）

国土资源管理

【土地资源】 左权县国土总面积20.19万公顷，2016年，左权县耕地保有量1.71万公顷，其中基本农田1.39万公顷。据2015年地籍变更数据库显示，农用地10.02万公顷（其中耕地1.73万公顷，园地0.07万公顷，林地7.86万公顷，其他农用地0.36万公顷）；建设用地0.52万公顷（其中城镇村及工矿用地0.37万公顷，交通运输用地0.12万公顷，水域及水利设施用地0.03万公顷）；未利用地9.65万公顷（其中草地6.71万公顷，水域及水利设施用地0.27万公顷，其他土地2.67万公顷）。

2016年，耕地减少面积186.7公顷，同期耕地增加面积108.21公顷，增减相抵，耕地面积净减少78.51公顷，土地整治补充耕地108.21公顷。是年，新增建设用地面积54.98公顷。本年度批准本年度建设用地7.47公顷，占用耕地4.95公顷；本年度未批先建用地面积47.50公顷，占用耕地25.07公顷。（王丽君）

【矿产资源开发利用】 左权县矿产资源较为丰富，尤其是煤、铁、白云岩、石灰岩、含钾岩石、玄武岩、硅石、石榴石、红板石、蓝晶石、白云母、紫砂陶土等资源量丰富，开采条件优越，品位优良，具有很好的开发利用前景及潜在经济价值。至2016年，左权县开发利用的矿产资源仅有煤、铁、石灰岩和白砂岩等4种，2016年，有矿山企业共计33座，其中煤矿12座，铁矿11座、石灰岩8座、白砂岩2座。是年，征收采矿权价款7657.54万元，矿产资源补偿费53.24万元。完成全县32座矿山企业年检、换证，参与非煤矿山企业复工复产12座。（王丽君）

【地质灾害种类与防治】 左权县是晋中市地质灾害多发县份之一，地质灾害种类较多，危害程度相对较大，2016年，有地灾隐患点87处。按地质灾害类型划分：崩塌（包括潜在崩塌）共26处，滑坡（包括潜在滑坡）共21处，不稳定斜坡14处，泥石流（包括潜在泥石流）共9条，地裂缝9条，地面塌陷8处。按规模划分：大型的有12处，中型的30处，小型的45处。

2016年，县国土局组织地质灾害应急撤离演练10场。汛期前后对险情较为严重18处的隐患点进行应急处置，投资达80万元，年底全部完工。永青路不稳定斜坡省级地质灾害治理项目，投资700万元，完成勘查设计单位、施工单位、监理单位公开招标，8月20日，施工单位进场，年底，完成总工程量的22%；拐儿村滑坡市级地质灾害治理项目，总投资250万元，年底主体工

程完工，完成总工程量的85%。（王丽君）

【不动产登记启动】 作为全市不动产登记试点县，2016年，县国土局完成职能整合、人员划转和培训、档案移交、数据整合、信息平台建设及流程整合再造等工作，9月20日，举办全县不动产登记首证颁发仪式，率先完成省市下达的目标任务。（王丽君）

2016年9月20日，左权县国土局召开全县不动产统一登记首证颁发发布会

【农村集体建设用地 宅基地使用权调查登记】 2016年，左权县203个行政村，地籍测量、权属调查全部完成。农村集体建设用地和宅基地使用权应调查面积约25.85平方千米，约50136宗地，左权县农村集体建设用地和宅基地使用权确权登记发证工作分5个标段。各标段开始建库工作，约完成全县农村集体建设用地和宅基地使用权地籍调查工作总任务的90%以上。各标段分库建成后，由晋中四维测绘有限公司合库。（王丽君）

【保障发展用地】 2016年，左权县落实规划指标，申请省市国土部门追加用地规划指标233.33公顷，解决207国道改造和319过境改线用地问题；《左权县土地利用总体规划（2006－2020）》修改方案获省政府批复，落实规划指标186.29公顷；稳步推进“两项改革”，落实第二批城乡建设用地增减挂钩33.33公顷周转指标，矿业存量土地整合利用实施方案和复垦设计获得批复。规范土地管理，全面上报4个批次9.82公顷用地全部获批，供应国有建设用地13.30公顷，处置闲置建设用地2宗。（王丽君）

【土地开发整理】 2016年，左权县实施省级投资项目2个，总投资3171.618万元，开发总规模221.95公顷，新增耕地156.56公顷，新增水浇地44.6公顷，年底项目已进入扫尾阶段。共实施县级投资土地开发项目12个，总投资1378.19万元，开发规模146.63公顷，新增耕地90.06公顷。（王丽君）

【执法监察】 2016年，国土部下发左权县土地卫片监测图斑2次192个，面积175.17公顷，耕地面积62.89公顷，土地变更新增建设用地117.30公顷，耕地面积47.48公顷，违法占地比例为14.43%，去掉省级重点工程后本县比例为9.5%。查处各类违法占地31件，35.60公顷，连续5年实现卫片执法检查“零约谈，零问责”。是年，查处各类违法占地案件31件，面积86.67余公顷，其中耕地35.47公顷；是年打击取缔违法采矿窝点19处，立案查处非法采矿案件6件，确保矿业开发秩序持续稳定，全年共计收缴行政罚款490万元。（王丽君）

【测绘工作】 2016年，县国土局完成“天地图·左权”融入“天地图·山西”工作，向山西省综合地理信息中心提交1：500数字线划图32平方公里，1：2000数字线划图84平方公里，0.2米分辨率航空摄影830平方公里，0.08米分辨率航空摄影95平方公里，共计提供数据量126GB。左权县登记在册的国家级测量标志有97个，经查保存完好的有43个，可利用18个，破坏29个，未找到7个。（王丽君）

【左权县荣获“全国国土资源节约集约模范县”称号】 2016年6月27日上午，国土资源部在北京召开第三届国土资源节约集约模范县（市）表彰会，左权县被授予“国土资源节约集约模范县”称号。左权县委常委、副县长李左红作为模范县（市）获奖代表出席会议，并接受授牌。（王丽君）

国有资产监管和经营

【探索国资监管与经营新思路】 2016年，针

对全县国有资产又散又乱、利用率低、经营效益差等情况，国有资产经营有限公司转变观念、创新思路、探索全方位的国有资产监管与经营新方式、新方法。站在全县国有资产经营监管的高度，本着科学合理、大胆尝试、易于操作的原则，起草了《左权县人民政府关于加强县属国有资产监管与经营实施意见》《左权县国有资产管理办法》《左权县国有出资企业国有股权代表管理暂行办法（试行）》，出台了《左权县国有企业负责人经营业绩考核办法（试行）》。（侯亚丽）

【产权交易】 2016 年，产权交易中心共召开交易会 2 次，交易金额 45.25 万元，其中：左权县人民医院门诊楼前停车场、地下停车场招租 9.3 万元、左权县交通运输局门面房招租 3.49 万元、左权县体育运动中心门面房招租 17.87 万元、左权县国资公司招租 7.41 万元（门面房 5.24 万元、供销公司 2.17 万元）、左权县卫生局卫生监督所门面房招租 2.48 万元、左权县妇幼保健院门面房招租 5.5 万元。（侯亚丽）

工商行政管理

【概述】 2016 年，左权县持续推进商事制度改革，启动名称核准登记机关确认、内资企业设立全程电子化登记、企业“五证合一、一照一码”、个体工商户两证整合等商事制度改革；办理股权质押，为企业融资搭建平台；全面实施商标兴企战略帮助企业申请注册商标，申报著名商标；以信用监管为核心，强化事中事后监管；畅通投诉举报平台，提升消费维权效率；加强法制宣传，营造社会协同共治氛围；抓执法监管，促进依法行政。是年，被中共左权县委评为先进基层党组织，在全市工商和市场监管系统 2016 年度目标任务考评工作中被评为优秀单位。（原秀良）

【行政审批】 至 2016 年底，左权县共有各类市场主体 10411 户，注册资本 111.34 亿元。其中内资企业 158 户，私营企业 1257 户，个体工商户 8088 户，农民专业合作社 906 户，集团 2 户。除集团以外，按照产业类型，全县第一产业共 1154 户，第二产业 838 户，第三产业 8417 户。

2016 年，全县新增市场主体共 1512 户（新设立 1539 户，有 27 户在年内注销），注册资本 17.46 亿元。其中，内资企业 5 户，私营企业 237 户，个体工商户 1134 户，农民专业合作社 136 户。按照产业分类，第一产业 201 户，第二产业 167 户，第三产业 1144 户。

2016 年 6 月 1 日，对县内首家冠山西的公司进行了名称预核准登记机关确认。8 月 1 日，正式启动内资企业设立全程电子化登记。9 月 1 日，左权县颁发了首张“五证合一”“一照一码”营业执照。10 月 1 日，个体工商户“两证整合”正式启动。

2016 年，办理食品经营（销售类）许可证 633 户，变更 4 户，注销 61 户；食品经营（餐饮类）许可证 161 户，变更 1 户，注销 36 户；晋中市餐饮类食品生产加工小作坊许可证 132 户，注销 8 户；食品生产加工小作坊许可证 138 户，变更 3 户，注销 8 户。办理药品经营许可证 5 户，GSP 认证 22 户；办理动产抵押 12 件，抵押物价值 4.77 亿元，主债权金额 1.64 亿元。办理股权质押设立 6 件，出质股权 7209 万元，被担保债权金额 5.40 亿元。（李秉）

【商标广告合同监管】 2016 年，左权县新申请注册商标总数 64 件，续展 1 件，重新认定山西省著名商标 3 件，新申报省著名商标 2 件，产品涉及鸡蛋、蜂蜜、电子商务、旅游、食品加工等多个方面。协助龙鑫种植的“辽州将军”商标申报山西省著名商标。培育左权县鲜森酒庄申报山西省著名商标。加大对批发零售市场、集贸市场等涉及著名商标、驰名商标等违法行为的查处力度，严惩违法行为。是年，查获商标侵权案件立案 4 件，结案 4 件，罚款 3.2 万元。组织广告经营单位的广告审查员参加省局组织的广告法律法规培训 2 次，加大广告监管力度，对全县范围内的广告牌、电子显示屏、LED 灯管等广告内容进行监督检查，联系县电视台、优势传媒、凯达出租车、鲜森超市等广告发布单位发布公益广告 200 条，根据省、市局安排，加大对银行业、电信业、房地产业等利用合同格式条款侵害消费者合法权益违法行为的打击力度，合同格式条款霸王条款整治工作立案2件，结案2件，罚款6.1万元，对县域公用企业供电、供气、供暖、电信行业，太平洋人寿保险公司、太平洋财产保险公司、中国人民财产保险公司、中国人寿保险公司和中国平安保险公司使用的合同进行了备案。（李霞）

【消费维权】 2016年，左权县市场和质量监督管理局通过上级转办、来人、走访、信函、电话、网络等方式受理投诉举报37件，举报11件，投诉26件。其中，食品药品类举报投诉17件（举报6件，投诉11件），占总量的46%，其中涉及食品的15件，药品2件，争议金额2500余元，为消费者挽回经济损失7600余元。其他投诉举报20件，主要为无照经营、服装鞋帽、电信服务、家装建材、手机、汽车、美容行业等，涉及广告宣传、产品质量等方面，争议金额达10余万元，挽回直接经济损失5040元，通过调解和提供法律援助，为消费者挽回间接经济损失9万元，调解率达97%，全年共发布消费警示36期。（李先芳）

【信息化建设】 综合办公室和信息中心在信息化建设上以“弘扬主旋律、传播正能量”为宗旨，发挥“互联网＋”优势，扎实推进信息化建设。先后建成门户网站，，开通今日头条号、微政务、政务微博、微信公众号，推出“廉政十问．法制十讲”在线学习系统、“大家e起来”网络讲堂、精准帮扶应知应会学习系统和市场监管移动执法系统，全局形成了“一网一报一号三微四平台”信息化格局，发布各类新闻宣传信息1639条，其中国家级发布80余条、省级发布200余条、市级发布300余条。编发市场质量简报25期，工作动态周报90余期。（高瑞红）

【依法行政】 2016年，左权县市场和质量监督管理局开展内部法制培训。制定每月两次的学习培训计划，局领导讲党课、业务股室讲业务，学习内容具有适用性，可操作性，以实际案例和各项法律法规为教材进行培训，全年，集中培训时间达27个课时。深入开展送法活动。为提高企业遵纪守法意识，分别到将军广场、鲜森超市、亲水湾小区、左权三中等企业、学校、社区、公共场所开展各类送法活动6次。签订《行政执法委托协议书》及《行政执法责任书》，明确相关分管领导与执法股室的执法责任，开展行政执法评议考核，案件核审及集体评审（审理）工作。2016年，共核审一般程序案件108件，其中局机关核审案件72件，所内核审案件36件。罚没总金额49.49万元，未发生行政复议案例。（曹晶晶）

物价管理

【粮油肉蛋菜价格】 2016年，粮油价格基本持平，1月—3月粮食价格：特一粉价格上涨，价格为1.77元/斤～1.9元/斤，大米价格下降，价格为2.69元/斤～1.95元/斤，玉米粉价格稳定2.3元/斤。食用油价格稳定，花生油价格144元/5升，菜籽油价格4.5元/斤。鸡蛋价格1月4.08元/斤，2月4.58/斤，3月为3.2元/斤。猪肉（五花肉）价格1月11.38元/斤，2月15元/斤，3月13.5元/斤，牛肉价格稳定30元/斤，羊肉价格上涨30元/斤～34元/斤。蔬菜价格：大葱价格1月2.58元/斤，2月5.08元/斤，3月4.28元/斤，大蒜价格1月5.68元/斤，2月6.99元/斤，3月3.68元/斤，茴子白价格上涨，价格为0.49元/斤～2.08元/斤，豆角价格上涨，价格为2.88元/斤～11.38/斤，大白菜价格1月0.38元/斤，2月1.08元/斤，3月为0.99元/斤，土豆价格上涨，价格为1.18元/斤～1.68元/斤，西红柿价格1月2.68元/斤，2月3.6元/斤，3月为2.48元/斤，黄瓜价格1月3.28元/斤，2月5.6元/斤，3月3.28元/斤，油菜价格1月2.68元/斤，2月3.99元/斤，3月2.99元/斤，茄子价格上涨，价格为3.28元/斤～4.99元/斤。

4月—6月粮食价格：特一粉价格下降，价格为1.9元/斤～1.69元/斤，大米价格平稳，价格为1.99元/斤，玉米粉价格稳定，价格为2.38元/斤。食用油价格稳定，花生油价格98元/5升，菜籽油价格稳定4.5元/斤。鸡蛋价格4月3.48元/斤，5月3.45/斤，6月为3.6元/斤。猪肉（五花肉）价格

4 月14.9 元/斤，5 月 13.98 元/斤，6 月 14.38 元/斤，牛肉价格稳定 30 元/斤，羊肉价格下降 30 元/斤～28 元/斤。蔬菜价格：大蒜价格 4 月 5.68 元/斤，5 月 4.39/斤，6 月 4.99 元/斤，茴子白价格下降，价格为2.18 元/斤～0.18 元/斤，豆角价格下降，价格为4.48 元/斤～1.68/斤，大白菜价格 4 月 1.58 元/斤，5 月 0.8 元/斤，6 月 0.28 元/斤，土豆价格 4 月 1.88 元/斤，5 月 3.28 元/斤，6 月 1.48 元/斤，西红柿价格下降，价格为 2.99 元/斤～0.78 元/斤，黄瓜价格下降，价格为 2.28 元/斤～0.038 元/斤，油菜价格下降，价格为 1.88 元/斤～0.99 元/斤，茄子价格下降，价格为 3.68 元/斤～0.88 元/斤。

7 月—9 月粮食价格平稳：特一粉价格 1.69 元/斤，大米价 1.99 元/斤，玉米粉价格 2.38 元/斤。食用油价格稳定，花生油价格 98 元/5 升，菜籽油价格稳定 4.5 元/斤。鸡蛋价格上涨，价格为 3.08 元/斤～4.28 元/斤。猪肉（五花肉）价格下降 14.5 元/斤～13.9 元/斤，牛肉价格稳定 30 元/斤，羊肉价格上涨 28 元/斤～30 元/斤。蔬菜价格：大葱价格上涨，价格为 0.99 元/斤～1.28 元/斤，大蒜价格 7 月 4.99 元/斤，8 月 7.99 元/斤，9 月 6.99 元/斤，茴子白价格 7 月 0.05 元/斤，8 月 0.28 元/斤，9 月 0.25 元/斤，豆角价格上涨，价格为 1.18 元/斤～3.99 元/斤，大白菜价格下降，价格为 1.18 元/斤～0.68 元/斤，土豆价格稳定，价格为 0.68 元/斤，西红柿价格上涨，价格为 0.4 元/斤～1.99 元/斤，黄瓜价格上涨，价格为 0.58 元/斤～2.99 元/斤，油菜价格 7 月 1.28 元/斤，8 月 3.38 元/斤，9 月 1.38 元/斤，茄子价格上涨，价格为 0.38 元/斤～1.99 元/斤。

10 月—12 月粮食价格：特一粉价格上涨，价格为 1.69 元/斤～1.97 元/斤，大米价格上涨，价格为 1.99 元/斤～2.8 元/斤，玉米粉价格稳定 2.38 元/斤。食用油价格上涨，价格为 98 元/斤～125 元/5 升，花生油价格为 98 元/斤～125 元/5 升，菜籽油价格稳定为 4.5 元/斤。鸡蛋价格 10 月 3.68 元/斤，11 月 3.58/斤，12 月为 3.28 元/斤。猪肉（五花肉）价格稳定 12.8 元/斤，牛肉价格稳定 30 元/斤，羊肉价格稳定 30 元/斤。蔬菜价格：大葱价格 10 月 0.6 元/斤，11 月 0.45 元/斤，12 月 0.88 元/斤，大蒜价格 10 月 8.8 元/斤，11 月 6.99 元/斤，12 月 8.8 元/斤，茴子白价格上涨，价格为 0.99 元/斤～1.58 元/斤，豆角价格下降，价格为 2.99 元/斤～1.99 元/斤，大白菜价格上涨，价格为 0.38 元/斤～0.59 元/斤，土豆价格上涨，价格为 0.99 元/斤～1.28 元/斤，西红柿下降，价格为 1.99 元/斤～1.68 元/斤，黄瓜价格 10 月 0.78 元/斤，11 月 2.48 元/斤，12 月 1.68 元/斤，油菜价格 10 月 0.99 元/斤，11 月 1.48 元/斤，12 月 1.28 元/斤，茄子价格上涨，价格为 0.88 元/斤～2.48 元/斤。（冯海波）

【成品油价格】 2016 年 1 月 14 日零时起，成品油价格下调，93 号清洁汽油每公升 5.51 元～5.4 元，97 号清洁汽油每公升 5.95 元～5.83 元，－10 号柴油每公升 5.48 元～5.35 元。

4 月 24 日零时起，成品油价格上调，93 号清洁汽油每公升 5.4 元～5.53 元，97 号清洁汽油每公升 5.83 元～5.97 元，－0 号柴油每公升 5.05 元～5.19 元。

5 月 26 日零时起，成品油价格上调，93 号清洁汽油每公升 5.62 元～5.79 元，97 号清洁汽油每公升 6.07 元～6.25 元，－0 号柴油每公升 5.29 元～5.46 元。

7 月 22 日零时起，成品油价格下调，93 号清洁汽油每公升 5.88 元～5.75 元，97 号清洁汽油每公升 6.34 元～6.21 元，－0 号柴油每公升 5.56 元～5.42 元。

8 月 19 日零时起，成品油价格上调，93 号清洁汽油每公升 5.58 元～5.72 元，97 号清洁汽油每公升 6.02 元～6.17 元。

9 月 2 日零时起，成品油价格上调，93 号清洁汽油每公升 5.72 元～5.88 元，97 号清洁汽油每公升 6.17 元～6.35 元，－0 号柴油每公升 5.39 元～5.56 元。

11 月 30 日，汽油（Ⅳ），90 号高标准清洁最高零售价 5.51 元/升，93 号高标准清洁最高零售价 5.89 元/升，97 号高标准清洁最高零售价 6.36 元/升。柴油（Ⅳ），0 号最高零售价 5.56 元/升，＋5 号最高零售价 5.45 元/升，－10 号最高零售价 5.90 元/升，－20 号最高零售价 6.18 元/升，－35 号最高零售价

6.40元/升。普通柴油，0号最高零售价5.24元/升，+5号最高零售价5.14元/升，-10号最高零售价5.56元/升，-20号最高零售价5.82元/升，-35号最高零售价6.03元/升。

11月23日，国家发改委对车用汽、柴油质量标准升级至第五阶段（即国Ⅴ标准），在原第四阶段（即国Ⅳ标准）成品油最高零售价格基础上，每吨分别加价170元和160元，12月15日零时，成品油价格上调，从本月起，93号、97号汽油已退出市场，加油站开始供应92号、95号、98号国五标准汽油。92号清洁汽油每公升6.37元，95号清洁汽油每公升6.88元，98号清洁汽油每公升7.78元，-0号（IV）柴油每公升5.93元。

12月28日，汽油（Ⅳ），90号高标准清洁最高零售价5.91元/升，93号高标准清洁最高零售价6.31元/升，97号高标准清洁最高零售价6.82元/升。柴油（Ⅳ），0号最高零售价6.01元/升，+5号最高零售价5.89元/升，-10号最高零售价6.37元/升，-20号最高零售价6.67元/升，-35号最高零售价6.91元/升。普通柴油，0号最高零售价5.69元/升，+5号最高零售价5.58元/升，-10号最高零售价6.03元/升，-20号最高零售价6.31元/升，-35号最高零售价6.54元/升。（张敏）

【清理整顿行政事业性收费及涉企收费】 2016年，左权县出台行政事业性收费目录清单及涉企收费目录清单，收费管理实行统计报表制。2016年，按部门统计，进入目录清单的单位共计70个，项目504项。行政事业性收费总额2687万元，比2015年下降47.20%。其中：行政管理类收费部门43个，项目165个，占项目比率22.59%，收费金额686万元；资源补偿类收费部门8个，项目21个，占项目比率4.13%，收费金额1573万元；鉴定类收费部门17个，项目79个，占收目比率15.52%，收费金额17万元；考试类收费部门23个，项目173个，占项目比率33.99%，收费金额20万元；培训类收费部门5个，项目5个，占项目比率0.98%，收费金额32万元；教育收费部门3个，收费项目29个，占项目比率5.7%，收费金额348万元；其他类收费部门15个，项目32个，占项目比率6.29%，收费金额11万元。是年，收费总额占当年公共财政收入的比例5.97%，占县财政所有非税收入8.80%。（张敏）

【价格监测】 2016年5月，左权县在居民集中区设立10个监测点，同经营企业签订《左权县价格监测中心价格监测点工作协议》，并补助监测点3000元监测经费，及时、准确地掌握粮、油、肉、蛋、菜等农副产品价格监测数据，监测数据真实可靠，为政府宏观调控提供决策依据。（冯海波）

【市场价格行为监管】 2016年，左权县按照省市价格主管部门统一部署的“冬季行动”（时间点2015.12—2016.3），开展涉农、涉企、节日期间市场监管等专项检查。采取定期或不定期检查、明察暗访、发放告诫函、现场指导等形式，重点对节日期间市场关系居民生活必需品的粮、油、肉、蛋、奶等价格的波动情况做专项检查。在旅游业黄金周4月—5月、9月—10月，针对旅游期间的吃住行相关的餐饮、停车、休闲娱乐等价格及明码标价进行规范。是年，重点对明码标价、虚构原价、虚假折扣、模糊赠售、误导性价格标示、不履行价格承诺、隐瞒价格附加条件等行为进行检查。11月，月国家、省下发通知从2017年1月1日期放开食盐价格，全局为确保食盐市场价格稳定，加强市场价格监测，防止普通食盐价格异常波动，监督食盐经营企业完善储备、保持合理库存。全年，接收举报案件10件，其中投诉件6件，咨询件3件，上级转办1件，重点为物业管理及救援服务收费。（曹涛峰）

安全生产监督管理

【概述】 2016年，安监（煤炭）局属地监管煤矿3座；非煤矿山：铁矿企业7个（共23个系统），选矿厂9个，尾矿库10个，石料厂7个；危化行业：危化生产经营企业31个，烟花爆竹公司1个（固定零售点1个），民爆公司1个，长输管道分输站1个；冶金工贸八大行业：建材企业8个，冶金企业1个，轻工企业9个，商贸企业7个；洗

选行业：洗、型煤企业17个，储煤场18个，发运站2个。（李小亮）

【安全生产情况】 2016年，左权县发生生产经营事故18件，均为道路交通事故，同比增加4件，上升28%；死亡18人，同比增加6人，上升50%。（李玲）

【开展安全大检查 打非治违和“反三违”活动】 2016年4月29日开始，县安监局开展为期5个月的安全生产大检查，期间，累计成立督查组51个，出动检查人次3044人次，检查企业1616次，排查隐患1443条。打击非法采矿、未经许可烧制铝矾土行为7件，立案查处2件；炸毁非法土炼窑2孔，扣押挖机2台；查处违章建筑6处；查处黑加油点1处，现场责令拆除加油设备；查处使用未经监督检验的电梯1件，处以3万元罚款。加大“反三违”（反违章指挥、反违章操作、反违反劳动纪律的行为）工作力度。出动执法人员1692人次，检查单位228个，发现隐患5387条，下达执法文书59份，罚款106万元。特别是非煤矿山，加强创新力度，将“反三违”实现制度化、常态化，正常运行的14个非煤地下矿山系统结合实际制定了“反三违”具体表现和处罚措施，设立“三违”曝光台，起到警示教育作用，降低“三违”行为的发生。（李玲）

【煤矿监管】 2016年，县安监局以遏制煤矿企业重特大事故发生为主线，以水、火、瓦斯等灾害治理为突破口，开展煤矿重大灾害防治、井下民爆物品安全检查和机电运输专项检查等一系列行动，坚持隐患排查，形成煤矿安全隐患整改长效机制。全年共排查问题隐患279条，下达执法文书52份，全部整改验收闭合。（李玲）

【非煤矿山监管】 2016年，县安监局转变安全监管体制和理念，通过联合验收做好企业复工复产，每月核定采掘工程量从理论变为现场核查，严查处、重执法，查处违法违规行为5起，罚款3.3万元；开展地下矿山防中毒窒息、露天矿山防排土场垮塌和采石场边坡安全、尾矿库防排（泄）洪系统运行不规范等6项专项整治行动，全年排查隐患289条，全部整改到位。（李玲）

2016年11月，安检人员深入昌鑫矿山有限责任公司开展安全大检查

【危险化学品 烟花爆竹和民爆行业监管】 2016年，县安监局开展全县化工和危险化学品企业有毒有害可燃气体泄漏检测报警系统专项治理、危险化学品生产经营企业储存场所安全专项整治、易燃易爆危险品场所消防安全专项整治等4项行动。全年排查问题隐患107条，全部整改到位。（李玲）

【冶金等工贸行业监管】 2016年，县安监局以促进生产经营单位落实安全生产主体责任为抓手，重点开展专家会诊、专项整治等行动，查出各类问题和隐患176条，全部整改到位。（李玲）

【洗选煤监管】 2016年，是全面接管洗选煤行业的第一年，县安监局从规范企业基础建设入手，要求企业建立安全管理、安全例会、岗位责任制等制度，建立逐日隐患排查等台账；开展六轮安全检查，查出问题102条，夯实了现场管理基础。（李玲）

【职业危害监管】 2016年，县安监局为强化职业危害用人单位职业卫生健康管理，开展职业危害粉尘危害专项治理、职业危害“三同时”、职业危害（评价）监测申报等工作。完成2个企业职业危害评价、27个企业职业危害检测，累计排查各类安全隐患76条，全部整改闭合。（李玲）

【应急演练工作】 2016年6月13日—15日，盘城岭、宏远、鑫顺3个煤矿相继开展以“逃灾、避灾和自救、互救”为主要内容的应急演练；6月17日，在昌鑫公司和华鑫公司开展汛期防井口倒灌和尾矿库防汛应急演练；6月29日，在左权金隅水泥公司开展伤亡事故应急演练；6月30日，在山西金恒化工集团民爆经营有限公司左权分公司仓库开

展以“消防栓系统操作演示及火灾逃生”为主题的应急演练。（李玲）

【安全宣传活动】 2016年，县安监局依托互联网+，助力第十五个安全生产月。借助微信、短信平台和左权电视台等媒体进行宣传，创建安全微信公众号10个，安全微信联系群40个，发送微信600条，发送各类安全短信累计8万余条，通过电视屏幕在晚间黄金时间滚动播放安全常识累计30余条。6月16日，安全咨询日现场发放安全宣传资料1万份。实现安全宣传进校园、进企业、进机关、进家庭、进社区“五进”目标，营造良好的安全氛围。（李玲）

食品药品监督管理

【概述】 2016年，左权县继续推行食品安全责任网格化、检查格式化、管理痕迹化、监管等级化等“四化”监管措施，下发《关于印发食品监督股所事权划分实施意见的通知》，明确责任落实，深入贯彻宣传食品安全法律法规，严格落实食品安全的“四个最严”工作要求，用最严谨的标准、最严格的监督、最严厉的处罚、最严肃的问责，加快建立科学完善的食品药品安全治理体系，落实食品安全监督长效机制，不断提高食品药品安全保障能力和水平，切实保障人民群众的“舌尖上的安全”。是年，被晋中市食品药品监督管理局评为食品药品监督管理工作先进单位。（原秀良）

【食品监管】 2016年，左权县制定股所事权划分实施意见，制定并出台四化检查标准，规范日常监督检查。出台农村家宴等大型聚餐活动饮食安全监管文件《农村集体聚餐活动管理办法》。制定并规范重大餐饮活动保障工作制度，确保群众饮食安全。制定食品安全监督等级化评定工作方案，促进食品行业的诚信体系建设。开展各类食品专项整治，检查全县所有学校食堂，抓食品安全宣传培训，是年培训人员386人次，全面完成抽检工作，全年开展463个批次的抽检任务，包括240个食用农产品抽检任务。组织实施全县食品经营单位等级评定，共评定食品销售单位1602个，食品生产企业10个，食品生产加工小作坊231个，餐饮服务单位542个，通过量化评价，评定食品销售单位1602个，食品生产企业10个，食品生产加工小作坊231个，餐饮服务单位542个。在重大餐饮保障活动方面，通过与主办单位和承办单位签订食品安全责任书，制定餐饮保障工作方案，确保县“两会”、省人居环境现场会、党代会、贫困大学生村官培训等重大活动饮食安全。在全县范围内开展创建示范店活动，主要以一乡镇一示范、示范街、示范社区、示范店的形式评选出18个示范店、麻田示范一条街，在全县食品经营户中以榜样的力量带动食品安全工作。（原秀良）

【药品医疗器械监管】 2016年，为拓展诚信体系，出台《左权县示范药店评定活动实施方案》，评定出5个“示范药店”。组织认证人员对全县22个农村药店、8个城内药店进行GPS认证，现场验收医疗器械经营单位2个，抽检检验药品33批次。全方位开展药械安全知识宣传，推进农村药品“两网”（供应网和监管网）建设，组织应急演练2次，提升应急水平。立案查处药品、医疗器械等违法案件58件，罚没款8.7万元。年底，全县药品经营企业50个（其中县城28个、农村22个），医疗器械经营企业16个，全部证照齐全。（原秀良）

【保健化妆品监管】 2016年，共出动执法车辆60余台次，执法人员142余人次，对县域73个（专营、兼营）化妆品经营使用单位、43个（专营、兼营）保健食品经营单位进行全覆盖检查，依据等级量化标准评定25个保健食品经营企业为A级。开展保健食品、化妆品经营示范店创建工作，确立了保健食品，化妆品各1个经营示范店（左权县康大药房有限责任公司、左权县植物医生日化店）。组织执法人员在全县美容美发机构开展注射用透明质酸钠专项行动检查，开展保健食品等三类食品非法添加非法声称问题专项治理工作，开展三起不合格防晒类、面膜、烫（染）发类化妆品排查工作，开展特殊用途化妆品专项整治。共查办保健食品一般案件3件，罚没款共计4736元；化妆品一般案件1件，简易案件1件，罚没款共计2250元。

（原秀良）

【药品不良反应监测】 2016年，药品不良反应监测中心共收集、上报药品不良反应病例报告249例，占全年上报任务数据104%。医疗器械不良反应上报数据41例，占全年上报任务数量128%。化妆品不良反应17条。是年，为提高药械不良反应监测机构的监测能力，强化药械不良反应事件和化妆品不良反应监测水平，县局组织开展了药械不良反应事件及化妆品不良反应监测培训，编印“药品不良反应小常识”“医疗器械不良事件小常识”“化妆品不良反应知识宣传手册”“药品不良反应医疗器械不良事件知识问答”等宣传资料400余册；在“全国安全用药月”宣传活动中，为广大群众发放“药品不良反应小常识”“医疗器械不良事件小常识”“化妆品不良反应知识宣传手册”100余册。（原秀良）

【食品药品稽查】 2016年，开展疫苗专项检查工作，共检查医院、卫生所、药店等经营单位23户次，提出指导性意见31条。严厉打击违法违规行为。是年共查办各类案件22件，一般案件14件，简易案件8件，没收不合格食品719批种，货值金额7468元，全部结案，罚没款6.56万元，无行政复议或行政诉讼。（原秀良）

审计监督

【概述】 2016年，左权县审计局完成77个审计项目。查出违规金额3.44亿元，管理不规范金额2235.70万元，核减工程金额952.01万元，收缴审计罚款35万元，提出审计建议50条，被采纳50条。是年，县审计局获晋中市审计局“审计工作优秀单位”，晋中市审计局“榆社县城镇保障性安居工程跟踪审计项目优秀审计小组”。（吴一锋）

【财政审计】 2016年，县本级财政预算执行审计主要涉及县财政、地税、国土、水利等9个县直部门（单位）。发现收入方面的问题2.71亿元；支出方面的问题2434.72万元；管理及其他方面的问题5621.23万元。各部门对审计查出的问题进行了整改，整改到位率达78%。县审计局对寒王乡、龙泉乡、桐峪镇三个乡镇2015年度财政决算审计，审计中发现少计收入、挤占专款、应缴未缴财政收入、会计资料不完整等问题，共查出违规违纪金额88.34万元。对民政局、旅游局、统计局、妇联会、地震局、党校6个单位财政收支审计，审计中发现部分单位存在会计事项不准确、会计资料不完整、原始凭证不符合规定、违规票据报账、未按规定进行政府集中采购、差旅费管理不规范、未按规定科目列报支出及超范围支出等问题，共涉及金额575.51万元。在对扶贫资金专项资金审计中，发现部分扶贫项目推进缓慢、未按规定用途使用专项资金等问题。（吴一锋）

【经济责任审计】 2016年，根据中共左权县委组织部的安排，对全县9名领导干部进行经济责任审计。审计中发现存在隐瞒坐支应缴财政收入、预算外收入未纳入财政专户、应记未记固定资产、工程未决算审计、违规收费、违规使用票据等问题，审计共查出违规违纪金额783.44万元。

（吴一锋）

【投资审计】 2016年，左权县审计局对47个政府性投资工程结算审计。送审金额1.04亿元，核减金额952.01万元。（吴一锋）

【跟踪审计】 2016年，左权县审计局依据山西省审计厅、晋中市审计局安排，开展稳增长促改革调结构惠民生防风险政策措施落实情况跟踪审计，涉及19个项目和20多个单位。审计中也发现部分项目推进缓慢的问题。是年，左权县审计局根据晋中市审计局授权，对榆社县城镇保障性安居工程跟踪审计，并延伸调查6个社区、5个乡镇的60户家庭，检查了6个安居工程项目的建设管理情况。

（吴一锋）

【追加审计项目】 2016年，左权县审计局完成县委、县政府及有关部门追加的审计项目20项，其中审计项目13项，配合工作7项。完成有关部门审计任务13项，具体为：左权县2013年国家水土保持重点建设工程下庄小流域工程财务收支情况审计；左权县茂丰生态经济开发有限公司2015年财务收支情况审计；左权县2014年市级土地出让金用于农业综合开发故县片中低田改造项目财务收支情况审计；左权县2014年优势特色农产品种植示范基地建设项目财务收支情况审计；左权县农村产权流转交易中心2014年1月至2016年6月20日财务收支审计；左权县农业委员会2013年度巩固退耕还林成果太阳灶项目资金情况审计；左权县农业委员会2015年度巩固退耕还林成果太阳灶项目资金情况审计；左权县2014年省立项农业综合开发拐儿镇寺坪片生态综合治理项目；左权县2015年农业综合开发省立项开发土地治理项目审计；左权县暖万家用煤供应有限公司2014年8月1日至2015年12月31日财务收支审计；左权县2014年农村饮水安全工程决算审计；左权县山洪灾害防治非工程措施项目决算审计；左权县宏源粮食有限责任公司粟城粮站、拐儿粮点危仓老库维修改造工程结算审计。配合审计署太原特派办、晋中市审计局、左权县纪检委、左权县巡查办等相关部门检查工作7项。其中配合审计署太原特派办检查事项1项：山西省重点决策跟踪审计；晋市审计局检查事项4项：晋中市中级人民法院财务收支审计；和顺县财政决算审计；太原市银行2014年、2015年度资产负债及损益审计；祁县2014年、2015年财政收支审计；介休2014年、2015年财政收支审计；左权县纪检委检查事项1项：贯彻落实山西省纪委重点工作推进会议精神扎实开展“三抓三促”（抓对问题干部和有问题线索党员干部的谈话、函询，促“四种形态”的全面实践；抓对涉农资金管理使用的督促检查，促群众身边不正之风和腐败问题的及时解决；抓涉纪重复访、越级访的稳步下降，促“两个责任”的有效落实）专项活动检查；左权县巡查办检查事项1项，左权县水利局、左权县石匣乡人民政府第一轮巡查工作检查。（吴一锋）

质量技术监督

【概述】 2016年，左权县开展特种设备安全大检查、烟花爆竹产品质量监督行动，组织对机动车安检机构专项检查，组织执法打假业务技能培训，组织部署“双打”“质监利剑”“农资建材”等专项执法打假行动。对涉及国计民生、人体健康和人身财产的商品进行监督抽查，加强有主办者的集贸市场公平计量建设，全面落实特种设备安全监管责任体系，组织全局人员进行了特种设备应急大演，全面提升队伍的应急处置能力。（原秀良）

【特种设备安全监管】 至2016年底，左权县特种设备生产经营使用单位有87个，其中锅炉使用单位26个，共计51台；压力容器使用单位29个，共计293台；电梯使用单位38个，维保单位7个，电梯共计243台；起重机械使用单位21个，共计71台；压力管道使用单位5个，共计57553.1米；厂内机动车辆4个，共计10台；游乐设施使用单位1个，共计6台；客运索道使用单位1个，共2条555.74米。另外共有气瓶15459只。是年，实施了电梯安全大会战，锅炉安全攻坚战，油气输送管道攻坚战，民用加气站、大型游乐设施、客用索道专项检查，累计出动执法人员1200人次。

（王丽）

【质量和标准计量监管】 2016年，对左权县双建华泰机动车辆检测有限公司进行日常检查10次，专项检查2次。检查期间共抽查小型车检测报告20份、大型载货汽车检测报告20份、客车检测报告10份，未发现违规检验及出具虚假报告的行为。

县工业产品生产许可证获证企业共2个，苏家坡深水山泉有限公司自2016年6月至年底一直处于停产状态。全年对金隅水泥日常检查1次，现场核查1次，配合省质监局、市质监局调研1次，对全县6个有机认证企业进行监督检查14次。帮助左权县顺隆养殖农民专业合作社取得质量管理体系认证，并通过有机产品认证。通过实地查看实验室现场，查阅文件档案记录等方式，对四个获证实验室进行专项监督检查。

2016年4月—5月，开展废品回收市场的计量专项整治，查处案件6件。5月—7月对左权县列入省定“千家企业”重点用能单位名单的8个重点用能单位的能源计量工作进行监督检查。6月9日“世界认可日”，和汾西瑞泰煤矿设备安全技术检测公司开展实验室开放日活动。6月—7月查处惠丰液化气有限公司经销实际量与标注量不符的液化气案。8月—11月，监督检查县内各医疗机构的在用强检计量器具管理工作，查处在用强检计量器具未检定案件4件。是年，对全县集贸市场的在用计量器具进行免费检定，建立万寿农贸市场计量标准化试点并接受市质检局的考核验收。每季度对检定机构、超限站、眼镜店、加油站的计量工作进行监督检查。（王晓凤）

【质量检验所】 2016年，免费检定校准计量器具近90台套，其中血压计50余台，中药戥秤20余支，电子秤15台。全年免费检定集贸市场电子秤30余台件，农村电子商务站电子秤39台，超市公平秤8台。至12月，共检定6850余台件各类计量器具，其中，检测医用等计量器具132台件，加油机检定100余枪。压力表500余块，电子汽车衡器25台，家用燃气表660余块，水表3000块，热量表450余块，体重秤30台，电子天平34台，台秤12台，配料秤8台。矿用安全计量器具1800余台件，其中催化式甲烷传感器1300余台，光干涉甲烷传感器100余台，一氧化碳传感器335台，粉尘采样器3台，风速表40余台，热电箱8台件。

（李先萍）

农村经济经营管理

【概述】 左权县农村经济经营管理办公室（简称左权县农经办）是全额财政预算事业单位，参照公务员法管理，归口左权县农业委员会。主要承担农村集体“三资”（集体资金、集体资产和集体资源）管理、农村土地承包经营权确权登记颁证、规范引导农村产权流转交易、农村土地承包经营纠纷调解仲裁、新型经营主体指导服务等工作。机关内设“一室三股”，即办公室、审计股、新型经营主体指导服务股、明白卡推行股，下设农村产权流转交易中心，农村产权流转交易中心为副科建制全额事业单位。2016年，左权县农经办在编在岗职工11人，在编离岗1人，临时人员6人。是年，被农业部评为全国农村集体“三资”管理示范县；被晋中市精神文明建设指导委员会评为“2015—2016年度文明单位”。（马丽青）

【农村集体“三资”管理】 2016年，左权县农经办着力推动农村集体“三资”管理制度化、规范化、信息化建设，改造升级农村集体“三资”管理软件，建立县、乡、村、组四级联网的网络运行监管平台；规范农村集体“三资”管理行为，推进“六权治本”向乡村两级延伸，对乡村两级财会人员进行业务培训；坚持农村集体三年轮审工作目标，审计48个行政村，审计总额2.48亿元。发现违纪金额294.66万元、违纪村24个、违纪案件43件，处罚违规违纪责任人41人。（马丽青）

【农村土地承包经营权确权登记颁证】 2016年，左权县农村土地承包经营权确权登记颁证工作进入全面推进阶段。于2014年试点，2015年启动。至2016年底，全县203个行政村基本完成清查摸底，197个行政村完成权属调查，193个行政村完成审核公示，58个行政村完善合同。10月17日，省确权办以左权县为模板召开全省农村土地确权工作推进培训会，将左权县确权经验措施、中航操作流程及确权成果在全省推广。（马丽青）

2016年9月，左权县召开农村土地确权“精准核实”推进会

【农村产权流转交易市场建设】 2016年，左权县农经办投资100余万元建成“一网三平台”（一网即左权县三农综合服务网，该网集三农工作动态、政策法规宣传、信息发布、通知公告、新农村建设、乡村风貌展示等为一体的综合门户网站，三平台即农村“三资’管理平台、农村产权流转交易平台和精准扶贫挂图作战平台）的左权县三农综

合服务网，实现县、乡、村三级联动的农村产权流转交易信息化。重点打造完成辽阳镇、龙泉乡、芹泉镇、石匣乡4个乡镇农村产权流转示范交易所规范化建设。在稳定土地承包关系前提下，是年，新增土地流转7531亩，完成土地预期收益保证贷款472万元。（马丽青）

【农村土地承包经营纠纷调解仲裁】 2016年，左权县农经办严格按程序进行调解仲裁农村土地承包经营纠纷，由乡、村先调解，出具调解意见书，未达成调解协议的再向仲裁委员会申请仲裁，申请仲裁时附调解意见书和取证材料。仲裁委员会全年受理各类合同纠纷110件，其中调解102件、仲裁委仲裁8件。（马丽青）

【新型经营主体指导服务】 2016年，左权县农经办加强对新型经营主体服务指导，对2009年—2016年获得国家、省、市、县命名的农民合作社示范社在组织机构、经营服务水平、民主管理和财务管理等方面，进行全面检查。规范引导新型经营主体健康发展，指导培育县级示范社3个、市级示范社3个、省级示范社2个，认定家庭农场20个、培育县级示范家庭农场11个。（马丽青）

【农民负担监督】 2016年，左权县农经办强化政策宣传，提高农民对新时期减负工作的认识，重点对“谁主管、谁负责”的部门责任制、涉农负担文件联审会签制度、涉农负担公示制度、农民负担“一票否决”制度、村级组织公费订阅报刊限额制度、减负工作定期督导检查制度、农民负担检查情况通报制度和涉农负担责任追究制度等进行广泛宣传。宣传工作覆盖全县10个乡镇，203个行政村、3个经联社。是年，全县203个行政村、3个经联社中，42个村开展“一事一议”，涉及筹资金额40万元，酬劳数量67276个；财政奖补资金应到814.556万元，实到814.556万元；村级转移支付应到1125万元，实到1125万元。（马丽青）

【农民专业合作社扶贫带动工作】 2016年，左权县农经办积极培育各级示范社，提升示范社扶贫带动力，将“吸收‘建档立卡’贫困户”列入示范社申报考核条件目录，其中省级示范社吸收贫困人口不低于40%、市级示范社不低于30%、县级示范社不低于25%。同时，探索开展农民专业合作社资产收益扶贫工作。根据山西省脱贫攻坚领导小组下发的《印发〈关于开展财政涉农资金资产收益扶贫试点的实施意见〉的通知》精神，制定《左权县关于农民专业合作社资产收益扶贫试点工作方案》，选取发展较好的合作社作为试点全面开展资产收益扶贫试点工作。（马丽青）

文 化

文化工作

群众文化

【概述】 2016年7月，“文化活动月”期间，为弘扬传承优秀传统文化和丰富城乡群众夏日文化生活，歌剧舞《太行奶娘》在将军广场公演5场，同时在全县城乡开展了广场舞培训活动。“社火节”期间在县城举办了广场文艺汇演、民俗“串火盘”、2016年迎新春民歌音乐会、《太行奶娘》摄影展、第三届李有才板话节和元宵节灯谜晚会、广场文艺晚会等大型群众文化活动，同时组织各乡镇结合本辖区文化特色和群众喜好，开展了文艺游行、文艺晚会、串火盘等各具特色的群众文化活动。（张瑜）

【“社火节”群众文艺活动】 2016年1月26日，左权县召开了2016年“社火节”工作安排动员会，会议由局长王建军主持，分管副县长邵锦绒参会并讲话。文化系统干部职工70余人参加。按照县委、县政府《左权县2016年春节、元宵节期间群众文化活动实施方案》的安排，会议对2016年“社火节”群众文艺活动进行了详细的安排部署。

“社火节”期间，为更好地传承展示左权县市级非物质文化遗产“小会吊挂”，县民歌研究中心在县城北大街、辽阳街、滨河路等700多家临街商铺免费发放大小吊挂共700幅。正月十五、十六、十七晚，县图书馆和辽县抗日战争纪念馆联合举办了2016年元宵节灯谜晚会，共推出谜语2000余条，猜灯谜者高达2000余人次。为进一步传承发展左权县“串火盘”的文化传统，充分展现中国民间文化艺术之乡的独特魅力，正月十六、十七晚上，29支文艺队伍在北大街、辽山路、滨河新城举行了一年一度的“串火盘”文艺活动。正月十七上午，来自各乡镇、城区管委会和文化系统的12支文艺队伍在将军广场举办了左权县2016年“社火节”广场文艺汇演活动，内容丰富，有传统小花戏、威风锣鼓、广场舞、团扇舞、狮子舞、秧歌、黄河阵等精彩的文艺演出，正月十七、十八晚上，在宣传文化中心剧场举办了两场“2016年迎新春民歌音乐会”，民歌皇后刘改鱼、羊倌歌王石占明、省级传承人冀爱芳、《太行奶娘》中“奶娘”的扮演者刘海平，以及崔瑞宁、王建英、王熙、郝利宏等众多优秀青年民歌手倾情演唱了《太行娘亲》《打酸枣》《书记县长把点蹲》《亲圪旦下河洗衣裳》

“串火盘”文艺活动

《杨柳青》等优美动听的左权民歌。正月十六、十七晚八点，“开花调”艺术团、金叶艺术团分别在县城政府广场和将军广场举办文艺晚会。“开花调”艺术团编排的能反映全县社会经济发展新人、新事、新气象的精品文艺晚会，在全县10个乡镇开展了送文艺下乡演出活动。（张瑜）

【文化宣传月活动】 为传承和弘扬本地优秀传统文化，丰富和活跃广大人民群众的夏日文化生活，按照市局《关于开展“美丽晋中”2016年“全民文化季”的通知》安排，左权县将7月定为2016年“文化活动月”，以“文化惠民、为党庆生”为主题，将举办广场文化晚会、左权民歌小花戏教师培训、社区广场舞培训3项活动。

7月3日—7日晚，作为左权县近年来重点打造的文化品牌——红色歌舞剧《太行奶娘》在县城将军广场公演5场。该剧2013年—2016年先后走进了全国政协大礼堂、国家大剧院、北京军区、高等院校，赴全国各地演出230余场。

7月，县文化局和教育局联合举办中小学及幼儿教师左权民歌、小花戏培训班，对中小学及幼儿教师125人进行了20天的进课堂师资培训。

8月10日—20日，县文化局联合城区管委会举办“广场舞进社区”活动，组织县文化馆、县“开花调艺术团”多名艺术骨干，在崋山、桃树湾、米兰等8个小区集中开展为期10天的社区居民广场舞培训活动，推动社区文化建设，倡导健康生活理念。（张瑜）

2016年9月19日—25日，县文化馆举办文化志愿者业务培训班

【举办文化志愿者培训班】 2016年9月19日—25日，左权县文化局举办全县文化志愿者培训班。特邀山西省戏剧学院教师，对全县10名乡镇文化志愿者、1名城区文化工作者和2名阳光文化志愿者，集中开展了为期一周的舞蹈专业技能培训，主要进行专业舞蹈知识讲授和舞蹈现场教学。培训结束后，参训的文化志愿者将紧密结合工作实际和当地群众文化需求，切实将所学运用到基层文化工作中，真正做到学以致用、惠及群众。（张瑜）

文化惠民

【概述】 2016年，左权县“开花调”艺术团、县鑫博晋剧团开展“文化惠民”送文艺下乡演出活动。中影国际影城开展“文化惠民、免费观影”活动，县图书馆、文化馆、文化站开展不同内容、不同形式的免费活动。（张瑜）

【送文化下乡活动】 2016年3月，左权县“开花调”艺术团编排了一台内容健康向上、形式丰富多彩、群众喜闻乐见，反映全县社会经济发展新人、新事、新气象的精品文艺晚会，开展“文化惠民”送文艺下乡演出活动，为全县10个乡镇各演出了一场文艺晚会。8月—12月，组织县开花调艺术团、鑫博晋剧团深入各乡镇进行“文化惠民”下乡演出活动，为全县10个乡镇演出《太行奶娘》20场、戏剧30场、晚会20余场。（张瑜）

【开展免费观影活动】 2016年3月，左权县文化局联合中影国际影城开展“文化惠民、免费观影”活动，为残疾人、清洁工、劳模等10类人群免费发放观影卡1000张，可供全年每人免费观看12场数字电影。至年底，县电影公司在行政村放映电影2476余场，在农村寄宿制学校放映138场，观影人数达10万多人次。（张瑜）

【“两馆一站”免费服务】 2016年3月，县图书馆在老干部活动中心举办送书上门服务活动，送去书刊90余册。“4·23世界读书日”期间，联合县妇联会在县儿童幸福家园开展“我爱我家·同悦书香——亲子阅读”活动，送100余册儿童图书，举办“孩子们，托起明天的太阳”家风家教公益讲座；联合县新华书店，开展一个月的“建设书

香城市阅读推广从图书馆出发”为主题的图书展销活动，图书馆采取“你买书，我买单”的方式，促使更多的读者走进图书馆，发挥图书馆免费开放、惠及群众的公共文化机构功能；馆内打印《农民科技文摘》400余份，免费发放给农民群众。

县文化馆，在社火节期间免费向城乡群众发放《群众演唱》资料500余册；精选馆内业务骨干，完成老年大学文艺班的教学任务；与县妇联联合，对城内业余文艺爱好者轮训达700余人次。

文化站、农家书屋，充分发挥基层文化阵地的作用，根据属地村民的实际文化喜好和需求，延长开放时间、提升服务功能、丰富活动内容，增添、更新书报杂志。组织村民开展读书、编演小花戏等丰富多彩的文化活动。（张瑜）

文化市场管理

【概述】 2016年，左权县文化局组织开展文化市场大检查专项行动。全年组织开展文化市场从业人员法律法规和文化市场安全管理培训以及网吧、娱乐场所、从业人员消防安全演练活动。在知识产权宣传周，重点开展“加强知识产权保护运用、加快知识产权强国建设”版权宣传活动。

（程玲　李俊霞　岂晓峰　张瑜）

【知识产权宣传周宣传活动】 2016年4月20日—26日，县文化局围绕“创新、协调、绿色、开放、共享”的保护知识产权理念，在全县组织开展为期一周的“加强知识产权保护运用、加快知识产权强国建设”版权宣传活动。组建了由分管副局长常晋斌牵头，局办公室和县文化市场综合执法队联合行动的活动机制。活动期间，在继续利用好报纸、宣传栏、电视等传统宣传阵地的基础上，充分运用微博、微信、网络等新媒体，向全社会广泛宣传党和国家关于知识产权工作的决策部署以及加强知识产权保护的政策措施。在重点区域张贴宣传海报70余份，在县城中心区电子屏上滚动播出宣传视频，在左权文化新浪微博、左权文化微信圈、左权电子政府网上开展“尊重知识、崇尚创新、诚信守法”宣传。同时，县执法队在文化市场巡查执法中，严查网络、音像、图书侵权盗版。（张瑜）

【文化市场大检查专项检查】 2016年，左权县文化局重点对网吧、歌舞娱乐、出版物市场、校园周边等人员密集场所进行全面检查，出动检查人员428人次，检查经营单位269个次，查处违法经营单位13个。（程玲）

非物质文化遗产保护

【概述】 2016年，左权县在全县范围内开展了“乡村文化记忆工程”和第三批市级非物质文化遗产项目代表性传承人的申报和推荐工作；在县盲宣队举办了刘红权的民间音乐传习所揭牌典礼暨左权县第十一个“文化遗产日”宣传活动。（张瑜）

【非物质文化遗产保护项目】 至2016年，左权县国家级非物质文化遗产2项，省级4项，市级5项，县级34项。

表1　**2016年左权县非物质文化遗产保护项目及传承人一览表**

项目名称	项目级别	传承人	备注
左权小花戏	国家级	**省级：** 李明珍	
		市级： 韩永青、赵文芳、杨琳、陈苗苗、李云珍	
		县级： 李韶晶、李焕世、李重庆、李新建、朱献国、张洋、郝维忠、李贵锁、柴青、高焕仙、王江兰、王珂心、王炳叶、刘保珍、李丽萍、郭小宁、白小丽、候爱叶、王丽花、赵静、王静、王丽娜、李志平、赵春叶、陈鹏鹏、杜东伟、江丽霞、原星星、原晶晶、王洁、张旭风、张荣、刘菲菲、张娟、李楠、贾晓雪、宋晓璐、冯燕、申杰、郝会波、石宏亮、李少凯、张少宇、李二平、常俊、皇甫慧英、皇甫慧琴	

续表

项目名称	项目级别	传承人	备　注
左权开花调	国家级	**国家级**：刘改鱼 **省级**：李铭芳、冀爱芳 **市级**：石占明、张保平、曹彦明、窦兵花、郝丽宏、王建英、李鹏飞 **县级**：张小霞、毛丽芳、郝云籽、许爱田、成保英、常　新、赵立斌、赵宏伟、王国平、陈　毅、郑兰先、贺生伟、王　俊、申媛媛、宋恩云、刘俊花、申玉爱、刘海平、崔瑞宁、王　熙、张明叶、王秀萍、石改芳、石先明	
五里堠竹马	省级	**省级**：刘剑；**市级**：李左红	
左权剪纸	省级	**省级**：杨献江	
河南村黄河阵	省级	**省级**：王俊杰；**市级**：王俊琦 **县级**：王宪成、王联江、曹雨田、李艳宁、王喜娥、王耀录	
布艺虎工艺	省级	**市级**：李爱萍；**县级**：王巧凤、雷兰凤	
突堤会鼓	市级	**市级**：白飞野；**县级**：樊瑞凤	
麻田梅拳	市级	**市级**：邢旭东；**县级**：师建忠、刘彦林、阎剑威、刘彦军、韩守忠、师风山	
小会吊挂	市级	**市级**：程向军；**县级**：程向华、程世华	
辽州板话	市级	**市级**：王艾甫；**县级**：王守田、常建林	
左权琴书调	市级	**市级**：刘红权；**县级**：王树伟	
辽州社火节	县级		
左权丑社火	县级		
桐峪八音会	县级	**县级**：王治文、郭玉庆	
三打祝家拳	县级	**县级**：药世平、梁存虎	
紫金山传说	县级		
虎头山传说	县级		
神女峰传说	县级		
文峰塔传说	县级		
太子莲池传说	县级		
龟兔山传说	县级		
二月二打铁花	县级		
七月十五放河灯	县级		
丧葬习俗	县级		
婚嫁习俗	县级		
甜柿饼制作工艺	县级	**县级**：田建林、苏玉珍	
民间炕围画	县级	**县级**：李维红、李培渊、王云喜	
荆条编织工艺	县级	**县级**：赵喜江、赵新华	

续表

项目名称	项目级别	传承人	备注
左权端午习俗	县级		
刘家窑高跷	县级	**县级：**刘吉庆、刘云跃	
铁器工艺	县级	**县级：**张海江、巨成世、樊老二、孙计祥、杨海忠、刘子兰	
道教音乐	县级	**县级：**青彦忠	
佛教音乐	县级	**县级：**穆云魁	
梁家鼓吹乐	县级	**县级：**梁三旦、梁四旦、梁永红	
胡平拐	县级	**县级：**魏海生	
老油坊	县级	**县级：**韩喜云、霍荣荣	
面塑	县级	**县级：**王宏彦	
串火盘	县级		
红拳	县级	**县级：**申保庆、贾润生	
串拳	县级	**县级：**李和平、李文平	
木雕工艺	县级	**县级：**王玉恩、王乃庆	
长城醋制作工艺	县级	**县级：**郝宏跃	
黄骠马	县级	**县级：**樊邦栓	
六合拳	县级	**县级：**孙连世、任福恩、刘宪文、王利华、宋海金、乔治平、赵太恩	
左权剪纸	县级	**县级：**张志强、张华珍、郝秀云、李海秀、杨艺萍、郝林籽、石兰芳、李香风、赵兰芳、野玉凤、候金鱼、王秀萍	

（药力）

【刘红权的民间音乐传习所揭牌典礼暨左权县第十一个“文化遗产日”宣传活动】 2016年6月3日上午，市级非物质文化遗产“左权琴书调”传承人、盲宣队队长刘红权的民间音乐传习所揭牌典礼暨左权县第十一个“文化遗产日”宣传活动举行。活动由县民歌研究中心主任李俊芳主持，县民歌研究中心、县政协、县文化局领导和县文化界老专家、老领导、非遗传承人等40余人和各界群众参加。活动现场刘红权以歌敬客，演唱了《光棍苦》《一铺滩滩过眼云》，并向来宾赠送新书《唱起山歌想起你》。同时，活动还以“让文化遗产融入现代生活”为主题，举办了非遗节目展演，省级传承人李铭芳、市级传承人郝利宏、队长刘红权和众多县级传承人现场表演了《桃花红杏花白》《会哥哥》《卖菜》《摘花椒》等左权民歌、小花戏的经典节目。（张瑜）

【盲艺人刘红权】 刘红权，男，出生于1969年11月，左权县石匣乡姜家庄人，县盲人宣传队队长。2014年初，他带领盲艺人集体获得“感动山西特别大奖”。他的故事和他的歌一样，在太行山里广为流传，成了太行山民的最爱。《悲情太行》《亲圪蛋》《向天而歌又十年》等音像制品，让刘红权的歌和故事插着现代传媒的翅膀，在太行山里、太行山外传播……

在太行山沿村卖艺近20年。他被音乐学家田青称为“活着的阿炳”，被盲人音乐家甘柏林誉为“盲人音乐的活化石”，他传唱的民歌被唐师曾说成是“应该跪着听的音乐”。近20年来，刘红权在左权盲人宣传队中从主唱到队长，担当着重要角色。为了带好这个队伍，刘红权经常帮助比自己更为弱势的人。帮助老盲艺人管理收入，帮助年轻盲艺人学习盲文。另外，用自己有限的收入资助27个残疾和贫困孩子上学。左权县弱智妈妈的孩子杨国庆、武乡县盲孩子张建中、平遥县盲孩子邓开元，都是在刘红权手把手地帮助下，开启了人生的新境界。（张瑜）

【开展乡村文化记忆工程】 2016年4月10日下午，左权县乡村文化记忆工程培训会召开，全县各乡镇、社区分管文化工作的负责人、文化辅导员和县文化部门领导参加会议。会议要求大家要客观、准确地定位和认识乡村文化记忆工程，以留住记忆、共享记忆和光大记忆为阶段目标，实实在在推进“乡村记忆工程”的圆满完成。会议建议：在完成这项工作中，要增强责任意识，唤起坚守理念，体现使命价值，留住文化之根；通过此项工程的实施，真正使全县乡村文化资源得到全面挖掘、整理、保护。4月11日，组织县、乡、村文化部门相关领导和具体工作人员前往襄垣县虒亭镇，对其“乡村文化记忆工程”进行了实地观摩学习。

全年全县文化辅导员和文化志愿者通过“问、闻、摄、录、计”方法，走访了众多当地的文化爱好者、非遗传承人，拍摄、记录了大量保存完好的文化遗存、遗迹。（张瑜）

广播电视

【概述】 2016年，左权县广播电视台通过实施“以政治家的眼光抓宣传、以企业家的理念抓经营”的战略，推动新闻宣传，基础设施、队伍建设、行政管理等各方面都有新的突破，为全县经济社会发展，文明、和谐、富裕、稳定营造了良好的舆论氛围。是年，县广播电视台包括广电网络公司职工总人数89人。内设12个部门，其中公共管理部门4个、节目生产部门5个、播出部门3个。设有新闻综合、文化娱乐两个电视频道；高山台站无线发射电视信号16套节目和“中国之声”“中国乡村之声”两个频率的调频广播。（刘文臻）

【新闻宣传】 2016年，左权县广播电视台围绕县委、县政府的中心工作和重点任务，推出《项目攻坚在行动》《招商引资进行时》《重点企业重点工程》《践行两学一做、投身精准扶贫》《走基层、助脱贫》《干部入企帮扶》《发现最美左权》《大众创业，全民创新》等30多个专栏，为“全面脱贫奔小康，全力进位上台阶”奋斗目标的实现唱响了主旋律，凝聚了正能量。是年，《左权新闻》共播出231组1474条新闻，向《晋中新闻联播》上送稿件108条，处于全市各县（市、区）上游水平。向晋中台《县区特别报道》发稿154组462条。全年新闻稿件获得晋中新闻奖一等奖一件、二等奖一件、三等奖二件。（刘文臻）

【安全播出】 左权县广播电视台始终把安全播出摆在首位抓在手上，坚持跟班作业，实现了广播电视安全播出全年无事故、无差错、零停播。2016年，全年累计播出有线电视节目350400小时，无线传输电视信号6570小时，调频广播节目6570小时。（刘文臻）

【基础设施建设】 2016年，左权县广播电视台争取到中央实施的“提高贫困地区制播能力建设项目”资金200万元，用于电视台制作和播控系统的技术改造，实现了电视自办节目制播设备的升级换代。同时，利用中央资金对高山台站广播电视无线发射设备进行了更新，投资128万元将原来存在安全隐患的两个旧铁塔拆除，新建一座60米高的信号发射塔；投资58万元更新了信号终端和检测系统；投资26.9万元实施了高山台站办公条件的改善和上山道路硬化工程。另外，为单位职工添置了30台办公电脑和7台打印机，办公条件得到有效改善。（刘文臻）

【“户户通”覆盖工程】 为贯彻中央有关文件精神，尽快解决广大农村边远山区群众长期无法收听收看广播电视的问题，经中宣部批准，国家新闻出版广电总局组织实施卫星直播广播电视覆盖服务。左权县是重点覆盖县份之一，经过两年多时间深入农村组织实施安装卫星直播终端，截至2016年底，全县10个乡镇，边远农村13500户接通卫星直播广播电视，覆盖率达100%。可免费收看到中央电视台第1至第16套节目，本省一套卫视节目，中央人民广播电台节目2套和部分省市台的电视节目。从而保证县城广大农村老百姓家家听上广播，看上电视。年内经省、市业务主管部门的检查验收，均达到标准要求，受到业内专家们的肯定。（刘文臻）

【广播电视网络建设】 左权县广播电视网络建设至建网开始，走过由模拟信号到数字信号传输节目的发展历程。为不断扩大广播电视网络的覆盖工程，缩小城乡差别，2016年，投资29万元在下庄片区4个居住人口较多的村庄铺通光缆主干线，让老百姓收看上有线电视；投资45万元，为拐儿村实施数字电视网改和平移工程；在县城内对即将入住的学苑小区、鑫城国际、政府小区居民接入光缆，送上电视信号，保证居民住进新房，看上电视，同时也增加了收视收入。（刘文臻）

通　讯

【概述】 2016年，左权县新闻中心坚持深入基层一线实地采访，稿件质量不降反升。“7·19”抗洪救灾、市县重点项目工程建设等系列稿件参加晋中市各种新闻奖评选活动，县市特刊更是独占鳌头，推出左权“八普及一创建”聚力脱贫攻坚、左权吹响建设“扶贫攻坚示范县”号角、强基蓄势谋开局——强力推进重点工作铿锵起步、“精准脱贫”看羊角、左权警民携手惊险救援、小南庄下活脱贫攻坚“一盘棋”等重要稿件。全年在市级以上报刊发表文字稿件117篇、图片新闻33篇。其中，《山西日报》等省级媒体刊发20篇，图片16幅，《晋中日报》《晋中晚报》等市级媒体202篇，图片53幅，发稿量在全市各县中稳居前列。（王炯锐）

图书馆

【概述】 左权县图书馆属全额事业单位，编制6人，是全县唯一一所面向全社会免费开放的公共图书馆，是专门收集、整理、保存、传播文献，并提供利用科学、文化和教育的服务机构。馆内建筑面积1503平方米，藏书78000余册，电脑30台，电子书1700余册，电子借阅机一台，少儿阅读机一台。（周爱萍）

【举办元宵节灯谜晚会】 2016年元宵节，为活跃人民群众文化生活，左权县图书馆根据本馆实际情况，坚持“厉行勤俭节约”的原则，以“服务基层、面向公众”为服务导向，以“贴近生活、贴近群众”为服务主题，于正月十五日、十六日、十七日（阴历）元宵节晚，和辽县抗日战争纪念馆在县城西关村一条街（辽县抗日战争纪念馆门前）联合举办元宵节灯谜晚会，活动共推出谜语2000余条，猜灯谜者高达2000余人次。（周爱萍）

【接受流动图书车】 2016年11月21日，左权县图书馆作为山西省15个国家级扶贫开发工作重点县县级图书馆到湖南衡山汽车制造有限公司接受文化部、财政部共同组织实施配送的流动图书车一辆。（周爱萍）

【组织村民开展主题读书活动】 2016年春节、元宵节期间，县农村各农家书屋根据本地村民的实际文化喜好和需求，延长书屋开放时间、提升服务功能、丰富活动内容，以“倡导村民阅读，建设书香新农村”为目的，适时增添、更新书报杂志，在醒目处张贴管理员联系方式，确保管理员随叫随到。县图书馆组织村民开展主题读书活动，为村民们营造了文明健康、活泼和谐的节日文化氛围。

（周爱萍　张瑜）

【开展送书上门服务】 2016年“三八”妇女节，左权县图书馆坚持“丰富妇女文化生活，提高妇女综合素质”服务理念，于3月4日、5日下午，到老干部活动中心开展送书上门服务，送去《知音》《家庭》《家庭医生指南》等书刊共计90余册，受益妇女共计30余人。（周爱萍　张瑜）

【“4·23”世界读书日活动】 2016年，左权县图书馆从全县广大读者实际出发，以“书香飘万家”为主题，围绕“4·23”世界读书日举办了系列文化惠民活动。联合县妇联，以“注重家庭、家教、家风，阅读从少儿抓起”为理念，在县儿童幸福家园，共同开展了“我爱我家·同悦书香——亲子阅读”活动，150余名少儿及家长参加。活动中，

2016年4月23日，县图书馆联合县妇联会开展亲子阅读活动

县图书馆将新购置的100余册儿童图书发放给少儿，馆长周爱萍做了亲子阅读指导，聘请教育专家对家长进行题为“孩子们，托起明天的太阳”家风家教公益讲座，让孩子们从小养成良好的阅读习惯，让更多的家长和孩子走进图书馆。和县新华书店联合，从4月23日起，开展了以“书香三晋，文化山西”和“建设书香城市阅读推广从图书馆出发”为主题的图书展销活动。活动进行一个月，展出图书1000多种、6000余册，群众可随机阅读浏览。同时，图书馆采取“你买书，我买单”的方式，促使更多的读者走进图书馆，在全县营造“好读书、读好书、读书好”的书香氛围，使“全民阅读”深入人心，进一步发挥图书馆免费开放、惠及群众的公共文化机构功能。 （周爱萍 张瑜）

【开展“红色的魅力”全民阅读系列活动】 2016年，左权县图书馆为认真贯彻落实习近平总书记“把红色资源利用好，把红色传统发扬好，把红色基因传承好”的讲话精神，使更多人了解县域红色历史，激发人们继承革命光荣传统的热情，实现新阶段“全力晋位上台阶，全面脱贫奔小康”宏伟目标，组织开展了“红色的魅力”全民阅读系列活动。10月17日，县图书馆在宣传文化中心举办以“开展红色魅力阅读，挖掘红色文化资源”为主题的“红色的魅力”全民阅读系列活动启动仪式。活动以苗世民家庭藏报馆、左权县文史博物馆、辽县抗日战争纪念馆、左权县图书馆等重点收藏的红色书刊等为题材制作成版面、宣传资料，同时为群众免费发放红色图书300余册、宣传资料500余份。12月29日、30日利用流动图书车，到学校、到农村、到社区开展以“开展红色魅力阅读，挖掘红色文化资源”为主题的红色文化宣传宣传下基层活动，为群众发放红色期刊300余册、宣传资料1000余份。 （周爱萍 张瑜）

档 案

【档案法制建设】 2016年，左权县档案局健全法制治理领导机构，组成档案行政执法检查组，以“贯彻执行国家档案局8号令”“档案三大体系建设”为主要内容，开展全县档案资源规范、监管、安全保管和利用工作。并对重点单位和企业进行监管指导，同时接受市档案局对左权县档案安全工作的专项督查。县档案局按照执法内容、程序开展档案行政执法检查，规范不良行为。是年，利用“6·9”国际档案法日和“12·4”法制宣传日开展两次法制宣传活动。 （王海燕）

【综合档案馆建设】 2016年9月底，左权县档案馆搬入新馆。为防止自然因素、人为因素、技术因素危及档案安全，从各方面构建起确保档案安全保密的“防火墙”，加强档案的监控、收集进馆工作，对5万多卷（册、件）馆藏档案和1万多卷（册、件）资料一一清点，建立档案出入库登记制度。综合档案馆健全安全制度、增添保管设施，制定档案馆突发事件应急预案，开展档案安全检查。加大民生档案的监督接受力度，档案资源不断得到充实和丰富，按照《左权县档案局（馆）关于档案资料接收进馆的实施方案》要求，征集《左权县纪检监察志》《少林韦驮门六合拳在左权》《没眼人》《左权这片神奇的土地》等书籍入馆。同时，从档案形成的源头、管理和利用的过程中注重档案的实体安全和服务安全。 （王海燕）

【档案利用体系建设】 2016年，左权县档案局在档案利用方面，依法向社会开放馆藏应开放的档案，首先做了划控工作，本着不涉密、不违反规

定的原则尽最大限度对社会开放，满足群众的需求。按照“存储数字化、管理自动化、利用网络化”的要求，在推进档案信息化建设中，加快馆藏档案数字化步伐，全年录入文件目录和案卷目录共计2万多条，累计44万多条，利用档案3862卷次，接待查档2600人次。（王海燕）

【精准扶贫】 2016年，左权县档案局驻村扶贫粟城乡石台头村，帮助村民学习经济林技术，赠送了150本经济林管理书籍；配合村干部到相关部门协调资金，修筑了拦河大坝；同时投资1万元重修人畜饮水池，1400元购买打印机。12月20日档案局扶贫村改为寒王乡下其至村，帮扶领导逐户进行了解情况，对6户贫困户进行了慰问。（王海燕）

图书发行

【概述】 2016年，山西新华书店集团晋中有限公司左权分公司营业总收入为1250万元，完成计划的100%，同期相比增长17.92%。其中，教材完成1040万元，同期相比增长20.93%。全年实现利润70万元。三项期间费用共162.63万元，比2015年增长5.58万元。其中：可控费用中，业务招待费1038元，比2015年减少2159.5元；机动车辆费2.63万元，比2015年减少5230元；会议费1万元，比2015年减少826元；差旅费1.16万元，比2015年增加5644.6元。（王涛）

地方志

【概述】 2016年，左权县志编纂委员会办公室全面落实国务院《地方志工作条例》《山西省地方志工作条例》，坚持修精品佳志和修志为用的基本原则，高标准、严要求完成《左权县志（1991—2010）》出版发行任务，同时，注重指导服务部门志的编写和开发利用地方志资料信息资源，服务县域中心工作。是年，县志办被山西省地方志办公室评为县志编纂先进单位。（张俊平　张明）

【《左权县志（1991—2010）》出版发行】 《左权县志（1991—2010）》编纂工作自2010年启动，历时7年，2016年8月由中华书局出版发行。《左权县志（1991—2010）》是《左权县志》（1999年版）的续志，主编张俊平、刘伏生。本志上限接第一轮志书的下限即1991年，下限为2010年。结构采用章节体，以编、章、节、目为基本结构形式，全志篇目按科学分类与社会分工结合而设置。志首设图照、序言、凡例、目录、概述、大事记，正文设置30编，121章，443节，志末设附录、编修始末。各编下设无题小序，承接事物发端。全志170余万字，全面、系统、客观地记述了1991年—2010年全县经济、政治、社会、文化等方面发展变化情况。全景式反映了老区人民20年坚持改革开放、传承和弘扬太行精神，为发展城乡经济、改变城乡环境做出的成就。（张俊平　张明）

《左权县志（1991—2010）》

【指导服务基层志书编纂】 2016年，左权县志编纂委员会办公室具体从操作层面服务基层志书编纂，除为编写人员提供一些实用方法、具体经验和有参考意义的书籍外，在编写过程中主要就篇目设置、编写体例和要素进行具体指导，并严格执行《地方志书质量规定》，从政治观点、资料翔实、志书体例等方面对志稿进行严格审核。是年，《左权县纪检监察志》出版发行；《左权县财政志》编纂取得突破性进展；《左权县教育志》《突堤村志》《宋家庄村志》编写班子组建，正在资料收集和编写阶段。（张俊平　张明）

【《左权县纪检监察志》出版发行】 2016年，《左权县纪检监察志》内部出版，是晋中市纪检监察系统出版的第一部志书，57万字，上限为1951年，下限2014年。采用章节体，志书首设图照、序言、凡例、目录、概述、大事记，正文依次设组织机构、宣传教育、党风廉政建设、行政监察、专项治理、案件查办、自身建设、人物等8章35节，志末设丛录、限外辑要、编纂始末。详细记载了1951年—2014年左权县纪检监察事业的发展历程。

（张俊平　张明）

《左权县纪检监察志》

【提供地情资料】 2016年，左权县志编纂委员会办公室为服务县域地名普查工作，提供有关地情资料10万余字；在服务电商平台、县域公用品牌建设等方面，提供资料5万余字；多次对县域红色文化资源的开发利用提出可供参考的意见和建议，并提供有关资料1万余字，接受各种信息咨询服务20余次，提供资料10万余字。为《山西年鉴》《晋中年鉴》提供地情资料各1万字。（张俊平　张明）

报　纸

【概述】 2016年，《今日左权》报社围绕全县经济工作会、脱贫攻坚会、“两会”等重要会议、重大活动，刊发了系列评论性文章；围绕全县精准脱贫、精准扶贫工作，开设了“实施精准扶贫、决胜全面小康”专栏，宣传报道了一批奋战在扶贫战线上的乡村干部、帮扶队伍、职能部门、社会团体等典型；连续刊发“扶贫政策解读”（3期）；开设了“六权治本看各行各业”栏目，及时反映政府系统廉政建设工作取得的成效；跟踪重点工程，开设了“项目攻坚在行动”及时了解了重点工程的开展情况；在左权县第十六届人民代表大会第一次会议、政协第九届左权县委员会第一次会议召开前夕，推出专版，回顾总结了“十二五”全县经济社会发展情况。

2016年，《今日左权》共出版报纸24期。其中反映县委、县政府决策部署及各行业、部门、乡镇经济社会发展的新闻类稿件468篇，通讯报道24篇，文学稿件96篇。出版了“两会”“电子商务进农村”、元宵节活动5个专版。（皇甫慧卿）

文物　旅游

文物保护与管理

【概述】　至2016年，左权县经各级人民政府确定并公布为重点保护单位的达91处。其中：国家级重点文物保护单位4处5个点（文庙大成殿、麻田八路军总部旧址、西河头一二九师司令部旧址、寺坪普照寺、苇则寿圣寺）；省级重点文物保护单位5处（十字岭左权将军殉难处、盘垴黄泽关内长城遗址、桐峪晋冀鲁豫边区临时参议会旧址、南会八路军前方总部旧址、山庄新华日报社旧址）；市级重点文物保护单位3处（三元阁、钟鼓楼、礼拜堂）；县级重点文物保护单位78处。　（孙岩）

文庙大成殿

【文物古建筑维修】　2016年，左权县先后编制并上报了禅房石桥、牧童街纯阳宫保护维修方案；编制并通过国家局审核同意了苇则寿圣寺周边环境整治保护规划大纲；开展了国家级文物保护单位寺坪普照寺大殿、苇则寿圣寺本体维修保护工程立项且项目落地，争取资金共计742万元；完成了县级文物保护单位东五指寿圣寺、上丰堠玉皇庙保护维修工程。　（孙岩）

寺坪普照寺大殿正面

【红色文物维修】　至2016年，左权县共完成百处红色革命纪念地保护工程项目20处，分别为苏亭伏击战纪念碑、下麻田总政治部旧址、西河头八路军129师司令部旧址、八路军129师司令部警卫营旧址、山庄新华日报社旧址、赵树理旧址、南会八路军前方总部旧址、后勤部旧址、中共中央北方局旧址、陈毅路居、刘伯承旧居、下南会刘少奇路居、岭南新华书店旧址、西山太行新闻烈士纪念碑、华山墓、武军寺彭德怀旧居、桐峪临参会、柏峪独立营、十字岭英烈墙、云头底朝鲜义勇军旧址。　（孙岩）

【第一次可移动文物普查】　至2016年，左权县第一次可移动文物普查工作全部完成并通过上级部门验收。全县藏品共计1275件（套），其中一级

品 8 件（套），二级品 8 件（套），三级品 23 件（套）。 （孙岩）

【长城保护】 2016 年，左权县编制完成并上报国家局左权境内明长城遗址保护规划大纲。 （孙岩）

【博物馆管理】 至 2016 年底，左权县共有民营博物馆 3 个，分别是苗世明藏报博物馆、左权县东方旭峰酒器博物馆、左权县文史博物馆。（孙岩）

【文物管理】 2016 年，由山西省人民政府公布了第五批省级文物保护单位 3 处，分别是南会八路军南方总部旧址、山庄新华日报社旧址、晋冀鲁豫边区临时参议会旧址。 （孙岩）

旅　　游

【概述】 2016 年，左权县接待海外入境游客 528 人次，同比增长 7.6%；实现旅游创汇 16.3 万美元，同比增长 8.3%；接待国内游客 277.6 万人次，同比增长 36.4%；实现国内旅游收入 23.39 亿元，同比增长 35.42%，实现旅游总收入 23.4 亿元，同比增长 32.74%。至 2016 年，境内有革命遗址 150 余处，名胜古迹 44 处，自然景观 800 余处，涵盖了自然资源、人文资源 2 个主类。其中一级旅游资源 12 处，二级旅游资源 23 处。 （郭峰）

【旅游开发】 2016 年，左权县旅游局为加快实现“建设特色旅游胜地”战略目标，制定《左权县旅游业发展总体规划》，按照“一心辐射、一环驱动、两区联动、一线撬动”的布局，在全面分析左权旅游资源特色、开发现状及左权旅游业发展的基础上，着力实施旅游重点工程。是年，实施旅游重点项目 4 项，总投资 14.1 亿元。其中，太行龙泉风景区二期开发项目为续建工程，其余 3 项为新建项目。太行龙泉二期项目、武军山风景区建设项目、自驾游营地建设项目推进顺利，紫金山项目正在积极招商。左权百里红色生态走廊项目规划投资 50 亿元，完成项目概念规划。 （王立明）

【旅游宣传促销】 2016 年，左权县旅游局借助国家推出“5·19”中国旅游日，组织旅游企业开展宣传活动。配合市局制作《晋中自助旅游指南》，该指南对左权县特色文化和景点景区进行了重点宣传介绍。在左权各高速路出口和县入境口投放广告标牌进行氛围营造。利用电视、报纸、网络、手机微信等媒介对旅游资源进行宣传，特别是在“五一”小长假和“十一”黄金周期间开展集中宣传活动，左权旅游网及“红色左权”微信公众号平台宣传作用明显。参加了武汉中博会、第三届石家庄旅游交易会、第二十一届中国北方旅游交易会、2016 年首届中国（宁夏）国际旅游博览会、上海中国旅游交易会等，共计发放宣传资料 15000 余份，提高左权县旅游的知名度。 （康俊芳）

【旅游节庆活动】 2016 年左权县举办了十大节庆活动。2 月，举办社火节。4 月 1 日，莲花岩风景区第二届赏春节开幕。5 月 27 日，举办长城醋文化节。6 月 15 日—19 日，在龙泉国家森林公园举办首届“十龙寿诞祈福节”。7 月 9 日，第二届消夏避暑节在日月星生态庄园举行开幕仪式，此次活动由日月星风景区、太行龙泉风景区，莲花岩风景区共同承办，活动为期 50 天。8 月 17 日—19 日，在桐峪举行晋冀鲁豫边区首届文化旅游节。9 月 6 日，举办核桃文化节。9 月 28 日—10 月 8 日，举办第二届红叶节和富硒苹果采摘节。11 月，举办第二届葡萄酒文化节。 （康俊芳）

【旅行社管理】 2016 年，左权县旅游局将旅行社、分社、服务网点的设立、变更、注销、遗失补办、损坏换发等办事流程和所需资料整理成册，所有信息进行电子录入。配合安全生产监督管理股和质量监督所对旅行社、分社、营业网点、景区景点在是否正确悬挂有效证件、相关制度、合同签订、收据签发、宣传资料是否存在超范围等方面进行检查 90 余次。组织旅行社参加市局组织的各类比赛。选手参加晋中市第六届导游员大赛，并获得最佳才艺表演奖；参加晋中第五届旅游星级饭店服务技能大赛，选手获二等奖；获得 2016 年晋式面食面点厨艺大赛优秀奖。参加市局组织的借调人员培训和星级饭店管理人员培训，指导旅行社、星级饭店进行网上系统报送。

2016 年，左权县有旅行社 2 个（新东方旅行社、大众国际旅行社）、旅行社分公司 1 个（山西红马国际旅行社左权分公司），旅行社营业网点 21 个（晨鑫国际旅行社左权营业部、晋商国旅左权营业部、晋之旅左权营业部、康辉国旅左权营业部、晋旅百事通左权营业部、山西东方国旅左权营业部、新东方旅行社营业部 11 个、太平洋国旅左权营业部、春秋国旅左权营业部、皇城相府国际旅行社左权营业部、阳泉市散客旅游集散中心有限公司左权营销部），其中 5 个（新东方旅行社北大街营业部、太平洋国旅左权营业部、春秋国旅左权营业部、皇城相府国际旅行社左权营业部、阳泉市散客旅游集散中心有限公司左权营销部）为 2016 年新设，2 个营业网点（新东方旅行社北大街营业部、鑫富达旅行社左权营业部）在 2016 年已注销。2016 年变更法人、股东、地址等信息共计 5 次。旅游直通车进行备案共计 6 条线路，申报奖励 5 条线路。（侯景然）

【安全监管】 2016 年初，左权县调整旅游行业安全领导组及其工作机构，细化和完善领导干部“一岗双责”、工作职责和股室责任，建立市、县、经营单位三级网络化旅游安全工作格局，严格执行月通报、季发布、年中和年底考核制度，在各项评优评先中严格执行安全“一票否决”制。制定《左权县旅游突发事件应急预案》，各旅游经营单位结合实际制定了旅游突发事件应急预案。实行目标管理，县旅游局与监管的 25 个旅游企业分别签订《旅游安全目标责任书》，按照“属地管理”“谁主管、谁负责”的原则，对全县所有旅游经营单位实行安全监管部门、监管领导、监管人员“三落实”，组织全县旅游经营单位法定代表人签订《安全承诺书》。年内，对全县旅游经营单位逐月排查 97 次，查出安全隐患 11 处。是年，举办全县旅游系统消防安全知识培训会和安全应急演练现场观摩会，各旅游经营单位负责人和安全员均参加会议。（张娟）

【旅游线路】 一日游路线：A 线：左权麻田八路军总部纪念馆—晋冀鲁豫临时参议会旧址—莲花岩风景区；B 线：左权将军纪念馆—太行龙泉风景区；C 线：紫金山—老井民俗旅游村—龙门庄园

二日游路线：A 线：D1 左权将军纪念馆—太行龙泉风景区，D2 麻田八路军总部纪念馆—莲花岩风景区—晋冀鲁豫临时参议会旧址；B 线：D1 太行龙泉风景区—莲花岩风景区，D2 麻田八路军总部纪念馆—十字岭；C 线：D1 左权将军纪念馆—五指圣迹—老井村—日月星生态庄园，D2 紫金山—龙门庄园；D 线：D1 老井民俗旅游村—紫金山—龙门庄园，D2 太行龙泉风景区；E 线：D1 石佛寺—马厩村草莓采摘—鲜森葡萄酒庄园—石匣水库—县城—太行龙泉风景区，D2 莲花岩风景区—晋冀鲁豫临时参议会旧址。（康俊芳）

【主要旅游景区】 2016 年，左权县有 AAAA 级旅游景区 2 处（麻田八路军总部纪念馆、太行龙泉风景区），AAA 级旅游景区 3 处（莲花岩风景区、晋冀鲁豫边区临时参议会旧址纪念馆、日月星风景区），省级休闲度假区 3 处（莲花岩生态庄园、日月星生态庄园、茂丰生态庄园），省级十佳民俗客栈 1 处（日月星生态庄园）。（王立明）

【旅游服务】 2016 年，左权县有旅行社 2 个、旅行社分公司 1 个，旅行社门市部 18 个，三星级酒店 1 个，二星级酒店 1 个，农家乐接待户 15 户。（王立明）

教 育

教育管理

【概述】 2016年，左权县有学校54所（其中高中1所，职高1所，单办初中6所，小学37所，九年一贯制学校8所，综合学校1所），独立设置的幼儿园37所。中小学生和在园幼儿2.6万人，在编在岗教职工2035人。公办幼儿园14所，村办幼儿园23所，幼儿5898人，入园率91.3%。左权县教育科技局出台《左权县教育科技局关于教职工学年度考核工作安排意见》《关于开展中小学校和在职教师有偿补课治理专项督导实施方案》《关于左权县中小学教学常规、教育信息化、图书管理、实验教学等专项督导实施意见》等，加大对各项工作的督导考核力度。加速教师专业发展，实施名师培养工程和青年教师成长工程，出台《教育名师培养工作方案》。在中小学生中开展社会主义核心价值观教育和中华魂主题教育读书活动，加强中小学劳动教育，出台《左权县中小学生劳动教育实施方案》，推动学校劳动教育实现劳动教育与学生的智力因素和非智力因素相结合，劳动教育与推广农业新技术相结合，劳动教育与当地经济发展长远规划和人才需求相结合，劳动教育与部分学生毕业后职业选择和就业前培训相结合的“四个结合”和基地落实、目标落实、资料落实、师资落实、基本教法落实、教学时间落实、成绩考核落实“七个落实”。

（韩文瑞）

【机构设置】 2016年，左权县教育科技局设办公室、人事股、师资股、计财股等10多个职能股室，下属进修校、教研室、青少年活动中心3个事业单位。机关干部职工60人。教育总支下属13个支部，党员270人，其中机关党员46人。是年，县教育科技局有局长1人，副局长1人，政府教育督导室主任1人，纪检组长1人，正科督学1人，副科督学4人，主任科员1人，副主任科员1人。

（韩文瑞）

【改善办学条件】 2016年，左权县新建9所学校校舍，二中操场改造项目竣工并投入使用，“全面改薄”项目圆满收官。投资345.8万元，新建录播教室1个、学生机房2个、一体机多媒体教室40个、校园广播系统1套、校园网1个，改造升级10所学校学生机房，为46所小学安装信息技术学业测试系统。投资137.3万元，为左权中学更

2016年新建成的麻田小学校

新了55套多媒体互动教学系统和45台电脑。2016年底，左权思源实验学校建设项目一期工程主体完工，上口、西五指2所农村幼儿园改造完工，羊角中学、麻田小学、下庄学校教师周转宿舍主体完工。左权中学新建项目列入省PPP项目库，与南京鸿宇市政设施投资管理集团有限公司签订了合作协议书。职业中学建成电工电子及自动化、汽车应用与维修、计算机平面设计实训基地3个，推进机电设备安装与装修、会计2个重点专业建设，提升职业教育基础能力。投资280余万元为8所心理健康教育试点校购置设备，强化对留守儿童的心理辅导。建成特教资源室3个，提升特教质量。 （韩文瑞）

【办学模式改革】 2016年，左权县推行联盟式办学，实施“管理互通、系统互联、研训联动、质量同进、文化共建、项目合作”六大工程，探索城乡教育一体化发展模式。构建以问题设计为主线，以展示交流为特征，以自主、合作、探究为核心元素的高效自主课堂教学模式。全面推行教育质量绿色评价办法，促进学生全面发展。推动研训重心下沉，继续实行县教研员驻校包点，指导课堂教学。落实教学设备靠近老师、靠近学生、靠近课堂“三靠近”，鼓励教师自制教具。义务教育单校划片招生和优质高中招生指标100%下放到校。 （韩文瑞）

【惠师强师】 2016年教师节期间，左权县表彰优秀教师77名、优秀教育工作者11名，制作专题片宣传10名最美教师的先进事迹，引导广大教师争做党和人民满意的有理想信念、有道德情操、有扎实学识、有仁爱之心的“四有”好老师。发放农村教师、农村教师生活、乡镇工作三类补贴，人月均达到650元。落实中央专项彩票公益金励耕计划资助项目，资助23名家庭经济特别困难教师。84套教师周转宿舍投入使用，为教师更新了床、桌、椅、柜等生活设备。为739名（含离退休）从教30年乡村教师申请国家荣誉，免费为在职教师体检一次。引导免费师范生返乡就业，招聘省级免费师范生3名。交流28名教师，交流比例达11.8%。继续实施全县“选拔培养20名高造诣的名校长，30名高水平的省、市学科带头人，400名有培养前途能起骨干带头作用的县级学科带头人、教学能手和农村骨干教师”的“234”名优教师培养工程和“新教师3年过关合格、6年成长成熟、9年创新发展”的“369”青年教师成长工程。全年培训教师2412人次，新增省级学科带头人1名、省级骨干教师9名、市级教学能手21名、县级学科带头人42名。 （韩文瑞）

【教育扶贫】 2016年，左权县教科局对符合条件的6540名建档立卡贫困家庭在校学生全部纳入资助范围，做到不落一户，不落一生。义务教育阶段免除在校生学杂费，免除教科书、学生作业本、教辅教材和地方教材书款867.4万元。高中教育阶段免除2200名普高在校生和1683名中职在校生学费517.5万元。春季，资助贫困学生2861人189.22万元。秋季，进一步扩大资助比例，资助贫困在校生3907人260.64万元，幼儿、小学、初中、普高、中职受助覆盖面分别达到22%、34.8%、43.3%、22%和43.4%，全部超过国家规定比例。2016年暑假，发放1094万元生源地信用助学贷款，资助1778名大学生。投入302万元实施“营养改善计划”，为4100余名义务教育阶段寄宿生提供免费营养餐（每天早上1枚熟鸡蛋，中午价值1元的肉和1元的水果，晚上1杯多味豆浆，每周2盒学生饮用奶）。

驻村扶贫工作队协助大南庄村制定了《“十三五”脱贫规划》，机关干部入户对接，为贫困户建档立卡，分析致贫原因，制定个性化帮扶方案。扎实推进“1116”行动，即扶持一项产业：帮助大南庄村民建起3.53公顷74栋蔬菜大棚；建好一所学校：投资10万元，为大南庄小学新建门房、遮雨棚、围墙，硬化、绿化校门口；改善一项基础设施：投资34万元实施下庄片村校光缆工程。落实6项惠民措施：走访慰问30户特困户，为每户送去一袋白面；资助贫困学生24人次，金额达1.34万元；发动机关职工捐款，为356名村民投保意外伤害险；“六一”儿童节，捐助180余名学生每人价值30元的学习用具；组织2次以大棚种植、核桃树管理为主要内容的农技培训，参训人数达480余人次；组织“送教下乡”活动，对大南庄小学教师进行教学指导。 （韩文瑞）

【“两学一做”学习教育活动】 2016年，左权县教育科技局围绕“学党章党规、学系列讲话，做合格党员”主题，从严落实“四讲四有”和“八个一”要求，深入开展“两学一做”学习教育，创新“八学”模式，健全26项党内制度，开展“四诺三比一争优”和纪念中国共产党成立95周年系列活动，党员的“四个意识”显著增强。建立述职述责述廉、约谈、党风廉政台账、专项督查、责任追究等工作机制，强化监督责任。全程参与工程招投标、招生编班、高中考等重大事项，审查9名干部婚丧嫁娶事宜，约谈校级领导干部30余人次。加大执纪问责力度，受理群众信访件8件，立案4件，党纪政纪处分5人，约谈2人，诫勉谈话4人，没收非法所得0.25万元，开展“两学一做”学习教育活动，促进了党员干部思想再教育、党性再锤炼、能力再提升，改善了党员干部存在的理想信念模糊动摇等五大问题。（韩文瑞）

【语言文字工作】 2016年，左权县教科局创新开展“国学经典伴我行”活动，将国学渗透到教师培养、校园文化、习惯养成等方面，获得市语委办高度评价：“试点校活动开展得有声有色，其他校特色纷呈”。2016年1月28日，南街小学被评为山西省规范汉字书写教育特色校；11月，宏远学校被认定为晋中市国学经典教育基地校；在中国汉字听写大会晋中市选拔赛中，左权县获初中组集体二等奖。（韩文瑞）

【创建平安和谐校园】 左权县教科局按照“党政同责、一岗双责、失职追责”的要求，健全完善学校安全监管责任体系，实行分级分类网格化监管。开通“亿佳信”教育安全信息平台，面向社会宣传学校安全工作。邀请安全专家开展法制教育、安全知识普及和应急能力培训31次，定期组织学生进行应急避险能力训练和测试。开展校园欺凌专项治理，促进学生身心健康。组织专项检查3次，排查整改隐患75个。投入4.9万元，整修学校电路。对学校保安实行社会购买服务合同化管理，创建左权二中、宏远幼儿园、星辽幼儿园、西关学校4所“平安校园”，不断推动中小学安全工作向纵深发展。（韩文瑞）

学前教育

【概述】 2016年，左权县发证的各级各类幼儿园共计68所，其中单办幼儿园37所（含一幼、宏远、麻田新苗3所民办幼儿园），小学附设学前班31个。3周岁～6周岁幼儿5898名，学前三年毛入园率93.6%。幼儿教师358名，其中在编168名，占比46，9%；教师学历合格率达85%以上。各级各类幼儿园办园条件、师资水平、安全保障基本达到幼儿园办园标准，园舍面积、配套设施基本满足幼儿活动需求。（白守元）

【“美慧树全媒体数字平台”安装和培训】 2016年，左权县教科局全面贯彻落实《3～6岁儿童与学习发展指南》精神，四所幼儿园（县直第二幼儿园、星辽幼儿园、拐儿幼儿园、石匣幼儿园）安装了“美慧树全媒体数字平台”。10月21日，组织部分实验教师到和顺县进行了培训活动，对使用平台过程中的困惑与问题进行了研讨。（白守元）

【扶贫下乡】 2016年，左权县创建了幼儿城乡教育四大盟区，形成集团化发展优势。城内幼儿园发挥盟主作用，制定帮扶计划，多次到帮扶园进行各类指导，促进农村幼儿园的发展。10月25日，市教育局抽调学科带头人和骨干教师在东沟幼儿园开展“扶贫下乡”工作，对分管教学的园长和教研组长、骨干教师共80余人进行了两天的培训。11

2016年11月1日，县教科局幼教股抽调优秀幼儿教师在帮扶村开展“送教下乡”活动

月 1 日，左权县教育科技局幼教股抽调粟城幼儿园魏晓东、拐儿幼儿园郝晓倩两名新秀教师到帮扶村大南庄幼儿园进行了“送教下乡”活动，活动内容包括：集体教学活动、课间操、游戏活动等。

（何章庆）

【学前教育宣传月活动】 每年的 5 月 20 日—6 月 20 日是左权县学前教育宣传活动月。县幼教股抓住时机，制定切实可行的计划，各幼儿园利用“六一”这一重要时间节点，做标语、印发传单等向家长宣传“幼小协同，科学衔接”的重要性，把遵循幼儿身心发展规律的要求，具体落实到家庭教育和幼儿教育之中。（白守元）

【学前教育管理信息系统的录入工作】 2016 年 4 月 1 日，各城区幼儿园和乡镇中心园的园长、信息管理员、共计 40 人进行了培训，并于一个月内完成全县幼儿的信息系统录入工作。（白守元）

基础教育

【概述】 2016 年，左权县有单办初中 6 所，小学 37 所，九年一贯制学校 8 所，综合学校 1 所。中小学生 2.01 万人，在编在岗教职工 1677 人。左权县教育科技局坚持新的发展理念，围绕提高教育教学质量，办人民满意教育的目标，推行有效备课、有效课堂、有效作业、有效训练、有效评价，纵深推进基础教育课程改革。开展连片教研、网络教研和校本教研，探索“轻负担，高质量”的教学模式。开展德育教育和体育艺术教育。实施“深化教育管理体制、基础教育课程、人事制度和招生制度四项改革；完善全员育人、教育经费保障、弱势群体关爱机制三个机制；推进学前教育优质普惠、义务教育优质均衡、普通高中内涵提升、职成教育服务增效、教师素质全面提高、教育质量全面提升、教育信息化整体推进以及学校安全能力建设八项工程”的“438”工程，改革创新，提升教育品质。中考全市综合排名第六，左权二中入选“全国学校体育工作示范校”，南街小学入选“全国青少年校园足球特色学校”，拐儿中学等 11 所学校入选“晋中市青少年校园足球特色学校”。开展中小学生艺术素质测评，组织中小学生合唱比赛，并在全市合唱比赛中获二等奖。（何章庆）

【社会主义核心价值观教育】 2016 年，左权县教科局举办“中华魂”（践行核心价值观，凝聚社会正能量）主题教育读书活动和“在家中，我是爸爸妈妈的小帮手；在学校里，我是一个听老师教导的学生；在与同学交往中，我是一个诚实守信的小伙伴；在公共场所里，我是一个遵纪守法的小公民；在生活中，我是一个护公物、讲究卫生、保护环境、遵守纪律、勤俭节约的小卫士，在独处时，我还是一个勇于创新的小主人。”的“五好小公民”系列活动。上交省教育厅关心下一代工作委员会读书办优秀征文 1200 余篇，荣获山西省“中华魂”主题教育活动 20 周年优秀组织奖。开展读红书、唱红歌、看红片德育实践活动，重大节日、纪念日到爱国主义教育基地参观学习。（何章庆）

【课堂教学改革】 2016 年，左权县建成“互联网＋课堂教学”项目试点校 41 所、“互联网＋学生学习”项目试点校 1 所、“互联网＋教育评价”项目试验校 3 所、“互联网＋同步课堂”项目试点校 44 所。推动信息技术和数字资源在课堂教学中常态化应用和深度融合。在“一师一优课，一课一名师”活动中，晒课 1505 节，评出县级优质课 203 节、市级优质课 193 节、省级优质课 5 节，入围国家优质课评选 14 节。开通“左权微课”微信平台，录制微课 500 余节、音美教学视频 540 节，师生关注用户达 5000 余名。畅言交互式多媒体系统的课时使用率达个人总课时的 40%以上。（何章庆）

【教育教学质量】 2016 年，左权县坚持德育为先，在中小学生中广泛开展养成教育、健康教育、社会主义核心价值观教育、理想教育、爱国主义教育，形成社会、学校、家长横向沟通，共同关注青少年健康成长的教育体系。在中小学中推广普及太极扇、柔力球、啦啦操等体育项目。推进校园足球运动，是年，首次将足球列入中小学生运动会比赛项目，并承办了首届晋中市青少年校园足球联赛左权片区比赛。开展阳光校园主题活动和校园体艺 2＋1 活动，让中小学校园焕发勃勃生机，成为学生健康成长的乐园。高考达二本线以上大文大理类447人，被国家重点大学录取95人，其中清华大学1人、北京大学2人。中考全市综合排名第六，600分以上学生213人，占比13.97%，较上年提高3.3个百分点；寒王学校，在全市148所农村学校中位列第七。（何章庆）

职业　成人教育

职业中学校

【概述】　左权县职业技术中学创办于1984年，是一所全日制、多学科、多层次的公办省级重点中等职业技术学校，左权县职教中心依托基地。又是中华职业教育社社员单位，中国职业技术教育协会管理工作委员会理事单位。学校占地面积6.67公顷，建筑面积3万余平方米，1200余名师生员工。开设机电、社会文化艺术、计算机应用、会计、电子商务等12个专业，有功能齐备的专业实训基地。2016年，学校荣获“职业教育先进集体”“德育工作先进单位”等荣誉称号。（张晓霞）

【全日制和非全日制学历教育】　2016年，县职业中学继续做好订单班和三加二大专班的培养，巩固发展金隅班、天津班、核桃班，第一批与北京汽车集团联合举办汽车应用专业的学生已赴北京校本部进行实践专业课学习。继续与山西青年职业学院联办工艺美术大专班，新增与山西机电职业学院联办机电大专班，做大做强现有的中专班、职高班，保持学校的专业吸引力。是年，参加对口高考本科达线32人，达线率为50%，圆了学生大学梦、成材梦。（张晓霞）

【师资队伍建设】　2016年，左权县职业中学制定《左权职中教师提高培训实施方案》，实施人才强校战略，加强师资建设，坚持“稳定、培养、引进”并举的原则，以全面提高教师队伍整体素质为核心，以培养中青年教师学科带头人和骨干教师为重点，以科研为先导，强化师资队伍建设，特别是双师型队伍建设工作，组织一线教师及管理人员多次赴北京、太原、榆次及县内院校企业等参加学习，邀请各级各专业名师和外出学习返校的教师进行辅导报告。校内，开展形式多样的教育教学研究活动，扎实开展读、写、作（教学课件）、说、教、评的教师六项教学技能基本功比武训练和达标活动，专门从外地聘请教育管理、农艺、汽修、机电、电商、保安、农机操作、会计等专家教授到校授课，帮助本校教师提高技能水平。鼓励师生参加各级各类技能大赛和文明风采大赛。举办教科研论文评选，有30多篇论文在省市级报刊会议发表交流。营造教师文化，开展师德教育讲座和干部、党员教育实践活动，教师人手一册《教师行为规范》，举行“班主任工作论坛”等活动。（张晓霞）

【德育法制安全教育】　2016年，左权县职业中学继续开足开全德育课程，开辟校企文化园，德育文化长廊，安全园、法制园、国学园专栏；开展升国旗、国庆歌咏赛、元旦晚会、清明扫墓、艺术节、校园广播、体操比赛、军训等活动；举办国防教育和法制讲座、优秀毕业生报告会、运动会、安全演练，营造校园活泼向上的气氛，丰富师生精神文化生活。发挥团委和学生会的组织作用，增强学生自我管理能力。利用家长会和学生社会实践活动，加强与家庭社会的协调配合，促进青年学生健康成长。继续强化校园安全，优化校园环境，采取多种形式引深法制教育、安全教育、综合治理教育、卫生健康教育、心理健康教育，落实安全责任层级网络式管理。全校形成校长带班、管理人员值班，处室组、宿管、保安各负其责的“三位一体”的安全网络系统。（张晓霞）

【组织参与文明风采和技能大赛】　2016年，左权县职业中学在省级技能大赛中获课件制作三等奖、计算机图文混排二等奖、机电一体化三等奖。在市级技能大赛中舞蹈三等奖2名、图文混排三等奖2名、影视后期制作三等奖2名、教师组多媒体制作三等奖3名。省级文明风采大赛职业生涯规划类、摄影类、征文类、艺术类成绩喜人。被市教育局确定为2017年市技能大赛承办单位。（张晓霞）

【培训就业】　2016年，左权县职业中学与有关部门联合举办农村干部“领头雁和骨干党员”“企事业单位会计人员”“新型职业农民”“电子商务实操”“保安人员继续教育”“农机手操作人员”“冬季行动返乡农民工技能提升”等各类培训，年培训达3500人次。同时，注重职业指导，跟踪学生就业。充分利用校企合作平台，拓宽学生就业渠道，安排核桃班、机电班专场招聘，召开就业推介会，提升学生就业层次，确保了凡愿通过学校安置的学生100%安置。（张晓霞）

【办学条件改善】 2016年，左权县职业中学利用新建实训大楼，将建成的机电一体化实训室、会计实训室、网络实训室、电工电子、电子焊接、财会电算化实训室、汽车应用与维修专业实训基地和计算机专业实训基地进行实习实训，各专业实习需求基本得到满足。同时，投资370万元完成了校园网络改造，进行了计算机应用升级换代和机电设备与安装重点专业建设。（张晓霞）

进修学校

【概述】 2016年，左权县教师进修学校设办公室、教导处、总务处、电大工作站和远程教育中心。有教职工11人，本科及以上学历教师6人，高级职称教师3人。有教室4个，图书室1个，计算机室1个，教师办公室8个，会议室1个。计算机40台，藏书2万册。成为集教研教改、资料信息、电化教学、教工服务四位一体的培训中心。利用现代化教育、清华扶贫网络平台，在教育教学、课题研究、教师培训、校本培训、干部培训、教育扶贫等各方面工作都取得一定成绩。学校通过省级验收，获得“优秀进修校”称号，左权教学站连续五年被清华教育学院评为“优秀教学站”，被左权县人民政府评为“先进集体”，被左权县教育科技局评为“先进股室”。（宋建琴）

【新教师跟踪培训】 2016年，左权县进修校实行分组包校包人，分学期指导培训及全面考核等办法。对全县2011年上岗未合格的和2012年—2016年上岗的新教师共计128人进行全方位的跟踪培养培训。第一学期全校下校人均47次，深入课堂教学实行面对面指导，从教案及教学反思书写、听课笔记记录、学习笔记计划落实到课堂教学细小环节一对一、手把手指导。第二学期全校下校人均23次侧重集中培训、片区课堂教学展示，以校及中心校为单位对新教集中全面考核，成绩优秀者给予“教坛新秀”荣誉称号（属县局）。同时，鼓励新教师写经验交流材料、心得体会，以促进新教师内化教学，提升素养。（宋建琴）

【骨干教师培养培训】 2016年，左权县进修学校实施《骨干教师培养培训计划》，上学期全校下校人均19次完成了全县846名骨干教师的申报和审核，最后以个人申报、学校推荐、进修校深入教学一线对申报教师从日常教学到个人工作实绩等全面考察推选出262名骨干教师培养对象。第二阶段即骨干教师阶段性培养考核阶段，本阶段全校下校人均31次对262名骨干教师培养对象进行了集中培训，以分组包校形式下校和骨干教师开展座谈活动，组织新教师与骨干教师的结对联盟，开展课堂教学展示活动，通过互听互评双促进（骨干教师和新教师），促进骨干教师成长。（宋建琴）

【继续教育工作】 2016年，左权县进修学校完成初中511人、小学713人、高中358人、幼儿178人的继续教育申报、查阅继续教育笔记并录入成绩、继续教育证件审核工作。完成中级550人、初级220人的教育技术培训工作。（宋建琴）

【教师补给式培训】 2016年，左权县进修学校利用远程培训资源，培训党政干部8期（每期42人）。完成80人赴清华面授的任务。培训中小学教师5期，受训教师250人，培训内容主要有心理专题培训、班主任工作交流、学科培训、高考指导等。完成8期9人赴清华面授工作。（宋建琴）

【开放教育】 2016年，左权县进修学校组织大型开放教育考试2次，参考人数726人，考试科次2975科次。组织集中面授培训学习7次，参加学习人数达195人。组织论文评审2次，共评审论文120份。组织开放教育本科学员大学英语和计算机应用基础的国家统考2次。组织开放教育优秀学员评选活动1次。组织开放教育招生2次，共招收新生36人。组织开放教育毕业生毕业典礼1次，毕业学生85人，其中本科6人，专科79人。完成开放教育统计报表1次。开展网上教学辅导活动25次，完成235人次作业评阅。完成课程注册与报考

2426科次。组织会计专业操作实训与考核2次，组织开放教育国开（国家开放教育大学）学习网导学员培训1次。（宋建琴）

农业广播电视学校

【概述】 2016年，左权县农业广播电视学校（简称农广校）围绕农业产业、县域经济特色产业培养专业农民，依托一村一品进村办班搞培训，培训农村青年普及中等职业教育学员（中专班）50人，培训农民实用人才900多人，认定新型职业农民100人。（宋霞霞）

【多渠道开展农民教育培训】 2016年，县农广校通过多渠道，购进《现代农业创业指导》《水果蔬菜保鲜技术》《测土配方技术》《植物病虫害防治》《农药安全使用》《无公害农产品杀菌技术》《常见猪病防治》，自行车、摩托车修理技术等70余种350套光盘，分别发送到10个乡镇和清岚、河南、蛤蟆滩、石匣、上会、西寨、高庄、芹泉、大南庄、石港、马厩、上庄、下庄、沐池等61个村庄，进村组织播放50多场，参加学习人员3000余人。被省科技厅确定为“山西省星火计划农民科技培训学校”。（宋霞霞）

【新型职业农民培训】 2016年，县农广校按照“培训教育进村、媒体资源进村、人才培养进村”的“三进村”模式组建教学班，各教学班固定指导教师，固定培训场所，按照注重远程教学手段应用、注重符合地方特点的教学方式、注重教学质量提高的要求，利用广播、电视、面授辅导、组织实践等多种方便灵活的形式，将教学班延伸到农村，就地培养村级带头人、种养殖能手、能工巧匠、经营能人和乡村科技人员，加强对农村青年农业职业技能及各种从业技能的培训。2016年，培训农村青年普及中等职业教育学员50名，开设了现代农业创业指导、农产品质量安全概论、农民专业合作社建设与管理、乡村社会事业管理、乡村基层组织管理、作物生产技术、蔬菜生产技术、生态农业与庭院经营等课程。进行辅导80课时，组织测验考试1次。在教学中严格做到课程教案齐全、作业按时上交、学员辅导签到、制定考务制度、严肃考风考纪、试卷认真批阅、成绩登分归档。（宋霞霞）

【新型职业农民培训认定管理】 2016年，左权县出台《左权县人民政府办公室关于印发左权县新型职业农民认定管理办法（试行）的通知》，农广校对3000多名参加过新型职业农民培训的学员进行筛选，最后重点对150多个生产经营型、专业技能型、社会服务型大户进行实地考核、考查，确认100户农民作为新型职业农民认定对象，并对每户收入、经营规模、雇工人员等进行详细的资料统计，经农业方面专家确认，认定100名新型职业农民。（宋霞霞）

科学技术

科　　技

【机构概况】 2016年12月29日，左权县科技办正式撤并到左权县教育科技局。之前，左权县科技办为行政单位，内设事业机构左权县科技信息中心，有行政编制4个，事业编制3个，正科1名，副科2名，行政工人1名，事业人员2名，公益性岗位1名。（巨丽芳）

【科技创新政策措施】 2016年，左权县科技办以科技创新为核心，年初制定出台《左权县科技办科技工作“十三五”规划》《关于有效发明专利费用资助办法的通知》等相关政策和措施。（巨丽芳）

【科技研发投入】 2016年，左权县财政一般公共预算支出8.93亿元，其中全县科技研发支出429万元，占全县一般公共预算支出0.5%。其中，实施科技特别流转金60万元，帮扶4个项目：左权县和平果业农民专业合作社实施的“‘红不落’富硒苹果树新品种示范推广”左权县惠中生态养殖专业合作社实施的“生猪标准化规模养殖”、左权县丰盛谷农业科技有限公司实施的“玉米高筋粉深加工”、左权县格瑞地宝肥业有限公司实施的“年产1万吨植物有机肥建设项目”。（巨丽芳）

【招商引资】 2016年，左权县申报省农村技术集团承包项目“蛋鸡发酵醋糟饵料利用技术”1个，引资9万元。实施完成“谷子全程机械化生产关键装备研制与示范”“高寒山区早黑宝葡萄种植示范”等项目。2015年市级科技项目2个，引资35万元；2016年，新申报市级科技项目2个，共计25万元，分别为：左权县祥泰和种植专业合作社实施的“高寒山区早黑宝葡萄种植示范”项目引资20万元，左权县农业技术推广中心实施的“农作物新品种引进试验示范”项目引资5万元。（巨丽芳）

【专利工作】 2016年，左权县新申报国家专利35件，其中发明专利3件，实用新型26件，外观设计6件；授理资助16件，奖励14件，有效发明专利拥有量20件，万人拥有专利1.25件，完成晋中市2016年度综合考核指标。其中宏远科技6件、馨源丰商贸3件、桐峪嘉百岁农民专业合作社7件、蓝天中药科技1件、聚才农产品科技1件、安艾江个人1件、李世明个人1件。（巨丽芳）

【科技人才队伍建设】 2016年，左权县与山西农大、省农科院、市林业局、市农业局25名农业专家教授，签订技术帮扶协议，深入企业和乡镇一对一进行技术指导服务。县级科技乡土人才组织培训4次370人，培训内容蔬菜、杂粮、农机操作等；省科技厅“三区”人才开展养殖、核桃管理、杂粮种植、设施蔬菜等各类农业技术培训7次，实地进行技术指导35次，共计650余人。（巨丽芳）

科　　普

【科普惠农】 2016年1月20日，县科协组织全县蔬菜农民专业合作社、种植大户60余人，在科普惠农中心服务站培训室与县科技办共同举办“冬季行动”蔬菜技术培训。3月23日，左权县桐峪镇第17届农民科技节开展期间，开展了科普宣传、科技咨询、农业增收等科技服务活动，发放《让科学点亮生活》《点食成金》《“五法”治旱保春播技术》等科普知识宣传资料3000余份（册），科普惠农挂图100余份，惠及人数达1600余人次。左权县第二届核桃文化节举办期间，县科协邀请科技人员为核桃大户、贫困户和周边村民解答核桃种植相关难题，发放科普宣传资料500余份，展出有关核桃种植版面20块。

（宋东键）

【科普益民】 2016年2月3日，左权县2016年文化、卫生、科技三下乡活动启动之际，开展“移风易俗、科学生活”科普宣传活动，发放科普书籍100余本，挂图50余幅，展出破除迷信、农业知识、健康生活等版面12块，现场为村民讲解科普知识，并邀请左权县书法家协会会员们现场为群众书写科普春联。4月1日，参加“春到太行、花开左权”为主题第二届“赏春节”活动。结合生态庄园实际，制作20块科普宣传版面在莲花岩生态庄园展出一个月。5月12日，协同民政、地震、消防等部门在左权将军广场开展以“减少灾害风险，建设安全城市”为主题的防灾减灾宣传活动。发放《科学减灾依法应对》《让科学点亮生活》《居民防震减灾知识手册》《地震灾害避险自救》科普宣传书刊等资料2000余份，展出防灾减灾科普宣传版面20块，接受科普知识咨询4000余人，受益群众1万余人。5月24日，左权县城区第十三届人口文化节举行期间，开展科普宣传教育活动，展出防震减灾安全、食品安全知识、科学养生、优生优育、人口计生政策等科普书刊及科普版面，发放科普刊物5000余份。8个社区文艺队，自编自排科普节目进行现场表演。7月28日唐山大地震40周年纪念日之际，协同地震、安监、消防等单位，在左权将军广场举行了纪念唐山大地震40周年宣传教育活动，为广大群众发放科普资料1000余份。

（宋东键）

【科普助教】 2016年10月25日，在晋中市科技示范学校—左权宏远学校举办以“节能低碳，科技创新”为主题的第九届校园科技节，开展百米书画绘画展示、航模科学专题、环保创意小制作等一系列的科技活动。参加了晋中市教育局开设的晋中市青少年科技教育活动组织工作者与骨干教师培训班，并参与晋中市第17届中国青少年机器人竞赛、科学DV、动漫和晋中市第32届青少年科技创新大赛。县宏远学校4名学生和北街示范小学2名学生获得青少年科技创新大赛三等奖，宏远学校获得优秀组织奖，同时被评为第二批市级科普示范学校，并获奖1万元科普活动经费。

（宋东键）

【农村科普示范基地和科普教育基地建设】 2016年，“左权县麻田镇万亩莲菜科普示范基地”和“左权县鲜森葡萄开发专业合作社葡萄种植示范基地”被省科协命名为第七批省级科普示范基地；“左权县文史博物馆”被省科协命名为第六批省级科普教育基地。

（宋东键）

【组织参加第五届中国科普摄影大赛活动】 2016年，县科协组织全县摄影爱好者进行创作、组稿。从5月开始，经过数次选评，共推荐60余幅优秀作品，参加中国科普摄影大赛。

（宋东键）

气　象

【气候评价】 2016年，左权县平均气温7.8℃，与历年同期8.0℃相比，偏低0.2℃；年降水量693.7毫米，与历年同期494.3毫米相比，偏多199.4毫米；全年日照时数为2451.0小时，与历年同期2445.6小时相比，偏多5.4小时。全年日极端最高气温32.3℃，日极端最低气温－24.1℃；全年共出现大风日数9天；全年出现大雾天气日数31天；终霜冻出现在5月13日，初霜冻出现在10月8日，无霜期147天。

（巨飞宇）

【主要气象灾害及其影响】 2016年7月19日—20日，左权县普降大到暴雨，最大降水量出现在芹泉（129.7毫米）。强降雨受灾面积涉及9

个乡镇80余村，5万余人。特别是羊角乡、拐儿镇、芹泉镇、麻田镇4个乡镇道路桥梁、通信电力设施、农田水利设施遭到严重破坏。截至7月20日17时，全县房屋倒塌300余间61户，形成危房1200余间240户，冲毁国省级公路10余公里，冲毁县级路段98余千米（包括村村通公路及大小桥梁）。护村坝79千米，冲毁渠7600米，农田受灾面积1461.33公顷（农作物），水毁耕地666.67公顷，经济林被淹593.33公顷，冲毁莲菜池133.33公顷，冲毁小弓棚83栋，鱼塘3处，破坏光缆、纤缆706千米，大小车辆20辆，冲毁故驿村庄园一处。全县各类经济损失达4.15亿余元。（巨飞宇）

【气象服务】 2016年，左权县气象局充分利用短信、电子显示屏、气象大喇叭、电视、微信等，及时发布预报、预警信息，为左权县科学防灾减灾等工作提供重要的决策依据。全年发布道路结冰黄色预警6次，寒潮蓝色预警3次，大风蓝色预警4次，大雾黄色预警5次，雷电黄色预警15次，暴雨蓝色预警4次，城市内涝预警2次，山洪灾害预警3次，地质灾害三级预警4次。利用“3·23”世界气象日、“5·12”防灾减灾日、“12·4”法制宣传日等重大节日，在县将军广场开展各项宣传活动，发放气象科普宣传材料3000余份。建成粟城中学校园气象站1个，方便学生更加直观地了解气象知识，培养他们探索气象科学的兴趣，提高气象防灾减灾意识和自救互救能力。（巨飞宇）

【人工影响天气】 2016年，左权县气象局共组织开展人工影响天气防雹作业7次，发射“37”炮弹158发，作业效果明显。左权鲜森葡萄庄园标准化高炮作业点主体结构已建设完成。

（巨飞宇）

【防雷专项整治】 2016年，左权县气象局进一步强化以防雷安全为重点的社会职能监管，在全县范围内开展“防雷安全专项整治”，重点抽查煤矿、通信、石油、化工、金融等重点行业领域，对全县40个重点单位进行了防雷安全检查，及时发现、排除隐患，确保安全生产。（巨飞宇）

地　震

【队伍建设】 2016年，左权县调整充实了地震综合救援队，同时组建的乡镇、城区、企业13支计480余人的民兵应急大队，乡镇、城区11支1740余名的应急抢险志愿者队伍和成员单位500余人的志愿者队伍，进行技术指导和业务培训，并做到领导机构健全，人员齐全，职责明确，装备到位。（尤宪章）

2016年5月12日，地震局组织开展防震减灾宣传活动

【抗震设防工作】 2016年，左权县依法将建设工程抗震设防要求管理纳入基本建设程序，完成建设工程抗震设防审核、审批、把关项目12个。即：盘城岭煤矿瓦斯发电项目、桃花红杏花白民歌传承基地、马厩村道路建设工程、左权县后寨幼儿园改造、左权县上庄幼儿园改造、左权县芹泉至杨家庄完善提质工程、左权县麻田中心学校教师周转宿舍、左权县下庄学校教师周转宿舍、左权县龙泉学校教师周转宿舍、左权县石匣乡卫生院周转宿舍、左权县粟城乡卫生院周转宿舍、左权县公安局新建拘留所。督促建设单位把好规划设计关，严格按照国家规定的抗震设防标准和要求，科学规划、合理设计，确保达到国家规定的抗震设防标准。（尤宪章）

【完善避难场所建设】 2016年，左权县设立地震应急指挥中心，进一步完善滨河公园、祝融公园、宏远学校操场、地震应急避难场所的设施，可供县城居住人员紧急避险。并对避难场所的所有标识进行更换，使之更醒目、更容易让群众看到、明白。（尤宪章）

卫生　体育

医疗卫生

【概述】　2016 年，左权县不断深化医药卫生体制改革，推进基本公共卫生服务，落实基本药物制度，全面实施两孩政策，提高新型农村合作医疗保障水平，完善基层医疗卫生体系建设。在市卫生计生年度目标责任考核中，县卫生计生工作荣获“2016 年度目标责任考核优秀县”、医改工作荣获“2016 年度深化医药卫生体制改革工作良好县”；宣传工作荣获“2016 年度全市新闻宣传先进集体”。

（王彦宏）

【公立医院改革】　2016 年，左权县调整充实深化医药卫生体制改革领导组，制定完善《2015—2017 年度左权县县级公立医院综合改革目标任务》；全面取消药品加成，实行药品零差价销售；巩固和扩大临床路径管理，11 个专业 40 个病种实现规范化路径操作，实现优质护理病区全覆盖；强化对公立医院医疗质量和服务行为监管，科学控制医疗费用不合理增长。（王彦宏）

【基本药物制度和药品采购机制】　2016 年，县级医院使用国家规定 718 种基本药物中的 597 种，基本药物销售额占总销售额的 50%。乡村两级医疗机构全部使用和销售国家基本药物，实行统一网采、统一配送、统一零差价销售，全年共销售 690 万元药品，季度回款率达 100%。加强对基本药物配送企业的履约监管力度。在市级确定的 10 个配送企业中，选择 6 个作为左权县基本药物配送企业，并全部签订配送责任书，配送率达 90% 以上。做好药品和医用耗材网上阳光采购，建立完善相关制度措施，严格按照招投标程序，做到公平、公正、公开、透明。（王彦宏）

【创新医疗联合体运营模式】　2016 年，县卫计局贯彻优质医疗资源下沉指导意见，推进全县四级（省、市、县、乡）医联体建设。县人民医院同中国人民解放军白求恩国际和平医院、晋中市第二人民医院、山西省肿瘤医院、中国人民解放军第二六四医院签订医疗联合体协议书，与山西省中医附属医院、山西省人民医院、太钢总医院建立对口帮扶关系。县域内，县人民医院与麻田镇卫生院、芹泉镇卫生院签订医疗联合体服务协议。（王彦宏）

【实施分级诊疗】　2016 年，制定《左权县新农合分级诊疗实施细则》，以新农合报销为杠杆，严格转诊管理，引导合理就医，扩大分级诊疗病种，促进基层首诊、急慢分治，合理诊疗的分级诊疗工作。（王彦宏）

【县医院综合服务】　2016 年，左权县医院继续与晋中市第二人民医院开展“团队帮扶、优化管理”活动，确定眼科、内科、妇产科、骨科、医务科为帮扶科室，派驻医务人员 6 人，人均驻科 3 个月。通过专题讲课、重点科室帮扶、技能操作培训等多种形式提升县医院综合服务能力。（王彦宏）

【新农合保障】　2016 年，左权县参合人数为

12.26万人，参合率为99.63％，人均筹资标准由每人470元提高到每人540元，异地及时结报20家，在全省名列前茅；慢性病病种扩大到35种，重大疾病病种扩大到24种，部分缓解了参合农民群众因病返贫现象；加大定点医疗机构监管力度，开展门诊统筹总额预付、住院总额预付和乡镇卫生院住院按床日付费的支付方式改革。（王彦宏）

【县乡医疗卫生服务】 2016年，左权县加强医疗人才培养，完成全科医生培训1人，定向村医培养20人，定向本科生安排3人。完善基础设施建设，完成龙泉乡、石匣乡卫生院周转宿舍建设。完成龙泉乡卫生院新建业务用房1100平方米的前期工程预算、图纸审核、招标工作；完成10个村800平方米村卫生室建设。组织开展500余人参加的高血压、健康素养、农村常见病规范化诊疗培训。2016年，累计完成居民健康档案建立15.32万份，规范化电子建档13.33万份，电子建档率87％。（王彦宏）

【基层卫生岗位练兵和技能竞赛】 2016年5月12日，由左权县劳动竞赛委员会、县总工会、县卫生和计划生育局主办，县人民医院承办的“全县基层卫生岗位练兵和技能竞赛活动”共有15个代表队和44名选手参赛，经过初赛、复赛、决赛，左权县人民医院、左权县博爱医院、左权县康复医院获得全县医疗卫生岗位练兵技能竞赛活动全科医疗城市组团体一、二、三等奖；左权县辽阳镇卫生院、左权县麻田镇卫生院、左权县石匣乡卫生院获得全县医疗卫生岗位练兵技能竞赛活动全科医疗农村组团体一、二、三等奖。授予皇甫莉、巨旭琴、李凯丽3人“2016年全县医疗卫生岗位练兵技能标兵”荣誉称号；授予张羽媛、李浩琪、卫二芳、李勇、王婷、董巧丽6人“2016年全县医疗卫生岗位练兵技术能手”荣誉称号。（王彦宏）

【健康扶贫工作】 2016年，左权县卫计局按照左权县脱贫攻坚任务要求，认真做好健康扶贫建档立卡工作。在入户调查摸底过程中，坚持“见人、见证、见材料”，做到村不漏户，户不漏人，人不漏项，数据全面准确。完成全县2313户4871人贫困人口的调查核实、建档立卡，完成“因病致贫、因病返贫”的1622户1912人数据录入与上传工作。在健康扶贫“五个一”活动中，对全县1622户1912人开展“送一份健康手册、开展一次疾病筛查、开具一份健康处方、签订一份服务协议、留一个亲情号码”活动。活动中深入10个乡镇、走访1622户贫困家庭，发放健康宣传资料1704套；健康体检、筛查“因病致贫、因病返贫”人员1702名，筛查出高血压418人、糖尿病71人、重型精神病52人、心脑疾病337人、恶性肿瘤86人、其他疾病503人；开具有针对性的健康处方1635份；签订健康服务协议1688份。是年，落实健康扶贫政策三项：对建档立卡贫困户在县域内定点医疗机构就诊全部实行门诊挂号费免除；各卫生院、村卫生室与辖区内所有贫困家庭签订服务契约，签约率达100％；基层医疗机构为全县贫困人口建立了居民健康档案，根据贫困人口的疾病种类进行分类管理，并每年为贫困人口免费健康体检1次。（王彦宏）

爱国卫生

【概述】 2016年，左权县爱国卫生工作以改善城乡环境，提高人民健康水平为目标，以城乡爱国卫生清洁运动为平台，以巩固创卫成果和卫生村镇创建为抓手，广泛发动干部群众，大力整治环境，深入推进农村改厕，不断健全长效机制，城乡环境面貌取得新改观。如期通过国家卫生县城首次复审，被省政府评为“城乡爱国卫生清洁运动先进县”。（程旭东）

【巩固国家卫生县城创建成果】 2016年，是左权县成功创建国家卫生县城以来的首次复审，县委、县政府印发了《左权县迎接国家卫生县城复审工作实施方案》，明确复审重点工作任务，分解落实责任单位和责任人。县爱卫办统筹协调各相关职能部门，对照国家卫生县城标准，坚持问题导向，全面开展创卫复审工作，分别于5月18日、6月24日、8月4日和9月13日，先后四次接受省市爱卫办专家组明察暗访，于9月底通过国家卫生县

城省级暗访整改复核。（程旭东）

【城乡爱国卫生清洁运动】 2016年，左权县为深入推进城乡爱国卫生清洁运动，按照城乡环境“整洁卫生、健康宜居”的总目标，坚持综合治理与专项整治相结合，坚持常态管理与集中整治相结合，以省级卫生村镇创建为抓手，持续开展环境综合整治，城乡环境卫生面貌进一步改善。在7月召开的全省城乡爱国卫生工作会议上，被省政府评为“城乡爱国卫生清洁运动先进县”。2016年12月，县市场和质量监督管理局、环保局、卫生监督所、麻田镇人民政府、拐儿镇人民政府和城区管委会等6个单位荣获年度“全省爱国卫生先进单位”称号。（程旭东）

【农村改厕】 2016年，左权县承担省级以奖代补农村改厕任务300座。县爱卫办按照左权县改善农村人居环境协调推进领导小组办公室的总体安排，坚持因地制宜、集中连片、整村推进的工作思路，在城区和辽阳镇按照统一招标、统一施工、统一标准、统一验收的原则，分别改造无害化卫生厕所200座、100座，于8月完工并通过验收。（程旭东）

【病媒生物防制】 2016年，为巩固国家卫生县城创建成果，减少虫媒传染病的发生与流行，为广大居民创造健康的生活环境，县爱卫办于7月29日—8月7日，聘请晋中市爱卫有害生物消杀科技有限公司对城区农贸市场、汽车站、医院、广场公园、公厕、垃圾桶（果皮箱）、县城水系河道以及万寿街和宏远街区域内的饭店、宾馆、“五小”（小食品经营单位、小旅馆、小理发店、小浴室、小网吧）行业等进行了病媒生物专业消杀，消杀面积8万余平方米，有效降低了“四害”密度。（程旭东）

【爱国卫生月活动】 2016年4月，是全国第28个爱国卫生活动月，县爱卫办围绕“灭蚊防病健康你我”的活动主题，结合卫生县城复审和城乡清洁运动工作，开展了一系列爱国卫生活动。组织县爱卫成员单位在宣传文化中心开展集中宣传咨询活动，发放健康宣传资料5万余份，宣传册页1万余册；通过在县电视台开设专栏、监督台、插播公益广告等形式，倡导文明新风，曝光不文明行为；在县城四大出入口更新设置巩固创卫广告牌，在主要

2016年4月，左权县开展第28个爱国卫生月活动

街道悬挂宣传标语20条，利用沿街单位电子屏滚动播放创卫口号，营造了人人参与爱国卫生的良好氛围。（程旭东）

疾病预防控制

【机构概况】 2016年，左权县疾控中心内设办公室、传染病科、免疫规划科、检验科、慢病科1室4科，共有在编职工11名，离退休人员8名。在编职工中，专业技术人员7名（高级职称2名、中级职称4名、初级1名），占63.6%；管理人员3名，工勤人员1名。按学历划分，本科学历5名，大专学历4名，中专学历1名，高中及以下学历1名。（温换琴）

【计划免疫】 2016年，左权县全年新出生儿童1484人，一月内新生儿建卡、建证率均达到98%以上。其中：乙肝疫苗接种4257人次，接种率98.95%，首针及时率99.91%；卡介苗接种1199人次，接种率100%；脊灰疫苗接种5481人次，接种率96.75%；百白破疫苗接种6003人次，接种率98.56%；白破疫苗接种830人次，接种率97.53%；含麻疫苗（麻风、麻风腮）接种3288人次，接种率98.37%；A群流脑疫苗接种2446人次，接种率98.42%；乙脑疫苗接种2885人次，接种率98.54%；甲肝疫苗接种1871人次，接种率96.85%；A+C流脑疫苗接种2511人次，接种率97.87%。全年冷链车运转疫苗11次，保证了全县各适龄儿童得到及时、有效的预防接种服务。（温换琴）

【传染病防治】 2016年，左权县全年完成不明原因发热病例血检86例，完成年度85例任务指标，血检完成率为101.18%，其中阴性血片数86、复核31、复核率为36.05%，完成10%阴性血片复核指标。无阳性血片。全年未发现疟疾病例和疑似疟疾病例；全年共采集手足口病咽拭子标本18份，全部送检，送检率100%，个案调查率为100%。坚持每季一次对乡镇和县直医疗机构督导和指导工作，健全完善传染病管理制度，规范门诊、传染病登记等工作。根据传染病疫情网络直报系统统计，全年全县共报告法定传染病11种249例，报告发病率为152.57/十万，与2015年相比发病率下降39.27%。无甲类传染病报告。乙类传染病报告7种208例，报告发病率为127.45/十万，与2015年相比，发病率下降36.59%。乙类传染病报告发病数居前三位的病种为：肝炎（113例）、肺结核（50例）、布病（36例）计199例，占发病总数的95.67%。全县共报告丙类传染病4种41例，报告发病率为25.12/十万，与2015年相比，发病率下降50%，丙类传染病报告发病数居前三位的病种为：手足口病（26例）、其他感染性腹泻（10例）、流行性腮腺炎（4例），计40例，占发病总数的97.56%。（温换琴）

【艾滋病 性病防治】 2016年，左权县疾控中心和医疗机构、残联积极配合，全年共发现性病患者20例；检测孕产妇361例、术前检查者1751例、性病门诊75例、其他5例、自愿咨询155例，共计2347例。其中在自愿咨询中发现HIV感染者阳性一例；全县按现住址共管理存活12例HIV/AIDS病人，其中2016年新纳入抗病毒治疗1例。（温换琴）

【结核病防治】 2016年，结核病门诊共接诊肺结核可疑症状者81人，查痰81人，查痰率100.00%。新登记活动性结核病人35例，其中包括肺结核33例，结核性胸膜炎2例。肺结核病人中，涂阳肺结核病人7例（均为新发涂阳肺结核病例），密切接触者登记10人，全部进行了筛查，筛查率为100%。涂阴肺结核病人26例（其中2例为重症涂阴病例）。对确诊的肺结核病人提供免费抗结核药品，并实施全程督导和强化期督导管理。2016年，各级各类非定点医院共报告现住址为本县的肺结核病人46例（外报本病例34例，本报本病例12例，其中重报6例、住院2例），实际报告38例。在实际报告病例中，转诊到位2例，对其余36例全部进行了追踪，追踪率为100%，追踪到位24例，追踪到位率为66.67%。2016年9月23日，痰培养工作正式开始，共培养6例，其中2例结果已报出，均为阳性，另外4例结果待报。（温换琴）

【地方病防治】 碘缺乏病防治：8岁～10岁儿童碘盐检测。全年5个乡（镇）共检测了5个村居民户食用盐200份，全部为精制盐。其中碘盐200份，合格碘盐182份，不合格碘盐11份，非碘盐7份，碘盐覆盖率96.5%，合格碘盐食用率91%，碘盐合格率94.3%，非碘盐率3.5%。孕妇碘盐检测。全年共检测5个乡（镇）100份盐样，全部为精制盐。其中碘盐100份，合格碘盐94份，不合格碘盐6份，碘盐覆盖率100%，合格碘盐食用率94%，碘盐合格率94.94%。8岁～10岁儿童尿碘。共监测200人，尿碘值小于100计26人、100～200计55人、大于200计119人，尿碘中位数325。孕妇尿碘。共监测100人，尿碘值小于150计44人、150～300（正常值）计54人、大于300计2人，尿碘中位数159.5。布病：共发现布病病42例（其中本报外5例），对37例本地病例全部建立档案并进行了治疗。氟斑牙监测：加强对病区8岁～12岁儿童氟斑牙监测，16岁以上成人中未发现氟骨症病例发生。大骨节病：继续巩固防治成果，7岁～16岁儿童无新发大骨节病病例。（温换琴）

【慢性病防控】 65岁以上老年人健康管理：截至2016年底，登记65岁以上老年人登记数为16424人，登记率为96.94%；开展健康管理14757人，健康管理率89.85%。其中城市老年人登记3713人，健康管理2237人，健康管理率60.25%；农村老年人登记12711人，健康管理12520人，健康管理率98.50%。高血压管理情况：截至2016年12月底，高血压登记人数为14562人，登记率57.53%；健康管理人数为13657人，健康管理率93.79%，规范管理的高血压人数为10956人，规范管理率 75.23%；高血压患者控制人数为 7801 人，控制率 53.57%。糖尿病管理情况：截至 2016 年 12 月底，糖尿病登记人数 2009 人，登记率 15.38%，健康管理人数为 1861 人，健康管理率 92.63%；规范管理糖尿病人数为 1345 人，规范管理率 36.14%；糖尿病患者血糖得到控制人数 1009 人，控制率 54.22%。死因监测工作情况：2016 年，网络报告共计 987 例，超额完成全年 981 例的任务指标。重性精神病患者管理情况：累计完成疑似患者筛查 702 例，诊断复核 648 例，确诊患者登记、建档立卡 628 例；在管患者 549 人，随访患者 549 人；门诊治疗补助服药患者 78 人；其中正在住院 4 人，非在管患者 14 人，死亡 57 人、失访 25 人。（温换琴）

【检测检验】 截至 2016 年底，县疾控中心完成艾滋病初筛 135 人次，盐碘监测 300 份次（乡镇 200 份，孕妇 100 份），尿碘监测 300 份次（专人到市 CDC 化验），布氏杆菌检验 117 人次。生活饮用水水质化验枯水期和丰水期各 40 份，共计化验 80 份，在水质化验 34 项指标中，因仪器设备短缺，疾控中心可开展 23 项，另有 11 项是疾控中心人员到晋中市 CDC 化验，共得出数据 2720 个。（温换琴）

【健康教育】 2016 年，县疾控中心通过多渠道、采用多种形式传播和传递疾病预防控制知识信息，利用各类宣传日，在人群聚集的场所举办健康教育活动 12 期，印刷宣传资料 15 种 3 万份，发放宣传包、宣传扑克、宣传笔、宣传背心等宣传品 200 份，播放影像资料 4 种，播放时间 300 小时以上。开展健康讲座 12 次，受教育群众、医务人员达 8000 余人，其中深入农村开展讲座 2 次。疾控中心邀请全国健康教育专家黄立坤教授对全县各级医疗机构工作人员开展健康讲座。中心全年培训乡镇医务人员 12 次，参加人数达 400 人次。同时沟通协调媒体（电视台、左权网站、今日左权）开设健康教育栏目。中心还印制健康教育小报、健康教育处方，宣传健康教育的目的意义、健康知识等。全年印制《疾病预防控制与健康教育工作简报》29 期。（温换琴）

妇幼保健计生

【概述】 2016 年，妇幼保健计划生育服务中心认真学习习总书记的重要讲话精神，开展“两学一做”学习教育工作，贯彻落实科学发展观，实施“一法两纲”，坚持“以保健为中心，以保障生殖健康为目的，保健和临床相结合，面向基层、面向群体和预防为主”的妇幼卫生工作方针。加快资源整合步伐，规范科室设置，突出群体保健功能，强化队伍建设，强化项目宣传，强化业务培训，在妇幼基本公共卫生、重大妇幼公共卫生项目等方面取得了一定成绩。（马云莲）

县妇幼保健计划生育服务中心大楼

【孕产妇健康管理】 2016 年，左权县活产数 1158 人，孕 12＋6 周建册 1030 人，早孕建卡率 88.95%，接受孕期检查 1076 人，产前随访 1023 人，孕期健康管理率 88.34%；产后访视 1060 人，产后访视率 91.54%，孕产妇系统管理 1011 人，系统管理率 87.31%；孕产妇死亡率为 0；高危孕产妇 409 人，系统管理 409 人，系统管理率 100%。全县孕妇数 1951 人，B 超筛查 1703 人，筛查率 87.29%，出生缺陷率 52.25/万。（马云莲）

【0～6 岁儿童健康管理】 2016 年，左权县活产数 1158，新生儿访视 1065 人，新生儿访视率 91.89；0～3 岁儿童应管理 3838 人，健康管理 3431 人，健康管理率 89.40%；3 岁～6 岁儿童健康管理中，应管理儿童 5653 人，健康管理 5206 人，健康管理率 92.09%，按相应频次规范管理儿

童4853人，系统管理率85.67%；新生儿疾病筛查；活产数953例，筛查669人，新生儿疾病筛查率达65.49%。（马云莲）

【农村助孕产妇住院分娩补项目】 2016年，县域内分娩的农村孕产妇747人，由住院分娩的县级医疗机构直补，每人300元，补助金额22.31万元；县域外分娩的农村孕产妇321人，持有效证件到妇幼保健计划生育服务中心办理，每人300元，分批拨付。住院分娩补助做到应补尽补，补助率达99%。（马云莲）

【孕前优生检查工作】 2016年，左权县孕前优生检查任务数750对，完成787对，完成率104.93%。其中发现高龄人群92人、肝功或乙肝五项异常77人、女性生殖系统感染44人、内分泌系统疾病21人、病毒四项筛查异常18人、甲功低下7人、超体重指数3人、女性生殖系统疾病2人、高血压3人、Rh（D）阴性1人、有不良妊娠结局史1人、女性生殖系统发育不良1人。

（马云莲）

【增补叶酸预防神经管缺陷项目】 2016年，左权县任务数1700人份（农村1400人份，城市300人份），应发放叶酸2435人份，实服用人数2263，服用率93.94%，服用依从人数1908人，依从率84.31%，调查人数2972人，知晓人数2740人，知晓率92.20%，完成率133.12%。

（马云莲）

【“三病”筛查母婴阻断工作】 2016年，根据“三病”筛查有关文件精神，逢孕必检，围绕所有孕妇、产妇及孕前保健等目标人群，进行HIV检测。预防艾滋病、梅毒、乙肝母婴传播保健知识宣传率达100%。“三病”监测人数863人，其中乙肝表抗阳性21例，梅毒、艾滋病全部阴性；产时监测人数808例，梅毒、艾滋病全部阴性，其中乙肝表抗阳性16例，新生儿已全部干预。（马云莲）

【农村妇女免费宫颈癌筛查项目】 2016年，农村妇女免费宫颈癌筛查工作与县妇联会联合实施任务数500例，筛查513例，完成率102.6%，发现异常及时告知本人，病采取相应措施。

（马云莲）

卫生监督

【概述】 左权县卫生监督所属全额事业单位。编制28人，内设监督一科、监督二科、稽查科、办公室4个科室。在职干部职工22人。学历情况：硕士1人、本科5人、大专15人、中专及以下1人。其中高级职称3人、中级职称6人。正在新建办公楼800平方米（主体完工）。

2016年，县卫生监督所依法开展传染病防治、公共场所卫生、学校卫生、职业卫生、医疗卫生、消毒产品、涉水产品、生活饮用水等卫生监督工作。做好预防性卫生监督、日常卫生监督、卫生行政许可工作。全年出动监督员1126人次，监督户数986户次，出动车辆316车次，办理各种卫生行政许可事项81件。3月，获“晋中市卫生监督综合目标考核第一名”。国有生、石彩芳、尹利华被评为全市卫生监督先进个人。（陈巨才）

【医疗卫生监督】 2016年，县卫生监督所依法对236家医疗机构进行日常卫生监督管理，加大打击非法行医等违法行为。重点对开展医疗、医学美容机构进行专项整治，并跟踪落实。对全县236个医疗服务机构年平均监督2次以上，与206个医疗机构签订《医疗机构执业承诺书》，覆盖率87%。以专项行动为契机，对辖区146个医疗机构及23个诊所依法执业进行专项检查；对无证行医和药店坐堂医行为进行打击，查处医疗机构违法违规案件19件、罚款2.88万元。对4个医院、1个疾病控制中心、1个妇幼保健服务中心、23个诊所、15个乡镇卫生院、189个村级卫生室的医疗废物集中处置进行专项检查。通过对医疗机构依法执业、医疗废物和医疗污水处置及职业、放射卫生治理等专项整治，规范医疗服务秩序，保障群众就医安全。

（陈巨才）

【传染病防治及消毒管理】 2016年，县卫生监督所在开学期间组织开展学校、幼儿园春季传染病防控工作的专项卫生监督检查。开展对医疗卫生机构传染病防治工作专项卫生监督检查，对全县27个医疗机构的传染病防控组织机构及制度建设、传染病预检分诊、疫情报告、医院感染控制、消毒隔离措施、医疗废物等工作开展情况进行专项检查和督促整改。对辖区范围内的1个餐饮具集中消毒单位开展监督检查工作。（陈巨才）

【公共场所卫生监督】 2016年，县卫生监督所对县辖区181个公共场所进行经常性卫生监督检查，为73个美容美发场所悬挂工商企业倒逼责任落地安全监管公示牌，对12个大型商场、左权自来水公司进行了量化分级管理，全年经常性巡回监督461个次。开展了游泳场所、集中式空调、冬季专项行动，监督覆盖率100%。对2个未取得健康合格证、1个未按规定进行清洗消毒单位进行处罚，罚款0.25万元。（陈巨才）

【生活饮用水卫生监督】 2016年，县卫生监督所对辖区内4个集中式供水单位、2个二次供水管理单位进行专项行动，开展水质消毒处理及水质监测与供管水人员健康管理实施监督检查，对219个农村生活饮用水进行摸底调查并建档。（陈巨才）

【学校卫生监督】 2016年，县卫生监督所对全县31所中小学校进行监督检查，所有学校均落实了传染病防控和生活饮用水安全措施，建立卫生管理档案与卫生管理制度、因病缺课病因追查制度、新生入学预防接种证查验制度；8所学校设立了卫生室（保健室）。对学校采光照明、微小气候、进行了监督检查，对部分学校晨检记录、因病缺课病因追查登记记录不完善的问题下达现场笔录和卫生监督意见书。（陈巨才）

【放射卫生监督】 2016年，县卫生监督所对开展放射诊疗工作的14个各级各类医疗机构和职业卫生健康体检机构进行放射卫生监督重点检查。对未取得放射诊疗许可证、放射工作人员证等擅自开展放射诊疗活动的各类医疗卫生机构，监督所予以严厉查处，发出限期整改意见书，对限期内拒不整改的3个放射诊疗医疗机构进行处罚。（陈巨才）

【开展各类培训】 2016年，县卫生监督所举办医疗机构、学校卫生、生活饮用水、卫生协管服务4期从业人员培训班，培训各类从业人员869人次。（陈巨才）

县人民医院

【概述】 左权县人民医院是左权县集医疗、科研、教学、预防保健为一体的综合性医院，也是全县唯一一所综合性二级甲等医院。编制床位160张，实际开放病床210张，拥有总资产3107万元，全院有干部职工458人，设置临床科室12个、医技科室6个、职能科室16个。全年业务收入4573万余元；年门诊107285人次，年门诊人均费用157元；年住院6381人，年住院人均费用4465元，年平均住院日8.94天；年手术例数1280例。2016年11月，县医院代表晋中市接受了省卫计委“四考合一”的综合检查考核，并顺利通过考核验收。（李世军）

【设施设备】 2016年，县医院占地面积12973.32平方米，总建筑面积16364.3平方米，其中业务用房12485.13平方米，行政用房1800平方米，其他用房2079.17平方米。拥有螺旋CT机、核磁共振、全自动生化分析仪、彩色多普勒诊断仪、DR机、全自动血流变分析仪、日本奥林巴斯纤维胃镜、电解质分析仪、酶标工作站、艾滋病筛查室、医院信息化管理系统等医疗设备，设备总价值达2000余万元。（李世军）

【临床管理】 2016年，县医院单病种质量控制、临床路径管理达13个专业，40个病种，入径率81.9%。在抗菌药物使用管理方面，多部门齐抓共管，严格落实处方书写制度、处方点评制度和“双十制度”等，做好抗菌药物和辅助用药管理。

医护人员在包裹消毒物品

2016年一类手术切口抗菌药物使用率33%，较2015年下降2个百分点，门急诊抗菌药物使用率11.7%，较2015年同期下降8.3个百分点。（李世军）

【医疗人才队伍】 2016年，两院（左权县人民医院、左权县中医医院）干部职工458人。其中在编职工209人，离退休人员83人，非在编人员166人。卫生技术人员315人，行政后勤人员60人。高级卫生技术人员21名，中级卫生技术人员102人，初级卫生技术人员192人。（李世军）

【医联体和对口支援工作】 2016年，县乡医疗联合体建设试点工作启动，县医院同麻田镇卫生院、芹泉镇卫生院签订医疗联合体协议，并制定工作方案，扎实推进县乡医联体建设试点工作。同石匣、芹泉、粟城、龙泉、寒王5个乡镇卫生院建立对口帮扶关系，共派驻医务人员15名，下乡义诊12次。

2016年，继续坚持“请进来、送出去”的办法，加强人才队伍建设，提升医疗技术服务水平，开展医疗联合体工作。是年，县医院同晋中市第二人民医院、山西省肿瘤医院、晋中鹰华眼科医院签订了医疗联合体协议书，同时与晋中市第二人民医院、山西省人民医院、太钢总医院建立对口帮扶关系，省人民医院4名医师常年在县医院开展帮扶工作。晋中二院继续对县医院实施“团队帮扶、优化管理”工作，2016年，是第二个团队帮扶工作年，两院领导多次沟通交流，制订工作计划。全年共派驻县医院医务人员6人，每人驻科均为3个月。（李世军）

【科研教学及重点专科建设】 2016年，县医院继续加大科研教学力度，借医联体、对口支援、外请专家等形式，开展授课题15次，院内自行组织培训32次，“三基”考试9次。接受晋中卫校、山西老区职工医学院等医学院校实习生33人，接受泽城卫生院医师在县医院进修学习2人，外派到医联体及对口帮扶等医院（省人民医院、省肿瘤医院）进修学习8人次，全院发表论文5篇，开展甲型肝炎病毒IgM抗体检测、梅毒螺旋体特异性抗体检测等新技术四项。

5月，县医院承办由县总工会、县卫计局联合主办的“纪念‘5·12’国际护士节暨左权县卫计系统医护技能比赛”，在本次活动中，县医院参赛选手取得了团体、个人第一名的优异成绩。并参加市卫计委组织举办的技术操作比武大赛。

在专科建设方面，县医院将内科、外科、妇产科、急诊科、骨科列为重点学科建设，通过“团队帮扶”、医联体及卫生对口支援工作的开展，竭力提升上述科室管理和技术水平。已将骨科向市卫计委审报市级重点专科，等待评审。（李世军）

【科室设置】 2016年，县医院设置有12个临床科室即：外科、内科、骨科、妇产科、麻醉科、儿科、眼科、耳鼻咽喉科、中医科、急诊科、口腔科、感染性疾病科；设置有6个医技科室即：检验科、功能科、影像科（CT室、放射室、核磁室）、药剂科、体检室、供应室；设置有16个职能科室即：院办室、党办室、医务科、护理部、人事科、门诊部、院感科、科教科、财务科、预保科、信息科、医保科、设备科、总务科、保卫科、营养科。

（李世军）

红十字博爱医院

【医院业务收入】 2016年，县红十字博爱医院接待门诊患者6.57万人次，住院患者1358人次，在门诊接待的患者中城镇职工9970人次，城

红十字博爱医院

镇居民3335人次，新农合2.14万人次，慢性病1.03万人次，其他约2万人次（一大部分也是新农合患者），在住院的患者中城镇职工172人次，城

镇居民83人次，新农合1066人次，外科手术30例，肛肠手术患者107例，白内障手术99例，碎石83例，眼科其他疾病31例；健康体检1.64万人，其中健康体检7711人，职业体检2392人，预防性健康体检4379人，体格检查1622人，其他单项检查及复查人员共计314人次。

医院业务收入为1760.37万元。医疗业务总收入为1376.11万元，同比增长了505.98万元。体检收入为384.26万元，与年初制定的300万元增加了84.26万元；药品收入854.40万元，同比增长278.26万元占业务总收入的65.56%；中草药收入为109.47万元，同比增长17.31万元，占业务总收入8.4%；检验科收入为51.67万元，同比增长了12.77万元，占业务总收入3.96%；彩超收入为57.78万元，同比增长13.47万元，占业务总收入4.43%；心电收入为5.97万元，同比增长1.15万元，占业务总收入0.46%；放射收入为59.71万元（其中：DR：37.75万元、CT：21.97万元），同比增长21.55万元，占业务总收入4.58%；手术收入15.36万元，同比增长3.02万元，占业务总收入1.18%；住院收入为49.58万元，同比增长20.07万元，占业务总收入3.8%；妇科收入为22.57万元，同比增长8.28万元，占业务总收入1.64%；注射收入为18.98万元，同比增长9.53万元，占业务总收入1.45%；前针灸收入为17.17万元，占业务总收入1.32%；煎药收入为5069元，负增长2266.70元；眼科收入为27.50万元，同比负增长4126.80元，与年初制定的31万元，同比负增长3.50万元；其他收入72.92万元。（杨永生）

【拓展业务范围】　2016年，县红十字博爱医院开展与羊角、下庄卫生院的医联体建设，利用自身的优势，最大限度地吸纳村卫生所、乡镇卫生院的转诊病人，开展分级诊疗、创建新科目、治疗新病种。同时把优势放大，组建了一支携带心电、B超、检验的体检队伍，历时2个多月，深入下庄、羊角、拐儿、芹泉、堡则、石匣、川口、柳林等村，对60周岁以上的重点人群进行健康体检，共6195人。同时，对县城中小学生9985人进行健康体检，并建立了学生健康档案。（杨永生）

体　育

【概述】　2016年，左权县体育运动中心用群众喜闻乐见的项目和赛事丰富全民健身活动的形式，广泛开展全民健身运动20次；增强干部职工身体素质，全面开展公益培训活动，培训5000余人，全面促进了全县广大体育爱好者的健康生活，另外，培训二级社会体育指导员4人，一级社会体育指导员3人；全面抓好党风廉政建设“两个责任”工作要求，落实党风廉政建设责任制，推进领导班子作风建设，深入贯彻落实《全民健身条例》和《全民健身计划》，建设更多的城市社区500米健身圈，左权县体育彩票销售小卖场及电彩共计91.87万元。（李健健）

【全民健身运动】　2016年，县体育中心集中社会力量开展各项活动，开展县级健身活动培训班、晋中市“柔力球校园行”培训暨三级社会体育指导员培训活动、武术培训班；举办左权县第一届“权健杯”青少年乒乓球比赛、左权县2016年“庆三八·促发展·奔小康”主题纪念展演大会、荦山社区“迎五一”羽毛球友谊赛、信用合作联社庆“五一”系列体育活动、庆祝“国际太极拳月”活动启动仪式、“欢乐童年，你我同行”宏远学校儿童节文艺演出、“一多便利杯”乒乓球羽毛球友谊赛、2016年左权县“农信杯”全民健身篮球赛、

2016年，晋中市在左权县举办“柔力球 校园行”体育教师暨三级社会体育指导员培训活动

2016年左权县全民健身羽毛球赛、2016年“迎国庆”中国象棋大赛、2016年“农信杯”左权县第三届职工乒乓球赛、2016年全县教育系统第五届教职工暨迎新年乒乓球赛、2016年，左权县𡸣山小区首届“和谐杯”全民职工运动会、主办“放飞梦想·舞动青春”预祝左权县体育舞蹈协会成立暨2017年“新太行杯”元旦体育舞蹈联谊晚会；参加2016年晋中市“全民健身日”庆祝活动暨第十三届体育舞蹈锦标赛、晋中市柔力球比赛。（陈亚红）

【公益培训活动】 2016年，左权县妇幼中心与体育中心联合举办公益培训活动，针对社会不同人群，累计培训5000余人，全面促进了全县广大体育爱好者的健康生活。另外，培训各级各类社会体育指导员，其中，二级社会体育指导员4人，一级社会体育指导员3人，同时积极组织参加省、市、县各级各类的社会体育指导员及健身舞、健身秧歌、柔力球、手拍鼓等培训工作。（李健健）

【体育党风廉政建设】 2016年，县体育中心组织领导班子成员研究制定《左权县体育运动中心落实党风廉政建设党委主体责任和纪委监督责任的实施办法》，建立健全责任落实机制，在体育中心层层签订了责任书，并进行任务分解；领导班子成员进行层层约谈；制定责任清单，及时记录工作台账、全体职工签订《廉洁自律承诺书》等四个承诺书；坚持每周一集中学习，确保党的十八大以来的各项有关文件精神、政策、规定等及时传达；认真学习中央“八项规定”精神并严格执行；逐条学习《中国共产党廉洁自律准则》及《中国共产党纪律处分条例》等党规党纪知识。不断提高党员干部接受监督和严格执行党的纪律的自觉性，筑牢拒腐防变的思想道德防线。（陈亚红）

【体育500米健身圈】 2016年，县体育运动中心对各社区、小区、广场、小游园进行了实地调研，根据实际情况为群众建设更多的城市社区500米健身圈。合理调配县级体育场、馆最大限度地对外开放，同时加大对三级社会体育指导员教育推广力度，更好地引导群众科学地开展各类体育健身活动和健身器械练习，以满足广大群众的健身需求。（李健健）

【体育彩票销售】 2016年，县体育运动中心通过加强对体育彩票、销售网点的管理、监督、协调与服务，左权县体育彩票销售业绩完成销售小卖场及电彩共计91.87万元。（陈亚红）

社会生活

人力资源与社会保障

【机构概况】 县人力资源和社会保障局是县政府重要的职能组成部门，负责全县就业、人力资源开发服务管理、社会保障、劳动关系等工作。2016年，辖局办公室、调配录用股、专业技术职称股、工资福利股、综合股、统征办、仲裁办7个股级科室和就业指导中心、劳动监察大队、乡镇劳动保障所3个股级事业单位及社会劳动保障事业所、社会医疗保险管理服务中心、城乡居民养老保险中心、新型农村合作医疗管理中心、人才开发交流服务中心、人事培训考试中心6个副科级单位。

（于滨　刘云刚）

【城乡就业】 2016年，左权县城镇新增就业岗位1442个，失业人员再就业409人，就业困难人员再就业97人。其中324名大中专毕业生和煤炭企业下岗等人员与28个用工单位签订了劳动合同。开发大学毕业生、两参人员公益性岗位66人，见习岗位50人。

实施职业技能培训。采取城乡结合的培训方式，把培训班办到重点村。共组织中式烹调师、保姆等技能培训13期，培训学员771人。并与工会、农业、扶贫等单位联合开展农民工技能提升培训2539人次。

推进“大众创业，万众创新”。全年共开展创业培训12期，培训学员360人。创业带动就业806人，转移农村劳动力1851人。共帮助6户大学生和5户返

中式面点培训现场

乡创业农民工入驻创业园区，带动就业77人。为40名创业学员提供小额担保贷款257万元。累计为创业妇女发放小额担保贷款56人，贷款金额456.5万元。

推进就业扶贫政策落实。2016年，对675名贫困劳动力进行了核桃树栽培技术培训；对22个贫困村的70名贫困劳动力开展有中式烹调师、家政服务员，挖掘机等工种的职业技能培训，并全部领取初级职业资格证书；对90名贫困劳动力进行就业帮扶、创业指导培训。分别在拐儿镇和羊角乡圪道村举办就业精准扶贫专场招聘会，省内外25家用人单位参加招聘，提供机电、物业、家政等128个工种，2811个用工岗位。共有2800余名包括农村贫困户劳动力在内的各类求职人员应聘，达成就业协议602人。

（于滨　刘云刚）

【社会保障】 主要包括城镇职工基本养老保险、城乡居民社会养老保险、城镇职工基本医疗保险、城乡居民基本医疗保险、失业保险、工伤保

险、生育保险。2016 年，全县城镇职工基本养老保险参保 1.64 万人，城乡居民养老保险参保 8.6 万人，失业保险参保 1.474 万人。为全县 22039 名 60 周岁以上城乡居民发放养老金 2197.7 万元。为全县符合条件的 3277 名企业退休人员提高了养老金，人均增加养老金 188.3 元。

城镇居民缴纳社会保险

城镇基本医疗保险参保 3.05 万人，工伤保险参保 1.75 万人，生育保险参保 1.4123 万人。城镇居民医保人均财政补助标准由 380 元提高到 420 元，共为 8667 名城镇居民补助 26 万元。城镇居民大病保险工作在全县范围内实现了在医疗机构直接结算，32 名城镇居民参保患者享受大病保险补助 18 万元。免费为 52 名 61 周岁到 65 周岁的城镇居民进行了健康检查。

11 月底，左权县新农合正式转入县人社部门，顺利完成基金、人员、财务划转，新的居民基本医疗保险运行平稳。全年全县参加新农保 122605 人，参保率 99.63%。11 月 21 日开始，左权县建档立卡贫困患者新农合大额门诊慢性病补偿比例由 60% 提高到 80%，孕产妇正常分娩在县域内住院实行全免费，县内县级住院比例由 75%提高到 80%，将普通精神病纳入重大疾病补偿病种，实行限价补偿，补偿比例为 70%，大病保险起付线降低到 5000 元，支付比例提高到 3%。（于滨　刘云刚）

【劳动监察】 2016 年，县人社局劳动保障监察大队以构建和谐稳定劳动关系为主线，维护劳动者合法权益为重点，先后开展了用人单位遵守劳动用工和社会保险法律法规百日专项行动、人社领域矛盾隐患大排查、规范人力资源市场秩序、农民工工资支付等专项行动，全年共检查各类用人单位 197 户，涉及劳动者 4269 人次。

继续贯彻实施《劳动合同法》，分期分行业召开用人单位规范劳动用工宣讲会，提高用工单位负责人依法依规用工的意识，督促企业与劳动者依法签订劳动合同。全县各类企业劳动合同签订率为 98.3%，县域用人单位劳动用工备案率达 96%。完成劳动保障监察“两网化”信息采集 1000 户，完成率 100%。

强化信访接待工作。2016 年，共接待群众投诉案件 65 件，立案 65 件，结案 65 件，投诉举报案件结案率达 100%，为 1652 名劳动者追讨工资 1133.5 余万元。（于滨　刘云刚）

【人事人才】 2016 年，为协调配合做好公开招聘合同制人员工作。坚持公开、公平、竞争、择优原则，配合有关单位招聘劳动合同制工作人员 96 人。其中左黎高速招聘收费员 67 人，农委招聘农技推广员 20 人，机关事务管理局选聘车辆综合调度平台司机 9 人。

加大招才引智力度，继续实行“三支一扶”措施，向教育、农林牧、水利、卫生、扶贫和基层社会保障服务平台等单位征集所急需岗位 27 个；办理应届离校未就业高校毕业生实名制登记 403 人。

严格监督审核落实职工死亡抚恤、遗属生活困难补助等福利待遇。完成遗属补助认证 353 人，审核办理了机关事业单位工作人员“正常晋级、升档”和“正常晋升薪级”3676 人，审核了 302 名参改人员的公务交通补贴。对全县政府系统 3695 名在职人员基本工资进行了调整，对 1326 名机关事业单位退休人员办理调整养老金待遇。

（于滨　刘云刚）

计划生育

【实施全面两孩政策】 2016 年，县卫生和计划生育局组织全县卫计系统工作人员围绕“全面两孩政策”的相关内容进行培训学习，提高计生干部业务素质和工作水平；加大宣传力度，多渠道、多形式开展宣传，两孩政策家喻户晓；印发《全面实施两孩政策》资料汇编2万份、问答式资料2万份，发放宣传资料3.7万份。全年全县共出生1452人，其中政策内生育1393人（内二孩生育599人），政策外生育59人。符合政策生育率95.94%。出生率8.7‰，比2015年同期高2.49个百分点；自增率2.10‰，比2015年同期高1.82个百分点。

（曹淑霞　孙彩萍）

【深化生育服务证制度改革】 2016年，“全面两孩”政策实施后，实行一孩、二孩生育服务登记制度，简化办理流程，全面公开服务事项。将再生育审批权限下放到乡（镇）、城区，精简优化审批材料和流程，全年共审批内多孩18人。

（曹淑霞　孙彩萍）

【“三个融合”深度推进】 2016年，县卫生和计划生育局整合乡、村两级卫生计生行政和技术服务资源，推动机构融合；明确村级计生专干除了开展计划生育工作外，还兼具公共卫生等职责，推动职能融合；在乡村两级推行组织机构、服务项目、惠民政策、绩效考核四个“一体化”管理服务模式，推动管理融合。“三个融合”的深度推进，将计生组织网络健全、群众工作经验丰富的优势，与卫生技术力量雄厚、服务手段多样的特长，融合形成新的“集成”优势，达到了1+1>2的效果。

（曹淑霞　孙彩萍）

【奖励扶助政策全面落实】 2016年，为9949名农村计划生育家庭奖励对象发放奖扶金493.74万元，为852名城镇下岗无业居民独生子女奖扶对象发放奖扶金10.22万元。为计划生育特殊家庭30户47人，建立了“一对一”精细帮扶台账。关怀计生特殊家庭，实施贫困救助、医疗医保、生活照料等6项政策，并纳入重特大疾病医疗救助范围，在县人民医院开通就医绿色通道。（曹淑霞　孙彩萍）

民政工作

【概述】 2016年，发放低保金493.66万元，发放五保供养资金422万元，发放各类优抚款596.4万元，发放孤儿生活补助43人次32万元，发放生活困难救助550人次25万元，急难救助36人次15.5万元。流浪救助资金12.8万元。（李倩）

【农村基层政权建设】 2016年，县民政局开展村务公开专项整治工作，动员部署，全面排查。成立领导小组，召开动员部署会，印发《村务公开专项整治工作方案》。对全县“3·25”和“7·25”两次法定村务公开日的村务公开工作进行指导和检查。充分发挥村务监督委员会民主理财、民主监督的作用，健全财务公开定期巡查制度。完善程序制定出台《关于进一步深化和规范村务公开工作的通知》，再次强调公开的及时性和公开的质量、效果，切实维护群众对村务事的知情权、监督权。（李倩）

【城市社区建设】 2016年，左权县社区建设实现党建、社会保障、环境卫生、综合治理、信访安全、司法调解、计划生育、社区文化、群团组织和社区服务等20余项服务功能。社区参与社会管理和服务的功能日趋完善，“上为政府分忧，下替百姓解难”的作用日益增强。（李倩）

【民间组织管理】 按照社会组织“三证合一”工作要求，2016年，对所有社会组织进行证件换发，共涉及46个，新登记4个，变更登记8个，注销14个，行业协会与主管部门脱钩8个。至年底，全县共有各类社会组织47个，其中社团24个，民办非企业23个。在全县社会组织中开展了“两个覆盖”：即党组织全覆盖、党的工作全覆盖，通过单建、联建、挂靠等三种形式，在全县社会组织中共建立党支部41个。党组织工作扎实开展，覆盖率达到100%。（李倩）

【勘界工作】 2016年，平安边界创建工作列入年度综治工作考评内容，联席工作会议制度正常开展，组织解决工作中遇到的实际困难，由市局组织参加市界协调工作，分别与河北武安、邢台、涉县签订了平安边界建设协议书，促进边界地区和谐稳定。（李倩）

【地名管理】 2016年10月17日，左权县第二次全国地名普查正式展开，召开动员会进行统一部署，组织各乡镇和相关成员单位进行培训，办公场所设置二普办公室和项目部，工作所需相关硬件设备全部到位，保密室的相关保密资料和防范措施移交外包服务公司，左权县第二次全国地名普查的资料搜集、外业采集、内业整理协调工作顺利进行。至年底，完成市级要求的80%任务，并由地名专家进行审核。（李倩）

【双拥工作】 2016年，军地双方互办实事，县政府为驻军部队排忧解难，驻左部队开展形式多样的拥政爱民活动，在全县形成了独树一帜的老区双拥特色。在面对驻军少这一客观硬件条件达不到要求的前提下，县委、县政府积极工作，顺利通过全国双拥模范县验收前的公示，“八一”前进行表彰，连续七次被评为全国双拥模范县。（李倩）

【优抚安置】 2016年，左权县全年发放各类优抚款596.4万元，涉及优抚对象1080人次；发放老党员补助50人次20.8万元；发放“40%”生活困难对象补助5.4万元。协调编制和人社部门落实退役人员安置政策，安置5名退役士官到市政、供热、污水处理厂三个部门就业，安置率100%。及时处置三起涉及20余人的赴京参战参试人员信访事件。帮助30余名农村籍参战参试人员实现了就近就地就业。（李倩）

【城乡低保】 2016年，低保标准再次提高，城市低保标准每人每月提高30元，达到450元。农村低保标准每人每年提高300元，达到2860元，每月比省定提高标准多5元。出台《关于进一步加强城乡低保动态管理的通知》，取消全县城乡低保年度评审，各乡镇自行组织低保对象年度审核，符合条件的随时受理申请，及时审核、评议、上报，民政部门随时审批，实现应保尽保。县乡两级建立低保家庭人口、收入和财产状况定期报告制度，对收入超出低保标准的及时清退，对收入变化的重新测算、核定，及时调整补助标准，实现低保对象进出有序，保障标准升降及时。全年发放低保金493.66万元，保障城市低保对象448户721人，发放低保金256.54万元。农村低保对象859户1664人，发放低保金237.12万元。（李倩）

【城乡医疗救助】 2016年3月底，县民政局修订完成《左权县城乡医疗救助办法》，该办法从2016年4月1日起执行。重特大病种由过去的四类扩大到24类；城乡低保对象救助比例由上年合规费用的60%提高到70%，重特大病种救助比例由70%提高到80%。农村分散供养五保对象医疗费用救助比例由80%提高到100%。全年共支出城乡医疗救助资金312.4万元，其中城市171人次26.1万元，农村2190人次286.3元。城乡低保对象、农村五保对象在县内定点医院住院就诊实行“一站式”服务，及时得到医疗救助，全年共有329人次享受了“一站式”服务，直接减免医疗费53.64万元，医疗服务机构前期垫付医疗救助费用，季末由医疗机构和民政部门结算，保证了困难群众“一站式”享受医疗救助服务。另外资助参医参合3374人，金额42.01万元，其中资助参合2862人，34.34万元，资助参保512人，7.67万元。（李倩）

【农村五保供养】 2016年1月，农村五保供养标准统一提高200元，达到分散供养每人每年3130元，集中供养每人每年4700元，五保人数达到1194人，其中集中供养人数321人，分散供养人数873人，全年按新标准发放五保供养资金422万元。（李倩）

【防灾救灾】 2016年，左权县建立健全县、乡、村三级灾害信息员队伍网络。5月12日，组织县直有关部门开展防灾减灾知识宣传，提高全民防灾减灾能力。新建救灾物资储备库（与县社会福利中心一并建设），该工程于2016年10月底完工；灾后恢复重建和救助工作有序推进。7月19日，左权县发生自1996年8月4日洪灾以来最大的一次洪涝灾害，涉及全县110多个大小村庄，受灾人口5万多人，全县农业、国土、林业、水利、交通、电力、通信等各方面设施遭到严重破坏，其中拐儿镇、芹泉镇、羊角乡、麻田镇受灾最为严重，各类经济损失共计达到8.07亿万元。灾情发生后，民政部门及时向灾区群众发放救灾物资应急救助，联合住建部门分组深入灾区对因灾塌房情况进行鉴定。全县共救助灾民15080户，39943人，发放价值5.5万余元的救助物资，下达救灾款356.6万元。按照灾后恢复重建方案，对塌房户、危房户进

行摸底，受灾倒塌房屋新建、修缮共 28 户，补助 8.57 万元 （李倩）

【婚姻登记管理】 2016 年，全年共办理结婚登记 1023 对，离婚登记 223 对，补发结婚登记证 160 对，婚姻登记率、婚姻登记合格率、婚姻登记档案完好率均达 100%。 （李倩）

【社会福利】 农村居民养老基础设施建设。2016 年，左权县 10 个农村日间照料中心建设任务全部完成。社会福利中心工程全部完工，并完成验收。特困群体救助。下发《左权县建立全县经济困难的高龄与失能老年人补贴制度及提高百岁以上老年人补贴标准实施办法》(共发放补贴发放补贴 2.9 万元。联合县教育局、县公安局、县老龄委、县妇联会制定了《左权县农村留守儿童摸底排查实施方案》，6 月，在全县进行了无死角无遗漏的农村留守儿童摸底排查，共摸底农村留守儿童 138 人，留守老人 200 人，留守妇女 134 人，全部按时上报上级民政部门。 （李倩）

中寨村日间照料中心

【流浪乞讨人员救助管理】 2016 年，全年共接受各类救助人员 30 人次，其中，外地流浪乞讨人员 22 人次，精神病人 2 人次，肢体残疾 3 人次；为救助人员提供车票资助返乡 25 人次，支出金额 1103 元，为受助人员提供临时住宿 71 天，支出金额 4300 元，埋葬无名氏尸体两具，支出金额 3000 元，救助无名氏母女住院及看护等各项费用，共 12.83 万元。先后四次进行街头摸排调查，共发现街头流浪人员 5 人，救助站对其进行食物、水、衣物等临时性的救助，以及劝导服务。 （李倩）

老龄工作

【健全高龄补贴和特困救助制度】 2016 年，县老龄委通过基层抽查、核实等工作，重点对高龄补贴特困救助进行统一的规范。实行申报、公示和个人信息建档一体化，对全县 80 周岁老年进行跟踪调查。是年，共发放高龄补贴 87.45 万元，特困救助 5.85 万元，建立了个人信息（新增、死亡）档案，并建立百岁老人补贴制度和免费体检制度。 （赵左彬）

【“敬老文明号”创建活动】 2016 年，为应对左权县日益加快的人口老龄化现状，推动落实老年优待政策，在全县 27 个涉老成员单位中开展“窗口创业”活动，倡导并推行企事业单位或社会爱心人士帮扶工作，帮助老年人解决实际困难，并以居家养老为中心，李勇老年志愿者服务队深入敬老院、社区、老年公寓开展帮扶活动。 （赵左彬）

【老年文化活动】 2016 年，左权县乡级成立 11 个文化活动站，老年书屋 203 个，门球场 7 个，拳击队 3 个，利用老干部活动室，开展老年教育、书画笔绘、文化探索、文艺影集等，通过“七一”、九九重阳节等重要节日广泛开展形式多样的活动。 （赵左彬）

城区　乡镇概况

城区管委会

【概述】　2016年，县城区国土面积6平方千米，辖8个社区居民委员会，3个经济联合社。年末总户数18591户，总人口52205人，其中男性26462人，女性25743人；农业人口25806人，占49%，非农业人口26399人，占51%。少数民族16人。

旅游景观主要有绿色景点（祝融公园、鳌峰公园、崋山公园、滨河公园、沙河公园）、红色文化景点（烈士陵园、王艾甫抗战纪实馆）。购物中心、宏远广场、将军广场等高档商业中心遍布城内主要街道，成为市民休闲娱乐、购物消费的好去处。

年末耕地面积6.46公顷，主要粮食作物有玉米、谷子、薯类，全年粮食总产量258.75吨，人均占有63千克。大小牲畜存栏1860只，出栏445只。全城区全部通移动电话。固定电话和宽带业务分属联通、移动、电信三大运营商。此外，全城区有影剧院2个，体育场馆1个，游泳馆2个，极大地方便了广大市民的文化生活。

城区设有辽阳和河南分院两个卫生院，有医务人员32人（辽阳25人，河南分院7人），住院床位10张。全城区有3所初级中学，5所小学校；教职员工577人，其中中学教师259人，小学教师318人；在校学生10482人，其中中学生3032人，小学在校生7450人。

（王瑞琴　宋瑞英　李鹏飞）

【社保工作】　救助力度不断加大。县城区对原三关60岁以上困难老人救助376人，发放救助资金45.36万元。帮助特困居民纳入最低生活保障381户，634人，月发放低保金17.78万元，对临时急难救助申请人进行救助，帮助40户城镇困难居民办理了大病医疗救助，为60岁以上退伍老兵申报生活救助，配合残联为残疾人兑现残疾人补贴并领取助残器材。开展保障性住房复审工作。上半年对2013年—2015年连续三年申报廉租房户727户进行入户调查复审，对27户条件发生变化申请户作出清退处理；社会保险收缴工作。全年完成居民养老保险收缴4586人，参保率达到91.26%。

（李鹏飞）

【安全工程】　2016年，县城区排查调处各类矛盾纠纷42件，稳控重点信访人员30余人；排查整治各类风险隐患43件；加强对16名社区矫正人员、69名刑释解教人员帮教监管；组织开展安全文化"进社区、进家庭"活动，发放宣传资料1万份；邀请县安监局和消防队等单位对辖区55个重点企业安全负责人进行安全生产和消防知识培训，先后开展"冬季行动""打非治违"等专项行动和安全生产大检查活动，共检查企业50余个，排查隐患19条；排查出地灾隐患4处，危房60余处，全部采取了应急防范措施。　（李鹏飞）

【社区服务】　2016年，县城区人口信息全部入库。对计生特殊家庭、计生大病家庭33户进行慰问救助。5月，举办第十三届城区人口文化节，对国家新实施的“全面二孩”政策进行宣传。组织开展社区文化活动。9月，举办县城区“迎国庆”中国象棋大赛；争取妇女创业小额贷款20万元；组织城区“爱心妈妈团”为贫困儿童捐款3557.6元；选送50名妇女进行电子商务培训。宣传动员社区居民参加县总工会主办的“春风行动”人才招聘会。在牧童、万寿、永清等社区设立5处市民之家，为城市居民提供文化娱乐活动场所；康宁社区开展了社工代办服务项目；万寿社区开展了面向社区老年人慰问活动，对辖区400余名70岁以上老人进行慰问。建立村务监督委员会等机构，完善“三资”（资金、资产、资源）管理制度，完成“三资”清理整治工作和土地确权清查摸底工作。

（李鹏飞）

【创卫工作】　2016年，县城区完成了爱卫办下达的200户旱厕改造任务；健全完善了城区、社区卫生健康教育档案；更换小区健康教育宣传栏；开展了社区卫生健康教育活动，对城区无物业小区和居民区组织开展了集中整治。（李鹏飞）

【幸福社区“五覆盖”工程】　2016年，县社区实施“五覆盖”（放心早餐、养老服务、市民之家、劳务服务、爱心救助）工程。年底，完成5个放心早餐店试点。（李鹏飞）

“幸福社区”放心早餐工程启动仪式

【服务县重点工程项目协调工作全部完成】2016年，县城区完成319改线工程过境段和东山供水拆迁占地协调工作。（李鹏飞）

辽阳镇

【概述】　2016年，辽阳镇国土面积183平方千米，辖28个行政村。年末总户数7611户，总人口20113人，其中男性10062人，女性10051人；农业人口19917人，占99%，非农业人口196人，占1%。

境内资源以煤、石灰石、黏土最为丰富，旅游景观有井沟石佛寺、西河头一二九师等。

全镇林地面积642.47公顷，森林覆盖率达32%；牛存栏1091头，出栏151头，羊存栏1085只，出栏1668只，鸡存栏1.97万只，出栏2.92万只，猪存栏352头，出栏371头。。

年末耕地面积1620公顷，主要粮食作物有玉米、谷子、大豆、薯类，全年粮食总产量5015.3吨，人均占有2.5千克。2016主要经济作物有蔬菜68.8公顷，188.93亿千克，油料38.13公顷，6789万千克。农业总产值4.7亿元。全镇经济总收入8.3亿元。农民人均纯收入7200元。

全乡镇28个村全部通移动电话，宽带用户全覆盖。

全镇设有一个中心卫生院，有医务人员34人，住院床位20张，全年入院21000人次。共有28个村级卫生所，有村级卫生室28个，村医26人。

全镇有1所初级中学，7所小学校；教职员工90人，其中中学教师46人，小学教师44人；在校学生1015人，其中中学生650人，小学在校生365人。（赵焱）

【精准扶贫】　辽阳镇有8个贫困村、5个非贫困村，2014年，建档立卡贫困户1514户、3790口人，2016年底，未脱贫人口是989户、2269人。2016年，实现了七里店、西长义、紫会3个贫困村整体脱贫，脱贫人口428人。具体做法是：生产发展，在东沟、紫会等村种植了蔬菜、杂粮、核桃、中药材266.67余公顷；实施了七里店村养牛项目，现养牛73头，完成投资185万元；沐池村屋顶光伏发电项目，已完成安装7户。易地搬迁，通过近2个月的调研，初步形成了《辽阳镇实施易地扶贫搬迁项目的总体思路》。教育培训，资助贫困学生50人，共14.5万元，全年培训人数200多人次。生态补偿，组建了扶贫绿化专业队2个、水保专业队2个、整地专业队1个，可帮带150个贫困户脱贫，同时落实贫困户生态护林员54人，可增收25万元。社会兜底保障，完成了贫困户低保评审、危房改造、临时救助等工作。（赵焱）

2016年9月29日，辽阳镇召开精准扶贫挂图作战推进会

【重点工程项目建设稳推进】 2016年，辽阳镇开工建设的重点工程项目共87个，其中：东长义整村改造基础设施配套工程等镇项目4个，协调服务了319过境改建等县以上项目14个，村级项目69个。全年完成固定资产投资1.05亿元。

（赵焱）

【产业发展】 2016年，辽阳镇充分发挥城郊资源优势，种植业、林业、养殖业等方面生产条件得到改善。种植业上，在清漳沿岸的西河头等村发展蔬菜种植133.33余公顷，在殷家庄、突堤、松凹梁、井沟等村种植中药材133.33公顷，在突堤村发展冰葡萄园种植示范3.33公顷，在殷家庄村、突堤村进行香菇示范种植1公顷。林业上，在王家店、王家庄、前龙等村改造形成以核桃树为主的经济林80公顷。养殖业上，在蛤蟆滩、七里店、东沟三村新建百头肉牛养殖园3个。土地整理上，完成了突堤村龙桥村组千亩垫地整地项目。（赵焱）

【基础设施改善】 2016年，人畜饮水。在车上铺、紫会、东长义、后窑峪、殷家庄5村实施管网升级改造5300米；在龙桥、突堤、黄家会、沐池、刘家窑5村修建护村护地坝580米；前龙、龙桥2村完成道路提质3200米，紫会村危桥改造2座。

（赵焱）

【民生改善】 2016年，辽阳镇突出抓了医疗服务上水平工作；完成危房改造任务41户；全镇共评审农村低保97户、181人，城市低保11户、13人；做好临时救济和救急工作；提高新农合、养老保险的参合率和参保率；加强对敬老院的日常管理；完善村级文化室、农家书屋、体育健身场地建设和管理水平。

（赵焱）

麻田镇

【概述】 2016年，麻田镇国土面积226.64平方千米，辖28个行政村。年末总户数8099户，总人口23721人，其中男性12009人，女性11712人；农业人口21972人，占93%，非农业人口1749人，占0.7%。人口自然增长率2‰。人口密度每平方千米104.7人。

境内资源有丰富的土地资源、森林资源、土特产资源、旅游资源等，土特产有莲菜、核桃、花椒、柿子等。麻田镇旅游业资源特色鲜明，且人文与自然景观资源组合良好。人文景观以红色旅游资源为主。抗日战争时期麻田镇为华北敌后抗战军事、政治中心，革命纪念地有八路军总部旧址、十字岭左权将军牺牲纪念亭、中共中央北方局旧址、新闻烈士纪念碑等。自然景观以太行山水风光为主，有“太行百里画廊”美称。百里之内雄伟刚猛的虎头山，苍茫蜿蜒的卧龙岗，奇异莫测的骆驼峰，惟妙惟肖的神女峰，天真雅趣的龟兔岩，步移景异，是闻名全国的革命老区，山西省省级历史文化名镇，全国爱国主义教育基地，全国100个红色旅游景点景区之一，有太行山上“小延安”“小江南”之美誉。

全镇林地面积533.33公顷，森林覆盖率达37.2%，有大小牲畜存栏1.8万头（匹、只），出栏0.5万头（匹、只）。

年末耕地面积105.06公顷，主要粮食作物有水稻、小麦、玉米，全年粮食总产量8273吨，人均占有 349 千克。2016 年，主要经济作物为核桃，全镇有核桃树 2200 公顷，核桃总产量 210 亿千克，总产值 4200 万元，人均核桃收入达 1770 元。农业总产值 1891 万元，畜牧业产值 557 万元；林业收入 4319 万元；工业产值 113 万元。全镇经济总收入 1.89 亿万元。农民人均纯收入 6288 元。固定资产投资 3242 万元。

全镇 28 个村全部通移动电话，电话装机 960 部，宽带用户 1840 户。

全镇设麻田和泽城 2 个中心卫生院，有医务人员 26 人（麻田 18 人，泽城 8 人），住院床位 15 张，全年入院 49 人次。共有 28 个村级卫生所，有村级卫生室 28 个，村医 28 人。

全镇有麻田和泽城 2 所初级中学，12 所小学校（麻田片 8 所，泽城片 4 所），教职员工 147 人，其中中学教师 56 人，小学教师 91 人；在校学生 1785 人，其中中学生 491 人，小学生 1294 人。（王国斌）

【建设国家级核桃示范基地】 2015 年，凤凰山万亩核桃园区被列为全市重点支持项目，2016 年，继续扩大栽植面积，在大林口、山庄等村二坡地新栽植核桃树 30 公顷，庄园、家庭农场等完成 25.33 公顷；投资 240 万元完成从军寨到西安等 15 个村 800 多公顷 4 年以上矮化核桃树包括剪枝、施肥、刷白、高接换优等春季管理任务，形成幼树整形、老树提质、适龄树增效、劣树改良、林下经济等多个示范区；充分利用凤凰山核桃培训中心这一平台，聘请专业老师对全镇申报的 12 支核桃专业服务队进行考核认定，对通过的 127 人颁发证书，做到持证上岗。加大培训力度，是年，举办培训班 3 期，受训人数达 260 余人次。基本实现了每一村至少有一支专业核桃管理队伍，每一户有一名核桃树管理明白人。（王国斌）

【打造山西首家莲产品基地】 2016 年，麻田镇在莲菜园区引进 6 种精品花莲、3 种子莲、5 种睡莲新品种，在西崖底、云头底建设了 33.33 公顷设施节水莲菜种藕繁育中心，为全镇莲菜的更新换代打下了基础；和武汉水生蔬菜研究所刘义满教授签订了科技服务协议，定期对种植户进行指导培训，对生产过程中产生的问题进行会诊解决，确保莲菜产业健康发展；继续推广莲与其他水生产品立体化养殖，是年，在原养鸭、甲鱼的基础上，增加了蟹、龙虾、鲑鱼等新品种，初步形成了现代生态农业示范基地，惠保蓝和清香钰两个莲菜加工企业，可实现对 233.33 公顷莲菜的销售和加工转化，实现莲菜效益最大化，同时莲菜有机证顺利通过年检；拓展市场，走出去提供技术服务，拓宽销售渠道，先后在涉县、平定、灵石、昔阳等地帮助建设莲池 42 公顷，出售藕种 25.2 万公斤。（王国斌）

麻田镇西安村莲花园区

【全域旅游创建工作启动】 2016 年，麻田镇围绕县委、县政府提出的在麻田实行全域旅游发展试点的要求，按照“挖掘红色文化，用好绿色资源”的思路，全面启动全域旅游创建工作，成立了旅游工作领导组，制定了 2016 年全域旅游行动方案。

做好规划。省旅游局聘请专业人员对以总部、十字岭为代表的红色旅游经典线，以武军山、神女峰为代表的太行山百里画廊，以莲菜园区、清漳河谷为代表的休闲度假区等“三个精品线路”进行总体规划。抓住南会、西安列为全国旅游扶贫重点村，麻田被评为中国美丽田园的机遇，对两个村的旅游发展进行详细规划。投资 800 万元对十字岭及周边环境进行综合整治。

完善设施。在东安村投资 38 万元建设停车场和写生基地，南会村投资 26 万元完成停车场和公厕建设。御祥生态旅游开发公司引进太原大德新公司投资500万元建设高标准的麻田游客接待中心。西安、南会两村的游客接待中心、公厕、停车场、下水管网改造等方案设计完毕。

旅游招商。引进上海乡地艺客投资有限公司在河北沟村开发生态农业旅游及自驾游营地服务项目，由同济大学进行规划设计，签订租用地协议，于6月13日举办了奠基仪式；与海晟文化旅游发展有限公司签订武军山景区开发协议。

（王国斌）

【基础设施建设】 道路建设：投资58万元完成了云头底进村路和入莲菜园区道路拓宽硬化工程；投资35万元完成东安和东安山联村路拓宽改造及800米田间路建设工程；投资115万元完成嵩沟、羊林等5村的核桃园田间道路硬化工程。投资195万元，完成郭家峪、北艾铺进村路拓宽改造；投资72万元，完成连家峪进村路拓宽硬化。人畜饮水：计划投资145万元，完成云头底等7个村人畜饮水安全工程，年底开工实施。灌溉渠维修和新建方面：投资116万元实施清漳河沿岸渠系配套工程，新建渠系3870米，维修旧渠9040米，彻底解决清漳河沿岸11个村浇地困难。垫地清淤和水产养殖：投资20万元完成麻田八路军总部周边350米河道清淤工程；投资60万元完成大林口、九腰会村8.67公顷的垫地任务；投资38.5万元完成东安村3000平方米的鱼塘建设工程。美丽乡村建设：实行包村干部和村主干责任制；实现垃圾填埋场全覆盖；建立区域定期清运工作机制，做到麻田等重点村一天一清运，其他村三天一清运。（王国斌）

【民生工程】 2016年，投资143万元建筑面积1520平方米的东峪村小学建设工程主体已完工。投资26万元，完成苏公小学活动室建设；加大农村危房改造力度，解决55户困难群众住房问题，26户完成改造任务；投资18万元，对西崖底等村的地质灾害进行治理；评审农村低保188户534口人，做到了应保尽保；办理核桃保险256户，64.8公顷，玉米保险1863户，636.73公顷；全面开展农村土地确权工作，全部完成清查摸底工作，正在协助晋昌恒地理勘测公司进行实地测绘。（王国斌）

【生态庄园建设】 2016年，麻田镇打造3处特色庄园经济。投资160万元完成顺康生态庄园新栽核桃树21.33公顷，拓宽道路3.5千米，硬化道路1.5千米，新建蓄水池200立方米；投资90余万元完成菁茂园生态庄园18.67公顷核桃园管理、3.33公顷药材种植、养鹅1万只，完善蓄水池、水管、道路等基础设施建设；投资80万元完成南岩沟生态庄园40公顷核桃树的管理和80公顷连翘种植任务。

（王国斌）

【精准扶贫】 2016年，麻田镇完成精准识别和建档立卡“回头看”工作，全镇共有贫困村13个，贫困户1756户，贫困人口4707人。按照精准扶贫、挂图作战的要求，镇、村两级成立作战指挥部，制作挂图作战版面，完善各贫困村档案资料管理，完成1756户贫困户“一户一袋”资料，并通过实施“一路三带”（麻田镇闭环式循环路、莲菜产业带、核桃经济林带、旅游景观带）扶贫开发战略，精准施策，是年，实现郭家峪、大林口、柴城3个贫困村整村脱贫，全镇脱贫388户，1048人。

（王国斌）

【“7·19”灾后自救和重建工作】 2016年，“7·19”洪灾发生之后，麻田镇召开紧急会议，成立灾后自救工作领导小组，下设麻田片、安腰底片、泽城片、东峪片四个组，人员分工明确，责任到位，对水、电、交通、通信等设施进行抢修恢复，拨付应急资金7.8万元，并发动群众进行抗灾自救，搭建简易桥梁11座，补植补种白萝卜、白菜等农作物3.33余公顷，恢复土渠、土坝4100米，修复田间路5700米。同时，结合实际制定《左权县麻田镇基础设施灾后恢复重建总体规划》，争取项目，促使麻田镇灾后重建工作的有效开展。

（王国斌）

桐峪镇

【概述】 2016年，桐峪镇国土面积154平方千米，辖16个行政村。年末总户数4902户，总人口11688人，其中男性6099人，女性5589人；人口自然增长率3.9‰。少数民族5人，占0.04%。人口密度每平方千米75人。

境内资源有铁矿、铬铁矿、磷矿等，其中铁矿类型有鞍山式铁矿、山西式铁矿及宣龙式铁矿，以前者为主，为境内的一种主要矿种，主要分布在后南冶一带，2016年底，累计查明资源储量1010.15万吨，保有资源储量833.8万吨；铬铁矿分布于苇则村一带，矿区面积0.06平方千米，累计查明资源储量5.48万吨，属贫矿；磷矿分布于中庄村以西，磷矿矿石中伴有钛铁矿、磁铁矿，磷灰石远景资源储量近98.7万吨、钛铁矿12.6万吨、磁铁矿40.6万吨。此外，尚有石英石、云母等矿藏资源可供开采。境内旅游资源丰富，申家峧村西北3千米处有高欢云洞，相传为北魏丞相高欢的避暑之地，曾为古辽阳八景之一，现存庙宇已毁，云洞尚在。红色旅游业主要有桐峪晋冀鲁豫临时参议会旧址、129师司令部政治部旧址、野战政治部旧址等。农业生态观光旅游主要位于小阴沟自然村的莲花岩生态庄园。

全镇林地面积693.33公顷，森林覆盖率达38%，有獾、山猪等珍稀物种；大小牲畜存栏10.35万头（匹、只），出栏4.2万头（匹、只）。年末耕地面积60公顷，主要粮食作物有玉米、谷子，全年粮食总产量6128吨，人均占有524千克。2016年，主要经济作物有油葵、中药材、蔬菜等，其中油葵种植33.33公顷；中药材种植30.67公顷，蔬菜种植32公顷。农业总产值7612.28万元，畜牧业产值2565.57万元；林业收入2179.9万元；工业产值4.39亿万元。全镇经济总收入1.62亿万元，财政总收入470万元。农民人均纯收入6428元。固定资产投资1.11亿万元。

全镇16个行政村全部通移动电话，电话装机620部，宽带用户2400户。

全镇设1个中心卫生院，有医务人员13人，住院床位12张，全年入院诊疗15570人次，住院人数6人。共有16个村级卫生所，有村级卫生室16个，村医14人。

全镇有1所初级中学，4所小学校；教职员工57人，其中中学教师19人，小学教师38人；在校学生590人，其中中学生120人，小学在校生470人。　（陈志风）

【打造现代化采摘园】　2016年，桐峪镇借助上武村“全国文明村”的荣誉称号，打造寒富苹果、爱葡萄、设施蔬菜、优质核桃4个现代化采摘园。寒富苹果采摘园新栽植寒富苹果、盆栽酥梨、盆栽石榴、盆栽桃等试验田10公顷，采取立体种植模式，套种中药材13.33公顷；爱葡葡萄采摘园新流转土地4公顷进行优质葡萄试验，修复灌溉渠系1100米；设施蔬菜采摘园进一步规范设施结构和栽培技术，培育优质蔬菜，绿色蔬菜生产初具规模，年销售额达80余万元；优质核桃采摘园对20公顷核桃树进行精细化管理，培育新的产业亮点，带动当地农民增收。　（陈志风）

【发展壮大庄园经济】　2016年，顺隆生态庄园投资500万元，实施了鸡蛋初加工项目，完成土地整理6.67公顷，新建加工车间1500平方米，库房25间、500余平方米，平整场地2000余平方米，顺隆山庄鲜鸡蛋获得品牌认证。谷车沟庄园投资30万元，栽植连翘33.33公顷，整地16.67公顷，修建300立方米水池2座。森源农民专业合作社新栽植核桃树3000株、梨树、枣树、杏树800余株，养羊1000余只，新建园舍1000余平方米。　（陈志风）

顺隆山庄散养基地

【精准扶贫】　桐峪镇共有贫困村8个，贫困户1587户，贫困人口4109人。2016年，落实责任，成立了党委书记为组长的精准扶贫工作领导组，建立了镇、村、组三级联动扶贫工作机制，明确工作职责。实施挂图作战，将桐峪镇分为三个战区，申家交—隘口村上片战区，以种植油葵优化种植结构，打造4个现代化采摘园，光伏发电项目等为主要作战措施；中庄村—下武村中片战区，以核桃精细化管理产业项目、光伏发电等为主要作战措施；杨家交村—苇则村东片战区，以引导农民创业就业、转移劳动力、光伏发电项目等为主要作战措施。发展产业，全面实施“五个一批”工程。实施扶贫“八普及一创建”工程；成立林业、水利、土地三个领域9支脱贫攻坚专业工队；对贫困户发展特色农业实行特惠补贴政策；对8个贫困大学生进行雨露计划救助；吸纳50名贫困人口充实到生态护林员队伍中，通过保护生态获得劳动报酬，每户每年可增收5000余元。年底，全镇实现脱贫470户，1277人。（陈志凤）

【引导农民科学种植】 2016年，投资15万元，对40公顷新老核桃树实施施肥、刷白、喷药、剪枝等精细化管理，其中隘口村20公顷，白家庄村13.33公顷，桐滩村6.67公顷，同时，争取水利设施配套，打造形成隘口、桐滩、南冶、壑岩4个高标准千亩核桃园。加大农民培训力度，着力提升农民素质，结合第17届农民科技节、第二届农民文化节、旅游节对群众核桃树栽管技术进行了培训，接受培训群众达2500余人次。（陈志凤）

【基础设施不断完善】 2016年，下武村投资170万元，建成集老年人日间照料中心、红白理事会、文化活动中心为一体的村级活动场所；实施了隘口村土地整理项目，复垫耕地20公顷，新垫耕地26.67公顷。投资130万元，在桥上、武家峧和隘口村实施人畜饮水及管网改造工程。投资49万元，实施了碾草渠—活岩农村公路完善提质工程。投资15万元，完成桐滩村小区2500平方米道路硬化工程。投资11万元，完成滩里核桃园区1000米道路硬化工程。投资30万元，完成苇则村425米护村护地坝工程。投资24万元，完成上武村机井配套工程，修建300立方米全封闭水池1个、80立方米露天水池1个，铺设管道600米。投资25万元，清理南峧沟、隘口村3500米河道。（陈志凤）

【社会事业得到发展】 投资200万元，完成南冶村360平方米幼儿园主体工程建设和苇则村260平方米幼儿园建设工程。投资38万元实施乡村清洁工程，对207国道、桐粟线沿线村庄环境卫生进行了集中整治，栽植围网1500米，新建、修复挡墙500米。开展低保五保评审、救灾粮款发放、“新农合”及“新农保”参保等民生工作，做到了程序规范，公开公正。2016年，发放大病救助60户，28万元，“新农保”参保4726人，参保率达90%，参保养老保险4607人，已享受的有1666人。（陈志凤）

拐儿镇

【概述】 左权县拐儿镇地处县境东北部，东、南与芹泉相邻，西南与粟城乡接壤，西与辽阳镇、寒王乡相连，北与和顺县松烟镇毗邻。北纬37°00′33″—37°10′52″东经113°29′11″—113°43′14″。镇政府驻拐儿村，距县城23千米。2016年，全镇辖23个行政村12个自然村，其中行政村有拐儿、骆驼、寺坪、秦家庄、路家庄、天门、阪上、老井、小窑上、玉心沟、西五指、南岔、赵垴、东五指、桃园、板峪、后板峪、旧寨、故县、秋林滩、仙仁坪、大炉、河东。

全镇土地总面积2.30万公顷。其中农业用地1513.33公顷，占总面积的6.53%；林地5653.33公顷，占24.63%；草地313.33公顷，占1.37%。种植业以粮食为主，主要作物以玉米、谷子为主。其次有豆类、莜荞麦、杂粮、油料等。天然草地面积313.33公顷，主要草种有狼尾草、白羊草、野豌豆、披碱草等。主要矿产有白砂岩、粉砂岩等建筑材料资源。核桃种植面积2133.33公顷、年核桃总产量可达180亿千克，人均核桃收入近2000元，品种以绿岭核桃、香玲核桃及本地核桃为主。2016年，辖区总人口9675人，全镇粮食总产量为400亿千克，农业总产值5846万元，比2015年增长6%，农民人均纯收入3582元，同期增长5%。（吕峰）

【光伏扶贫产业】　2016 年，拐儿镇按照“试点先行、逐步推广”的要求，率先在拐儿、寺坪、骆驼、天门 4 个行政村推进集中开发光伏发电项目，这一项目预计年产生经济效益 14 万元左右。除开展集中式光伏发电外，还推广分布式光伏发电，骆驼村签订协议 138 户、寺坪村 70 户、后板峪村 40 户，年底完成所有审批手续。同时摸清故县 35 户、旧寨 16 户、天门 130 户、秋林滩 14 户、阪上 10 户，共计 205 户有安装光伏发电意向，把上述 5 村列入到全镇 2017 年项目规划中。　（吕峰）

【核桃产业】　2016 年，拐儿镇在核桃产业发展上，紧抓创新突破，升级核桃龙头产业。核桃树综合管护项目，核桃园春夏季精品综合管护 1866.67 公顷，九龙岗核桃园低产林改造 200 公顷。在旧寨、故县两村开展林权流转承包试点，将核桃树集中到大户手中，由分散、粗放式管理转变为集中、集约、高效式发展。骆驼、寺坪、旧寨等村个人出资建成核桃初加工作坊，变卖产品为卖品牌，延长产业链。全镇新发展家庭核桃庄园 10 户。9 月 6 日，在九龙岗核桃文化园成功举办了第二届核桃文化节，左权县核桃主产区及县外 20 余家产业大户、企业等应邀参展，展出了各具特色的百余种核桃、干果、小杂粮初级产品、深加工产成品，为拐儿镇乃至左权县核桃产业精细化、多元化、链条化发展树立了标杆；同时结合拐儿镇的精准扶贫措施，以核桃文化节为契机，带动周边核桃种植产业发展　（吕峰）

2016 年 6 月 30 日，由河北兴达集团投资建设的肉鸭养殖示范园区项目在骆驼村开工奠基

【肉鸭养殖项目】　左权县拐儿镇骆驼村肉鸭养殖示范园区由河北兴达集团投资建设，一期项目规划占地 4 余公顷，建设标准化养殖棚 10 栋 12000 平方米。每栋棚舍放养 6000 只鸭，每年平均出栏 6 个批次，年出栏成品肉鸭 36 万只，每只鸭预计 2 元纯收益。肉鸭养殖采用目前国内最为先进的技术工艺和设备，对养殖产生的粪便进行无害化处理，并通过生物发酵转化为高效农业有机用肥，

项目规划分三期建设，分年度实施，共投资 1.1 亿元。2016 年 6 月 30 日，开工奠基，开展平场、接电、打井和园区围栏等前期工作。“7·19”洪灾，使平整的百余亩场地变成干河滩。灾后，经市委、县委、县政府多方努力，年底，旱鸭养殖工程开工重建。重建方案敲定总投资 116 万元，800 米安全防洪坝同养殖园区同期开工，同步发展，预计 2017 年 7 月中旬全面竣工，首批鸭苗可投入养殖。二期县委、县政府将把这一养殖项目作为精准脱贫重点扶持产业，发展规模化养殖大棚 500 个，三期将建设饲料加工厂和屠宰生产线，形成一个比较完善的致富产业链。　（吕峰）

【劳务输出】　2016 年，拐儿镇充分利用全镇劳源丰富的优势，与同泽公司建立劳务台账，造册登记劳务人员 3800 人；从培训、用工对接、劳务维权等方面规范全镇劳务输出市场。12 月 28 日上午，由晋中市人社局、左权县人社局与拐儿镇人民政府联合主办，在拐儿镇举行“左权县 2016 年就业扶贫专场招聘会”，特邀省内外 25 个企业参加招聘，共提供就业岗位 2811 个，进场求职 3000 余人，达成就业意向 600 余人，确保实现“每个有劳动能力的贫困家庭至少有一人就业”的目标。　（吕峰）

【拐儿镇“7·19”洪灾】　2016 年 7 月 19 日，拐儿镇遭遇二十年来最大的洪涝灾害，全镇 23 个行政村不同程度受灾，拐儿村最为严重，水、电、交通、通信全部中断，与外界失去联系。在这次洪灾中，据不完全统计，全镇损坏耕地 291.13 公顷，其中冲走 172 公顷，玉米绝产 273 公顷，损毁矮化核桃树 217 公顷、老树 300 株；造成危房 401 间，其中商户 42 户，冲走房屋 6 户；产业方面，冲走 25 只羊及 6 栋双鲍菇大棚，冲毁羊圈、牛圈等 30 余间，冲毁鱼塘 0.4 公顷、垂钓湖 1 万平方米，损失鱼苗 100 余万元；水利设施方面，冲毁人畜饮水管 3700 米、堤坝 1.76 万米、渠 2.38 万米、井 3

座、水池 1 座；道路交通方面，冲毁道路 44 处 3.33 万米、桥 11 座、涵洞 3 处 174 米；公共基础设施上，冲毁田地挡墙 3 处 525 米、拐儿村银河公园 5000 平方米、绿化带 7000 平方米、绿化树 500 棵、路灯 95 盏；新增 3 处地质灾害点：仙仁坪村后、寺坪学校后二狼嘴、板峪小北洼 3 处泥石流点。造成直接经济损失近亿元。（吕峰）

芹泉镇

【概述】 2016 年，芹泉镇国土面积 179.85 平方千米，辖 15 个行政村。年末总户数 6059 户，总人口 16227 人，其中男性 8682 人，女性 7545 人；农业人口 15940 人，占 98%，非农业人口 287 人，占 2%。人口密度每平方千米 90.2 人。

境内资源有丰富的土地资源、森林资源、土特产资源、石材资源、旅游资源等，土特产有核桃、板栗、柿子等，石材资源主要是白砂岩，旅游景观有绿色景观（紫金山风景区、母子山风景区、日月星、煤苑、小二黑、红石等生态庄园）、红色传统（晋冀鲁豫边区公署和辽东县政府旧址）和金色文化（箕山积雪、紫金山郭守敬天文观象台和紫金山书院、“小二黑结婚”原型地和赵树理旧址、禅房古村落等），都极具开发价值。

全镇林地面积 200 公顷，森林覆盖率达 17%，有家槐、老榆树等珍稀物种。

全镇年末耕地面积 93.73 公顷，主要粮食作物有玉米、谷子、豆类、马铃薯，全年粮食总产量 7158 吨，人均占有 441.1 千克。2016 年，主要经济作物为核桃有核桃树 2333.33 公顷，核桃总产量 30 亿千克，总产值 600 万元，人均核桃收入达 370 元。林业收入 650 万元，财政总收入 666.10 万元。农民人均纯收入 4840 元。全镇 15 个村全部通移动电话，电话装机 480 部，宽带用户 920 户。

全镇设芹泉和下庄 2 个中心卫生院，有医务人员 20 人（芹泉 14 人，下庄 6 人），住院床位 15 张（芹泉 7 张，下庄 8 张），全年入院 24000 人次。共有 14 个村级卫生所，有村级卫生室 14 个，村医 14 人。

全镇有芹泉和下庄 2 所初级中学，8 所小学校（芹泉片 3 所，下庄片 5 所），教学点 2 个（芹泉片、下庄片各 1 个）；教职员工 123 人（芹泉片 63 人，下庄片 60 人），其中中学教师 42 人（芹泉片 20 人，下庄片 22 人），小学教师 81 人（芹泉片 43 人，下庄片 38 人）；在校学生 1160 人（芹泉片 410 人，下庄片 750 人），其中中学生 312 人（芹泉片 108 人，下庄片 204 人），小学生 848 人（芹泉片 302 人，下庄片 546 人）。（苏小东）

【扶贫专业合作社】 2016 年，芹泉镇党委、镇政府出台《芹泉镇关于加强扶贫专业合作社建设的指导意见》，按照“贫困户跟着资金走、资金跟着产业走、产业跟着合作社走、合作社带着贫困户跟着市场走”的发展思路，努力实现“输血”式扶贫向“造血”式扶贫的转变，带动提升贫困户自我发展能力，逐步壮大村级集体经济。中店、小南庄成立养猪合作社，下庄成立养牛合作社，芹泉成立秸秆综合利用养殖合作社。下庄东盛育牛养殖农民专业合作社在省审计厅支持下，以“大户带动经营、贫困户入股分红、扶贫队定向扩股”运营方式吸纳贫困户 60 余户。小南庄村宏兴养猪专业合作社主要吸收孤老病残且无劳动能力的贫困户 60 户、100 人。猪场一期圈舍、饲料间已完工，蓄栏养猪近 200 头，每个贫困户入股 2000 元、折算 2 头小猪，可帮助每个贫困户增加年纯收入 640 元。（苏小东）

下庄养牛场

【芹泉镇“7·19”洪灾】 2016 年，“7·19”灾情涉及全镇 15 个行政村、14 个自然村，受灾人口11257人。因灾造成直接经济损失近亿元。其中，损毁道路4.64万米、桥梁22处；冲毁耕地161.91公顷、护村护地坝2.45万米、渠道1.73万米；冲毁饮水管道1.33万米，毁坏水井6眼；蔬菜大棚进水1.53公顷，五里铺新发展的3.33公顷大棚荡然无存，箕山大棚葡萄试种基地全部被冲毁。全镇农作物成灾面积242.71公顷，绝收面积270.2公顷，受灾农作物基本是玉米，主要为内涝和倒伏。灾后，在11个村实施了管道铺设、修建水源、水池等项目，更换管道8000米；抢修乡村道路30千米，铺设田间路110千米；疏通河道20千米，抢修护村坝2千米；补植补种苗子白、胡萝卜等6.67公顷，对200公顷水玉米地进行了病虫害防治。同时，开展民政救助和社会捐助活动，共发放救灾款75万元，接受社会和有关单位捐助资金3.1万元，白面、大米14吨。至年底，敲定灾后重建16大类、43个工程项目。（苏小东）

【芹泉镇小南庄村门户网站建成开通】 2016年1月，芹泉镇小南庄村的门户网站和手机APP客户端正式建成并上线试运营。网络用户只要在百度搜索栏中键入“小南庄党建网”即可点击完成登录；首页栏上方设有二维码标识，手机用户只要打开微信扫一扫即可关注登录。门户网站的内容板块包括村情概况、发展规划、政策宣传、特色产品、自然风光、村民风采、市场推介、互动留言等，由第一书记任晋联系太原某网络公司，采取支持扶贫、免费建设、无偿服务、合作共赢的方式，合作开发建成。（苏小东）

【生态庄园提质升级】 2016年，芹泉镇围绕生态养生乡镇建设，促进生态庄园提质升级，全年完成投资6000万元。摩天岭景区，修建了牌楼、景区登山石阶路、无名烈士陵墓。赵家沟现代农业综合示范园，铺设道路10千米、灌溉管道5千米，整理山地66.67公顷，栽植板栗33.33公顷，美国大杏33.33公顷。日月星庄园，完善景区基础设施，新开辟采摘园53.33公顷，栽植各类果树1.3万株，增加拓展训练设施，改造旧居50间，改善就餐条件，可满足240人住宿、800人就餐。7月9日，举办了左权县第二届消夏避暑节活动，成为周边游客旅游观光、休闲度假、消夏避暑的首选之地。年初荣获国家旅游局AAA级休闲度假区称号。（苏小东）

【壮大设施农业规模】 2016年，芹泉镇把产业扶贫作为精准扶贫的核心，把设施农业作为带动全镇产业发展的重要引擎，扩大蔬菜种植面积，带动贫困户脱贫致富。以小南庄为中心，共带动周边大南庄、上庄、漳漕贫困村160户农户新发展大棚15.33公顷，新组建了四个设施蔬菜种植农民专业合作社，可带动110户贫困户实现脱贫。（苏小东）

石匣乡

【概述】 2016年，石匣乡国土面积435.65平方千米，辖28个行政村。年末总户数6289户，总人口13925人，其中男性7219人，女性6706人。少数民族2人，为傈僳族。人口密度每平方千米32人。

境内有中型水库一座，水资源丰富，旅游景观有石匣水库，清漳河，鱻森葡萄庄园，赵家庄苍鹭农场，民歌、花戏、传统民居等。

全乡林地面积1.10万公顷，森林覆盖率达30%，有黑鹳等珍稀物种；全乡现有羊存栏6.2万只、猪存栏1000头、鸡存栏13.5万只、牛存栏1050头。

年末耕地面积2760公顷，主要粮食作物有玉米、谷子，大豆，全年粮食总产量9558万吨，人均占有7352千克。全乡经济总收入6709万元。农民人均纯收入4818元。固定资产投资1亿元。

全乡28个村全部通移动电话，电话装机1000部，宽带用户400户。

全乡设1个中心卫生院，有医务人员10人，住院床位8张，全年入院0人次。无村级卫生所，有村级卫生室27个，村医23人。

全乡有1所初级中学，1所小学校；教职员工34人，其中中学教师15人，小学教师19人；在校学生157人，其中中学生37人，小学在校生120人。（皇甫庶声）

【精准扶贫】　2016年，石匣乡通过产业发展、生态补偿、教育扶贫、社会兜底等多种措施、多种途径、多方扶持开展精准脱贫工作。成立由乡党委书记、乡长任组长，各分管领导任副组长，各相关站所、包村干部及各村书记、主任为成员的精准扶贫建档立卡工作领导小组。乡里组建扶贫工作站，各贫困村也相应成立扶贫工作室。制定《石匣乡“第一书记”日常管理办法》，开展建档立卡“回头看”工作，规范各类档案资料。聘请北京道为筑成规划设计有限公司，编制《石匣乡乡域发展规划》，以基础设施、设施蔬菜、杂粮种植、畜禽养殖、光伏发电、乡村旅游为重点，科学敲定项目。新组建管头村芋农土豆农民专业合作社、白堠村“鱼水情”养殖农民专业合作社、赵家庄苍鹭农场等各类农民产业合作社12个，在大林、赵家庄等6个村分别组建蔬菜种植农民专业合作社，组建农建水利专业合作社、造林专业合作社和土地开发与治理专业合作社三类合作社共19支，以上合作社可以实现带动355户贫困户脱贫。至年底，全乡338户、888口人精准脱贫。（皇甫庶声）

2016年12月23日，石匣乡召开脱贫攻坚推进会

【下峧村土地确权全省典型】　2016年8月，晋中市组织农经部门在石匣乡下峧村土地确权工作的经验、做法进行观摩、推广。10月，全省土地确权推进会在太原迎泽宾馆召开，石匣乡下峧村土地确权资料代表晋中市接受全省观摩。截至2016年底，石匣乡共完成土地确权清查摸底55个村组，完成测绘指界53个村组，完成精准核实49个村组，完成公示49个村组，签订合同2个村，225户。（皇甫庶声）

【庄园经济提质增效】　2016年，石匣乡以促进生态庄园提质增效为目标，增投入，促提质，生态庄园逐步壮大。红都民歌基地博物馆展品展陈完毕，广场石板铺设、接待中心工程以及水保工程；禄缘生态庄园种植杂粮66.67公顷，补栽核桃、榛子树苗1000余株，修建谷防坝3座53米；投资186万元完成鱻森葡萄庄园园区道路硬化工程；川口家春生态庄园投资500余万元，完成整地20余公顷，硬化园区道路2.5千米，新建牛圈2000余平方米，栽植人用杏12万株；李家峪生态庄园投资300余万元，修建羊圈400平方米，养羊200余只，栽植杏、榛等经济作物1.8万株；投资50余万元在赵家庄村新建苍鹭农场。（皇甫庶声）

【农牧产业规模不断壮大】　2016年，石匣乡共发展中药材26.67公顷，种植杂粮53.33余公顷，投资80万元在林河村建成存栏5000只的小型养鸡场2处，在川口村新建成年出栏10万只肉鸡的红星肉鸡养殖基地。投资21万元在大林村实施500平方米羊圈新建项目。投资100万元完成万安实业大青山羊养殖项目青贮地工程、1500平方米供港活羊中转场土建工程。投资100万元完成丰谷园肉猪养殖场建设。投资18万元完成狮岩葡萄园3.33公顷“早黑宝”葡萄种植。完成竹宁村20公顷以黄芩为主的中药材种植。（皇甫庶声）

寒王乡

【概述】　寒王乡位于左权县城北20千米处，辖19个行政村13个自然村、13898口人，全乡总面积为169.4平方千米，耕地面积1997.33公顷，平均海拔1250米，基层党组织26个，党员880名。乡域矿产资源丰富，特色农业优盛，区位交通便利，人文底蕴深厚。矿产资源有煤炭、石灰石、铝矾土；农作物有豆类、马铃薯、莜麦、荞麦等；交通以207国道、阳涉铁路横穿全境，阳左、阳黎高速交会贯通；寒王因寒冬腊月桃花傲雪怒放而享誉在外，既有六百年的明代民宅，又有四百年的清

朝官邸，素有辽阳八景之首“北国晴岚、五县至尊”之美誉。2016 年，全乡工业生产总值 1.3324 亿元，招商引资 1 亿元，固定资产投资 1.16 亿元，农民人均纯收入 7398 元。（翟桐莹）

【农业生产】 2016 年，寒王乡以农业增效，农民增收为主线，全力实施“扶持一批优质农业项目，培育一批农业新型经营主体，发展一批农业龙头企业，引导一批产业带头人投资投产”四个一批工程。是年，全乡粮食总产量 520 亿千克，杂粮种植面积 1133.33 公顷，药材种植面积 333.33 公顷，黑蘑菇、双孢菇等菌菇种植规模 70 栋，栽植核桃树 20 公顷，优种嫁接 5000 株；实施秸秆还田 146.67 公顷，全乡禽畜饲养量达 11.26 万只/头，其中：羊存栏达 3.51 万只，牛存栏 1000 头、猪存栏 1200 头、鸡存栏 7.53 万只；培养农机大户 3 户，建成标准化养殖园区 2 个，繁育基地 1 个。（翟桐莹）

中药材种植

【工业经济】 2016 年，寒王乡有中小企业 24 个，其中煤炭企业 5 个，分别是：汾西瑞泰、阳煤集团、阜生煤业、潞安佳瑞、山煤宏远；洗煤企业 4 个，分别是：通宝煤化、鹏新煤化、鑫宏源煤化、天之蓝煤化；石料厂 1 个，洪鑫泰昌；砖厂 2 个，后寨砖厂、鑫宏源建材厂。是年，原煤价格同比上涨 284%，达到 475 元/吨，产能 180 万吨，实现销售收入 8.55 亿；精煤价格 750 元/吨，产能 330 万吨，实现销售收入 24.75 亿元。（翟桐莹）

【民生改善】 2016 年，投资 300 余万元完成下凹、秋树港、大红背、段峪共 4 条乡村公路的建设及 19 条乡村公路的养护；投资 28 万元完成了简会、鹿鸣、大红背、大林坡、平王五个村的安全饮水工程；投资 465 万元完成上丰堠、蒲峪 54.13 公顷土地整治项目；投资 33 万元实施石港口村“八普及一创建”项目，里长、寒王、下其至、石港口四个村实现太阳能公共浴室、婚白理事餐厅、老年日间照料中心，文化活动室、健身场地、垃圾填埋场、卫生所的普及；投资 300 余万元完成寒王等 7 所学校的改薄工程；评审低保 44 户 83 人、五保人员 41 户 41 人；养老保险新参保人数 109 人，全乡共计 4995 人参保，缴纳养老保险 73.26 万元，参保率达 98.5%；进行危房改造 22 户；土地确权完成 32 个村组的调查摸底、址界核实及精准核对工作和 29 个村组的合同签订工作。（翟桐莹）

【精准扶贫】 2016 年，寒王乡打破班子成员和机关干部分工包片限制，组建九支战斗队对接九个贫困村，着力解决“扶持谁”“谁来扶”“怎么扶”三个问题，通过发展主导产业光伏＋、配套产业种养加及五项富民惠民产业，完成 205 户、566 人的脱贫攻坚任务。（翟桐莹）

【打造光伏扶贫富民工程】 2016 年，寒王乡按照“五个一批”“六个精准”的要求，围绕全乡“苦干二年，全面脱贫建设小康”的目标，突出重点，精准发力，实施“光伏＋”产业模式，圆满完成 205 户的脱贫任务。全县光伏扶贫现场会在寒王乡召开，全乡实行的脱贫资金筹措机制（银行贷、政府补、单位帮、企业垫、自己筹）及手续办理的经验做法得到与会人员的认可，并在全县进行推广。（翟桐莹）

龙泉乡

【概述】 2016 年，龙泉乡国土面积 178 平方千米，辖 20 个行政村。年末总户数 4397 户，总人口 10552 人，其中男性 5387 人，女性 5165 人；农业人口 9852 人，占 93%，非农业人口 700 人，占 6.97%；人口自然增长率 10%。少数民族 3 人，占 0.03%。人口密度每平方千米 59.3 人。

境内矿产资源丰富，主要有煤、石灰石、铁矿石、铝矾土等矿藏资源，是左权县的工业重镇、经济大乡。旅游景观有国家AAAA级太行龙泉风景区。

全乡林地面积242.4公顷，主要粮食作物有玉米、大豆、土豆、谷子等，全年粮食总产量6000吨，人均占有569千克。是年，主要经济作物为核桃。工业产值4.65亿元。全乡经济总收入1.1亿元，财政总收入850万元。农民人均纯收入6949元。固定资产投资1.39亿元。

全乡20个村全部通移动电话，电话装机50部，宽带用户880户，其中联通700户，移动180户。

全乡设卫生院1个，有医务人员15人。有村级卫生所20个，村级卫生室20个，村医19人。

全乡有龙泉1所初级中学，4所小学校（龙泉、温城、梁峪、草亭）；教职员工37人，其中中学教师20人，小学教师17人（龙泉14人、温城1人、梁峪1人、草亭1人）；在校学生118人，其中中学生31人，小学在校生87人（龙泉69人、温城10人、梁峪7人、草亭1人）。（陈霞　王琪新）

【传统农业提质增效】 2016年，龙泉乡通过以点带面、示范引领，传统农业走上特色化、规模化道路。发展规模种植养殖业。连壁200公顷核桃园基地已建成开始挂果；松树坪5万头生态循环养殖园，存栏种猪2500头，生猪3000头。三教村万头猪场，猪舍2座1600平方米及化粪池、蓄水池、饲料库、锅炉房等附属设施已建成。发展林下经济和中药材。发展333.33公顷核桃间作杂粮、中药材，中药材种植达到373.33公顷。发展有机特色农业。在龙鑫农民专业合作社带动下种植有机杂粮333.33公顷，投资200万元，扩大西寨双孢菇设施种植；继续扩大水果玉米、葡萄、珍禽、肉鸡等特色种养殖。（陈霞　王琪新）

【新兴产业势头强劲】 光伏发电：乡政府30千瓦光伏电站并网发电，松树坪村120千瓦光伏电站12月并网，龙则、温城、堡则三村的村级光伏电站有序推进，西瑶25户、龙则村2户贫困户的屋顶光伏电站并网发电。旅游产业：完善龙泉国家森林公园旅游配套设施，完成历史纪念馆、民俗文化馆、龙母小镇、太行人家、环岛路等项目建设，索道投入运营，种植13.33公顷景观向日葵，年接待游客达15万人次；在发展乡村文化旅游方面，重点打造龙则、西瑶、堡则、连壁4个村，改善基础设施，建设停车场、公厕、游客接待中心。农家乐由3户发展到了8户。电商产业：马家拐村级服务店于2015年11月正式运营，每月实现交易额2万元，堡则村农村电商服务站已建成运营，京东电子商务已入驻运行。（陈霞　王琪新）

【招商引资成效明显】 2016年，龙泉乡先后引进河北涉县冀晋龙西牧业有限公司、北京中电尚明有限公司、河北拓润农业开发有限公司等大型公司入驻龙泉，发展养殖、光伏、设施农业、中药材。全年乡党委政府五次外出招商，与河北11个企业签订约3个亿的合作意向，河北拓润农业开发有限公司666.67公顷省级中药材示范基地已落地佛口村。（陈霞　王琪新）

【精准扶贫】 年初，龙泉乡共有8个贫困村、521户、1146口贫困人口。乡党委、政府立足贫困村的发展现状和立地条件，将全乡分为四个战区，分别是西瑶、龙则村“乡村旅游作战区”；堡则村“产业扶贫‘八普及一创建’作战区”；连壁村“核桃、杂粮种植加工作战区”；东村、大节、坪上、温城“规模健康养殖‘公司＋农户’作战区”。年底，实现195户487人贫困人口脱贫。

（陈霞　王琪新）

【基础设施大为改善】 2016年，投资1700万元，完成梁北线建设工程；投资47万元，完成松树坪村进村公路改造；投资40万元，完成梁峪引

207国道两旁亮化工程

水工程；投资8万元，更换佛口村900米饮水管道；投资36万元，新建西寨村太阳能浴室和红白理事厅；投资12万元，美化梁峪村口，建设景观绿化带和120米社会主义核心价值观扇形宣传墙；投资30万元，建设西瑶村旅游停车场；投资24万元，完成龙泉出口温城岭环境美化，建起高15米的宣传广告牌；投资5.3万元，完成望阳垴村美化；投资395万元，新建占地640平方米的三层中学教学楼。（陈霞　王琪新）

粟城乡

【概述】　2016年，粟城乡国土面积160.72平方千米，辖11个行政村。年末总户数3389户，总人口8087人，其中男性4189人，女性3898人；农业人口8087人，占100%；人口自然增长率6.8‰。人口密度每平方千米58人。

境内铁矿资源丰富。旅游景观有原庄村五台寺、柏峪民俗文化园、粟城村二龙桥等。

全乡林地面积425.77公顷；大小牲畜存栏1.4万只，出栏0.68万只。

年末耕地面积64.2公顷，主要粮食作物有玉米、谷子、豆类、水稻、马铃薯，全年粮食总产量325万千克，人均占有402千克。全乡杂粮种植面积达到160公顷，贫困村种植杂粮91.33公顷。2016年主要经济作物有核桃、柿子等。全乡经济总收入4776万元，财政总收入433万元。农民人均纯收入5980元。固定资产投资1.3亿元。

全乡11个村全部通移动电话，电话装机400余部，宽带用户1160余户。

全乡设中心卫生院1个，有医务人员10人，住院床位5张。有11个村级卫生所，村级卫生室11个，村医12人。

全乡有1所初级中学，1所初级小学校；教职员工62人，其中中学教师22人，小学教师40人；在校学生678人，其中中学生185人，小学在校生493人。（胡倩）

【核桃产业发展】　2016年，粟城乡继续坚持二坡地栽核桃树的发展方向，全年新增核桃树栽植面积83.33公顷，其中在南沟桃树沟、粟城合角岭、石窑坪大石坪等5处实施完成核桃园建设工程50公顷，新发展家庭式核桃园5户33.33公顷。加大核桃园综合管护力度，全年完成核桃树管护426.67公顷，老树2.7万株，核桃总产达到68.5万千克。在做大核桃产业的同时，大力推行核桃+中药材的种植模式，动员并组织李爱军、常世平等家庭庄园林下种植中药材，完成各类药材种植达到124.67公顷。（胡倩）

【庄园经济提质升级】　2016年，粟城乡新发展苏亭东寺垴、南沟桃树沟和粟城合角岭3个生态庄园，其中东寺垴庄园仅土地流转就为村民人均获益800元。在开发新庄园的同时，加大原有庄园的提质升级力度，投资301万元完成三盛、岩峧寺等4个庄园12.1千米的庄园路建设，投资37万元完成漳核园庄园提水灌溉工程，投资15万元完成茂丰庄园扎坝工程，投资15万元完成王家峪、三盛庄园连翘种植36.67公顷，核桃园补种4.67公顷。（胡倩）

茂丰生态庄园

【发展规模养殖】　2016年，粟城乡在现有规模养殖基础上，新发展柏峪、原庄、柏管寺3个规模养牛户，原庄、粟城、庄南等5个千只养羊场，投资90万元新发展石窑坪万只肉鸡场。全乡羊存栏2万余只，猪存栏1100余头，牛存栏200余头，鸡存栏2.4万余只，蜂箱800余箱。（胡倩）

【拓宽就业渠道】　2016年，粟城乡成立水保、林业、土地合作社、卫生保洁员、公路养护员、铁路护路员等队伍，为贫困劳动力提供300个就业岗位；以铁矿价格上涨为契机，服务企业复工复产，全乡成立工作组在企业蹲点一个月着重解决企业经济纠纷、村企矛盾、理顺股权关系、尾矿库污染等问题，通过帮扶企业复产转移邻近村庄剩余劳动力300余人，可安置贫困人口劳力150人左右；庄园经济的发展，全乡转移劳动力300余人；利用近郊地域优势和本乡2000多人在县城长期居住的条件，激活服务县城居民生活的第三产业，创办家政、餐饮、运输、商贸等服务业，拓宽从业领域。（胡倩）

【基础设施得到改善】 2016年，柏峪村投资500万元修建护地坝1950垫地20.8公顷；石台头投资40万元完成扎坝搭桥工程；苏亭村投资25万元，完成修渠工程；马家楼投资15万元，完成河段河道整治工程；南沟村投资7.6万元，完成小型水利工程，全乡基础设施得到进一步改善。以切实保障农村饮水安全为宗旨，投资50万元铺设和改造引水管道600米，维修200立方米水池1座，有效解决了庄南、上交漳等500余口人的人畜安全饮水问题。（胡倩）

【灾后恢复重建】 2016年，针对“7·19”受灾面广，灾情严重的实际，粟城乡加紧推进、有序部署灾后恢复工作。漳河沿线水毁渠坝修复工程共投资96万元，维修渠系1600米、桥梁54米，扎堰40米，修复挡墙30米，恢复道路1000余米。库区原五村水毁工程共投资15万元修复道路共1.6万米，年底入村公路全部通车。（胡倩）

【精准扶贫】 粟城乡2015年建档立卡贫困户800户1706口人，贫困人口涉及全乡14个村(组)，贫困发生率21.44%。2016年，全乡196户406口人脱贫，分布在7个贫困村中，其中柏峪村整体脱贫。在实现精准扶贫中，制定具体工作措施确保精确到位：全乡实行干部包村责任制，深入所在贫困村对贫困户标准化识别、信息化建档、实名制管理；完善扶贫工作机制，在各个贫困村设立精准扶贫工作办公室，每个贫困村由第一书记、包村干部、村主干组成帮扶工作队负责帮扶，实现“一村一业一单位、一户一策一干部”，从根本上把“输血”向“造血”的方式转变；乡党委、政府与各村签订扶贫攻坚责任书，倒排时间表挂上作战图，层层对标交账，层层传导压力，对个别村工作成效不明显，连续两年排名靠后的村，对包村干部和村干部进行约谈并通报批评，对提前完成任务的，脱贫攻坚期内资金不变、政策不变，并给予通报表彰奖励。（胡倩）

【社会事业发展】 “八普及一创建”项目：粟城村、故驿村共投资80万元，建成老年人日间照料中心、太阳能公共浴室、垃圾填埋场，并对红白理事厅进行改造升级。环境整治：以乡村环境卫生“脏、乱、差”现状整治为重点，突出解决“垃圾乱倒、污水乱流、杂物乱堆”的问题，广泛发动群众对乡村两级环境卫生进行集中整治。至年底，全乡共投入资金40余万元，配备垃圾桶70个，手推车11个，累计发动群众4000余人次，动用机具300台次，安装护网900米，新建垃圾池9个，安装路灯宣传牌300余个，清理卫生死角1000多处，清理河渠4500米，修建挡墙1200米，刷写固定标语5条。各村建立“门前三包”责任制和定期清扫制度，制定适合本村实际的卫生管理村规民约，全乡形成“自我管理、自我服务、自我发展”的长效环卫保洁和维护机制。（胡倩）

羊角乡

【概述】 2016年，羊角乡国土面积106平方千米，辖15个行政村。年末总户数3159户，总人口7813人，其中男性4094人，女性3719人；农业人口7813人，占100%，人口密度每平方千米73.3人。

境内有丰富的土地资源、森林资源、中药材资源、土特产资源、矿产资源以及旅游资源等。全乡有林地3866.67公顷，其中防护林3200公顷、经济林666.67公顷；四旁树木38万株。中药材资源主要有黄芩、柴胡、党参、连翘。土特产有核桃、花椒、山楂等。矿产资源有大量的玄武岩和少量大理石、铁矿石。辖区内黄泽关为唐代以后山西的重要关隘之一。黄泽关景区包括黄泽关、岩溶地貌、撒金桥、羊角山、八路军机关旧址（茅草圪洞）、八路军碉堡群、八路军兵工厂和白求恩医院等景点和遗址。

全乡林地面积 265.69 公顷，森林覆盖率达 37.4%，有家槐、老松树等珍稀物种。

年末耕地面积 56.47 公顷，主要粮食作物有玉米、谷子、豆类、马铃薯，全年粮食总产量 6350 吨，人均占有 812.74 千克。2016 年，主要经济作物为核桃，全乡已拥有核桃树 1000 公顷，核桃总产量 450 万吨，总产值 360 万元，人均核桃收入达 463 元。林业收入 580 万元，财政总收入 431.56 万元。农民人均纯收入 5066 元。全乡 15 个村全部通移动电话，电话装机 110 部，宽带用户 435 户。

设中心卫生院 1 个，有医务人员 8 人，住院床位 9 张，全年入院 23452 人次。有 15 个村级卫生所，村级卫生室 15 个，村医 15 人。

全乡有 1 所初级中学，3 所小学校；教职员工 52 人，其中中学教师 21 人，小学教师 31 人；在校学生 471 人，其中中学生 131 人，小学在校生 340 人。（刘美丽）

【精准扶贫】　2016 年初，羊角乡有贫困户 1449 户、3724 人，乡村两级分别设立扶贫工作站和扶贫工作室，并挂起作战图，明确脱贫任务、举措和时限；推行“11511”精准扶贫工作模式（认准一村一个基本情况、绘制一村一张精准扶贫作战图、掌握一户五类贫困精准信息、签订一人一份扶贫攻坚责任状、发展一村一项脱贫主导产业），全面落实“两册一表一卡一台账”和“一户一袋”精准帮扶基础性工作；开展“四一、两到、三送”活动，即：拍一张照片，吃一顿便饭，参加一次劳动，进行一次访谈；到户算账，到人认账；送温暖、送政策，送科技。确立“三推五”帮扶模式，即：以核桃产业提质、药材产业壮大、劳务输出稳定三个支柱产业为主抓手，推动“五个一批”帮扶措施精准到户；依托生态补偿机制促脱贫，全乡 465 户申请了新一轮退耕还林，其中贫困户 310 户，选聘 50 名贫困人员担任生态护林员；依托专业合作社带动促脱贫，将成立的 3 支水保专业队和 4 支生态造林专业合作社作为增加贫困户收入的又一渠道，共吸纳全乡贫困户 168 人；依托发展教育机制促脱贫，落实贫困大学生救助机制，全乡共有 15 名二本 B 类大学生申请救助 7.5 万元。至年底，南峪沟、圪道、南塧三个村整体脱贫，全乡共 343 户、910 口人脱贫。（刘美丽）

【灾后恢复】　2016 年，羊角乡共投资 275 万元，抓好通村道路、护村大坝、田间道路、饮水设施四大基础设施恢复：15 个村总计投资 30 余万元，共抢修道路 7.2 千米，清理塌方 40 余处 2 万方，清淤河道 1.14 万立方米，实施扎坝工程 200 余米。由帮扶单位出资总计 70 余万元，力保全乡 8 万余米的田间道路全面恢复。各类恢复工程有序铺开：在饮水方面，总计投资 21.8 万元分别对羊角、水峪沟、磨沟、南脑和高家井 5 个村实施饮水安全恢复工程，更换管道 3900 米，更换潜水泵 1 台，维护变压器和井台各 1 处；在扎坝方面，总计投资 74 万元，在新庄、圪道、水峪沟和泊里 4 个村实施扎坝堤防工程 1651 米。同时，落实农业扶持政策，争取扶持资金 78.5 万元，实施农村“一事一议”项目 6 个。（刘美丽）

更换管道

【调结构 促增收】　2016 年，羊角乡完成种植 806.67 公顷，其中玉米 649.93 公顷，同比减少 11.5%，杂粮种植 161.13 公顷，同比增加 47.3%。四里庄村新发展设施蔬菜拱棚 1.33 公顷，完成整地任务。借助县劳务输出公司的平台，7 月挂牌成立了羊角乡劳务输出服务站。当地农民想外出打工，可方便到乡劳务输出中心进行咨询就业。全年全乡输出稳定在 3000 人以上。（刘美丽）

【招商引资】　2016 年，羊角乡引进小微企业 3 个。（一）高家井村创办粉硅玻璃原料加工厂，该项目投资500万元，厂房建设已完工，生产设备已配齐，年底正式运营。该项目将可带动当地30余人的就业。（二）羊角村核桃种植大户常爱明注册成立了左权县常妍钰农林科技有限公司，投资50万元，建立了左权县供销社爱民农业专业合作社，年底正常运营。（三）金鼎农民专业养殖合作社投资新建后岭三元养猪场，总投资120万元，圈舍占地2200平方米，建成后可养殖三元猪600头。该工程于2016年4月动工，9月竣工。10月，从山东枣庄购进三元猪崽600头。（刘美丽）

【基础设施】 2016年，羊角乡争取各类项目9项，投资900余万元。其中，一事一议项目6个：羊角村修建护村坝100米；洞子岩村亮化工程安装路灯15盏、修缮水库外墙122.5平方米，加固内墙27平方米；高家井村新建红白理事厅和太阳能公共浴室；圪道村新建涵洞13米，护田坝100米；磨沟村修缮涵洞30米，硬化洞顶65平方米；泊里村新建护村坝63米，硬化坝顶210平方米。一村一品项目1个：四里庄村铺设田间道路5000米。扶贫项目1个：洞子岩村硬化街道990米。帮扶单位驻村项目1个：水峪沟通村道路建设工程上报市以工代赈办，正在审批立项。（刘美丽）

【民生事业】 2016年，实施办学提质工程，投资690万元，分别在羊角、新店小学建立教学综合楼2700平方米，在羊角小学建立教师周转房630平方米，年底，师生入住新楼；实施救灾救助工程，审核“7·19”洪灾救灾对象1878人、5205人，发放救灾资金42.27万元；急需救助对象76户、248人，发放救助资金2.58万元；紧急安置对象34户82人，发放安置资金4400元。审核94名重度残疾人符合享受护理补贴政策，享受补贴5.64万元。完成农村危房改造33户。农村养老保险征收率达93.6%。农村合作医疗征缴90.67万元；实施乡村清洁工程，以打造“清洁家园、宜居乡村”为目标，深入推进乡村环境卫生清洁工程，建立阶段整治与长效机制相结合、动员群众突击清理与专业人员日常保持相结合的工作机制，500口人以上的村全部实行垃圾不落地；实施数字电视升级工程，对水峪沟、洞子岩、磨沟3个村的200户数字电视升级改造，加强网络信息。（刘美丽）

2016年获省部级表彰的先进模范人物

吕爱鸿　男，大学本科，中共党员，龙泉乡党委书记，2016年1月，被山西省委评为全省优秀乡镇党委书记。

侯秀英　女，大学本科，中共党员，扶贫办主任，2016年3月，被山西省妇联授予三八红旗手称号。

郭应林　男，中共党员，龙泉乡连壁村党支部书记，2016年4月，被省劳动竞赛委员会授予山西省五一劳动奖章荣誉称号。

王俊斌　男，大学本科，中共党员，左权县委组织部副部长、老干局局长，2016年12月，获全国先进老干部工作者荣誉称号。

2016年获晋中市表彰的道德模范人物

赵亚飞　男，初中，左权县麻田镇上口村村民，2016年，获晋中市第五届感动晋中十大道德模范人物。

先进集体

表 2　　**2016 年度获得市委、市政府以上表彰的先进集体一览表**

受表彰单位	表彰年月	表彰事项	表彰部门
辽阳镇	2016.9	全省法制宣传教育先进单位	山西省委宣传部、山西省司法厅
桐峪镇	2016.10	2014—2015 年度省级文明乡镇	山西省精神文明建设指导委员会
粟城乡	2016.10	2014—2015 年度省级文明乡镇	山西省精神文明建设指导委员会
县残联	2016.1	2015 年度全省残疾人工作县级残联先进单位	山西省残疾人联合会
县交警大队	2016.10	2014—2015 年度省级文明单位	山西省精神文明建设指导委员会
县市场和质量监督管理局	2016.10	2014—2015 年度省级文明单位	山西省精神文明建设指导委员会
	2016.2	食品药品监督管理规范化建设先进站	山西省食品药品监督管理局
财政局	2016.4	省级青年文明号集体	山西省财政厅
县交通局	2016.10	2014—2015 年度省级文明单位	山西省精神文明建设指导委员会
县供销社	2016.1	2015 年省供销系统基层组织建设先进单位	山西省供销合作社联合社
县农机局	2016.2	2015 年度全省农机购置补贴绩效考核优秀单位	山西省农机局
县志办	2017.1	2016 年全省地方志系统先进单位	山西省地方志办公室
麻田八路军总部纪念馆	2016.10	2014—2015 年度省级文明景区	山西省精神文明建设指导委员会
县检察院	2016	全国先进基层检察院	最高人民检察院
县检察院	2016.3	全国老年法律维权工作先进集体	全国老龄工作委员会办公室、最高人民检察院、民政部、最高人民法院、公安部、司法部

经济社会统计资料

表 3　　**2016 年主要农产品产量及其增长速度一览表**

产品名称	产量（吨）	比上年增长（%）
粮食	56729.4	－4.7
小麦	43.6	9.0
玉米	47626.5	－3.7
谷子	6026.4	1.0
豆类	1255.8	1.0
薯类	1190.1	－51.0
油料	435.7	7.0
蔬菜	21430.9	－5.0
水果	558.0	－5.1

2016 年规模以上工业增加值及其增长速度一览表

表 4　　单位：万元

指　标	增加值	比上年增长%
规模以上工业	143980	3.0
其中：煤炭开采和洗选业	78546	1.7
铁矿采选业	4610	111.0
基础化学原料制造	309	612.0
电力、热力供应业	58939	－0.3
铁合金冶炼业	694	104.0
水泥制造	880	28.2

表 5　　**2016 年分行业固定资产投资及其增长速度一览表**

固定资产投资行业分类	投资额（万元）	增速（%）
投资总额	994000	12.8

续表

固定资产投资行业分类	投资额（万元）	增速（%）
农林牧渔业	204654	58.0
采矿业	90894	－58.2
制造业	79918	123.4
电力、煤气及水的生产和供应	145440	－37.2
建筑业	4540	8.2
批发和零售业	20402	530.3
交通运输、仓储及邮政业	52653	173.8
住宿、餐饮业	3240	—
信息传输、软件和信息技术服务业	—	—
金融业	5370	—
房地产业	56980	－27
租赁和商务服务业	4050	－21
科学研究、技术服务业	21202	—
水利、环境和公共设施管理业	225464	106.4
居民服务、修理和其他服务业	980	—
教育	23353	66.0
卫生和社会工作	11749	256.0
文化、体育和娱乐业	14980	—
公共管理、社会保障和社会组织	28131	2031.1

2016年左权县城镇单位从业人员对照表

表6　　单位：人，%

指标	2015年	2016年	比上年		备注
			绝对数	增长%	
总计	16340	13787	－2553	－15.62	
分经济类型					
国有单位	7811	7913	102	1.31	
集体单位	380	430	50	13.16	
其他单位	8149	5444	－2705	－33.19	
分企业、事业、机关					
企业	9275	6696	－2579	－27.81	
事业	5342	5228	－114	－2.13	
机关	1723	1863	140	8.13	
民办非盈利组织					
其他					

续表

指标	2015年	2016年	比上年		备注
			绝对数	增长%	
按国民经济行业分组					
农、林、牧、渔业	356	333	−23	−6.46	
采矿业	7059	4306	−2753	−39.00	
制造业	312	307	−5	−1.60	
电力、热力、燃气及水生产和供应业	737	853	116	15.74	
建筑业	80	80	0	0.00	
批发和零售业	337	289	−48	−14.24	
交通运输、仓储和邮政业	49	46	−3	−6.12	
住宿和餐饮业	66	70	4	6.06	
信息传输、软件和信息技术服务业					
金融业	500	547	47	9.40	
房地产业	45	40	−5	−11.11	
租赁和商务服务业	409	422	13	3.18	
科学研究、技术服务业	63	67	4	6.35	
水利、环境和公共设施管理业	620	725	105	16.94	
居民服务、修理和其他服务业					
教育	2333	2296	−37	−1.59	
卫生和社会工作	609	617	8	1.31	
文化、体育和娱乐业	120	120	0	0.00	
公共管理、社会保障和社会组织	2645	2669	24	0.91	

2016年左权县城镇单位从业人员工资总额对照表

表7　　单位：千元，%

指标	2015年	2016年	比上年		备注
			绝对数	增长%	
总计	728943	627255	−101688	−13.95	
分经济类型					
国有单位	371924	389786	17862	4.80	
集体单位	42823	38947	−3876	−9.05	
其他单位	314196	198522	−115674	−36.82	
分企业、事业、机关					
企业	371705	255722	−115983	−31.20	

续表

指标	2015年	2016年	比上年		备注
			绝对数	增长%	
事业	277763	271818	−5945	2.14	
机关	79475	99715	20240	25.47	
民办非盈利组织					
其他					
按国民经济行业分组					
农、林、牧、渔业	17029	18224	1195	7.02	
采矿业	274621	156451	−118170	−43.03	
制造业	10108	10994	886	8.77	
电力、热力、燃气及水生产和供应业	24082	29272	5190	21.55	
建筑业	1862	850	−1012	−54.35	
批发和零售业	8689	8055	−634	−7.30	
交通运输、仓储和邮政业	2276	2275	−1	−0.04	
住宿和餐饮业	2403	1177	−1226	−51.02	
信息传输、软件和信息技术服务业					
金融业	50536	46616	−3920	−7.76	
房地产业	1710	2032	322	18.83	
租赁和商务服务业	5333	6324	991	18.58	
科学研究、技术服务业	3646	4240	594	16.29	
水利、环境和公共设施管理业	13625	15481	1856	13.62	
居民服务、修理和其他服务业					
教育	160624	156929	−3695	−2.30	
卫生和社会工作	30797	31213	416	1.35	
文化、体育和娱乐业	5583	6146	563	10.08	
公共管理、社会保障和社会组织	116019	130976	14957	12.89	

2016年左权县城镇单位从业人员平均劳动报酬对照表

表8　　单位：元，%

指标	2015年	2016年	比上年		备注
			绝对数	增长%	
总计	43904	45539	1635	3.72	
分经济类型					
国有单位	47935	49572	1637	3.42	
集体单位	122351	97857	−24494	−20.02	
其他单位	36990	36010	−980	−2.65	

续表

指标	2015年	2016年	比上年		备注
			绝对数	增长%	
分企业、事业、机关					
企业	38764	37918	−846	−2.18	
事业	52507	52801	294	0.56	
机关	46099	52984	6885	14.94	
民办非盈利组织					
其他					
按国民经济行业分组					
农、林、牧、渔业	47700	54238	6538	13.71	
采矿业	37016	35589	−1427	−3.86	
制造业	32502	35013	2511	7.73	
电力、热力、燃气及水生产和供应业	37049	38771	1722	4.65	
建筑业	23275	10625	−12650	−54.35	
批发和零售业	25783	26850	1067	4.14	
交通运输、仓储和邮政业	46449	47396	947	2.04	
住宿和餐饮业	25031	16814	−8217	−32.83	
信息传输、软件和信息技术服务业					
金融业	107523	90166	−17357	−16.14	
房地产业	38000	48381	10381	27.32	
租赁和商务服务业	13071	15057	1986	15.19	
科学研究、技术服务业	57873	68387	10514	18.17	
水利、环境和公共设施管理业	21976	22021	45	0.20	
居民服务、修理和其他服务业					
教育	68643	67700	−943	−1.37	
卫生和社会工作	50570	50588	18	0.04	
文化、体育和娱乐业	46525	52085	5560	11.95	
公共管理、社会保障和社会组织	44130	48908	4778	10.83	

2016年左权县人口抽样调查主要数据一览表

表9　　单位：人、‰

	晋中市	左权县
常住人口	3348738	165796
推算出生人口	34074	1563
推算死亡人口	21031	809

续表

	晋中市	左权县
推算出生率	10.20	9.45
推算死亡率	6.29	4.89
推算自增率	3.90	4.56
城镇人口	1772431	73131
乡村人口	1576307	92665
城镇化率	52.93	44.11
男	1728275	87916
女	1620463	77880
性别比	106.65	112.89

2016 年城镇居民人均收支情况一览表

表 10　　单位：元

指标名称	12 月	1—4 季度累计	累计比上年同期增减（%）
一、城镇居民人均收入可支配收入	5668	22325	6.5
工资性收入			
经营性收入			
财产性收入			
转移性收入			
二、城镇居民人均消费支出	4149.1	14143.3	6.47
食品	670.4	2608.9	2.86
衣着	328.9	1356.9	−9.66
居住	1115.7	3325.4	18.79
生活用品及服务	169.8	380.6	−35.5
医疗保健	282.8	1082.9	−34.4
交通和通信	430.3	1710.2	10.8
教育文化娱乐服务	600.6	1577	−4.39
其他商品和服务	50.6	297.3	79.5

2016 年农村居民家庭收入和支出一览表

表 11　　单位：元

指标名称	1—4 季度累计	累计比上年同期增减（%）
农村人均现金	4430	6.9
＃工字型收入		
家庭经营收入		

续表

指标名称	1—4季度累计	累计比上年同期增减（%）
财产性和转移性收入		
农村居民人均现金支出	8953	24.2
#生产费用支出		
生活费用支出	5905.1	21.2
#食品	1856.6	17
衣着	562.2	9.35
居住	1481.8	14.6

附　录

2016 年中国共产党左权县委员会文件选目

顺序号	制发日期	文件名称	文件编号	备注
1	2016.3.8	关于召开全县经济工作会议的通知	左办发〔2016〕1 号	
2	2016.3.10	关于印发《左权县 216 年重点工程项目建设推进工作方案》的通知	左办发〔2016〕2 号	
3	2016.3.10	关于进一步加强 2016 年度乡镇重点工程建设工作的通知	左办发〔2016〕3 号	
4	2016.3.10	关于印发《2016 年左权县招商引资工作方案》的通知	左办发〔2016〕4 号	
5	2016.1.11	关于印发《左权县开展“冬季行动”实施方案》的通知	左办发〔2016〕5 号	
6	2016.1.22	关于建立县四套班子领导干部联系民营企业工作制度的通知	左办发〔2016〕6 号	
7	2016.1.26	关于 2016 年春节期间开展为困难群众送温暖活动的通知	左办发〔2016〕8 号	
8	2016.1.29	关于成立左权县脱贫攻坚领导小组的通知	左办发〔2016〕9 号	
9	2016.3.10	关于印发《左权县固定资产投资调度管理办法》的通知	左办发〔2016〕10 号	
10	2016.2.3	关于春节期间开展暗访督查工作的通知	左办发〔2016〕11 号	
11	2016.3.10	关于印发《关于进一步加快民营经济发展的意见》的通知	左办发〔2016〕12 号	
12	2016.3.18	关于印发《左权县县直单位干部精准帮扶脱贫攻坚实施办法》的通知	左办发〔2016〕13 号	
13	2016.3.18	关于印发《左权县 2016 年精准脱贫攻坚行动计划》的通知	左办发〔2016〕14 号	
14	2016.3.18	关于印发《左权县产业扶贫“八普及一创建”实施方案》的通知	左办发〔2016〕15 号	

续表

顺序号	制发日期	文件名称	文件编号	备注
15	2016.3.18	左权县2016年农业农村重点工作考核办法	左办发〔2016〕16号	
16	2016.3.22	关于领导干部深入基层集中开展蹲点驻村活动的通知	左办发〔2016〕17号	
17	2016.3.30	关于印发《左权县迎接国家卫生县城复审工作实施方案》的通知	左办发〔2016〕18号	
18	2016.3.31	印发《关于进一步巩固“创园”成果提高园林绿化建管水平的实施意见》的通知	左办发〔2016〕19号	
19	2016.4.1	关于“清明节”期间督查森林防火工作的通知	左办发〔2016〕20号	
20	2016.4.11	关于印发《左权县乡镇领导班子换届工作方案》的通知	左办发〔2016〕21号	
21	2016.4.20	关于认真学习《中国共产党地方委员会工作条例》的通知	左办发〔2016〕22号	
22	2016.4.26	印发《关于在全县党员中开展“学党章党规 学系列讲话 做合格党员”学习教育的实施方案》的通知	左办发〔2016〕23号	
23	2016.5.5	关于印发《乡（镇）纪委书记、副书记提名考察办法（试行）》《县纪委派驻纪检组长提名考察办法（试行）》的通知	左办发〔2016〕24号	
24	2016.5.9	关于开展当前重点工作督查的通知	左办发〔2016〕25号	
25	2016.5.17	关于成立左权县巡察工作领导小组的通知	左办发〔2016〕26号	
26	2016.5.26	关于贯彻落实市委办公厅市办密发【2016】4号文件精神的通知	左办发〔2016〕27号	
27	2016.5.30	关于印发《中共左权县委巡察工作实施办法（试行》的通知	左办发〔2016〕28号	
28	2016.5.30	关于“六一”儿童节庆祝活动安排的通知	左办发〔2016〕29号	
29	2016.6.21	关于启用“中共左权县委巡察工作领导小组”“中共左权县委巡察工作办公室”印章的通知	左办发〔2016〕30号	
30	2016.6.28	关于印发《中共左权县委巡察组组长库管理办法（试行）》《中共左权县委巡察组人才库管理办法（试行）》的通知	左办发〔2016〕31号	
31	2016.7.14	印发《左权县环境大检查专项行动实施方案》的通知	左办发〔2016〕32号	
32	2016.7.14	关于印发《左权县安全稳定风险隐患排查整治工作方案》的通知	左办发〔2016〕33号	

续表

顺序号	制发日期	文件名称	文件编号	备注
33	2016.7.21	关于印发《左权县安全生产隐患风险大排查大整治实施方案》的通知	左办发〔2016〕34号	
34	2016.7.29	关于认真做好“八一”期间拥军优属拥政爱民工作的通知	左办发〔2016〕35号	
35	2016.8.5	关于在全县开展抗洪救灾献爱心活动的通知	左办发〔2016〕36号	
36	2016.8.10	关于解决“7.19”洪灾应急修复水毁渠道工程所需资金的请示	左办发〔2016〕37号	
37	2016.8.10	关于解决“7.19”洪灾应急修复水毁护村护地坝工程所需资金的请示	左办发〔2016〕38号	
38	2016.8.31	关于调整县委巡察工作领导小组组长副组长的通知	左办发〔2016〕39号	
39	2016.9.4	关于召开中共左权县第十七次代表大会的通知	左办发〔2016〕40号	
40	2016.9.4	关于认真学习贯彻落实《中国共产党问责条例》的通知	左办发〔2016〕41号	
41	2016.9.19	印发《关于加强联动协作面监督“四风”问题的工作方案》的通知	左办发〔2016〕42号	
42	2016.10.20	关于调整县级领导联系乡镇的通知	左办发〔2016〕43号	
43	2016.11.16	印发《关于进一步贯彻落实省委全面构建良好政治生态推进会精神的责任分工和责任分解》的通知	左办发〔2016〕45号	
44	2016.11.21	关于印发《左权县2016年度落实党风廉政建设责任制考核办法》的通知	左办发〔2016〕46号	
45	2016.11.30	关于做好2017年度党报党刊发行工作进一步规范报刊发行程序的通知	左办发〔2016〕47号	
46	2016.12.5	关于转发《关于认真组织学习山西日报四篇脱贫攻坚评论员文章的通知》的通知	左办发〔2016〕48号	
47	2016.12.5	关于转发《中共山西省委办公厅关于做好2017年度〈中共中央办公厅通讯〉和〈秘书工作〉征订工作的通知》的通知	左办发〔2016〕49号	
48	2016.12.6	印发《关于开展“一带三创”全面加强农村基层党组织建设的实施方案》的通知	左办发〔2016〕50号	
49	2016.12.9	关于印发《领导干部外出请假报备制度》的通知	左办发〔2016〕51号	
50	2016.12.9	印发《左权县关于开展学习贯彻落实党的十八届六中全会精神示范带动工作的实施方案》的通知	左办发〔2016〕52号	

续表

顺序号	制发日期	文件名称	文件编号	备注
51	2016.12.20	关于调整左权县脱贫攻坚领导小组成员的通知	左办发〔2016〕53号	
52	2016.12.21	关于对贯彻落实十八届六中全会精神和省市县党代会精神及落实全面从严治党“两个责任”开展“回头看”的通知	左办发〔2016〕54号	
53	2016.12.28	关于开展“送温暖、献爱心”社会捐助活动的通知	左办发〔2016〕55号	
54	2016.12.30	关于转发《中共山西省委办公厅 山西省人民政府办公厅关于贯彻中办发电【2016】36号文件精神做好2017年元旦春节期间有关工作的通知》的通知	左办发〔2016〕56号	
55	2016.12.30	印发《关于进一步强化审计监督职能依法实现审计全图覆盖的实施意见》的通知	左办发〔2016〕58号	

2016年左权县人民政府文件选目

序号	制发日期	文件名称	文号编号	备注
1	2016.1.22	关于做好2016年安全生产工作的通知	左政发〔2016〕1号	
2	2016.1.25	关于报审太行龙泉风景名胜区总体规划的请示	左政发〔2016〕2号	
3	2016.2.15	关于撤销左权县城滨河地下水源地的请示	左政发〔2016〕3号	
4	2016.2.17	关于解决柏峪等村光伏扶贫发电项目备案规模指标的请示	左政发〔2016〕4号	
5	2016.3.1	关于解决光伏扶贫发电项目备案规模指标的请示	左政发〔2016〕5号	
6	2016.3.2	关于组建左权至涉县公路左权县城至黎城下清泉段（晋冀界）投资人联合体的请示	左政发〔2016〕6号	
7	2016.3.3	关于阳泉至左权高速公路左权连接线和左权至涉县公路左权县城至黎城下清泉段（晋冀界）新建工程列入国家“十三五”规划的请示	左政发〔2016〕7号	
8	2016.3.18	关于印发左权县2016年精准扶贫产业扶持政策的通知	左政发〔2016〕10号	
9	2016.3.24	关于印发2016年经济工作责任分解的通知	左政发〔2016〕11号	
10	2016.3.31	关于下达2016年省、市政府重点工作任务分解涉及我县目标任务责任分解的通知	左政发〔2016〕12号	
11	2016.4.2	关于实行最严格水资源管理制度的实施意见	左政发〔2016〕13号	
12	2016.4.28	关于取消、承接和调整一批行政审批事项的决定	左政发〔2016〕14号	
13	2016.5.6	关于印发左权县重大行政决策合法性审查办法的通知	左政发〔2016〕16号	

续表

序号	制发日期	文件名称	文号编号	备注
14	2016.5.27	关于解决麻田镇"一路三带"扶贫综合开发项目道路提质改造工程建设补助资金的请示	左政发〔2016〕17号	
15	2016.6.1	关于帮助左权宏远煤业完善复工复产相关手续的请示	左政发〔2016〕19号	
16	2016.6.14	关于印发左权县困难残疾人生活补贴和重度残疾人护理补贴实施办法的通知	左政发〔2016〕20号	
17	2016.6.30	关于初审左权县2014年度城乡建设用地增减挂钩寒王乡、辽阳镇等10个乡镇项目区实施方案的请示	左政发〔2016〕21号	
18	2016.7.7	关于设立左权县循环经济工业园区的通知	左政发〔2016〕22号	
19	2016.7.19	关于新增左权县为国家农业综合开发项目县的请示	左政发〔2016〕23号	
20	2016.7.9	关于公布左权县森林防火区和森林防火期的通告	左政发〔2016〕24号	
21	2016.7.11	关于新增左黎高速左权粟城互通的请示	左政发〔2016〕25号	
22	2016.8.1	关于核减"7.19"洪灾受损耕地及基本农田的请示	左政发〔2016〕26号	
23	2016.8.2	关于帮助解决"7.19"洪灾农村公路水毁道路桥梁恢复重建资金的请示	左政发〔2016〕27号	
24	2016.8.2	关于解决"7.19"洪灾应急修复水毁渠道工程所需资金的请示	左政发〔2016〕28号	
25	2016.8.2	关于解决"7.19"洪灾应急修复水毁护村护地坝工程所需资金的请示	左政发〔2016〕29号	
26	2016.8.2	关于对芹泉镇五里铺村实施整村易地搬迁的请示	左政发〔2016〕30号	
27	2016.8.2	关于申报2016年中央专项彩票公益金支持贫困革命老区县实施扶贫项目的请示	左政发〔2016〕31号	
28	2016.8.10	关于申报左权县生态庄园造林项目的请示	左政发〔2016〕32号	
29	2016.8.25	关于申报左权县生态庄园造林项目的请示	左政发〔2016〕33号	
30	2016.9.5	关于申请批复2014年度城乡建设用地增减挂钩寒王乡、辽阳镇等10个乡镇项目区实施方案的请示	左政发〔2016〕34号	
31	2016.12.20	关于申报矿山生态环境恢复试点示范工程项目的请示	左政发〔2016〕35号	
32	2016.9.7	关于进行第八次防空警报试鸣的公告	左政发〔2016〕36号	
33	2016.9.12	关于实施不动产统一登记工作有关事项的公告	左政发〔2016〕37号	

续表

序号	制发日期	文件名称	文号编号	备注
34	2016.9.21	关于帮助解决县道高黄线水毁大修工程资金的请示	左政发〔2016〕39号	
35	2016.10.9	关于借付县道高黄线水毁修复资金的请示	左政发〔2016〕41号	
36	2016.10.14	关于协调解决河北建投能源投资股份有限公司在左权县建设4×1000MW发电机组有关事宜的请示	左政发〔2016〕42号	
37	2016.9.18	关于印发左权县统筹整合使用财政涉农资金实施精准扶贫实施方案的通知	左政发〔2016〕43号	
38	2016.10.19	关于印发2016年政府工作报告目标责任分解的通知	左政发〔2016〕44号	
39	2016.10.20	关于加强森林防火工作的通告	左政发〔2016〕45号	
40	2016.11.1	关于协调解决驻左国有煤炭企业大面积停工停产的请示	左政发〔2016〕46号	
41	2016.11.7	关于印发左权县易地扶贫搬迁实施细则的通知	左政发〔2016〕47号	
42	2016.11.7	关于下放分布式屋顶发电审批权的请示	左政发〔2016〕48号	
43	2016.11.16	关于报审太行龙泉风景名胜区总体规划的请示	左政发〔2016〕49号	
44	2016.11.24	关于对我县创建山西省环境保护模范城给予验收的请示	左政发〔2016〕50号	
45	2016.11.25	关于撤销左权县城滨河地下水水源地保护区的请示	左政发〔2016〕51号	
46	2016.11.25	关于国家土地督察北京局发现2016年晋中市违法违规用地涉及我县问题整改情况汇报	左政发〔2016〕52号	
47	2016.12.1	关于左权金隅水泥有限公司延期停窑的请示	左政发〔2016〕53号	
48	2016.12.13	关于左权县田裕农产品交易市场项目购买服务有关事项的通知	左政发〔2016〕57号	
49	2016.12.15	关于印发左权县全民健身实施计划（2016—2020年）的通知	左政发〔2016〕58号	
50	2016.12.21	关于印发左权县政府法律顾问管理办法（试行）的通知	左政发〔2016〕59号	
51	2016.12.24	关于公布第三批县级非物质文化遗产保护名录的通知	左政发〔2016〕60号	
52	2016.12.28	关于关停左权鑫源热电有限责任公司25MW发电项目的报告	左政发〔2016〕61号	
53	2016.12.28	关于成立乡镇城区人民防空机构的通知	左政发〔2016〕62号	

续表

序号	制发日期	文件名称	文号编号	备注
54	2016.12.29	关于开展“铁腕治污行动”的公告	左政发〔2016〕63号	
55	2016.12.31	关于解决左权境内清漳河干流“7·19”洪灾损毁设施所需资金的请示	左政发〔2016〕64号	
56	2016.12.30	关于印发左权县政府部门权清单动态管理办法的通知	左政发〔2016〕65号	
57	2016.12.30	关于落实市政府文件对应取消11项行政审批事项的通知	左政发〔2016〕66号	
58	2016.11.3	关于印发左权县国家资源型经济转型综合配套改革试验实施方案（2016—2020年）的通知	左政发〔2016〕69号	
59	2016.12.30	关于印发左权县棚户区改造工作实施方案的通知	左政发〔2016〕70号	
60	2016.12.30	关于印发左权县农村危房改造实施方案的通知	左政发〔2016〕71号	
61	2016.3.11	关于做好“营改增”前税收管理工作的通知	左政办发〔2016〕1号	
62	2016.3.11	关于印发左权县处置与扑救森林火灾应急预案的通知	左政办发〔2016〕2号	
63	2016.3.15	关于印发左权县2016年“创模”及环境污染防治工作目标任务分解的通知	左政办发〔2016〕3号	
64	2016.3.18	关于印发左权县煤矿复产复建验收工作方案的通知	左政办发〔2016〕4号	
65	2016.3.23	关于印发左权县城乡市容和环境卫生管理考评实施方案的通知	左政办发〔2016〕5号	
66	2016.3.30	关于印发左权县贯彻落实工商注册企业倒逼分责机制的通知	左政办发〔2016〕7号	
67	2016.4.1	关于印发左权县实行最严格水资源管理制度工作方案的通知	左政办发〔2016〕8号	
68	2016.4.5	关于印发左权县全面加强政府自身建设2016年行动计划的通知	左政办发〔2016〕9号	
69	2016.4.14	关于印发民营企业助推左权转型创新发展活动招商工作方案的通知	左政办发〔2016〕11号	
70	2016.4.18	关于印发左权县加快推进电动汽车产业发展和推广应用实施方案的通知	左政办发〔2016〕12号	
71	2016.4.25	关于印发左权县突发性地质灾害应急预案的通知	左政办发〔2016〕13号	
72	2016.4.25	关于印发左权县二〇一六年度地质灾害防治方案的通知	左政办发〔2016〕14号	

续表

序号	制发日期	文件名称	文号编号	备注
73	2016.4.26	关于贯彻落实中办发〔2015〕64号文件精神的实施办法	左政办发〔2016〕15号	
74	2016.5.3	关于印发左权县人民政府县长办公会议制度的通知	左政办发〔2016〕16号	
75	2016.5.5	关于印发左权县网格化环境监管方案的通知	左政办发〔2016〕17号	
76	2016.5.20	关于进一步做好防范和处置非法集资工作的通知	左政办发〔2016〕18号	
77	2016.5.23	关于印发左权县财政专项资金管理办法的通知	左政办发〔2016〕19号	
78	2016.6.16	关于印发左权县互联网金融风险专项整治工作方案的通知	左政办发〔2016〕20号	
79	2016.7.6	关于印发左权县建立全县经济困难的高龄与失能老年人补贴制度及提高百岁以上老年人补贴标准实施办法的通知	左政办发〔2016〕21号	
80	2016.7.20	关于印发左权县实施全面两孩政策相关部门任务分解方案的通知	左政办发〔2016〕22号	
81	2016.8.1	关于印发左权县精准扶贫村级光伏电站建设实施方案的通知	左政办发〔2016〕23号	
82	2016.8.5	关于印发左权县2016年政务公开工作要点实施方案的通知	左政办发〔2016〕25号	
83	2016.8.9	关于印发左权县生态庄园建设预期收益保证贷款工作实施意见的通知	左政办发〔2016〕26号	
84	2016.9.5	关于印发左权县乡村教师支持计划实施方案的通知	左政办发〔2016〕27号	
85	2016.9.5	关于印发2016年全县低收入农户冬季取暖用煤货币化补贴实施方案的通知	左政办发〔2016〕28号	
86	2016.9.25	关于印发左权县精准扶贫工作融资担保实施方案的通知	左政办发〔2016〕29号	
87	2016.10.18	关于印发左权县基础测绘“十三五”规划的通知	左政办发〔2016〕31号	
88	2016.9.18	关于印发左权县统筹整合使用财政涉农资金实施精准扶贫暂行管理办法的通知	左政办发〔2016〕32号	
89	2016.9.25	关于印发左权县“十三五”特色产业精准扶贫规划的通知	左政办发〔2016〕33号	
90	2016.10.25	关于转发县国土局县林业局县水利局左权县扶持发展脱贫攻坚土地整治专业合作社（专业队）管理办法等三个文件的通知	左政办发〔2016〕34号	

续表

序号	制发日期	文件名称	文号编号	备注
91	2016.10.28	关于印发左权县推进“双随机一公开”工作实施方案的通知	左政办发〔2016〕35号	
92	2016.10.28	关于认真做好2016年人大代表建议意见政协委员提案办理工作的通知	左政办发〔2016〕36号	
93	2016.11.14	关于印发左权县突发环境事件应急预案的通知	左政办发〔2016〕37号	
94	2016.11.15	关于开展人为地质灾害隐患排查整治工作实施方案的通知	左政办发〔2016〕38号	
95	2016.11.17	关于印发左权县行政机关行政应诉办法的通知	左政办发〔2016〕39号	
96	2016.11.19	关于建立群众求助举报事项社会联动服务工作机制的通知	左政办发〔2016〕40号	
97	2016.11.30	关于进一步加强煤矿安全生产工作的通知	左政办发〔2016〕41号	
98	2016.12.2	关于印发左权县脱贫攻坚工程建设项目招投标管理暂行办法的通知	左政办发〔2016〕43号	
99	2016.12.7	关于印发左权县农民专业合作社资产收益扶贫试点工作方案的通知	左政办发〔2016〕44号	
100	2016.12.14	关于印发左权县农户小额光伏扶贫贷款管理办法（试行）的通知	左政办发〔2016〕45号	
101	2016.12.19	关于印发左权县开展农村小额保险工作实施方案的通知	左政办发〔2016〕46号	
102	2016.12.21	关于命名辽阳镇等6个乡镇为电气化乡镇和石匣村等121个村为电气化村的通知	左政办发〔2016〕47号	
103	2016.12.28	关于印发左权县城乡居民最低生活保障工作实施办法的通知	左政办发〔2016〕48号	
104	2016.12.28	关于印发左权县中小微企业发展专项资金管理使用办法的通知	左政办发〔2016〕49号	
105	2016.12.29	关于印发左权县“双随机一公开”抽查工作细则的通知	左政办发〔2016〕50号	
106	2016.12.29	关于清理规范县政府部门行政审批中介服务的通知	左政办发〔2016〕51号	
107	2016.12.29	关于落实晋中市中医药健康服务发展规划的意见	左政办发〔2016〕52号	
108	2016.12.29	关于印发左权县建立分级诊疗制度实施方案的通知	左政办发〔2016〕53号	

续表

序号	制发日期	文件名称	文号编号	备注
109	2016.12.30	关于印发左权县城乡市容市貌和环境卫生综合整治攻坚行动实施方案的通知	左政办发〔2016〕54号	
110	2016.12.30	关于印发左权县深化小型水利工程管理体制改革实施方案的通知	左政办发〔2016〕55号	
111	2016.12.30	关于印发左权县辐射事故应急预案的通知	左政办发〔2016〕56号	
112	2016.12.31	关于印发左权县加油站行业发展规划（2016—2020）的通知	左政办发〔2016〕57号	
113	2016.11.9	关于印发左权县国家资源型经济转型综合配套改革试验2016年行动计划的通知	左政办发〔2016〕58号	
114	2016.12.2	关于印发左权县“十三五”卫生计生事业发展规划的通知	左政办发〔2016〕59号	
115	2016.12.5	关于印发左权县医疗卫生服务体系规划（2016—2020）的通知	左政办发〔2016〕60号	

索 引

说　明：一、本索引以人名、地名、机构名称（简称）等主题词进行索引。二、本索引按主题词汉语拼音字母顺序排列（数字开头的主题词另行排序），主题词后面的数字和字母分别表示所在页码和分栏位置(a 表示左栏、b 表示右栏)。三、本索引主题词主要选自年鉴正文部分，特载、大事记、附录、照片不在索引范围内。

D

F

G

H

J

L

T

W

X

Y